西安电子科技大学研究生精品教材

马克思主义与当代社会思潮

主　编　程　霞

副主编　任艳妮

西安电子科技大学出版社

内 容 简 介

　　本教材主要介绍和分析了当代有代表性的、对我国产生重大影响的社会思潮的产生背景、主要流派、基本观点、基本思想、价值取向等，并就其与马克思主义之间的关系展开阐述；在此基础上，结合当代中国社会的基本走向和重大社会现实问题，就多元文化时代如何用社会主义核心价值观引领社会思潮问题进行学理性探讨。

　　本教材可供高校马克思主义理论与思想政治教育专业任课教师、研究生参考，亦可作为本科生思想政治理论课的教师参考用书。

图书在版编目(CIP)数据

马克思主义与当代社会思潮/程霞主编. —西安：西安电子科技大学出版社，2016.12(2025.1 重印)
ISBN 978-7-5606-4352-6

Ⅰ. ①马… Ⅱ. ①程… ①马克思主义—研究—中国—现代 ②社会思潮—研究—中国—现代 Ⅳ.①D61 ②D092.7

中国版本图书馆 CIP 数据核字(2016)第 299854 号

策　　划　李惠萍
责任编辑　杜敏娟
出版发行　西安电子科技大学出版社(西安市太白南路 2 号)
电　　话　(029)88202421　88201467　　邮　　编　710071
网　　址　www.xduph.com　　　　　　电子邮箱　xdupfxb001@163.com
经　　销　新华书店
印刷单位　广东虎彩云印刷有限公司
版　　次　2016 年 12 月第 1 版　　2025 年 1 月第 7 次印刷
开　　本　787 毫米×960 毫米　1/16　印 张　18.5
字　　数　321 千字
定　　价　39.00 元
ISBN 978 - 7 - 5606 - 4352 - 6
XDUP 4644001-7
如有印装问题可调换

前　言

　　当代中国进入了全面建设小康社会的关键时期和深化改革开放、加快转变经济发展方式的攻坚时期，我国的社会经济成分、组织形式、物质利益、就业方式日益多样化，人们思想活动的独立性、选择性、多变性、差异性明显增加。这种空前的社会变革，给我国的发展进步带来了巨大活力，使社会主义物质文明、政治文明、精神文明建设以及社会建设和党的建设不断增强，综合国力大幅度提升，人民生活明显改善，社会政治总体上保持稳定。但同时也带来了一些这样那样的矛盾和问题。例如，市场经济中的一些交易规则被泛化，并渗透到政治、思想和文化领域；经济社会发展、城乡和区域发展还很不平衡，收入分配、城市改造、房屋拆迁、占用土地等方面存在诸多问题；住房、教育、医疗、社会保障等实际民生问题突出；再加上社会管理滞后、法律法规不健全、政府职能转变不到位、个别党政干部和国家工作人员贪污腐败严重等，使得各种社会矛盾错综复杂，相互交织。凡是事关百姓切身利益的事件和涉官、涉贪、涉警、涉富事件都有可能成为影响较大的社会舆情热点，人民内部矛盾呈现多发、高发态势。

　　在新形势下，社会阶层的分化使得利益主体多元化，直接影响了不同阶层和利益群体的社会心态和政治价值取向。从总体上看，促进社会进步、倡导新风正气成为社会心态的主流，人们对国家发展和个人生活现状比较满意，对未来充满信心，成熟自信、开放包容、理性平和、积极向上、务实进取的健康社会心态正在形成。但同时也要看到，社会心态中的焦虑感特征突出，弱势心理在社会各阶层滋生蔓延，不同社会阶层和群体都存在着特定的压力感，社会心态中的不公平感增强，社会诚信缺失带来的心态变化不容乐观。这些问题的产生和出现缘于深层次的价值观的转变。近年来在思想文化领域，部分不同阶层、利益群体的代表对中国的历史走向、社会发展问题已经提出了不同的看法。

甚至有个别人否定改革开放的成就和功绩，认为应该"倒退"到改革开放之前的"平均主义"状态。再加上信息技术和传媒业的飞速发展，使各种思想观念和利益诉求的传播完全突破了时空界限，呈现出全球性、开放性、虚拟性、隐蔽性等特点。这为主流意识形态和核心价值观念的丰富与发展提供了有利条件，但也使个体对各种信息的真伪难以分辨，主流价值观的指导作用也受到了冲击，从而导致整合和引领多元思想观念、价值观念的工作变得更加复杂艰巨。有鉴于此，中国共产党第十六届六中全会首次提出了"建设社会主义核心价值体系"的重大命题，并提出"坚持以社会主义核心价值体系引领社会思潮，尊重差异，包容多样，最大限度地形成社会思想共识"的战略任务。中国共产党第十八次代表大会进一步提出"倡导富强、民主、文明、和谐，倡导自由、平等、公正、法治，倡导爱国、敬业、诚信、友善，积极培育社会主义核心价值观。"

"当今世界正处在大变革大调整之中。和平与发展仍然是时代的主题，求和平、谋发展、促合作已经成为不可阻挡的时代潮流。"这为我们集中精力搞建设、一心一意促发展提供了良好的外部条件。全球化进程的发展使世界各国在不同程度上超越国界，超越社会制度和意识形态的差异，相互间加强经济和文化上的协作与联合，这为我国学习和借鉴发达国家的先进科技和文化成果、利用世界文化资源提供了非常有利的条件。但我们更要看到，实现世界多极化是一个长期曲折的历史过程，社会主义与资本主义两种社会制度将长期并存，二者在意识形态领域的斗争和较量异常尖锐和复杂。对此，我们必须要有清醒而坚定的认识。

西方敌对势力从"攻心"入手，处心积虑地利用各种手段，对我国进行意识形态渗透，加紧对青年一代搞所谓"精神和灵魂的征服"，以实现其"分化"和"西化"的图谋。美国为首的西方资本主义国家以其经济、科技、文化等领域的优势，以军事威慑力为后盾，推进国际经济活动政治化，加速推进西方的政治制度、思想观念、生活方式和价值观念向社会主义国家渗透，实施"文化帝国主义"。与此同时，近年来新自由主义、后现代主义、历史虚无主义、民主社会主义、"普世价值论"、新殖民主义等形形色色的西方社会思潮通过网络新媒体和信息技术等途径，大量涌入国内，得到广泛传播。在我国"战略机遇期"和"矛盾凸显期"重叠的历史条件下，尤其是出现一些突发事件和群体性事件时，这些西方社会思潮所代表和裹挟的价值观引发和加剧了人们在意识形态领域的混淆和矛盾，容易引发对主流价值观的认同危机。同时，这些极具侵略性和扩张性的价值观念，在国际政治生活中有着很大影响，也给维护我国社会主义意识形态安全、中国共产党的文化领导权以及维护社会稳定和增强国家文化软实力带来了极大的挑战。

改革开放以来，我们始终坚持以马克思主义作为指导思想，但在创新发展马克思主义方面存在明显不足。我国主流意识形态在回答实践提出的新问题，迎接各种思潮的挑战方面显得勉为其难。当代中国马克思主义理论形态的非彻底性、理论解释的误读倾向、党员干部行为的失范性、宣传教育工作的低效性，以及庸俗化、神化、僵化、泛化地对待当代中国马克思主义的错误倾向，都严重影响了马克思主义的形象，弱化了马克思主义的指导地位，影响了广大人民群众信仰、接受、理解、知晓和坚持马克思主义。学术界有部分学者把学术和政治对立起来，否定我们党理论创新成果的科学性和学术价值，对反马克思主义和非马克思主义观点无端吹捧，甚至存在着对于意识形态阵地的"主动放弃"现象。对此，党的十七大报告提出："建设社会主义核心价值体系，增强社会主义意识形态的吸引力和凝聚力"，"积极探索用社会主义核心价值体系引领社会思潮的有效途径，主动做好意识形态工作，既尊重差异、包容多样，又有力抵制各种错误和腐朽思想的影响"。2013 年 12 月 23 日，中共中央办公厅印发的《关于培育和践行社会主义核心价值观的意见》指出："用社会主义核心价值观引领社会思潮、凝聚社会共识"，"加强社会思潮动态分析，强化社会热点难点问题的正面引导，在尊重差异中扩大社会认同，在包容多样中形成思想共识"。

这也启示我们，在共产主义运动处于低潮的今天，我们必须以高度的历史使命感和责任感，创新理论研究，以跟上时代的新发展、社会的新变化和人民的新需求，以更加科学的方式进行意识形态建设和价值观建设，不断增强自身的说服力和解释力，使中国特色社会主义事业更加充满生机和活力，使中国特色社会主义道路越走越广阔。

"马克思主义与当代社会思潮"是马克思主义理论专业硕士研究生的专业必修课，开设该课程旨在使学生全面了解和分析当代有代表性的、对我国产生过影响的社会思潮的主要观点、基本思想、主要主张及其实质，引导学生运用马克思主义基本方法和原理以及相关学科知识全面辩证地分析社会思潮，提高学生对当代西方社会思潮的政治辨别力，进一步掌握马克思主义与当代西方社会思潮的关系，推动社会主义核心价值观进教材、进课堂、进头脑，增强对社会主义核心价值观的认同和践行。

编写一本适合这门课教师和学生使用的教材，既是教师教学的迫切需要，也是贯彻"立德树人、文化育人"教育方针的需要。我们经过长时间的酝酿，参阅了大量有关社会思潮的研究著作和论文，结合自己的教学与研究工作，精心编写了本教材。本教材在内容设计上注重对重大社会思潮最新动态和马克思主义与社会思潮关系的分析与研究。全书共分为八章，第一章为新自由主义思潮；第二章为"普世价值"思潮；第三章为历史虚无主义思潮；第四章为"新左派"思潮；第五章为民粹主义思潮；第六章为现代新儒家思潮；第七章为民族主义思潮；第八章为以社会主义核心价值观引领社会思潮。

本教材既注重对社会思潮的全面深刻剖析，又体现出鲜明的现实性，力求做到理论与实践相结合、教学与研究相结合、课堂教学与意识形态教育相结合。总体来看，本教材主要体现出以下特点：一是体例新颖，可读性强。除了一般的理论介绍外，添加了案例、时事热点分析和讨论。二是强烈的问题意识。本教材不是提供死板固定的知识体系整理，而是在阐述马克思主义理论体系和社会思潮关系的同时，重视对与现实问题密切相关的多元社会思潮的分析，关注热点、释疑解难，力求从生活现实出发引出问题，在对问题的解读中理论联系实际，增强理论的说服力。当然，这是一种初步尝试，是否得当，需要在教学实践和深入研究中加以检验，并听取各方面的意见后，再做进一步充实、调整和完善。

程　霞

2016 年 8 月

目　录

新自由主义思潮

　　2014 年是中国全面深化改革元年，也是法治中国年。围绕着"政府与市场的关系""国有企业的改革和定位""混合所有制如何发展"等问题，新自由主义与其他思潮激烈交锋，再次成为人们讨论的焦点。根据人民论坛问卷调查中心近五年关于十大思潮影响排名显示，新自由主义连续五年位列前三，新自由主义获得的关注度、活跃度和影响度均位列十大思潮之首。

　　经过金融危机后全球经济政策的调整，新自由主义经济政策受到严重打击，尽管失去信誉，却依然"魅力不减"。获得如此"殊荣"，究其原因，正是因为新自由主义在寻求加强"新"概念和加速内部重构，使新自由主义的资本主义得以重建。新自由主义是资产阶级意识形态的代言人，其基本理论干扰了人们对我国社会主义道路和社会主义市场经济的正确认识。对新自由主义思潮进行马克思主义的辩证分析有利于澄清认识误区，矫正实践偏差，促进我国市场经济和社会主义现代化建设健康发展。

第一节　新自由主义的概念界定、发展脉络和思想渊源

一、新自由主义的概念界定

（一）国外学术界对新自由主义概念的不同阐述

　　美国著名学者诺姆·乔姆斯基认为，新自由主义是在亚当·斯密古典自由主义思想基础上建立起来的一个新的理论体系。该理论体系强调以市场为导向，是一个包含一系列有关全球秩序和主张贸易自由化、价格市场化、私有化观点的理论和思想体系，其完成形态则是"华盛顿共识"。[①]罗伯特·W·迈克杰尼斯在

[①]　[美]诺姆·乔姆斯基：《新自由主义和全球秩序》，江苏人民出版社 2000 年版，第 51 页。

《新自由主义和全球秩序》一书的导言中指出，新自由主义是我们这个时代明确的政治、经济范式——它指的是这样一些政策和过程：相当一批私有者能够得以控制尽可能多的社会层面，从而获得最大的个人利益。①法国学者科恩·塞阿认为，新自由主义是资本主义全球化战略下的"意识形态的理论表现"。②

（二）中国学者对新自由主义的概念界定

国内学者立足于自己的学术背景对新自由主义也有很多论述。胡代光认为，新自由主义是"古典自由主义"经济学说的更新，是它的更为极端的翻版。③张成德、晔枫认为，新自由主义是指资本主义的新保守势力，通过全球渗透和国际垄断，进而为资本拥有者谋取最大化利益的资本主义意识形态和理论思潮。④中国社科院"新自由主义研究"课题组从政治思想和哲学层面上对新自由主义进行了概括，指出新自由主义是在继承资产阶级古典自由主义经济理论的基础上，以反对和抵制凯恩斯主义为主要特征，适应国家垄断资本主义向国际垄断资本主义转变要求的理论思潮、思想体系和政策主张。新自由主义与古典自由主义经济理论既有联系又有区别，并且通过"对凯恩斯革命的反革命"而著称于世；"华盛顿共识"的形成与推行，则是新自由主义从学术理论嬗变为国际垄断资本主义的经济范式和政治性纲领的主要标志。⑤

尽管中外学者从各自学术背景出发，对新自由主义的概念进行了不同的阐述，但还是可以从中找到共同点，即他们都认为新自由主义是一种全球化的思潮，其理论主张是讲究绝对的自由而不是控制，崇尚的是过度的市场化而不是计划，推崇的是极端的私有化而不是公有化和集体化。

二、新自由主义的产生、发展及主要流派

（一）自由主义的发展脉络

谈及新自由主义，就不能不考察自由主义的发展脉络。自由主义在资本主

---

① [美]诺姆·乔姆斯基：《新自由主义和全球秩序》，江苏人民出版社 2000 年版，第 51 页。
② 高和荣：《揭开新自由主义的意识形态面纱》，《政治学研究》2011 年第 3 期，第 87 页。
③ 胡代光：《评析新自由主义倡导的政策实施问题》，《福建论坛·人文社会科学版》2004 年第 3 期，第 4 页。
④ 张成德、晔枫：《"新自由主义"的风行及其本质》，《山西日报》2005 年 1 月 11 日。
⑤ 中国社会科学院"新自由主义研究"课题组：《新自由主义研究》，《马克思主义研究》2003 年第 6 期，第 18 页。

义的发展阶段中，不同时期有着不同的特征和形态。其发展进程大致可分为三个阶段：古典自由主义、现代自由主义和新自由主义。

古典自由主义主张个人自由，强调自由放任的经济政策，重视市场机制"这只看不见的手"对经济的调节作用。西方经济自由主义有很长的历史。在20世纪30年代大萧条以前，经济自由主义可以划分为三个阶段。

第一阶段是17世纪中叶至19世纪初的经济自由主义。这一时期古典经济学占主流地位。英国古典经济学家亚当·斯密接受前人关于自然规律和自由的观念，提出"自然自由"制度的说法，认为资本主义是自然自由制度。他主张，让"一只看不见的手"充分发挥作用，让资本主义经济自行调节，按照自己的固有规律向前发展。斯密的说法存在理论缺陷，但在当时有其历史进步意义，代表了新兴资产阶级的利益，要求封建制国家或君主不要干预经济，以保证资本主义经济的发展和资产阶级取得不受限制和干涉的统治。

第二阶段是19世纪30至60年代的经济自由主义。19世纪30年代英法资产阶级夺取政权以后，孕育于18世纪末期的庸俗经济学取代古典经济学，成为为资产阶级和资本主义制度辩护的主流经济理论。在这一阶段，"萨伊定律"是经济自由主义的核心理论。萨伊在19世纪初说过："生产给产品创造需求。"此言后来演变成"供给创造自己的需求"，被称为"萨伊定律"或"萨伊市场定律"。

第三阶段是19世纪70年代至20世纪20年代。这一时期以英国马歇尔、庇古等为主要代表的主流经济学在西方被称为"新古典经济学"。"新古典经济学"把"萨伊市场定律"同工资、价格、利率都具有完全灵活性的假设结合在一起，编造了一个资本主义自由市场经济均衡模型。在这个理论模型中，由于市场机制的自发调节，劳动市场供求均衡——实现充分就业；产品市场供求均衡——没有生产过剩；资本市场供求均衡——不存在资本过剩。这样，"新古典经济学"断言，完全竞争的资本主义自由市场经济能实现资源的有效配置，自行达到充分就业的均衡。在经济政策方面，"新古典经济学"主张自由放任和国家不干预经济。这种经济自由主义的实质是美化资本主义自由市场经济制度，否认资本主义经济制度的矛盾，特别是否认资本主义发生生产过剩的经济危机与存在失业的可能性与必然性，具有明显的辩护性质。

新自由主义承继、纳入这些思想，丰富了自己的理论。因此，新自由主义(Neo-liberalism)由古典自由主义发展而来，是对古典自由主义传统的固守和恢复，又被称为"新古典自由主义"。在这里需要指出的是，现代自由主义，有时也称为新自由主义(New-liberalism)，但其理论观点与新古典自由主义截然不同。它主张国家干预经济、限制垄断资本主义的发展，与凯恩斯主义一脉相承。而新古典自由主义的思想却是与凯恩斯主义根本对立的。目前，理论界对新自由主义的称呼指的是"Neo-liberalism"，而对"New-liberalism"则冠以"现代自由主义"的称谓。

(二) 新自由主义的产生、发展和演变的四个阶段

1. 新自由主义创立时期

新自由主义作为一种经济学理论、思潮，产生于 20 世纪二三十年代，是由这个时期的经济社会与政治环境造成的。一方面，随着第一次世界大战结束、德皇威廉二世退位和同年哈布斯堡家族结束对奥匈帝国的百年统治，自由资本主义开始向垄断资本主义转变；另一方面，随着俄国十月革命的胜利、苏维埃政权和计划经济的建立，出现了实践中的社会主义。前一方面既是对资产阶级古典自由主义经济理论的一种肯定，也是对资产阶级古典自由主义经济理论的挑战；后一方面则是对资产阶级古典自由主义经济理论的一种压抑与刺激。正是在这种背景下，才出现了早期的新自由主义思潮。20 世纪二三十年代发生了一场以奥地利经济学家米塞斯、哈耶克为首的新自由主义者为一方，以波兰经济学家兰格为另一方的关于"经济计算"问题的大论战。整个论战虽无果而终，但却成为新自由主义开始登上历史舞台的一个里程碑。

2. 新自由主义受冷落与自我雕琢时期

20 世纪 30 年代爆发了一场席卷了整个资本主义世界的经济大危机。30 年代大危机彻底暴露了自由放任市场经济的弊端，它不仅是对古典自由主义经济理论基础——萨伊定律的一次全面否定，而且实际上宣告了自由竞争资本主义时代的结束。反映国家垄断资本主义要求的、着重主张以扩大政府支出创造需求和通过政府干预推动经济增长的凯恩斯主义便应运而生。"罗斯福新政"则以政策实践的形式表明了凯恩斯主义的有效性，并使凯恩斯主义上升为资本主义世界的主流经济学，主导国家垄断资本主义的宏观经济运行长达 40 年之久。这 40 年既是国家干预主义盛行和国家垄断资本主义取得成功的"凯恩斯时代"，同时又是新自由主义受到冷落、新自由主义者着手对其理论进行精雕细琢，并使之系统化的经院修炼时期。

3. 新自由主义勃兴时期

以 20 世纪 70 年代初期爆发的两次石油危机为导火线，整个资本主义世界陷入了"滞胀"(高通胀、高失业、低经济增长)困境。面对"滞胀"，凯恩斯主

义政策束手无策。在这种情况下，多年受冷落的新自由主义伴随美国总统里根和英国首相撒切尔夫人的上台，在否定凯恩斯主义的声浪中，占据了美英等国主流经济学地位。新自由主义的一个重要特征是把反对国家干预上升到了一个新的系统化和理论化高度，是"对凯恩斯革命的反革命"。

4. 新自由主义政治化和向全球蔓延时期

自 20 世纪 70 年代以来，资本主义由国家垄断向国际垄断发展。为适应这种需要，新自由主义开始由理论、学术而政治化、国家意识形态化、范式化，成为美英国际垄断资本推行全球一体化理论体系的重要组成部分。其标志性事件是 1990 年由美国政府炮制的包括十项政策工具的"华盛顿共识"。"华盛顿共识"的出笼，标志着新自由主义嬗变为美国的国家意识形态和主流价值观念。①

（三）新自由主义的主要流派

新自由主义是一个学派林立、学术见解庞杂的经济学理论体系。到 20 世纪 70 年代，以哈耶克为鼻祖，以科斯、米塞斯、弗里德曼和卢卡斯、拉弗、费尔德斯坦等为骨干的新自由主义理论队伍初步形成气候，并以这些骨干为首，形成了诸多学派。其中，主要有以下四个学派。

（1）伦敦学派。以英国的伦敦政治经济学院为基地的新自由主义伦敦学派，其领军人物是哈耶克。哈耶克一贯主张绝对自由化、完全私有化、彻底市场化，强调自由市场、自由经营。在他看来，任何形式的经济计划、国家干预始终与效率无缘；私有制是自由的根本前提，只是由于生产资料掌握在独立行动的人的手里，才不会有人控制个人的权利，个人才能以个人身份决定我们要做的事情；如果所有的生产资料都落到一个人手里，不管它在名义上是属于整个"社会"的，还是属于独裁者的，谁行使这个管理权，谁就有权控制个人。他认为公有制、社会主义是通往奴役之路。他甚至主张，即使是货币发行权也应给予私人银行，而不能让政府垄断。哈耶克是典型的市场原教旨主义者，他的新自由主义理论观点是其他新自由主义者的主要思想来源。②

（2）现代货币学派。以美国芝加哥大学为基地的现代货币学派，是 20 世纪 50 年代出现的新自由主义学派，也被称为新保守主义学派。这一学派以现代

---

① 中国社会科学院"新自由主义研究"课题组：《新自由主义及其本质——关于"新自由主义"的对话》，《中国社会科学院院报》2003 年 11 月 13 日。

② [英]哈耶克：《致命的自负》，中国社会科学出版社 2000 年版，第 3-6 页、第 71-100 页。

货币数量论为理论基础，以制止通货膨胀和坚持经济自由、反对国家干预为主要政策主张，强调实行"单一规则"的货币政策。现代货币主义的创始人和领袖是美国芝加哥大学教授米尔顿·弗里德曼，其自由化主张的经济理论基础，是他在 1970 年发表的《货币分析的理论结构》一文中提出的"名义收入货币理论模型"。该模型的基本涵义是，名义国民收入变动主要取决于货币供给量的变动，因而他认为"货币最要紧"。由此出发，他主张在货币单一规则的前提下，实行经济自由放任政策，反对国家干预；否定计划经济和任何形式的公有经济；主张削减国家财政对社会福利的投入，等等。弗里德曼是绝对自由化、完全私有化、彻底市场化的狂热鼓吹者。

(3) 新制度经济学派。新制度经济学以经济组织或制度问题为研究对象，主要强调明晰私人产权，降低市场交易费用，实现资源"有效配置"。新制度经济学的理论包括四个方面，即交易费用理论、产权理论、企业理论、制度变迁理论。在新制度经济学看来，市场机制的运行、市场交易是有成本的，也即交易费用；一旦假定交易成本为零，而且对产权的界定是清晰的，那么法律规范并不影响合约行为的结果，即最优化结果保持不变。这一学派的创始人是英国学者、20 世纪 60 年代移民美国并于新自由主义大本营美国芝加哥大学任教的罗纳德·科斯。科斯是狂热鼓吹私有化的新制度经济学派的鼻祖。

(4) 理性预期学派。理性预期学派的主要代表人物是芝加哥大学的经济学教授、曾任美国经济学会会长的罗伯特·卢卡斯。他提出了名噪一时的所谓"理性预期假说"。他认为，在个人和企业进行理性预期条件下，政府宏观经济政策是无效的。而所谓"理性预期"，就是在经济活动中，人是理性的，总在追求个人利益的最大化。由于经济未来的发展趋势关乎自己的投资或就业选择等切身利益，他一般均会充分调用自己拥有的主观和客观的各种信息资源，对经济前景进行尽可能准确的预测，也即对经济前景做出预期。由于这种理性预期，他们的决策一般说来是有根据的，而政府对经济信息的反应不如公众灵活、及时，所以政府的决策不可能像个人决策那样准确、灵活，政府的任何一项稳定经济的措施，都会被公众的合理预期所抵消，成为无效措施，也就是政府宏观经济政策无效。这一观点对奉行国家干预政策的凯恩斯主义给予了沉重的打击，所以也被称为是"理性预期革命"。卢卡斯所在的学派也因此而被称为理性预期学派，这个学派反对任何形式的国家干预，认为国家干预经济的任何措施都是无效的，要保持经济稳定，就应该听任市场经济的自动调节。可见，理性预期学派也是典型的市场原教旨主义学派。①

以上四个学派是新自由主义的主要学派，其他学派，包括以拉弗、费尔德斯坦等为代表的供给学派的影响要小一些，仅在美国的影响较大。而上述四个学派不仅在美国、英国，甚至在欧洲乃至全球都能看到他们主张和鼓吹的绝对自由化、完全私有化、彻底市场化等思想的影响。②

三、新自由主义的思想渊源

新自由主义思潮绝非单个的理论现象，它有着深刻的思想渊源。西方古典自由主义传统为新自由主义奠定了最根本的哲学基础和理论"正当性"，西方现代性思潮的内在逻辑为新自由主义提供了强大的内生动力。

(1) 古典自由主义为新自由主义提供了哲学基础和理论"正当性"。

新自由主义与古典自由主义的哲学基础和基本理论主张是一脉相承的。其哲学基础是"自然主义"。这一理论认为，人类社会是自然界的一部分，受"自然法则"的支配，人类社会是一个在不受政治干预的条件下就能自然趋向平衡和有序的自我调节的系统。"自然状态"是一种与公民社会状态相区别的、没有政府和法律、没有正义和美德等社会政治情感的个体化的自然人，在自然欲望、自然需求和自然情感驱动下，运用自身的力量而求生的状态。假设将"自然状态"是否真实的问题存而不论，"自然状态"这个概念至少表达了以下价值：

① 人本主义。"自然状态"表达了人本主义理想，该理想包括人类中心论和个人中心论。在这种状态下，每个人按照自己的欲望自由生活，这是一个真正的"人"的世界，这里的"人"并不是受到独立于人类意志的某些实质性的正义原则所约束和压抑的"人"，而是按照自己的意向进行选择的人。这里既没有"十诫"，也没有反映人的完满性和优异性的智慧、勇敢、节制、慷慨等美德，只有对自我保全、和平与自由的欲求。霍布斯毫不掩饰地宣称：生活本身就是欲望，欲望构成了人的生活，反映了人的生命运动，展示了人的真实存在。③这样，在"自然状态"中，人第一次带着自己的欲望和需要问心无愧地站在世界舞台上。在这个舞台上，积极自主的、创造性的人成为要表演的角色，

————————

① 中国社会科学院"新自由主义研究"课题组：《新自由主义研究》，《马克思主义研究》2003 年第 6 期，第 18-21 页。

② 何孟秉：《再论新自由主义的本质》，《当代经济研究》2015 年第 2 期，第 6-7 页。

③ [英]霍布斯：《利维坦》，黎思复、黎廷弼译，商务印书馆 1985 年版，第 72 页。

欲望不断地提出权利要求成为要表演的内容。

②　个人主义。"自然状态"这一术语本身就包含了个人主义的倾向，因为自然状态是一种还没有结成任何社会政治关系的状态。在这种状态中，每个人以纯粹的自然动机和自然理性独立而自由地生活。个人并非逃脱不了社会、政治和法律的关系之网，相反，社会和政治共同体必定以个人为自然物和基本单位，它们是个人理性生活的产物。公民社会来源于"自然状态"这一事实说明：个人在逻辑上和道义上优先于社会。"自然状态"是利己主义的自然天性、自我中心论及个人权利意识充分展示的状态。"自然状态"假设说明个人主义是人类不可改变的自然事实。个人始终是独立存在的实体，社会只是实体之间的关系，既然实体优先于实体之间的关系，则个人优先于社会，是社会为了个人，不是个人为了社会。

③　社会契约与权利保障制度。"自然状态"假设不仅说明保护生命、财产与自由是绝对有效的自然权利，而且指出这些自然权利存在于公民社会之前，并为公民社会的建立提供了道德基础。但是，从一开始公民社会就具有社会性，它与个人的独立存在不相容，如何在社会关系中实现个人主义呢？近代自然法学家提供的答案是：政治契约。公民社会存在的全部价值是对公民权利的保护，公民权利无非是通过法律和政府来保护的自然权利，"自然状态"中的自然权利在公民社会中转化为公民权利。但在现实中，个体的意志表达与个人权利之间可能发生冲突，这就是通常所说的民主与自由的冲突。为了解决这种冲突，洛克设计了宪政。宪政是对民主与个人权利保护的综合与平衡，它既以民主为基础，同时又以个人权利的保护作为不可动摇的内容。人们愿意将自己裁决和处罚侵权行为的权力授予一个仲裁者，这就是政府或政治权力的起源。政府只能是公正地裁决纠纷、阻止权利侵害的仲裁机构，专断的政府根本就不是政府，它本身就与人们处于"自然状态"之中。近代西方的自然法学家通过理性的假设来建构普遍有效的、理想的法律与政治制度。

综上所述，古典自由主义捍卫的个人主义、权利本位以及保障个人权利的法治、宪政和分权等制度设计为当代西方新自由主义奠定了哲学基础和理论"正当性"，并成为其最重要的思想来源。①

(2)　西方现代性思潮的内在逻辑为新自由主义提供了强大的内生动力。

从更深层次剖析，无论是新自由主义还是古典自由主义，甚至广义上的自由主义理论体系，都属于西方现代性内在逻辑的体现。何谓现代性？按照施特

---

①　汤怡：《当代西方新自由主义的思想渊源探析》，《武汉理工大学学报（社会科学版）》2010
　　年第 3 期，第 413-416 页。

劳斯的看法，现代性本质上不是一种历史学或年代学的范畴[1]，而是相对于古典性而言。从西方政治哲学史看，马基雅维利、霍布斯等人最早开启了现代性。马基雅维利率先取消了以教化提高人为根本目的的古典政治哲学传统，通过将政治去道德化、将政治的目标限定在较为卑微的维护生命和安全上，从而降低了政治标准，以便使政治有一个"低俗却牢固"的基础。霍布斯则创立了"政治快乐主义"，主张政治快乐主义能够作为美好政治秩序的基础，他还力图让人们相信，美好的政治秩序能够用有缺陷的人类质料来构建。[2]这种思想再经由亚当·斯密"看不见的手"的形象概括，至今仍影响深远。康德甚至认为，建立公正社会秩序的问题，"即使对于一个由恶魔组成的民族来说，也是可以解决的，只要他们足够明智"。[3]可见，以个人主义、工具理性、政教分离等为核心特征、奠基于技术进步之上的西方现代性，在某种程度上是资本主义和自由主义的代名词，也是现代西方文明的本质特征。客观地说，对现代性的追求在历史上曾将人从超越性的束缚中解脱出来，释放了人的主观能动性，使人得以无所忌惮地追逐私利，极大地促进了人类生产力的发展。从推动人类技术文明自我扩张、促进物质繁荣的意义上讲，现代性不乏积极意义，在某种意义上甚至是不可逾越的历史过程，并且这一过程至今仍方兴未艾。新自由主义对"看不见的手"和"自发秩序"的强调，对市场和效率的强调，恐怕也正是从现代性的这个意义上为自身正名的。

　　西方现代性在肇兴之初是以号召建立一种去道德化的政治起家的，正是它当初不遗余力地倡导政教分离、政治与道德分离，倡导价值相对主义。然而吊诡的是，西方现代性发展到晚近以来，却自觉不自觉地以"普世价值"的面目包装自己，使自己裹上一层道德的外衣，力图占据国际社会的道义制高点。西方现代性对自由、人权、宪政民主等理念的强调，对所谓"专制"、"极权主义"的控诉，都刻意蒙上了一层道德色彩，尽管对这些词汇的解释权完全垄断在西方现代性自己手里。新自由主义正是这种被赋予了"普世价值"色彩的西方现代性的高级表现，再加上"民主化"、"全球化"浪潮的推波助澜，新自由主义仿佛成了一种浩浩荡荡的世界大势和历史潮流，大有顺之则昌、逆之则亡之势。

---

① Leo Strauss, "Progress or Return? The Contemporary Crisisin Western Civilization", Modern Judaism, vol. 1, 1981, p17.

② [加]莎迪亚·B·德鲁里：《列奥·施特劳斯的政治观念》，张新刚、张源译，新星出版社 2010 年版，第 241-243 页。

③ [德]列奥·施特劳斯：《自然权利与历史》，彭刚译，上海三联书店 2003 年版，第 197-198 页。

也难怪福山等具有浓厚新自由主义色彩的西方学者会产生"意识形态的终结"、"历史的终结"等错觉。①

第二节　新自由主义的基本主张、主要特征和本质

一、新自由主义的基本主张

（一）宣扬"三化"

从经济层面的学理探讨来看，新自由主义继承了资产阶级古典自由主义经济理论的自由经营、自由贸易等思想，并走向极端，大力宣扬"三化"。

（1）"自由化"。新自由主义认为自由是效率的前提，其所主张的"自由化"以个人自由为前提，反对政府对经济活动的干预，主张放任自流的自由竞争、自由贸易，尤其强调金融自由化，强调各国应开放金融市场以便资本的自由流动。正如大卫·哈维所说，由于"自由化"是以个人为基础的，它必然成为私有业者最大限度地控制社会层面的自由，成为他们剥削他人的自由，或获得超额利润而不对社会做出相应贡献的自由。它意味着那些对收入、闲暇和安全都高枕无忧的人拥有完全的自由，而人民大众仅拥有微薄的自由。另一方面，"自由化"所强调的金融自由化又成为国际垄断资本扩张的重要平台，是国际金融资产阶级利益最大化的方法。新自由主义鼓吹各国应解除对资本市场的管制，允许资本自由流动。但事实上资金只是单方向地不断流出，国际金融资产阶级却通过一次又一次金融危机变相洗劫各国的财富，金融自由化作为国际金融资产阶级代言人和吹鼓手的真面目就不言而喻了。

（2）"私有化"。在他们看来，私有制是人们"能够以个人的身份来决定人们要做的事情"，成为推动经济发展的基础。以产权改革为核心的"私有化"，是新自由主义精神实质最好的体现。新自由主义者把私有制看成是唯一合理的社会制度，认为只有私有制才能保障个人自由，并能够赋予人民自由的权利，从而使得每个人的积极性和潜能都得到充分发挥。同时，由于私有制经济具有内在的稳定性，在市场这只"看不见的手"的调节下，他们以为私有经济能够自动促进社会经济的均衡发展。相反地，他们认为公有制以中央计划、行政命

① 林经纬：《新自由主义的理论本质、思想渊源及矫治之道》，《唐都学刊》2013年第5期，第78-79页。

令代替分散决策经营，不仅扼杀了个人的积极性，也必然导致经济效率低下，最终将面临集权主义的严重问题。可见，鼓吹私有化的新自由主义者大多是私有制的狂热支持者，同时又是公有制和福利国家的极力反对者，其目的就是通过否定公有制、让人们放弃公有制，实行私有化的政策。究其实质，私有化确立的国际垄断资本的权威，帮助国际垄断资本实现了显性和隐性的双重好处。显性的是发展中国家的国有企业私有化之后，往往落在国际垄断资本手中；而隐性的则是私有化往往和腐败及国有资产的流失联系在一起。于是，新自由主义主张的私有化在否定公有制和集体主义的同时，就成了资产阶级向全球输出意识形态、进行和平演变的绝佳路径了。

(3)“市场化”。新自由主义主张的“市场化”是指经济运行完全依靠市场来进行调节。它强调市场机制的自发调节作用，认为离开市场就谈不上经济，无法有效配置资源，反对任何形式的国家干预。新自由主义者认为，市场机制在生产要素的合理配置方面起着不可替代的决定性作用，只有市场竞争制度才能提供技术进步所必需的多样性和灵活性。而国家对经济进行某种程度的干预和计划调节，必然使市场无法正常传递信息，私人经济活动受限，从而引起一系列经济社会问题，诸如通货膨胀、失业增多和劳动生产率下降等，甚至在政治上容易导致对民主的破坏和对个人权利的侵犯。他们把市场经济理想化，对市场经济的局限性和政府适度干预的必要性熟视无睹，而把政府调控看成是经济不稳定、效率低下和社会不公平的总根源。当他们认为坚持市场化就必须反对政府调控，倡导“小政府、大社会”的时候，意识形态话语就表露无遗了。因为归根结底，经济市场化只是为国际垄断资本进行全球扩张、控制全球经济、扫清制度障碍提供了最佳借口。在经济市场化体系中，无数国家和个人的利益受到损害，而赢家永远只有一个，那就是“政治华盛顿”和“智力华盛顿”背后的国际垄断资产阶级。由此可见，推崇市场机制的作用，反对国家对经济活动的过分调节，不过是实现新自由主义作为意识形态扩张工具的烟幕弹而已。①

(二) 强调和坚持三个“反对”

从政治层面的政策主张来看，新自由主义特别强调和坚持三个“反对”。

(1)“反对公有制”。新自由主义鼓吹“私有产权神话”。他们认为，在废除了私有制的公有制社会里，穷人名义上成了公有财产的主人翁，但同时却不得不服从于拥有极大的垄断权的国家管理机构，完全受这个庞大的管理体制所

---

① 叶晖：《作为资产阶级意识形态的新自由主义》，《中国社会科学报》2015 年 2 月 9 日。

支配。他们得出的结论是：私有制社会是一个富人得势的社会，公有制社会是一个得了势的人才能致富的社会，而一个富人得势的世界要比一个只有得了势的人才能致富的世界更好些。

(2) "反对社会主义"。新自由主义者对个人主义过分推崇，反对一切含有集体意识的社会制度，他们认为社会主义、封建主义、法西斯主义都是"集权主义"，这种"集权主义"表面上把理性推到至高无上的地位，实际最终只会毁灭理性，因为它没有弄清楚理性成长必经的过程。

(3) "反对国家干预"。尽管新自由主义经济学家不可能完全拒绝利用国家干预来稳定现代市场经济运行，但推崇"市场万能"的市场机制作用，强调国家对经济运行和经济活动的调控与干预越少越好，一切顺从自由市场的利润最大化原则，这是新自由主义理论的核心内容。他们认为国家调控是造成经济不稳定的主要根源，管得最少的政府是最好的政府，国家不干预经济是对经济最好的管理。

（三）鼓吹以超级大国为主导的全球一体化

从战略层面的实践来看，新自由主义极力鼓吹以超级大国为主导的全球一体化。

经济全球化是世界经济体系发展的一个必然趋势，是人类社会生产力发展的必然结果。但新自由主义并不是一般地鼓吹经济全球化，而是着力强调要推进以超级大国为主导的全球经济、政治和文化的一体化，其本质是全球的资本主义化乃至"美国化"。他们主张全球治理是人类未来的基本走势，民族国家已经过时并正在终结，认为发展中国家可以把主权让渡给国际货币基金组织和世界银行等国际组织。显而易见，新自由主义所标榜的"全球化"不过是发达国家打开发展中国家市场，向发展中国家倾销自己的商品，掠夺发展中国家资源的重要手段。20世纪90年代初出炉的"华盛顿共识"已经远远超出了经济全球化，而是经济体制、政治体制和文化体制的全球一体化，为垄断资本全球化扩张提供指导思想。新自由主义所推崇的经济全球化忽视其他新兴市场化国家的历史背景和现实情况，其实质是主张超级大国主导下的全球经济一体化、政治趋同化、文化一元化。古巴领导人菲德尔·卡斯特罗一语中的，他说"当今的全球化是一个由新自由主义全球化的思想、标准和原则统治着的世界"[①]。

经济全球化为当代资本主义发展提供了新的空间，国家垄断资本主义加速

---

① [古]菲德尔·卡斯特罗：《全球化与现代资本主义》，王玫等译，社会科学文献出版社2000年版，第31页。

向国际垄断发展。可以说，新自由主义代表的是以美国为首的国家垄断资本主义的阶级利益，它主张建立全球秩序并不是为了维护不同国家利益，也不可能照顾到不同国家经济政治现有水平。它所主张建立的世界新秩序就是为了将整个世界纳入到国际垄断资本主义资本增值的世界。尤其是在经济政策上，以美国为首的西方发达国家，为了实现资本在全球的增值，要求广大发展中国家也实行新自由主义政策。他们要求发展中国家开放国内市场，实现生产要素和资源(除了劳动力要素)在世界范围内自由流动，实现生产、贸易和金融的完全自由化与国际化。他们通过控制国际货币基金组织、世界银行、国际清算银行、世界贸易组织等国际经济组织，制定一系列行业规则，将广大发展中国家纳入到以西方发达国家为主导的全球资本主义体系中，实行美国模式的世界经济一体化。例如，"华盛顿共识"的出炉就是位于华盛顿的三大机构——国际货币基金组织、世界银行和美国政府共同提出的、体现新自由主义理论的具体政策主张。

新自由主义思潮作为美国国际垄断资本在全球扩张的理论工具开始在全球蔓延，其结果显而易见，世界经济绝不可能变成一个自由竞争的体系。恰恰相反，它只会继续处在美国国际垄断资产阶级的控制之下。由此可见，肢解民族国家，为垄断资本寻求更大的生存空间才是新自由主义全球化的根本目标。[①]

二、新自由主义的主要特征

(1) 新自由主义是在反对国家资本主义尤其是在反对社会主义运动中诞生的。

反社会主义与反国家资本主义构成了新自由主义的理论主题与理论目标，离开了反社会主义与反国家资本主义，新自由主义也就失去了自身的存在根基。作为新自由主义的开山人物，早在20世纪30年代，哈耶克在与兰格的论战中虽然没有取得胜利，但却及时宣扬了他的反国家资本主义与反社会主义的政治主张，引起了私有企业主以及其他垄断资产阶级的普遍关注与极大兴趣。他在《通往奴役之路》一书中对社会主义以及当时正在实施的凯恩斯主义经济社会政策进行了猛烈抨击，提出英国的福利政策以及美国的"罗斯福新政"是对资本主义的修正，与资本主义本质背道而驰，而苏联的社会主义简直是一条"通往奴役之路"，计划经济必然导致极权。[②]哈耶克的这些思想与其说是对

---

① 叶晖：《作为资产阶级意识形态的新自由主义》，《中国社会科学报》2015年2月9日。
② 弗里德利希·哈耶克：《通往奴役之路》，中国社会科学出版社1997年版，封二。

"看不见的手"这一理论的发展，倒不如说是彻底的反社会主义、反国家资本主义的意识形态理论，是借反凯恩斯经济理论之名而行反国家资本主义以及反社会主义之实，是体现着资本主义本真精神的意识形态理论。尽管新自由主义在后来的发展过程中也对自己的理论进行了某些修正，出现了"左派"、"右派"以及"第三条道路"等理论形态，其目的只不过是使自己的理论具有更强的解释性与迷惑性，因而丝毫不能改变它的意识形态本性。

（2）新自由主义总是在一个国家出现重大的经济社会问题的时候获得了较快发展。

第一次是 20 世纪 70 年代，石油危机的爆发使得西方国家进入了所谓的"滞胀阶段"，以凯恩斯主义为原则而建立起来的福利国家陷入了前所未有的"滞胀"危机，这为新自由主义全面批判凯恩斯主义提供了可乘之机。此时，以弗里德曼、卢卡斯等人为代表的货币学派、理性预期学派等彻底否定了国家资本主义，新自由主义从边缘走向了中心，成为里根和撒切尔政府的治国之道。第二次则是在 20 世纪 80 至 90 年代，原来以进口替代为主导的拉美国家陷入了严重的债务危机。于是，在个别国家及国际经济组织的压力下，一些拉美国家只好接受新自由主义思潮，调整经济结构，大力推行私有化、市场化改革，实行金融、贸易以及投资的自由化。与此同时，苏东地区发生了颜色革命与政权更替，以新自由主义意识形态为基础、以"华盛顿共识"为主要内容，以私有化、市场化、自由化为导向的"休克疗法"就成了苏东以及俄罗斯经济体制改革的唯一指南，导致新自由主义意识形态在这些国家的侵入与渗透。可以这么说，新自由主义的发展与勃兴是建立在对别国意识形态侵入与颠覆基础之上的。任何一个国家要想接受新自由主义的经济理论，必然要接受它所具有的意识形态。

（3）新自由主义的核心思想与主要内容都是围绕着如何推进"市场化、自由化、私有化以及全球化"而展开的。[①]

新自由主义所主张的"市场化"是对注重政府调控的社会主义经济体制的否定，进而"逻辑地"否定了社会主义本身。新自由主义甚至把"政府调控"当成经济不稳定、效率低下以及社会不公平的总根源。因此，坚持市场化就必然反对政府调控，倡导"小政府大市场"，坚持"个人自由"，主张"小政府大社会"。新自由主义的"自由化"以个人自由为前提，以个人主义为基础，它是"私有业者"最大限度地"控制社会层面"的自由，而不是马克思所说的建立在"每个人的自由发展是一切人的自由发展的条件"之上的"人类整体"的

---

① 程恩富：《新自由主义的起源、发展及其影响》，《求是》2005 年第 3 期。

自由。①也就是说，这样的自由只是"资产阶级"最大限度地获取自身利益的自由，它不是"全体社会成员"的自由。以产权改革为核心的"私有化"最能体现新自由主义的精神实质，一味地坚持私有化而忽视产权改革的社会主义主体地位就会从根本上否定生产资料的公有制以及集体主义，成为资产阶级进行和平演变、向全球推广其意识形态的最佳路径。此时，这些国家的经济究竟能否真正增长，贫困问题能否真正消除，社会公正能否真正实现，新自由主义已经没有必要关注了，或者说就不曾关注过。可以这么说，"市场化、自由化、私有化以及全球化"是引导其他国家接受资本主义意识形态观念的"潘多拉之盒"。

(4) 新自由主义借助于浸透着资本主义意识形态的经济制度向其他国家推广，把非西方国家纳入到整个资本主义体系当中，去实现所谓的"历史的终结"。

在全球推行资本主义经济制度必然内在地推行资本主义意识形态。按照新自由主义的看法，尽管世界各国尤其是第三世界中仍然会发生一些冲突，但由于整个世界已经普遍性地接受了"民主"、"自由"、"私有"等价值观念，普遍性地实行了西方国家的政治经济制度，使得人类关于自由、民主的争论已经结束，整个世界的意识形态观念必将"全盘西化"，西方国家现行的民主制度也许是"人类最后一种统治形式"而表现为"历史的终结"，与西方资本主义相左的意识形态将会不复存在。也就是说，资本主义的意识形态观念将一统江山，至于各国的经济发展就不再是一个重要问题了。因此，"历史的终结"不是指人类历史本身的消亡，而是说意识形态在全球的推广与渗透，使得新自由主义的意识形态达到了"独孤求败"的地步，新自由主义为资本主义高唱赞歌、鼓吹资本主义意识形态由此昭然若揭。

至此，原本似乎作为经济理论的新自由主义已经彻底撕开了它那伪善的衣裳，变成了赤裸裸的政治意识形态理论以及文化霸权理论。所谓的"市场化"、"全球化"以及"自由化"等只不过是它用来推广资本主义意识形态的一块遮羞布而已。②

三、新自由主义的本质

关于新自由主义的本质，概括起来说就是一句话：新自由主义是国际垄断资本的理论体系。要深刻理解这一点，必须把握好以下四个方面的联系：

(1) 国际垄断资本主义需要新自由主义。

---

① 马克思、恩格斯：《马克思恩格斯选集(第 1 卷)》，人民出版社 1995 年版，第 294 页。
② 高和荣：《揭开新自由主义的意识形态面纱》，《政治学研究》2011 年第 3 期，第 88-89 页。

标志着资本主义向国际垄断阶段转变的重大事件，先后发生在 20 世纪 70 年代到 21 世纪初的 20 多年间。这些标志性重大事件有：

① 以"滞胀"为特点的 1973—1975 年资本主义世界经济危机，标志着国家垄断资本主义发展到了极致，"滞胀"成为资本主义向国际垄断阶段大转弯的第一个历史拐点。"滞胀"既是对国家垄断资本主义发展的历史总结，又是资本主义进入国际垄断阶段的历史序幕。

② 新自由主义的勃兴适应了当代国际垄断资本发展的需要，1990 年"华盛顿共识"出笼后，新自由主义更成为国际垄断资本向全球扩张及其制度安排的理论依据。

③ 跨国公司的崛起使全球市场同时又成为全球工厂，从而为资本主义进入国际垄断阶段奠定了最深厚的物质基础。

④ 长期以来缺乏可贸易性的"服务"实现了贸易国际化，使国际垄断资本对全球经济实现了全产业控制，从而把资本主义在产业层面上推向了国际垄断阶段。

⑤ 因特网作为垄断资本控制全球的技术和经济密网，成为资本主义发展到一个新阶段的标志性技术。

⑥ "9·11 事件"为全面建立国际垄断资本全球体系提供了历史借口，使美国掀起了一场实现"政治全球化"或"全球一体化"的乌托邦浪潮。

资本主义在不同的发展阶段需要不同的理论。如果说国家垄断阶段需要的是凯恩斯主义，那么，国际垄断阶段需要的则是新自由主义。

(2) 新自由主义推动资本主义向国际垄断阶段过渡。

自 1990 年"华盛顿共识"出笼之后，新自由主义开始向全球蔓延，为国际垄断资本开辟了全球空间。第一，私有化浪潮席卷全球，既加速了国家垄断资本主义向国际垄断阶段的过渡，同时又摧毁了原苏东国家(苏联和东欧社会主义国家)的公有制经济。在世界范围内，国际垄断资本难以进入或无法控制的领域已经所剩无几。第二，经济市场化波及全球，国际垄断资本在全球的运作有了越来越可靠的制度保障。由于新自由主义的蔓延，西方市场经济发达的国家致力于追求市场机制的完善，而非市场经济国家则纷纷谋求建立市场经济制度。20 世纪 90 年代以来，原苏东国家几乎是齐步走式地向市场经济制度转轨。从拉美、亚洲到非洲，各类经济模式的国家几乎都无一例外地使市场机制在资源配置中越来越发挥基础作用。各国的"经济市场化"进程，等于是在规范"行车规则"，为国际垄断资本进行全球扩张、控制全球经济扫清制度上的障碍，使垄断资本在国外的"自由空间"急剧扩大。

(3) 新自由主义的金融自由化为国际垄断资本控制全球经济提供了一个至关重要的杠杆。

由于体制和国情的差异，各国金融自由化涉及的方面和内容有所不同，但总体来看，主要包括：实现完全的利率自由化；金融机构业务的多元化；改变境内外金融市场的分离状态，对外开放金融市场，实行外汇交易自由化等等。金融自由化与金融国际化紧密相连，相互推进。在金融越来越成为现代经济命脉的情况下，金融自由化和金融国际化使国际垄断资本有了一个控制全球经济的最重要的杠杆，从而通过金融"扼制"，把整个世界经济体系更加牢固地置于自己的掌握之中。

(4) 新自由主义的全球一体化是国际垄断资本企图统一全球的制度安排。

"华盛顿共识"的炮制及其出笼，是国际垄断资本企图一统全球意志的体现。"华盛顿共识"已经远远超出了经济全球化，而是经济体制、政治体制和文化体制的"一体化"，也即美国化。新自由主义、垄断资本国际扩张同经济全球化又紧密交织在一起。与垄断资本的国际扩张相比，经济全球化具有更广的涵盖范围。但是在当代，由于世界经济体系处在国际垄断资本的支配之下，所以垄断资本与经济全球化又几乎完全重叠。可以说，垄断资本借助经济全球化全速进行国际扩张，而如果没有垄断资本的国际扩张，也就谈不上今天的经济全球化。因此，在经济全球化背后，不能不看到新自由主义和国际垄断资本的巨大影响力，甚至是支配力。从本质上说，经济全球化是世界经济体系发展的一个阶段，是人类社会生产力发展的必然结果。但迄今为止，它又一直处在国际垄断资本的支配之下。因此，我们不拒绝参与经济全球化，但对其背后的新自由主义和垄断资本的国际扩张则须保持高度警惕。

从上述三个方面的分析中，我们不难看出，新自由主义是国际垄断资本的理论体系。[①]

第三节 新自由主义的实践及其后果

一、西方新自由主义的三大经济政策体系

新自由主义学派林立，形形色色的经济理论和为数众多的政策主张基本面

---

① 中国社会科学院"新自由主义研究"课题组：《新自由主义及其本质——关于"新自由主义"的对话》，《中国社会科学院院报》2003年11月13日。

虽然相似，但差异不小。西方国家政府采取和推行的新自由主义政策体系主要有：英国的"撒切尔主义"或"撒切尔经济学"，美国的"里根经济学"，被美国等西方国家向全世界特别是向广大发展中国家推行的"华盛顿共识"。

（1）英国撒切尔政府的新自由主义经济政策。

以凯恩斯主义为代表的国家干预主义在英国影响广泛而深远。从 20 世纪 30 年代到 70 年代，英国历届政府基本上都奉行凯恩斯主义的国家干预政策。二战后，英国经济得到较快的恢复和发展。但是长期交替实行扩张性与紧缩性财政与货币政策，导致经济停滞和通货膨胀并存，使凯恩斯主义政策失灵。撒切尔于 1979 年出任英国首相。信奉新自由主义的撒切尔从 20 世纪 70 年代末和整个 80 年代，全面推行新自由主义的自由市场经济政策。撒切尔政府的新自由主义政策体系主要包括：对国有企业实行私有化(又译民营化、非国有化)；力推自由市场经济，解除政府对市场的调控和监管，其中包括对金融的监管；打击和削弱工会力量；削减社会福利；减税，主要是对大公司和富人减税；取消汇率管制，实行汇率自由浮动；推行旨在削弱和瓦解苏联的政策。撒切尔竭力对外推销其新自由主义政策，她曾颇为得意地说："人们不再担心染上英国病，他们排队来领取新的英国药方。"

（2）美国里根政府的新自由主义政策。

美国自罗斯福新政以来，历届政府长期实行凯恩斯主义的国家干预政策。但是，面对 20 世纪 70 年代出现的"滞胀"，凯恩斯主义束手无策。里根于 1981 年出任美国总统。他笃信货币学派和供给学派的经济理论与政策主张。他有一句名言："政府不能解决问题，政府本身才是问题。"里根政府的新自由主义政策主要包括：实行"大市场"和"小政府"，大力减少政府对市场的干预，解除政府对市场的调控和监管；降低税率，所得税最高税率从 20 世纪 80 年代初的 70%降低到 1982 年的 28%；削减社会福利支出；镇压工会领导的罢工运动；推动"星球大战"计划，大幅度增加军费支出，图谋通过军备竞赛拖垮苏联。这时美国新自由主义思潮从非主流地位上升到主流地位，并走向高峰期。

（3）"华盛顿共识"的新自由主义政策。

"华盛顿共识"是美国国际经济研究所约翰·威廉姆森以新自由主义为理论依据，于 1989 年拟定的先对拉美、后对苏东转轨国家经济改革提出的系列政策，这些政策在华盛顿召开的研讨会上得到美国政府以及国际货币基金组织和世界银行的确认与支持，因而被称作"华盛顿共识"。"华盛顿共识"的新自由主义经济政策，涉及企业政策、财政政策、货币政策、税收政策、贸易政策、利率政策、汇率政策、外资政策等一系列政策。美国著名经济学家斯蒂格利茨把"华盛顿共识"的核心内容概括为"三化":"政府的角色最小化"、"快速的私有化"和"快速的自由化"。华盛顿共识的"政府的角色最小化"与里根经济学的"大市场"和"小政府"实质相同;"快速的私有化"与撒切尔主义的国有企业私有化一样;"快速的自由化"包括贸易自由化、利率自由化和汇率自由化,与撒切尔主义和里根经济学的解除调控与监管相一致。

二、新自由主义的实践后果

过去几十年里,新自由主义逐渐在全球泛滥,给世界经济社会带来了诸多恶果。今天人们普遍认为,正是新自由主义导致了全球金融和经济危机。新自由主义的实践后果主要体现在以下几个方面:

(1) 世界经济一体化加强,但经济增长减速,结构性矛盾尖锐。

经济全球化是由资本在全球范围内攫取最大程度利润的本性驱动的。新自由主义主张解除对资本投资、商品和服务贸易等自由流动的限制,提倡贸易自由化、金融自由化,在一定程度上推动了世界经济一体化。世界经济一体化导致较高的国际贸易依存度,也意味着世界经济的系统性风险升高。一旦某一个或几个贸易大国经济出现问题,其余国家和地区很难避免受到冲击。自新自由主义在全球泛滥以来,世界经济增长不是加快了而是减速了。一些国家甚至陷入严重经济倒退的局面,这已成为公认的事实。在新自由主义政策施行于欧美、拉美、苏东及俄罗斯、亚洲等国家和地区的重要时期(1981—1998 年),世界经济的年均增长率与前一个时期(1951—1980 年)相比,从 4.5%下降到 2.9%,人均国民生产总值平均增长率则下降了一半(从 2.6%下降到 1.3%)。

拉美新自由主义改革的首要目标是恢复经济增长,而结果令人失望。20世纪 90 年代以来,拉美经济增长呈现一种明显的前高后低、逐步衰退的态势:1991—1994 年经济增长率不足 4%,1998 年后,拉美由于接连发生经济危机或金融动荡,1999 年和 2001 年的经济增长率仅为 0.5%和 0.3%,2002 年又下降了 0.5 个百分点。这远远低于国际金融机构 1997 年时的估计,基本上重新陷入 80 年代债务危机后的那种停滞和衰退状态。据联合国拉美经济委员会公布的数字,拉美经济在世界经济总量中所占比例,1960 年为 8%,到 21 世纪初仅为 4%。

作为发达国家新自由主义政策实践的始作俑者,英美两国的经济也在世纪之交走向衰退。互联网泡沫破裂不久,美国走出了经济低谷,一度被视为新自由主义的最佳范例。然而,美国经济增长凭借的是对外推行美元霸权和经济全球化,为了控制资源和市场甚至不惜发动战争,对内则依靠推行金融衍生新工具，这是以严重的经济结构失衡和财政恶化为条件的，特别是它给发展中国家带来的巨大风险和灾难，使得这种范例不可重复、不可分享。2008 年以来美国金融危机的爆发不断深化，标志着美国新自由主义模式遭到致命性重创。

(2) 资本利润率有所回升，劳工力量被打压。

新自由主义政策在一定程度上确实达到了以美国为首的发达资本主义国家统治集团的目标，打击了全世界工人阶级的斗争，许多前社会主义国家和第三世界国家发展民族经济的努力被摧毁，国际垄断资本的利润率有所回升。但与此同时，世界资本主义体系的各种矛盾不是缓解了，而是激化了。2008 年以来的全球金融和经济危机就是明证。在新自由主义的指导下，为保证利润率，西方国家采取了一系列打压工人阶级的措施，导致工会成员率下降、失业率提高、工人的实际工资下降，导致工人有购买力的需求不足、贫富分化加剧，整个社会的消费能力受到威胁。为了维持生活，在投入更多的劳动时间的同时，美国家庭不得不大量借贷消费。

① 自 20 世纪 70 年代中期以来，在统治集团的打压下，美国工会力量遭到极大削弱，工会成员率大幅度下降。美国工会成员率曾在第二次世界大战期间急剧攀升，从 10% 左右升至近 35%，但战后随着麦卡锡主义的盛行，工会力量遭到削弱，1975 年工会成员率降至 25.3%，到 2010 年下降至 11.4%。其中，私人部门的工会成员率更低，到 2010 年尚不足 7%。类似的情况也在其他国家出现。

② 在工会力量被削弱的同时，为使劳动力市场保持竞争，从而压低工人工资，许多国家的政府以降低通货膨胀率、稳定经济为由有意识地提高失业率，其中美国最为典型。美国新自由主义时期的失业率与之前一个时期相比也有较大幅度的攀升，2008 年金融和经济危机爆发后其失业率一度超过 10%。

③ 由于失业率长期处于较高水平，再加上工会力量的衰落，各国工人斗争的能力和意愿急剧减弱，工人的实际工资也出现了下降趋势。受金融危机的影响，目前美国工人的小时实际工资仍未恢复到 1973 年的水平。在西方其他国家，工人实际工资在新自由主义时期要么基本停止了上涨，要么出现了下降。

(3) 经济金融化加强，各种金融风险加剧。

所谓"金融化"，是指在民族国家内部和国际上，金融市场、金融机构以及金融精英在经济及其统治机构中的重要性不断上升的过程。在新自由主义时期，几乎所有的市场经济国家都出现了经济金融化的现象。

由于新自由主义的影响，美国经济不断金融化。自 20 世纪 80 年代初以来，美国金融业在国内总利润当中所分割的比重越来越大，从 80 年代初的不足

20%上升到本世纪初的 45%, 而同期制造业的比重却大幅度下降, 一度降到 10%以下, 目前也低于 20%。自 20 世纪 80 年代以来, 每隔 10 年左右就会发生一次较大的金融危机, 大型金融机构破产时有发生。

导致这种危机的就是新自由主义指导下的金融自由化政策。美国实施了一系列金融自由化政策并把它推广到世界各地, 其结果是, 金融市场几乎没有监管, 信息极不透明, 欺诈成风并且带来了严重的金融泡沫。金融化不仅使美国的产业结构日益呈现出了"服务化"或"后工业化"的趋势, 甚至导致世界经济体系的失衡。当前, 几乎所有主要市场经济国家都出现了严重的金融泡沫。而且, 由于金融市场的全球化, 这些单个国家内部的金融泡沫相互融合, 形成有史以来全球性的金融大泡沫。历史经验告诉我们, 泡沫越大, 破裂后造成的后果越严重。

(4) 贫富差距拉大, 贫困问题严重。

自商品经济发展到市场经济阶段以来, 除个别历史时期以外, 人类社会的贫富差距加剧成为一个普遍现象, 在新自由主义时期更是达到前所未有的程度。一方面, 是国与国之间发展的不平衡加剧差距加大; 另一方面, 在几乎所有的国家内部都出现了贫富差距拉大的情况。如果按购买力平价来进行估计, 目前全球最富有人口的 10%占有了全球总收入的 50%以上; 而如果按汇率进行估计, 他们占有全球总收入的 2/3 以上。包括发达资本主义国家在内的大部分市场经济国家, 由于推行了新自由主义政策, 劳资双方的力量对比出现了对资方有利的变化, 贫富差距进一步拉大。一方面, 中低收入阶层的收入上涨缓慢甚至停滞或下降; 另一方面, 资本的所有者和管理者收入剧增, 而且越富者收入增长越快。从 1979 年至 2007 年美国不同收入群组家庭的平均税前收入中可以看到, 除了最富的 20%的家庭以外, 剩余的 80%的家庭的税前收入几乎没有增长(事实上, 税后收入也是如此)。相反, 越是富人收入增长得越快。在这近 30 年的时间里, 全社会所有家庭的平均收入增长了 51%, 最富的 20%的家庭收入增长了 89%, 最富的 10%的家庭收入增长了 116%, 最富的 5%的家庭增长了 146%, 而最富的 1%的家庭增长了 241%。绝大部分国家的情况也与美国相似。法国巴黎经济学院的一个研究小组收集整理的"世界富人收入数据库"发现, 各国的一个基本趋势是: 富人们的收入份额从大萧条开始尤其是在二战期间急剧降低, 在战后的 20 多年里要么继续下降, 要么变化不大; 而进入新自由主义时期之后则不断上升, 越是新自由主义政策执行得彻底的国家富人收入上升越快。从 20 世纪 80 年代初开始, 美国、英国、日本和法国 4 个国家收入最高的 1%的富人的收入都出现了上升, 尤其是执行新自由主义政策最彻底的美国和英国，分别从 1981 年的 8.0% 和 6.7% 上升到了 2007 年的 18.3% 和 15.5%。根据美国人口普查局提供的数据，美国家庭收入的基尼系数从 1980 年的 0.40 上升到了 2010 年的 0.47。

由于国与国之间以及各国内部收入差距都在拉大，全球的贫富分化极其严重。根据联合国大学世界发展经济学研究所发布的《全球家庭财富分布情况》，在 2000 年，世界上 1% 最富有的成年人口拥有高达 40% 的全球家庭财富，世界上 10% 最富有的成年人口拥有 85% 的全球家庭财富，而占世界人口 50% 的成年人口拥有的财富比例只有 1%。全球家庭财富分配的基尼系数为 0.892，相当于如果全球总共只有 100 个人和 1000 美元的话，其中一个人拥有 900 美元，而其余 99 人每人仅拥有 1 美元。由于失业人口和贫困人口的增加以及贫富差距拉大，许多国家出现了犯罪盛行并且犯罪形势恶化的现象。现在，全球至少有超过 1000 万人被关在各种各样的监狱里面，而在 2002 年，这个指标只有大约 900 万人。美国在这方面问题最为严重。美国每年发生的犯罪案件和被关进监狱的人口都是全球最多的，其监狱人口占总人口的比重也是全球最高的。在 2010 年，美国发生的犯罪案件超过 1000 万起，其中暴力犯罪约 125 万起，财产犯罪约 908 万起。犯罪案件高发导致美国监狱犯人数在新自由主义时期急剧增加。

(5) 部分前社会主义国家陷入灾难性境地。

特别值得注意的是苏东国家在转型过程中采纳新自由主义政策后的情况。根据联合国儿童基金会提供的数据，到 2003 年，在 26 个原苏东国家中只有 7 个国家的国内生产总值超过了其 1990 年的水平，其中摩尔多瓦和格鲁吉亚 2003 年的国内生产总值只有其 1990 年的 40% 左右。直到 2007 年，摩尔多瓦、格鲁吉亚等 5 个国家经济总量仍未恢复到其 1990 年的水平，其中摩尔多瓦、格鲁吉亚只恢复到各自 1990 年水平的 51% 和 66%。世界银行的一份报告也认为这次的"转型萧条"要比 30 年代的大萧条造成的后果更为严重，相当于发生了一次大规模战争。

在解体以前，苏联是全世界两个超级大国中的一个，是唯一能够和美国抗衡的国家，无论军事、政治、经济还是文化都处于世界前列。但今天俄罗斯已经沦落为一个主要靠出卖石油、天然气等自然资源以及武器设备来维持经济增长的国家。其他绝大部分产业到目前为止尚未恢复到其解体前的水平。

新自由主义极大地破坏了俄罗斯的工业。直到 2009 年，俄罗斯大部分工业部门的产出水平仍然未恢复到 1991 年的水平，整个工业的增加值仍然只有其 1990 年水平的 72%。不论是轻工业还是重工业，都一度出现了大幅下降，尤其是纺织业和皮革业等轻工业，到 2009 年仍然只有各自 1991 年产出水平的 20% 多一点，降幅高达 77%。重工业相对情况较好，但是仍然减少了 50% 左右的产量。"休克疗法"不仅带来了经济萧条，而且导致了收入分配不公。在转型之前，这些国家都处于世界上收入分配最平等的国家行列，而转型后，相当一部分国家已经成为全球收入分配最不平等的国家。由于"休克疗法"带来的经济动荡和恶性通货膨胀，卢布在国际市场上大幅贬值，仅在 1992 年苏联就损失了 9000 亿卢布以上。新自由主义不仅给苏东国家带来了巨大的经济灾难，而且带来严重的人口灾难。经济崩溃和贫富分化加剧，导致苏东许多国家出现了人均预期寿命下降的情况。

原苏东国家的另外一个问题是经济主权受到严重威胁。一个典型的例子是匈牙利。匈牙利在全国范围内实行私有化，但是由于国内的新兴阶级没有能力购买大中型国有企业，导致最终收购者多是外国资本。在 1998 年私有化运动结束时，原来属于匈牙利国有的生产资料有 80% 以上成为私人财产或外国资本的囊中之物，国家保留的国有资产减少到社会总资产的 20% 以下。该国只保留了核工业、发电网、交通、广播电视发射、27 个农业经济公司和国有森林的产权，其余产业基本实现了私有化。在此期间，匈牙利经济却不进反退，尤其是在 1990—1993 年期间经济连年衰退，国内生产总值总共下降了近 20%。1994 年以后虽然经济有所回升，一直到 2000 年国内生产总值才恢复到 1989 年水平。东欧大部分国家的经济，尤其是工业和银行业为外国资本所控制，丧失了主导权。在 7 个苏东国家中，有 4 个国家外国资本占银行业的 65% 以上，爱沙尼亚居然达到了 80%；外资对这些国家工业的控制程度也很高，有 3 个国家超过了 50%，其中克罗地亚甚至达到了 85%。国民经济如此严重地被外资控制，其国家主权和人民生活必然会受到严重影响。由于经济主权受到威胁，政治主权也会受到影响，而且当出现危机时会受到更大冲击。

(6) 拉丁美洲为新自由主义改革付出沉重代价。

自 20 世纪 70 年代开始，拉丁美洲在"华盛顿共识"主导下开始进行新自由主义的经济改革。20 世纪 90 年代后，新自由主义的巨大破坏后果开始显现，频繁爆发的经济危机宣告新自由主义的经济改革失败，拉美国家也为此付出了沉重代价。

① 新自由主义改革使拉美国家经历了严重的经济衰退。以 1982 年发生的债务危机为标志，拉美经济结束了战后 30 年持续增长的局面，出现了持续衰退。经过艰难的调整和改革，拉美经济于 1990 年年底转入恢复增长期。1991—2000 年，拉美经济年平均增长率为 3.2%，人均 GDP 年均增长 1.2%。

虽然高于 20 世纪 80 年代水平，但仍明显低于六七十年代 5.5% 的水平，更低于东亚国家 6.5%～7.5% 的水平。

② 私有化导致拉美国家社会矛盾激化。新自由主义的经济改革倡导国有企业私有化，廉价出售的国有资产使得一些政治、商业精英阶层一夜暴富，私有化的消极后果却由普通民众承担。根据拉美经委会的统计，1994 年拉丁美洲的贫困人口为 2.09 亿，2003 年为 2.27 亿。2004 年贫困人口占拉美国家总人口的 43.9%，其中 19.4%(约 1 亿人口)为极度贫困人口。新自由主义改革导致的经济泡沫破灭之后拉美国家经济陷入持续衰退的态势，社会矛盾激化，拉美国家接连发生罢工、民众和军队暴动，社会动荡不断。

③ 拉美国家对发达国家产生新的依附关系。新自由主义给拉丁美洲带来的巨大灾难使拉美人民逐渐意识到其弊端，特别是 2001 年爆发的阿根廷经济危机标志着新自由主义在拉丁美洲的衰落。值得注意的是，进入 21 世纪以来，拉丁美洲的委内瑞拉、阿根廷、巴西等国左翼政党上台，纷纷采取措施开始扭转新自由主义改革带来的经济社会恶化局面。

(7) 全球范围的有效需求不足，生产能力过剩。

新自由主义政策的实施导致许多国家的实际工资水平下降，大量民众相对和绝对贫困化，大众消费需求增长缓慢，投资水平下降，政府支出减少，导致世界范围的有效需求增长缓慢甚至减少，出现了严重的生产能力相对过剩的现象。受发达国家资本市场泡沫的影响，全球生产能力出现了世界性的过剩。在过去的十多年里，情况更加恶化。以美国为例，其制造业的产能利用率在 1948—1980 年期间平均为 82.9%，而在新自由主义时期平均只有 78.1%，后一个时期产能过剩更加厉害。欧洲的情况和美国类似，而拉美的产能利用率在 20 世纪最后 20 年也非常低。产能过剩的问题日益引起了广泛的关注。美国加州大学洛杉矶分校历史系教授罗伯特·布伦纳就认为，生产过剩而非金融崩溃才是危机的核心。一方面是世界性的生产能力过剩，另一方面是全球性的有效需求不足。只要这两个因素同时存在，直接的后果就必然是经济危机。本轮世界经济危机的爆发和深化就是由这两个因素决定的。与此同时，由于新自由主义的泛滥，许多国家出现教育退化等一系列问题。

综上所述，新自由主义在过去几十年里并没有给世界人民带来其所许诺的各种美好前景。相反，新自由主义的泛滥使得许多国家经济停滞和衰退，社会发展停滞或倒退，许多国家人民生活恶化。它进一步激化了各国的经济社会矛盾，导致了本轮世界金融和经济危机，并很有可能使危机长期化。[1]

---

[1] 朱安东、蔡万焕：《新自由主义泛滥的恶果》，《红旗文稿》2012 年第 11 期，第 15-18 页。

第四节 新自由主义与中国

一、国内新自由主义思潮论争的焦点

2014 年是中国全面深化改革开局之年，新自由主义围绕着"政府与市场的关系"、"国有企业的改革和定位"、"混合所有制如何发展"等问题，不断地发表着各类理论观点和政策建议，与其他思潮激烈交锋。论争的主要焦点可以归结为以下三个方面：

(1) 政府与市场的关系："常识" PK 新自由主义。

自党的十八届三中全会对市场和政府的关系做出了"决定性作用"和"更好发挥作用"的科学定位以来，人们对政府的作用又开始了新一轮的争论。在讨论如何更好地发挥政府作用时，有学者主张"小政府"，认为市场是最好的，不仅在配置资源方面是最有效率的，而且从其尊重个人权利和尊严、充分实现人尽其才的角度看，也是最有德性、最公平的。因而，政府只需要为市场经济有效运作提供一个良好的环境，而不需要干预经济。另一些学者则认为，回到200 多年前的斯密观点严重脱离当代中国的实际，还是应该回归到斯密的研究方法，也就是《国富论》的完整的书名《对国民财富的性质和原因的研究》所昭示的方法——对现象的"性质和原因的研究"。因为"每一代人都有自己的任务，都有自己的困难和挑战，都要学会解决自己的问题"。中国当今面临的转型和发展问题，很难从某位经济学大师那里找到现成答案。有人对上述的争论评论说，主张回到斯密观点的人是仅仅持有"技术知识"的人，他们主张"回到斯密"、"回到哈耶克"、"回到×××"的观点，就是不愿回到实际，不愿"回到中国"。而主张回归到斯密方法的人是同时还拥有实践知识的人。其实，回归到斯密的研究方法只不过是"常识"而已，"常识"就在那儿，就看你能否发现。"常识"的发现都是重大发现，如牛顿从苹果掉下来而发现万有引力。同理，犯常识性错误也都是大错误，比如脱离生产力水平试图及早进入共产主义社会的"大跃进"。因而，一定要警惕常识性错误，一定要将"技术知识"与中国的实际相结合。

(2) 深化国企改革：混合所有制经济 PK 新自由主义的私有化。

党的十八届三中全会把"混合所有制经济"作为我国"基本经济制度的重要实现形式"，强调要"积极发展"，并提出了"国有企业完善现代企业制度"

的改革任务。人们对混合所有制和国企特别是大型国企的改革问题展开了热烈的讨论。一种观点认为，混合所有制经济是国企改革的方向，但混合的前提条件是国有经济必须控股。即发展混合经济的目的是扩大国有资本支配范围，巩固公有制的主体地位，加强国有经济主导作用，引导非公有制经济发展。这种观点是把发展混合制经济当成做大做强国有经济的一种形式和手段。另一种观点则认为，国企存在着自身难以解决的问题，是中国市场经济发展完善的主要障碍之一，私有化是大势所趋。如果混合的结果仍是国有股"一股独大"的话，那么国企改革就会流于形式，还是完善不了国有企业的公司治理结构，仍然解决不了内部人控制、决策不够灵活高效、抗风险能力不够强、创新能力不够足等诸多问题。因此，应该大力鼓励和发展私营经济、外资经济控股的混合所有制经济，希望通过混合所有制经济这种形式，逐步稀释国有经济，也就是把混合所有制经济当作推行私有化的一种手段。还有一种观点认为，应该依托资本市场，通过规范上市把国企真正变成一个社会性的公众公司。否则，形式上的混合所有制不能从根本上解决大型国企的治理结构问题。对于一个大型国企来说，如果只是把自己一些无足轻重的产业链卖掉，这对它本身的股权结构不会有多大影响。因而，应该在资本市场通过市场规则和规范运作将国企整体上市，使之变成一个社会性的企业即公众公司。这不仅有利于普通老百姓获取经济增长的好处，而且有利于避免垄断资本干预政治，有利于将变现的国企资本充实到社保、教育等公共事业以惠及全民。这种公众公司的性质实际上是一种社会化的个人所有制，而不是被少数人控制的私有制。也有一种观点指出，不管如何混合，都必须划定红线：不能借国企改革之名而行损民肥私之实。一定要汲取以往国企改革中的"国有资产严重流失"的教训，坚持公开透明的原则，有效防止少数国企高管打着改革的旗号一夜成为亿万富翁，杜绝借口"混合"而与私企老板勾结联手暗箱操作，把改革变成瓜分全民资产以中饱私囊的平台和机会。为此，有学者指出，必须把国有资产的交易平台打造得像玻璃窗那样透明，在证券市场上公开融资、公开转让，面向所有企业公开、公平、公正交易，保证全民的参与监督。

　　总之，尽管观点各异，但比较一致的看法是，改革的根本目的是让最广大人民群众利益的最大化，改革的根本性质是科学社会主义。鉴于国有企业目前在效率和公平方面存在的问题，进行混合所有制改革势在必行，但无论怎样混合，都不能以改变社会主义生产关系为代价；不能以两极分化、贫富悬殊为代价；不能成为以贪污腐败、官商勾结为结构性特征的改革；不能是以不同利益集团的出现为成本的改革。人们相信，只要坚持全民所有并全民共享的科学社会主义基本原理，充分遵循市场经济规律，国有企业改革将空间无限，精彩无限！

(3) 建设法治政府：优势互补 PK 新自由主义的市场化。

在党的十八届三中全会对政府与市场的关系做出"科学定位"的基础上，四中全会进一步对如何更好地发挥政府作用提出了"建设法治政府"的新要求。自此，主张完全市场化的观点逐渐被如何依法保障政府不越位、不错位、不失位，从而更好地发挥其弥补市场失灵作用的讨论所淹没。正如有学者指出，现在不是讨论需不需要政府，而是需要什么样的政府，"不是讨论政府要不要干预，而是哪一种干预能够真正促进经济发展，哪一种干预会失败"。应该说，政府干预可能失败，但政府不干预必然失败。问题的关键看如何干预。

坚持职权法定，将权力关在笼子里，打造有限有为政府。目前主张"小政府"的声音不仅是源于某个"理论"或某种"主义"，而更多的是基于政府干预过多、干预失败从而制约了市场配置资源作用的发挥之现实。市场经济本质上是法治经济。对企业而言，法无禁止即可为；对政府而言，法无授权不可为、法定职责必须为。但长期以来由于法治建设滞后，政府和市场的边界模糊，政府的"越位"和"缺位"现象并存。因而，依法厘清政府权力与市场的边界，规范政府行为，是打造有限且有为政府，避免"看不见的手"难以施展、"看得见的手"进退两难之尴尬的根本保障。有专家指出，"法治是政府与市场的平衡器"，"法治是政府与市场的最大共识"。目前，"三张清单"的推出和加快建立，将从根本上重塑政府与市场的关系：拿出"权力清单"，明确政府该做什么，做到"法无授权不可为"；给出"负面清单"，明确企业不该做什么，做到"法无禁止即可为"；理出"责任清单"，明确政府该怎么管市场，做到"法定责任必须为"。"三张清单"三位一体，具有清晰的改革逻辑："负面清单"从经济改革切入，瞄准政府与市场关系，打破许可制，扩大了企业创新空间；"权力清单"和"责任清单"从行政体制改革切入，瞄准规范政府权力，做出明细界定，是自上而下的削权。这一扩一削，将为市场发力腾出足够的用武之地。

坚持公开透明，让权力在阳光下运行，打造廉洁高效政府。正如有学者指出的，发展中国家有自己特殊的追赶性，"后发优势"与"后发劣势"并存，政府管多管少、权大权小，并不必然与腐败正相关，而是与权力的缺乏约束和无监督正相关。因而，问题的关键是让大小权力都在阳光下运行。人们相信，只要坚持依法执政、依法行政、以法治权，就能够保证市场起决定性作用并更好地发挥政府的作用，就能够充分发挥"看不见的手"和"看得见的手"的各自优势，有效地促进社会主义市场经济的健康持续快速发展。

继续简政放权，给市场松绑，打造服务型政府。审批经济是我国走向现代市场经济过程中的一大"顽疾"。很多审批没有法律明确授权，影响了市场公平竞争，并给腐败和权力寻租留下空间。这也恰恰为"小政府"的主张留下了口实。四中全会提出加快建设法治政府，首先就从减少审批、简政放权着手，这也是建设服务型政府的一个突破口。有专家指出，政府必须坚持有所为、有所不为，最大限度减少对微观事务的干预。超出政府法定职能的事项，要用足"看不见的手"，坚决放给市场、交给社会。今后，"对市场竞争充分、企业能自我调节、可以用经济和法律手段有效调控的项目，都将由核准改为备案"。实践也验证了放权的效果。自去年以来，简政放权迈出了可喜的步伐，显示了对激发市场活力的巨大效应，受到了人们广泛的认同和好评。随之而来的是民间投资风起云涌，新企业"井喷式"增长，市场空前活跃。①

二、新自由主义对中国的影响

国际金融危机爆发后的 2009 年，正逢中华人民共和国成立 60 周年和中国改革开放 30 周年。在这样的背景下，鉴于国际金融危机的严重后果与反思的必要性，以及中国经济社会中诸多问题与矛盾的显露，人们开始关注新自由主义思想和"华盛顿共识"政策对中国改革的影响。在中外一些人士看来，中国是这些国家在实行新自由主义和"华盛顿共识"政策方面的唯一例外，中国一些学者认为其理论政策对于中国没有产生影响。中国是新自由主义和"华盛顿共识"政策的例外吗？对此，我们看看国内的一些主要论点。

(1) 新自由主义和"华盛顿共识"对中国改革理论产生影响。

更多的观点认为，新自由主义的思想与主要学说被引入中国 20 多年来，以西方的市场经济为参照，以西方的经济理论为指导，改革主流语境中的词语、概念、定义、方法都来自西方经济学，其核心理念受到新自由主义思想的影响。自由化、私有化和放松管制等的输入，对中国经济特别是对中国经济改革的一些理论产生了较大影响。例如，新自由主义学派的产权理论指导中国产权改革；自由化思想使中国一度放松管制，特别是中国金融监管失利。在我国，也有少数宣扬新自由主义思想的人，认为新自由主义带给中国的影响是正面的，因而把中国改革成就归功于"华盛顿共识"。

---

① 白雪秋：《2014 国内新自由主义思潮论争透析》，《人民论坛》2015年第1期(上)，第19-21页。

(2) 新自由主义和"华盛顿共识"对中国改革政策产生影响。

一些人认为，新自由主义曾是中国学界的主流话语，因为要发展经济就必须给资本和市场留下空间。在这个过程中，人们往往把资本和市场的作用推至极端，从而影响中国经济政策，使中国一些政策具有新自由主义的特征与性质。特征之一是主张效率就是一切，资本和利润是达到最大效率的唯一工具与标志；特征之二是动用政权力量为资本开路，为资本提供方便条件使其利益最大化；特征之三是忽视普通人的权利。当前我国存在的诸多矛盾，比如贫富分化、消费不振以及教育医疗方面的问题等等，恐怕与前期新自由主义的影响不无联系。这是把资本的利益推至极端的必然结果。更有甚者，一旦资本和权力相结合，则会产生极端的腐败。

(3) 新自由主义和"华盛顿共识"对中国改革的正反面影响。

对于新自由主义和"华盛顿共识"，也有学者从其正反两方面加以评价。一方面，新自由主义经济理论之所以能够误导很多国家的经济实践，在于这一理论包含有合理的成分。正是由于这一理论所具有的合理一面，才掩盖了其不合理的另一面，从而被广为传播。它们对于中国改革的积极作用被认为是在中国经济转型初期，中国政治环境迫使改革者不得不强调经济自由、市场与资本的力量和充分竞争的精神。对中国改革来说，新自由主义理念中包含着建立现代国家所必需的某些合理制度，诸如个人自由、私人产权、市场制度等等，而这样的制度在中国尚未确立。对中国来说，市场监管的对象本身还远不够完整，中国需要强化监管，更需要构造市场本身。另一方面，如同其他实行新自由主义政策的国家一样，新自由主义在给中国带来巨大财富的同时，也使中国出现财富两极分化、社会严重不公、公民权利损失、社会矛盾激增、伦理道德丧失等问题。①

三、看清楚新自由主义的真实面目

在对新自由主义思潮的概念、流变、主张、特征、本质及其对我国所产生的影响进行全面分析后，可知新自由主义作为传入我国社会的主要思潮之一，其产生的影响将是长期的、潜移默化的。这就要求我们在对待这种思潮时不能掉以轻心、简单处理，应该运用马克思主义"一分为二"的辩证方法进行科学分析，这样才能够消除其对人们思想观念上的误导，纠正意义理解上的偏差，

---

① 田春生：《中国需走出新自由主义影响的误区》，《人民论坛》2011 年第 1 期(上)，第 19-20 页。

减少实践行动中的失误。

(1) 客观看待新自由主义对我国经济与社会发展的正能量意义。

新自由主义对市场机制的有效运行条件和环境做了精细研究，它可以帮助我们认识市场经济的特点和运行规律。以弗里德曼为代表的现代货币主义学派主张压缩政府开支、提高政府效率的观点，以及关于运用货币政策对经济进行宏观调控以实现国民经济稳定增长的理论，值得我国在经济和政治体制改革中具体地加以借鉴。关于把政府行为纳入法制轨道的观点，在我国的改革和发展中都应当予以重视。[①]

(2) 看清楚新自由主义的真实面目。

① 要看清楚新自由主义反对马克思主义的真实面目。当代中国的新自由主义者打着发展马克思主义的旗号，通过篡改、歪曲、肢解、裁剪、伪造马克思主义，将马克思主义解释成反马克思主义的东西。如将马克思主义关于"劳动不是一切财富的源泉"篡改为劳动不是价值的源泉；把马克思主义的生产力论篡改为庸俗生产力论；把社会主义市场经济篡改为自由市场经济；把我们党的"双百"方针篡改成取消马克思主义指导地位的自由化方针；把尊重原创性劳动篡改为可以忽视甚至污蔑工人、农民的劳动，否认工人、农民的主人翁地位；等等。新自由主义极力推崇与马克思主义完全对立的自由主义经济学，其根本目的是为了改变社会主义经济关系，为了实现这种改变，就必然反对指导这种经济关系的马克思主义经济理论。

新自由主义认为，西方人在最近一两百年间发展起来的现代经济学对我们最有用，最应该认真学习。这些话语鲜明地表达了他们要把马克思主义经济学转向现代西方经济学的态度。以西方经济学充当"中国特色的基础理论"的主张，不过是想用资产阶级经济学说取代马克思主义经济理论，作为我国改革开放和现代化建设的指导思想。

实际上，西方经济学流派众多，观点各异，甚至相互冲突。一些人把西方经济学的一个流派当作整个西方经济学移到中国来，说明他们膜拜的是新自由主义经济学。于是，有人就肆意定论中国经济改革中出现一些问题的原因是因为没有执行新自由主义的理论和政策。如果对新自由主义经济思潮对我国经济发展和改革开放产生的误导听之任之，必将对建设中国特色社会主义产生严重影响。

② 要看清楚新自由主义误导中国改革的真实意图。新自由主义者在一些

---

① 李武装：《"新自由主义"对我国文化安全和意识形态战略的影响》，《内蒙古社会科学（汉文版）》2014年第3期，第47-48页。

重大的理论问题上，做了与马克思主义经济学完全相反的理论设计。突出表现在对公有制的无情批判和对"私有制比公有制更优越"的大肆宣扬上。他们连篇累牍地发表文章和四处演讲，提出"私产制是经济发展的灵丹妙药"、"私有产权是真正的市场的先决条件"。与此同时，一些论者公开批判社会主义公有制，认为实行生产资料公有制是我国当前经济发展过程中出现问题的根源，要求彻底改变我国社会主义的基本经济制度。公开提出要解决我国当前经济发展过程中出现的问题，关键在于打破社会主义必须实行生产资料公有制的观点。这些论者认为，在公有制下个人并没有直接占有生产资料，劳动者与生产资料是分离的，因而劳动者没有积极性，这是产生"懒—穷—垮"悲剧的根源。他们把苏联的解体和演变归结为社会主义公有制和计划经济，说什么"苏联计划经济体制 70 年间上演了一出'懒—穷—垮'的悲剧，也宣布了以国有制为基本形式的社会主义模式的破产"。他们要求通过实行私有化，把生产资料"量化到个人"，这样人们才会尽心尽力地工作。只有实行私有制，才能最大限度地调动人们的积极性，促进经济繁荣，实现社会的公正，促进社会民主政治的提高，实现社会的永久稳定发展，实现人的个性解放。他们的结论是，"公有制不如私有制"，私有制比公有制更具有优越性，进而提出"私有制万岁"的口号，宣称中国"一日不实行私有产权制度，就没有可能用市场价值作为衡量准则"。实行私有产权制度的具体步骤是采取东欧国家和俄罗斯的办法：把国家产权垄断打破，先采取过渡的办法，即由国家垄断分散到每个自然人去持股，然后再使股份逐渐集中。他们认为先把国有财产分到个人腰包是经济发展的规律，逼着我们走弯路。

③ 要看清楚新自由主义兜售私有制市场经济的真实企图。改革开放以来，在我国经济学界新自由主义一度甚嚣尘上，在一些人的头脑里，固守着新自由主义经济学家米瑟斯等人的绝对对立的思维定式：或者只能是社会主义的计划经济，或者只能是资本主义的市场经济，二者之间是绝对不相容的，即市场经济只能建立在私有制基础上，认为公有制与市场经济不相容。公有制能不能同市场经济相结合，并不仅仅是个学术问题，而且关系改革的政治方向，关系坚持公有制为主体还是实行私有化这样的重大原则问题。

其实，关于公有制能不能与市场经济相结合，也就是社会主义能不能搞市场经济的问题，邓小平早就从根本上做了回答。他曾指出，计划多一点还是市场多一点，不是社会主义与资本主义的本质区别。计划和市场都是经济手段，资本主义可以用，社会主义也可以用。社会主义与市场经济没有根本的矛盾。这就说明了公有制是可以同市场经济相结合的，在公有制基础上是可以搞市场经济的，这为我们建立社会主义市场经济体制奠定了理论基础。鼓吹公有制与市场经济不相容的新自由主义学者，实际上是公开地或隐蔽地反对邓小平这一论断。

④ 要看清楚新自由主义推崇市场原教旨主义的真实目的。新自由主义者推崇市场原教旨主义，认为市场经济是万能的，市场竞争也是万能的。有人特别明确地表达出一种理念："市场经济的建立是一场革命，它不仅会引起原有权力和利益格局的根本变化，而且会引起意识形态的根本变革。"他们认为，计划经济造成的诸多问题，只能靠市场经济来解决。把市场经济贯彻到角角落落、方方面面，现实生活中存在的一切问题都会迎刃而解。中国在搞市场经济过程中出现的种种问题都是市场经济没有搞彻底的缘故。

新自由主义还认为，中国的社会主义政治制度不能形成对经济发展起促进作用的环境，只会使政府管得过多。政府干预得越多、管得越多，就越腐败。以公有制为主体，国有经济的比重越大，政府要管的事情就越多，腐败就越是大量出现。于是，他们提出了救治的药方，主张从根本上消解政府职能，把"转变政府职能"的重点放在建立一个"在许多方面消极无为"的政府上，放弃国家所有，中央政府和地方政府不再享有所有者权益。这就是所谓的"消极政治"。新自由主义的这些主张是很清楚的，就是要按市场原教旨主义的要求，完全改变我国根本的经济政治制度。

⑤ 要看清楚新自由主义借口经济全球化的真实目的。新自由主义借口经济全球化，希望中国与西方"全面接轨"。近年来，中国的一些媒体也热衷于宣传与西方"全面接轨"。而事实上，他们所谓的"全面接轨"，就是"全盘西化"。不可否认，经济全球化是人类社会发展的一个必然趋势和一个自然的历史过程，但经济全球化并不排除政治和文化的多元化，更不等于全球经济、政治、文化一体化。当前，随着世界分工和商品经济特别是国际金融与跨国公司的发展，经济全球化已成为大势所趋，中国有必要参与经济全球化的进程。但也绝不能忽视当前的经济全球化实际是在美国主导下的资本主义全球化，是国际垄断资本主义统一全球、掠夺世界的制度安排。因而，中国作为社会主义国家，在参与经济全球化的同时还必须保持独立自主精神，高度警惕落入"全球化"陷阱，被"全盘西化"为资本主义强国的经济附庸或殖民地。

总之，新自由主义对当代中国影响的实质是试图在中国达到以下目标：广为散布和实际推进私有化、自由化、非调控化和完全的市场化，改变中国公有制为主体、多种所有制经济共同发展的基本经济制度，建立起完全西方式的基本经济制度；彻底瓦解国家经济的防卫能力，全面摧毁其经济的竞争力，变中国为西方国家的经济附庸；再利用社会中某些不安定的因素和国际、国内的一些重大突发事件，恶意炒作，假借反对腐败，引发社会动乱，以达到覆灭人民民主专政的政治目的。[1]

结　语

近年来，金融危机的爆发从实践层面给部分热衷新自由主义的国家当头一棒，令曾经甚嚣尘上的新自由主义陷入尴尬的沉默。社会根本制度的差异、国家基本经济制度的非契合性等因素都决定了新自由主义对我国的非适用性。我们必须坚持以马克思主义为指导，构建中国特色社会主义理论体系，用社会主义核心价值重新审视新自由主义；坚定不移地走适合我国的经济发展模式，继续深化经济体制改革，创立属于中国的经济学说；加快政府职能转变，以科学发展观指导宏观调控。唯其如此，才能排除新自由主义干扰，增强中国特色社会主义的道路自信、制度自信和理论自信。

---

[1] 陈泳：《穿越新自由主义"自由"的幻象——兼论陈恩富教授对新自由主义的批判》，《海派经济学》2015 年第 3 期，第 5-9 页。

"普世价值"思潮

2008 年以来，我国社会思想领域掀起了一场"普世价值"的论争。围绕人类社会有没有"普世价值"、"普世价值"思潮的理论表达和本质、"普世价值"与中国模式等问题，中国学界展开了广泛而深入的论争。不同立场、观点和结论众说纷纭，莫衷一是，甚至形成了针锋相对、不可调和的局面。它所引发的论争，已超出价值哲学的视野，逐渐演化为一场意识形态领域的交锋和较量。

随着发端于美国的国际金融危机重创西方体制神话，这场论争已经降温。但"普世价值"的迷雾并没有完全散去，仍有进一步澄清的必要。全面纵览"普世价值"论争的来龙去脉，深入了解"普世价值"的种种主张，我们可以发现，马克思主义是"普世价值"激烈论争中谁都无法绕开的核心话语，马克思主义是"普世价值"深层本质的最佳透视镜。在马克思主义理论视野中准确辨析"普世价值"存在与否，科学探讨对待"普世价值"的立场和态度，事关我国社会发展的方向、道路，是举什么旗、走什么路的原则问题，必须分辨清楚。

第一节　"普世价值"论争的源起及焦点

一、"普世价值"论争的源起

中国思想界关于"普世价值"的论争由来已久。早在 1988 年，美国学者福山就提出，苏联解体，东欧剧变，冷战结束，标志着共产主义的终结，历史的发展只有一条路，即西方的市场经济和民主政治。他说，自由民主制度是"人类意识形态发展的终点"和"人类最后一种统治形式"。文中虽然没有直接出现"普世价值"这个词，但已经包含这种思想倾向。[1]

---

① 王炳权：《当代中国政治思潮研究》，中国社会科学出版社 2014 年版，第 175 页。

20世纪90年代，在全球经济、文化日益呈现一体化趋势的背景下，一些宗教组织发起了"走向全球伦理"的运动。著名的德国神学家孔汉思在1989年的联合国教科文组织会议上提出，没有各宗教间的和平，便没有各民族间的和平。1991年，美国天普大学宗教系主任、普世研究所所长斯威德勒教授发出一份呼吁书，号召起草全球伦理宣言。这份呼吁书得到了很多神学家和学者的回应。1993年9月，世界宗教会议通过了创始性的《走向全球伦理宣言》，界定了全球伦理的内涵："我们所说的全球伦理，指的是对一些有约束性的价值观、一些不可取消的标准和人格态度的一种基本共识。没有这样一种在伦理上的基本共识，社会或迟或早都会受到混乱或独裁的威胁，而个人或迟或早也会感到绝望。"按照孔汉思的解释，这样一种全球伦理应当是"由所有宗教肯定的、得到信徒和非信徒支持的、一种最低限度的共同的价值、标准和态度"。① 1997年和1998年，中国学者两次聚会北京，对全球伦理的倡议做出积极响应。中国学者围绕"有没有全球伦理""促成全球伦理有何意义""能否促成全球伦理"以及"如何促成全球伦理"等问题展开了热烈的论争。

国内学者使用的"普世价值"概念就是从"普遍(全球)伦理"概念演化而来的。1996年郭洪纪在《青海民族学院学报》发表了题为《儒教文明的普世价值与特殊主义取向》的文章。此文是在中国知网上检索到的第一篇标题含"普世价值"的论文。随着"普世价值"概念的广泛使用，"普世价值"从伦理领域中深入到了政治、经济、文化等领域。1999年，新儒学代表人物杜维明与自由主义学者代表人物袁伟时进行了一场针对"五四"运动的专门对话，对话中二人均认为，人权、自由、民主、法治、宪政等都属于"放诸四海皆准的基本价值"。这个对话以《五四·普世价值·多元文化》为题在《开放时代》刊出。2005年袁伟时在《炎黄春秋》发表《中西文化论争终结的内涵和意义》一文认为，"以中国签署联合国两个人权公约和参加世贸组织为标志，中西文化论争在理论上已经终结，中国政府承认现代文明的普世价值"，各国"不应以多元文化为借口，抗拒普世性的核心价值"，"任何国家和地区的现代化成败的关键都与是否接受这些普世性的核心价值息息相关。"②自由主义学者李慎之、刘军宁、朱学勤、谢泳等都提出了类似的观点。③此后，"普世价值"问题在一些立场相左的学者中时有小范围的辩论。

① 李战奎：《"普世价值"研究述评》，《陕西理工学院学报(社会科学版)》2005年第3期，第1-6页。
② 袁伟时：《中西文化论争终结的内涵和意义》，《炎黄春秋》2005年第2期，第68-71页。
③ 李慎之、何家栋：《中国的道路》，南方日报出版社2000年版，第242页。

从 2007 年秋天起，《南方周末》陆续推出一批宣扬"普世价值"的文章，如《什么是普世价值》、《立足民族特色拥抱普世价值》、《国家荣誉制度当奠基于人类普世价值》等，"普世价值"观开始扩散、传播。2008 年 5 月 22 日《南方周末》发表一篇署名"本报编辑部"的文章——《汶川震痛，痛出一个新中国》。文章写道，"以国民的生命危机为国家的最高危机，以国民的生命尊严为国家的最高尊严，以整个国家的力量去拯救一个一个具体的生命，一个一个普通国民的生命。国家正以这样切实的行动，向自己的人民，向全世界兑现自己对于普世价值的承诺。""只要国家以苍生为念，以国民的生命权利为本，只要有这样的底线共识，就会奠定全民族和解、中国与全世界和解的伦理基础。整个世界就都会向我们伸出援手，整个人类就都会跟我们休戚与共。我们就会与世界一起走向人权、法治、民主的康庄大道。"这篇文章成为点燃关于"普世价值"全民大论战的导火索。2008 年 6 月 6 日，《北京晚报》发表了一篇署名"东方明亮"的批判文章《普世价值不得乱套》。作者认为："在《南方周末》的眼中，奋战在抗震前线的中国人民解放军、中国人民武装警察部队、中国共产党的党员们、中华人民共和国的公民们，他们所做的一切，原来是由于'普世价值'的作用。"与此同时，以司马南为代表的"普世价值"质疑者，在网上借助博客和论坛(如强国论坛、乌有之乡等)，发表了数百篇批判文章，如《〈南方周末〉舞"普世"剑，意在沛公》(司马南)、《"过而不改，恶莫大焉"——司马南致〈南方周末〉评论员的一封公开信》(司马南)、《"普世价值"凭什么在中国地震中抢功》(郑华淦)等。2008 年 7 月 26 日，全国政协副主席、中国社科院院长陈奎元在社科院改革座谈会上发表讲话："过去基督教宣扬其教义是普世价值，现在西方话语权的声音高，把他们主张的'民主观''人权观'以及利伯维尔场经济理论也宣称为普世价值，我国也有一些人如影随形，大讲要与普世价值接轨。我们研究重大现实问题，涉及党的路线方针政策，在这样重大理论战略问题上要清醒。"2008 年 9 月 10 日，《人民日报》发表了冯虞章的批判文章《怎样认识所谓"普世价值"》。9 月 19 日《思想理论教育导刊》与《政治学研究》编辑部在北京联合举办了"普世价值"问题学术研讨会。冯虞章、刘书林、周新城、郝立新、焦国成、王一程、陈红太、郑一明等 20 多位学者围绕"普世价值"问题的实质、"普世价值"思潮出现的过程及原因以及如何应对等问题进行了研讨。随后，一批著名学者在《求是》、《马克思主义研究》、《政治学研究》、《学习时报》等权威杂志相继发表了更多的批判文章。如《关于普世价值的随想》(周新城)、《关于普世价值的几点看法》(李崇富)、《普世价值的理论误区和实践陷阱》(侯惠勤)、《普世价值的来龙去脉》(张维为),等等。^①在这场论战中,尤其在互联网上,双方观点针锋相对,言词激烈、异常活跃。

二、"普世价值"论争的焦点

"普世价值"论争主要聚焦于以下两个问题:"普世价值"是否存在?中国是否应该接受"普世价值"?

(一)"普世价值"是否存在

是否存在"普世价值"是论争的逻辑起点。一般而言,在能指的意义上,所谓"普世价值"是指一种超越民族、国家、宗教、文化,全人类普遍存在、普遍适用的价值。但是,在所指的意义上是否真的存在这样的"普世价值"?这样的"普世价值"到底有什么内容?这样的"普世价值"对当代中国究竟意味着什么?这三个问题,正是人们论争的焦点,时至今日并未取得一定共识。围绕这些问题的分歧表现为人们怎样对待普世价值的立场问题。^②总的来说,中国目前的讨论可大致区分为如下三种观点:

1."普世价值"肯定论

肯定"普世价值"的学者认为民主、法治、自由、人权等是"普世价值",并没有对之进行全面深入的论证。有学者认为,民主、法治、自由、人权、平等、博爱,是整个世界在漫长的历史过程中共同形成的文明成果,是人类社会共同追求的普世价值,不是资本主义所特有的,^③"正如在经济领域有些东西既不姓社也不姓资,而是生产力发展的客观规律要求和规律体现一样,在政治领域也有些东西既不姓社也不姓资,而是人类政治生活发展的客观规律要求与规律体现。这些东西不是资产阶级的专利权,而是近现代人类政治文明发展的有益成果。"^④

总体上看,"普世价值"肯定论者主要从考察西方世界的一些基本观念出发,围绕人类共同的价值追求、价值哲学、中国文化、马克思主义文本、执政党的本质、领导人言论、驳斥反方的角度来论述。

---

① 薄明华:《关于"普世价值"争论的回顾与思考》,《中南大学学报(社会科学版)》2011年第6期,第72-73页。

② 沈湘平:《公共性视野中的普世价值》,《河北学刊》2010年第5期,第45页。

③ 鲁利玲:《意识形态需要与时俱进》,《改革内参(决策版)》2007年第19期,第20页。

④ 蔡霞:《解放思想需要什么》,《理论参考》2008年第7期,第39-41页。

(1) 认为西方主流意识形态之"自由、民主、人权"等是超越文化、政体和国界的放之四海皆准的"普遍价值"。有学者对此做了比较清晰的阐述："简单说来，"普世价值"指的是欧美思想史上为启蒙理性所倡导的个体自由、独立、平等、民主、人权以及与之相连的科学、进步等等观念。""这些所谓"普世价值"是近现代的历史产物，是由近现代资本主义经济所支撑的"，"这些'普世价值'导致了一人一票普选总统、多党议会轮流执政等政治体制等"，"从观念的'普世价值'到现实的具体制度，不仅有一个时间过程，而到 20 世纪才有平等的选举权，黑人的平等经由南北战争一直到马丁·路德·金再到今天的奥巴马当选总统，才逐步真正实现，所以赞同、提倡、宣传'普世价值'，并不等同于要求一人一票选举总统、多党竞争你上我下，因为民主有许多不同的实现方式，即使欧美，政治民主的具体制度也并不完全相同。所以，一方面，'普世价值'既是一定社会历史发展时期的产物，随着全球经济一体化，将无可避免地在全世界各地区传布开来，它们将指引人们走向更为繁荣、富裕和幸福的生活，任何宗教、文化或传统观念都难以阻挡。另一方面，如何在具有不同宗教、文化、传统的地区、社会具体实现这些'普世价值'，却并无一定之规。这才是真正的难点和焦点所在。在今天中国便是如此。所以我说既不能走生搬硬套欧美现有政治体制的自由派之路，也不能走根本否认'普世价值'的新左派和国学派之路。"①

　　(2) 从人类的共同价值追求角度认同"普世价值"。有学者认为，人作为一个类，注定了他们之间的类同性。符合这些类同性的人类价值，便呈现出它的普世性。因此，"普世价值"承认与否，都是一种客观存在。②有学者甚至认为，全人类创造的文化都是"普世价值"，"普世价值"实际上是包括中国全人类在漫长的历史长河中创造出来的共同文化，否认它的存在，就是否认人作为人的存在。③《南方周末》的一篇文章认为，自由、民主、人权、平等、博爱、法治等价值观，是人类在长期的社会政治实践中摸索出来的、能够有效推动社会进步、促进社会和谐、满足人们过上幸福生活的愿望、实现人的全面发展的正确途径。当今世界，无论是东方还是西方，凡是经济发达、国力强盛、人民生活富裕幸福的国家，几乎都是民主国家。这足可证明：自由、民主、人权、平

────────────────

① 李泽厚：《从"两德论"谈普世价值与中国模式》，《东吴学术》2011 年第 4 期，第 5-6 页。

② 薄明华：《关于"普世价值"争论的回顾与思考》，《中南大学学报(社会科学版)》2011 年第 6 期，第 73 页。

③ 吴稼祥：《中国爆发"南北战争"？——价值的冲突》，爱思想网（http://www.aisixiang.com/data/19289.html）。

等、博爱、法治等价值，是全球人类普遍适用的价值。中国汶川地震中的抗震救灾就是普世价值的生动表现。①

(3) 从价值哲学层面论证"普世价值"的存在。有学者认为，"人的生命受自觉意识支配，是一种能够自我审视、自我拷问，追求一定意义和价值的理性的自由活动。因此，自由作为人区别于动物的根本特性就成为人的天赋权利和元价值，成为一切价值的发端和源泉"②，成为人类世界的"普世价值"。那些反对自由为"普世价值"的人实际上在反对自由为"普世价值"的同时，也在追求他们自己的"特定价值"、"特色"价值，而这种追求本身恰恰体现了人的自由精神，印证了自由是人类的"普世价值"。

(4) 从中国文化层面认同"普世价值"。有学者认为，中国古代传统，仍然存在一种普世性的追求，这样一种追求也就是一种超越性的理念，而这种理念激励着诸多民间组织去打拼。③把儒家文化当作"普世价值"，是这一类看法中的典型观点。如有学者强调，各民族文化中存在普遍的价值。比如，儒家具有等差色彩的"仁"、西方基督教具有平等主义色彩的"博爱"，这两者虽然理路不同，却具有"普世价值"。④还有研究从"以人为本"的角度，来论证儒家文化的"普世性"。如认为中国的儒家文化源远流长，所崇尚的正是一种普世主义文化，特别是儒家文化中重视道德教育和品格培养、重视从人心的治理出发，从根本上解决社会问题的思想，正日渐成为和谐世界所需要的一种"价值观"。当代中国的社会价值体系继承和发扬了中国传统文化价值观中的精髓，其核心与实质就是"以人为本"。⑤有学者以大运河申遗成功这一案例来论证中国文化与"普世价值"的对接。《世界遗产公约》的标准是西方人首先发现的"普世价值"，我们应该将其与中国文化结合起来。强调中国的文化和价值观念应该以公共性和历史性为基础与外国文化进行相互交融。⑥

(5) 从马克思主义文本分析的角度肯定"普世价值"。有学者认为，"普世价值"不仅是存在着的，而且可以说它正是一切价值存在的内在的固有的深邃的本性。这一点可以从马克思关于劳动的二重性问题的经典论述中获得有力佐证和深刻启示。正是马克思把人类一般劳动从具体劳动中划分出来，才使得资

---

① 本报评论员：《汶川震痛，痛出一个新中国》，《南方周末》2008 年 5 月 22 日。

② 韦大林：《也谈普世价值》，爱思想网(http://www.aisixiang.com/data/23005.html)。

③ 杜赞奇：《谈中国传统中的"普世精神"》，《东方早报》2012 年 5 月 6 日。

④ 汤一介：《寻找文化中的普世价值》，爱思想网(http://www.aisixiang.com/data/23121.html)。

⑤ 李敏康：《"奥运社会责任"激活普世价值》，《中国产经新闻报》2008 年 1 月 30 日。

⑥ 谢光前、高彩霞：《大运河：普世价值与中国道路之辩》，《中国文化报》2013 年 2 月 21 日。

本主义生产关系的秘密大白于天下。①也有学者明确强调，依据马克思恩格斯的文本，"普世价值"概念是能够存在的，马克思并没有否认"普世价值"。马克思关于"普世价值"(人类文明价值共识)的基本思路是：存在着人的类存在性即共同人性——因此存在着人类文明的价值共识——但在阶级社会中价值共识的真实身份或者是欺骗的意识形态，或者是未来理想。当下否认"普世价值"，从一个角度看是有利于拒绝西方对中国的干涉；但从另一个角度看则难以论证马克思主义具有普遍性的指导意义，以及中国改革开放的文明史意义。②

(6) 从执政党的本质特性进行论证。有学者认为，"普世价值观是人类长期追求文明的结果，是人类优秀文化的积淀"，作为代表最先进社会生产力发展方向的中国共产党"有追求普世价值的历史传统"。③在当前中国社会转型之际，"改革开放与普世价值生死攸关"④，创造中国奇迹的秘诀不在于与世界求异，而在于与世界求同，改革开放的本质就是学习借鉴那些具有"普世价值"的人类共同的文明。否定"普世价值"，要害在于它否定了改革开放的合理性、正当性和合法性，也否定了共产党人和中华民族对普世价值的贡献。可以说，"中国改革开放 30 年的回顾与展望说明中国改革开放既是中国特色社会主义的成功，也是具有普世价值的人类文明在中国的开花结果"。⑤

(7) 从我国领导人的言论层面进行论证。有学者认为中共领导人所提出的"以人为本"、"建设和谐社会"、"科学发展观"等本身就具有"普世性"，是"普世价值"。有文章引用文件及领导人的讲话作为佐证，认为胡锦涛 2008 年5 月 7 日在东京与福田康夫共同签署的《中日关于全面推进战略互惠关系的联合声明》中"为进一步理解和追求国际社会公认的基本和普遍价值进行紧密合作，不断加深对在长期交流中共同培育、共同拥有的文化的理解"这句话，显然是对普世价值概念的明确表达。同时认为，胡锦涛在另一篇讲话中强调的"我们要一如既往地坚持以人为本，既尊重人权普遍性原则，又从基本国情出发，切实把保障人民的生存权、发展权放在保障人权的首要位置，在推动经济社会又好又快发展的基础上，依法保证全体社会成员平等参与、平等发展的

---

① 皮家胜：《普世价值辨考》，《江汉论坛》2009 年第 8 期，第 41 页。

② 黄力之：《马克思、恩格斯没有否认普世价值》，《探索与争鸣》2012 年第 11 期，第29 页。

③ 徐景安：《普世性是衡量文化先进性的标准：驳司马南的谈话》，爱思想网(http://www.aisixiang.com/data/20748.html)。

④ 杨民：《改革开放与普世价值》，《炎黄春秋》2008 年第 12 期，第 19 页。

⑤ 高尚全：《中国改革开放三十年：回顾与展望》，《中国改革》2008 年第 12 期，第 27 页。

权利"①，鲜明地体现了对"普世价值"的追求②。还有学者认为，党和国家领导人肯定国际社会、东方与西方之间，在"人权"等问题上存在着"共同点"、"普遍性原则"或"普遍价值"；同时强调，"没有统一模式"，要"从基本的国情出发"，各个国家、民族"保护人权的具体措施和民主的表现形式应该有所不同"。这是一种全面的、正确的态度。以此对照，今之主张"全盘照搬西方"和"全盘排拒西方"二者是否都失之于偏？③

(8) 从驳斥反对者的角度来进行论证。有学者强调，不能一概否定"普世价值"：第一，"普世价值"是客观存在的；第二，"普世价值"不可一概否定；第三，发生争论时，要正确对待不同意见。所谓人以群分，是指差异性。但是，人与人、族群与族群、阶级与阶级，以及东西方差异之外，还有同一性。人类是有共同理想的。比如"己所不欲，勿施于人"就可以看作人类的共同价值。也因此才有"同一个世界、同一个梦想"，这也是我们提倡"和谐"的前提。所以，普世价值客观存在。不能因为有人以自己所主张的价值或者某个地方的价值号称"普世价值"而一概否定"普世价值"的客观存在。根本上否认"普世价值"，也不利于我们借鉴吸收国外先进的思想和先进的机制，不利于中华文化走向世界，因为你把前提否定了，等于把交流和对话的基础也否定了。这样势必导致"文化相对主义"，也不符合中央的改革开放政策。④有学者进一步强调，否定"普世价值"就是对人类文明的挑战，否定我们的文明价值。诚实劳动、勤劳富裕、平等博爱、自由民主、包容和谐、仁义理智等等，凡是能够代表人类美好品格的，都可以归为普世价值的概念范畴。⑤

2."普世价值"否定论

持这种观点的学者认为不存在所谓"普世价值"，因为一定时代的人们的价值标准总是植根于当时人们的物质生活条件，必然受当时社会历史条件的制约。随着人们的物质生活条件的变化和发展，人们的价值标准和所追求的价值及其构成也要发生相应的变化。价值观与道德观具有相同的一面，二者相互贯通、相互制约，因而价值观如同道德观一样也具有历史性和阶级性。历史发展

---

① 胡锦涛：《一如既往地切实推动人权事业发展》，《人民日报》2008年12月12日。

② 黄文学：《惧怕普世价值的实质是拒绝政治文明》，网易网(http://news.163.com/08/1209/11/4SNIEP3I00012Q9L.html)。

③ 吴戈：《普世价值讨论断想》，《同舟共进》2009年第2期，第35-37页。

④ 高占祥：《普世价值不可一概否定》，爱思想网(http://www.aisixiang.com/data/27207.html)。

⑤ 徐国进：《普世价值之争及中国文化的方向》，价值中国网(http://chinavalue.net/General/Article/2009-1-22/155939.html)。

中不同阶级的利益主体的价值诉求各不相同，以至相互对立。因此，只有在一定的历史条件下和一定的社会关系中的具体人性，而没有超历史、超阶级的抽象的永恒的"普遍人性"；超历史、超阶级的"普世价值"是不存在的。在2008年9月19日举办的"普世价值"问题学术研讨会上，学者们普遍认为，价值的内涵是由社会经济关系决定的，价值观念从来都是历史的、具体的，而不是永恒的、不变的、抽象的，全人类无差别的共同价值观在现实生活中不可能独立存在。①

综观现有学术研究成果，可以从三个方面来梳理"普世价值"否定论。

(1) 认识"普世价值"问题应注意区分几个层面。有学者提出，人们在使用"普世价值"这一概念时，存在着大众话语、学术话语和政治话语这三个层面。从大众话语层面看，"普世价值"这个词先是由学者们推出去的，然后逐渐成为相当一部分知识分子和大众媒体的话语。比如讲到乐于助人，对残疾人的关爱，"同一个世界、同一个梦想"，奥运精神、抗震救灾精神等，这些很容易引起人们的共鸣，一些学者使用"普世价值"来表达这些比较带有共识性的观念、情感或行为。从学术话语层面看，有学者在讨论"普世价值"问题时，不一定有什么政治意图，而主要是从学术角度加以讨论。第三个层面就是政治话语层面。现在需要警惕和重视的就是在政治层面上宣扬抽象的"普世价值"。"普世价值"问题在政治层面上带有很强的阶级性和意识形态性，也有很大的迷惑性。有的学者认为，价值是历史的、具体的、有阶级性的，没有永恒的放之四海而皆准的价值。"普世价值"的基础是抽象的资产阶级"人性论"，世界上只要还有阶级和阶级斗争，就不存在适用于一切时代、所有国家和民族的"普世价值"。因此"普世价值"是个伪命题。宣扬"普世价值"的目的就是为了颠覆共产党的领导，否定社会主义道路，在中国推行资本主义。②用"普世"来界定某种"价值"，如民主、自由等，来指谓、表达一种政治诉求，在学理上存在逻辑矛盾，在现实中缺乏事实依据。③有学者尖锐地指出，现在一些人所讲的"普世价值"实际上是西方的"普世价值"，就是把资本主义意识形态中性化、普遍化、神圣化、绝对化为超阶级的所谓"普世价值"，有些人宣扬

① 邵汉明、陈姝宏：《关于普世价值的研究与思考》，《哲学研究》2009年第10期，第90页。

② 张淼麟、康凤云：《"普世价值"研究述评——基于近五年来国内学者的研究成果》，《汕头大学学报(人文社会科学版)》2013年第2期，第84-89页。

③ 郝立新：《认识"普世价值"问题应注意区分几个层面》，载《"普世价值"问题研究八人论》，《思想理论教育导刊》2008年第11期，第63-64页。

"普世价值"，名曰谈学术，实际上是在做政治文章。[①]

（2）"普世价值"并不是一个严谨科学的概念。有学者提出，从主客体关系角度来说，所谓"普世价值"，具有永恒的、普世性的价值，是对所有人都普遍适用的价值。按照这个定义，观念形态的东西很难存在真正意义上的普世性。而且从人类发展史看，几乎没有形成从古至今不变的、适用于所有人的"普世价值"。"那种所谓的'适用于所有人、所有时间、所有地点、不以任何条件为转移的、必然性的'普世价值，事实上是不存在的。"[②]"一些人关于'普世价值'的论断在逻辑上是自相矛盾的，他们所说的'普世价值'并不真正是'普世'的，而只是一部分人的价值观念。"[③]有学者指出，从哲学角度来看，所谓价值，就是指客体对于主体的效用或意义。这个判断的主体是人，而不同的人对同一客体的主观判断的结果是不同的，甚至截然相反或相对。因此，不同的阶级、民族、宗教信仰者对具体的价值认同与评判有很大的差异，自然也就没有适用于一切时代与一切人的"普世价值"观。从这个意义上讲，所谓"普世价值"或"普适价值观"其实是虚假的概念，是一个伪命题。[④]有学者一针见血地指出，"普世价值"思潮的政治实质是企图改变我国发展民主政治和深化政治体制改革的指导思想和社会主义方向，企图废除马克思主义指导地位，以西方资产阶级价值观为圭臬，干扰社会主义核心价值体系建设。[⑤]

（3）不能把西方的价值观等同于"普世价值"，不能把"普世价值"标签化。有学者指出，"如果每个国家或民族都把自己的价值观念视为'普世价值'观念，而把其他文化当作'普世价值'的对立面或附属物，那么'普世价值'就变成了人们手中任意摆布的一张牌，成了一个标签，可以按照自己的标准来随便贴。历史上曾有过不少人企图将自己所认可的价值模式强加给他人，结果都以失败而告终。"[⑥]有学者认为，一些人鼓吹的"普世价值"实质上就是西方价值。这些人关于"普世价值"的论断在逻辑上是自相矛盾的。他们所说的"普

---

① 李崇富：《关于普世价值的几点看法》，《马克思主义研究》2008年第9期，第17-20页。

② 甄言：《关于"普世价值"的几个认识问题》，《北京日报》2008年6月16日。

③ 周新城：《一些人鼓吹的"普世价值"实质上就是西方的价值》，载《"普世价值"问题研究八人谈》，《思想理论教育导刊》2008年第11期，第59-60页。

④ 汪亭友：《"普世价值"是个伪命题》，载《"普世价值"问题研究八人谈》，《思想理论教育导刊》2008年第11期，第65-66页。

⑤ 刘书林：《"普世价值"问题出现的过程、原因及实质》，载《"普世价值"问题研究八人谈》，《思想理论教育导刊》2008年第11期，第62页。

⑥ 甄言：《关于"普世价值"的几个认识问题》，《北京日报》2008年6月16日。

世价值"并不真正是"普世"的，而只是一部分人的价值观念，没有普遍地适用于一切社会的永恒价值。①

面对一些人大肆鼓吹"普世价值"论，马克思主义学者运用马克思主义方法和立场对"普世价值"论进行层层剖析，深入批判，占据了话语优势，掌握了论争的主动权。"普世价值"问题不是一个单纯的学术问题，而是一个关涉中国政治走向的大问题。②"普世价值"问题事关我们究竟举什么旗、走什么路，事关国家前途、人民命运，必须深入分析其实质、给予旗帜鲜明的抵制。③从论争双方观点交锋的态势上看，"普世价值"的反对者通过论争，越来越多的人看清了"普世价值"的实质和危害，有力地推动了主流意识形态建设。

3."普世价值"相对论

持折中观点的学者态度较为中庸，认为分析"普世价值"应该本着辩证的观点进行批判地解读和分析，以期妥当地平息这场论争，达成学术界的共识。他们既认为"普世价值"有其存在的客观必然性，又坚持"普世价值存在"这个命题只能在某种层面上成立。即没有绝对的"普世价值"，只有相对意义上的"普世价值"。"普世价值"是在一定条件下、针对一定"类主体"才存在的。"普世价值"只能是一种有限度的价值统一，是人类交往中逐渐形成的共同的价值取向。"普世价值"相对论者主要从以下三个角度来分析和阐述：

(1) 从"普世价值"的概念来分析。他们认为价值从来都是具体的，任何价值都不可能独立地存在于现实社会生活中；历史上不存在抽象的共同的价值，现在和未来也不可能存在这种价值。如果强求每一个人都赞同某种价值观，这是不切实际的。因为这样一来，人类可能没有任何共同价值。其实"普世价值"的关键在于"普遍适用"，而不在于是否"普遍赞同"。有学者从历史唯物主义的角度出发，认为在人的自然规定性方面，人类存在着共同的基础。历史唯物主义承认"普世价值"的存在并肯定其意：就人的社会性存在而言，人类没有普遍的共同性。在这样的意义上，历史唯物主义反对"普世价值"的存在。④有学者提出，从哲学价值观的角度看，在同一个历史时期，事实上又存

---

① 周新城：《一些人鼓吹的"普世价值"实质上就是西方的价值》，载《"普世价值"问题研究八人谈》，《思想理论教育导刊》2008 年第 11 期，第 59-60 页。

② 郑一明：《要研究和警惕"普世价值"思潮》，载《"普世价值"问题研究八人谈》，《思想理论教育导刊》2008 年第 11 期，第 64-65 页。

③ 王一程：《马克思列宁主义是剖析"普世价值"问题的科学思想武器》，载《"普世价值"问题研究八人谈》，《思想理论教育导刊》2008 年第 11 期，第 61 页。

④ 庄友刚、崔苏妍：《历史唯物主义在什么意义上反对普世价值》，《福建论坛(人文社科版)》，2012 年第 3 期，第 59-65 页。

在着人类普遍的共同基本价值。这是由于地球上的人类因为属于共同的物种而有共同的尺度。这种基于人类个体之间共同点的普遍价值，是自有人类开始就存在的。因此，可以说，事实存在着人们共同认同的价值理念，但这种价值理念是历史的、相对的。①

(2) 从学者观点所表现出的思维方式来分析。有学者认为，这场论争中有两种极端观点是令人担忧的。"一种认为'普世价值'就是没有任何差别的共同价值，其极端就是简单地把西方价值当做'普世价值'；另一种认为人类社会根本不存在任何共同的价值，其极端就是幼稚地认为中国特色与人类的普遍价值格格不入"。②有学者指出，从方法论上看，把历史的、具体的某一类个别或特殊，说成是不变的、无差异的全人类的一般或普遍，并把这种所谓的"一般"或"普遍"解读为是由所谓先验的"与生俱来"的"人性"或"天赋人权"决定的，这是典型的历史唯心主义谬误。在全球化浪潮席卷世界的今天，普遍价值实际上只是一种所谓的"底线价值"、基本价值，即在高度发达的个性化基础上的、有限度的价值统一。③

(3) 从"普世价值"的层次角度来分析。"普世价值"具有理想层面和工具层面两种层次。社会中的人并非抽象，而是文化的产物。各种文化都能产生其他文化下的人们可以认同的"普世价值"，但同时也说明各种文化实现"普世价值"的方法和方式是不同的。简单地说，只要是人，作为一种类存在物，就有人都可认同接受的共同价值；但不同文化背景下的人则有不同的方法来实现这些"普世价值"。这基本上接近人类历史价值的发生、发展和传播。因此，特色也好，西化也好，都只是一个工具，我们必须走出中国特色对抗西方普世的特区，社会发展最终的目的是人民的生活是否幸福、社会发展程度是否先进、国家实力是否强大。④有学者认为，分析和应对"普世价值"问题，要区别对象和分清层次。⑤对"普世价值"鼓吹者推销西方资本主义价值观、否定社会

---

① 李战奎：《论普世价值的可能、限度及其实现》，《理论与改革》2006 年第 3 期，第 24-27 页。

② 俞可平：《谈"中国模式"与"普世价值"》，《上海党史党建》2008 年第 11 期，第 7 页。

③ 邵汉明、陈姝宏：《关于普世价值的研究与思考》，《哲学研究》2009 年第 10 期，第 90 页。

④ 李开盛：《走出"特色 VS 西化"思维的误区》，http://www.chinaelections.org/newsInfo.asp? NewsID=136269，2008-10-22。

⑤ 卫陵彦：《由"普世价值"问题的争论引起的困惑》，http://www.chinaelections.org/NewsInfo.asp? NewsID=149061，2009-05-23。

主义核心价值体系和社会主义制度的政治企图，我们要旗帜鲜明地抵制和反对。对属于人与自然的关系、人类生存延续以及不具有阶级性、政治性的人际关系，我们应实事求是地承认，在这些领域客观存在某些由人类生理属性和自然进化规律决定的人类共同需要，以及由此形成的相同或相通的规则。但由于人类社会远未进入无阶级、无国家利益矛盾的大同世界时代，要形成合乎人类共同需要的应对规则也是十分困难的。持这种观点的学者较少，而且他们中大多数都认为：中国要融入世界，就应当接受某些政治含义不强的"普世价值"，而对于政治意识形态层面的"普世价值"则应当坚决摒弃。

（二）中国是否应该接受"普世价值"

王炳权在其专著《当代中国政治思潮研究》中对这一问题做了非常全面的总结和归纳。

（1）"普世价值"肯定论者主张中国应该接受普世价值，并从三个层面予以分析。

一是主张中国应该接受"普世价值"。有学者认为，我们应立足民族特色拥抱"普世价值"。"人类文明的核心，是人类在长期进化发展中形成的具有普遍世界意义的价值准则，以及由这些准则所规定的基本制度"，"任何民族都将获得这样最终的制度进化归宿"，"一个和人类文明结缘、愿意承担历史责任的政党不能迁就自己特色的消极方面，而应积极创造条件，开掘自己的社会资源，果敢拥抱人类文明的'普世价值'，以更快的步伐走向文明未来"，"'普世价值'不应成为迁就民族特色的祭品。我们要挖掘我们历史遗产中的积极因素，抛弃那些与'普世价值'相背离的东西，瞄准由人类文明的'普世价值'所确认的基本社会经济制度迈开前进步伐，坚决地将中华民族融入到世界文明的主流中去。"①

有学者提出，中国实行改革开放，必须融入人类文明主流，承认"普世价值"。"中国社会问题的症结，的确在于专制主义及其制度。党执政以后，建立了一个权力不受制约的集权制度，党员和公民都不享有民主权利。这就离开其至背离了人类近代文明主流。中国实行改革开放，必须融入人类文明主流，坚持民主、科学和法治，承认'普世价值'，同世界文明接轨。"②

二是认为中国正在接受人权、法治、公平、正义、自由、平等、博爱等"普世价值"。如有学者提出，"经过 30 年的改革开放，中国已重新逐步融入

---

① 党国英：《立足民族特色拥抱普世价值》，《南方周末》2007 年 10 月 25 日。

② 李锐：《李昌和"一二·九"那代人》，《炎黄春秋》2008 年第 4 期，第 4 页。

世界文明，人权、法治、公平、正义、自由、平等、博爱等'普世价值'日渐成为我们文明中的核心价值。"①而改革开放的进程就是中国学者接受"普世价值"的过程。"改革开放以来中国共产党所走过的历程，就是不断学习和实践人类'普世价值'的过程，中国经济发展和社会进步是这一过程的必然产物。中共抛弃了极左政治路线，选择了以经济建设为中心的治国方略，逐步形成了'以人为本'作为核心的意识形态，人类'普世价值'中最重要的内涵被中国共产党所接受。"②"我们看到，今年的十七大报告中写入了许多'普世价值'，包括民主、自由、公正、法治、人权、人格尊严等都纳入到社会主义价值目标体系中去。"③

三是提出中国应继续解放思想，确立"普世价值"。有学者认为，解放思想就是要确立"普世价值"。"无论是经济、政治还是社会、文化的理论创新，我们都必须以'普世价值'为尺度，也就是用自由和普遍幸福做标准来看待发展。"④解放思想应该有核心目标，这个核心目标就是价值体系，解放思想就要确立"普世价值"。要从以人为本的高度来解放思想。以人为本是个纲，要贯彻这个纲，就需要民主、自由、人权等一整套"普世价值"，就需要价值观的转变。如果"普世价值"不能确立起来，结果就不会是以人为本。所以价值观问题是决定中国命运的一个基础性的问题。⑤有学者认为，解放思想的重点是政治体制改革，政治体制改革的总目标应该是宪政。"什么是宪政呢？法学家有一个基本共识，宪政就是民主、法治加人权，就是这三者的结合。"⑥"要把'以人为本'这个表达方式变成'以公民权利为本'，建立一个以公民权利为本的社会。这样，首先可以跟国际上的民主、宪政等一系列的主流观念接轨。"⑦

① 袁绪程：《中国改革开放 30 年回顾与展望》，《改革内参》2008 年第 11 期，第 11 页。
② 党国英：《立足民族特色拥抱普世价值》，《南方周末》2007 年 10 月 25 日。
③ 本报评论员：《国家荣誉制度当奠基于人类普世价值》，《南方都市报》2007 年 12 月 17 日。
④ 郑炎潮：《解放思想需要勇气决心献身精神——南方周末思想解放论坛观点集纳》，《南方周末》2008 年 3 月 27 日。
⑤ 王占阳：《解放思想需要勇气决心献身精神——南方周末思想解放论坛观点集纳》，《南方周末》2008 年 3 月 27 日。
⑥ 蔡定剑：《解放思想需要勇气决心献身精神——南方周末思想解放论坛观点集纳》，《南方周末》2008 年 3 月 27 日。
⑦ 吴思：《解放思想需要勇气决心献身精神——南方周末思想解放论坛观点集纳》，《南方周末》2008 年 3 月 27 日。

（2）"普世价值"否定论者对中国应该靠近并接受"普世价值"的观点提出了批评。他们提出了以下主要观点：

① 指出宣扬"普世价值"的言论具有鲜明的政治指向性。有学者提出，近几年来，宣扬"普世价值"的舆论比较集中在民主、自由、人权和私有化等问题上，这不是偶然的。在我们坚持和通过改革完善、发展社会主义制度的过程中，这是国内外某些势力打着"普世"旗号，把他们那一套全盘西化的主张和要求塞给我们，企图改变我国社会主义制度的一种手段。有的文章把党的十七大强调的解放思想解读为"我们应该追求'普世价值'"；有的把党的文件中讲的社会主义民主法治、公平正义，以及摆脱贫困、实现现代化等，都随心所欲地解释为选择了"普世价值"；有的甚至说"'普世价值'不应成为迁就民族特色的祭品"，要转向"'普世价值'体系"，"拥抱'普世价值'"。这是一种混乱而错误的观念，是同党的基本理论相悖的，也是违背十七大精神的。①

有学者提出，党的十七大概括和论述了中国特色社会主义旗帜、道路和理论体系，已经明确回答了党在改革开放关键阶段举什么旗、走什么路、朝着什么发展目标继续前进等重大问题。改革开放 30 年的巨大成就，是中国共产党带领人民走中国特色社会主义道路取得的成功。那些鼓吹"实行改革开放必须融入世界文明主流，承认'普世价值'，同世界文明接轨"是企图用所谓"普世价值"误导我国的改革方向，力图把我国的改革开放纳入资本主义世界文明的轨道。"普世价值"论者根本否定中国特色社会主义的民主政治建设，完全割裂中国改革开放中经济体制改革和政治体制改革间的内在联系，力图把中国的改革开放引导到"回归西方文明"方向，把中国的政治体制改革引导到西方"民主化"的陷阱。②

② 认为宣传"普世价值"的要害是否定特色。有学者指出，这种"普世价值"的要害就在于否定特色，妄图用一个模子来规划地球上所有国家与民族的发展道路。"事实上，各国国情不同、发展道路不同，价值观念自然也是多种多样、充满各自特色的，西方所谓的'普世价值'不可能扣在所有国家的头上。"③有学者认为，"民主普适论"与我国政治发展道路的趋向和要素关系不

① 冯虞章：《怎样认识所谓"普世价值"》，《马克思主义研究》2008 年第 7 期，《人民日报》2008 年 9 月 10 日转摘。

② 侯惠勤：《"普世价值"的理论误区和实践陷阱》，《马克思主义研究》2008 年第 9 期，第 20-25 页。

③ 毛晓刚：《"普世"的要害是否定特色》，《北京日报》2008 年 6 月 15 日。

相符合。""实践充分证明，我国的政治制度是马克思主义民主的阶级性、实践性和科学性的有机统一，是马克思主义民主理论在新时代的继承和发展。既然实践是检验真理的唯一标准，我们就没有理由不坚持已经被实践证明取得成功的制度模式。'民主普适论'的主张不能够满足中国特色社会主义政治发展道路和民主法制化建设的实践需要，这个道理是很清楚的。"①

有学者认为，我们讨论"普世价值"问题的意义，"在于学习、运用马克思主义的基本观点和方法，廓清在这个问题上的迷雾，确立起我们在这个问题上的基本观点，以有助于更好地揭露在'普世价值'外衣包裹下的错误思潮的实质，主动做好意识形态工作，巩固马克思主义的指导地位。"②

③ 分析"普世价值"论产生发展的原因。典型的看法是："普世价值"论泛起的过程中，国内因素起主要作用，国际影响起推波助澜作用。主要的原因有：世界范围内各种思想文化交流、交融、交锋日益频繁，渗透和反渗透斗争仍然尖锐复杂；我国经济体制深刻变革、社会结构深刻变动、利益格局深刻调整，国内社会思想多元多样多变的趋势更加凸显，人们思想活动的独立性、选择性、多变性、差异性明显增强；互联网等现代媒体日新月异，成为便于国内外敌对势力制造和扩散反华舆论、进行意识形态渗透的重要渠道，散布大量有害信息，极力抹黑中国、丑化中国、妖魔化中国。除此之外，意识形态领域存在的薄弱环节，也是"普世价值"思潮泛起的重要原因：政治领域对"不论争"的误解，模糊意识形态斗争；学术领域的西化学术倾向，一些学者盲从西方思潮；社会领域淡化意识形态，削弱马克思主义意识形态、社会主义价值观对部分党员、干部、群众特别是青年学生的影响力、鉴别力。③也有学者强调，"普世价值"论借助一些社会热点为其所用，是近期"普世价值"思潮传播中的一个新特点。如，歪曲十八大报告的"三个倡导"，曲解莫言得奖发言等等，借时事造势，试图混淆视听。④

④ 揭示"普世价值"论的实质。典型的观点是："普世价值"的实质是挑战社会主义核心价值体系，试图改变中国政治发展道路。在政治上，企图改变

① 陈红太：《如何认识"民主普世论"的实质？》，载《"普世价值"问题研究八人谈》，《思想理论教育导刊》2008 年第 11 期，第 62-63 页。

② 冯虞章：《怎样认识所谓"普世价值"》，载《"普世价值"问题研究八人谈》，《思想理论教育导刊》2008 年第 11 期，第 58-59 页。

③ 余凡：《澄清"普世价值"的迷雾，坚持马克思主义指导地位》，长寿新闻网（http：//www.ccs.cn/jrgz/xxxdzz/news/2010-11/2460_61810.shtml.）。

④ 刘书林：《"普世价值"论包裹的"私货"》，《人民论坛》2013 年第 1 期，第 32-33 页。

我国发展民主政治和深化政治体制改革的指导思想和社会主义方向，用"普世价值"即西方政治理念和制度模式改造中国的政治制度；在思想上，企图废除马克思主义指导地位，以西方资产阶级价值观取代社会主义核心价值体系建设，搞指导思想的多元化；在经济制度上，企图为全盘私有化制造舆论，拆毁以公有制为主体的社会主义初级阶段经济基础。①有学者指出，"普世价值"的"能指"十分宽泛，断然拒斥似乎会在许多方面丧失话语权而陷入被动。但其"所指"却十分明确，这就是在政治方向、基本道路和根本制度上对我国进行颠覆，是当前敌对势力利用价值渗透对我国实行"分化"、"西化"图谋的集中表现。②有学者进一步指出，主张"普世价值论"者的问题的实质，是试图通过把他自己信奉或偏好的价值宣称为"普世价值"，来加强自己的论证力量，以说服或迫使他人接受自己的价值观念和政治理想。这对于尝试改变现存价值体系和政治秩序的人来说是一种常用的策略，只不过是过去没有创造出"普世价值"这个概念，而选取了诸如逻各斯、理念、自然理性、上帝、自然法等其他概念而已。从历史上来看，打着这些旗号的这类价值概念都不过是某个时代、某个阶级或某种传统的价值观念罢了。③

⑤ 指出"普世价值论"的理论误区。下面我们主要从三个方面进行分析。

其一，"普世价值"论回避了价值问题的复杂性。有学者强调，价值问题非常复杂，"普世价值"概念遮蔽了这种复杂性。第一，它容易把某一历史阶段形成的具有特定社会属性和内容的价值视为超时空的价值；第二，它容易把充满分歧和冲突的价值观念简单化，从而无视其中的差异、矛盾和冲突；第三，它容易混淆科学问题与价值问题的区别；第四，它容易滋长非历史地看问题的形而上学思维，陷入普遍主义的误区，形成新的教条主义；第五，它容易为专制主义和霸权主义提供借口。④有学者认为人们对价值的看法和追求差别太大。绝对的永恒的"普世民主"或民主的"普世价值"是根本不存在的。⑤也有学

---

① 余凡：《澄清"普世价值"的迷雾，坚持马克思主义指导地位》，长寿新闻网（http://www.ccs.cn/jrgz/xxxdzz/news/2010-11/2460_61810.shtml.）。

② 侯惠勤：《我们为什么必须批判抵制"普世价值观"》，《马克思主义研究》2009年第3期，第5-6页。

③ 马德普：《走出"普世价值"逻辑困境》，《中国社会科学报》2012年4月23日。

④ 马德普：《价值问题的复杂性与"普世价值"概念的误导性》，《政治学研究》2009年第1期，第3-12页。

⑤ 钟哲民：《对"普世价值"问题的几点思考》，《思想理论教育导刊》2009年第3期，第51-57页。

者强调，从来就没有什么"一般民主"、"纯粹民主"或者"普世民主"。有的只是一定历史条件下的阶级的民主。所以在马克思主义的语汇里，总是要讲资产阶级的民主、无产阶级的民主，要讲资本主义的民主、社会主义的民主。民主前面的这些限定词，不是可有可无的，它们点明了民主的阶级性、民主的本质。[①]

其二，"普世价值"沦为"西方中心主义"的俘虏。有研究强调，一些学者坚持"西方中心论"，把西方文明完全等同于"普世价值"，把非西方文明看作特殊价值，就如亨廷顿所说的"普世文明的概念是西方文明的独特产物"一样，这就过分夸大了西方文明中的"普世价值"，把其中的特殊价值也普世化了。在现实中的突出表现就是，一些国家自认为是人权、自由、民主等"普世价值"的发明者、垄断者和输出者。这种西方文明中心论、西方价值绝对普世化的理论，一方面把非西方的各种文明和各种价值当作其对立面，一方面用经济制裁、外交封锁、政治颠覆、武力打击等手段来推进他们自认为是"普世价值"的东西。假如这种"普世价值"大行其道，必然导致极端民族主义的猖獗，这是对人类尊严、人类文明的严重亵渎。[②]

其三，指出"普世价值"论与历史唯物主义相悖。有学者强调，"普世价值"的主张，是带有强烈的西方基督教文化特征的思想，它相信存在着超越时空的、普遍而永恒的价值体系或制度规范，是西方自由主义的主要特征之一，是一个典型的历史唯心主义的命题。民主等是否具有"普世价值"，需要用辩证唯物主义和历史唯物主义的世界观方法论来进行深入研究，才能得出正确的认识和结论。[③]有学者进一步强调，"普世价值"论者无视这样的一个基本事实：我们讲的自由、民主、平等、公正，不是抽象的，更不是西方的概念。这些概念在我国，既有自己的意识形态内涵的规定性，又有社会主义法律的规定性。比如，我们讲的民主，是指社会主义的人民民主，与西方鼓吹的多党轮流执政的资产阶级民主具有本质不同。[④]

⑥ 强调面对"普世价值"应有的态度和策略。主要从四个方面提出建议。

其一，我们应该放弃"普世价值"这种言说方式，改用不易造成混乱和误导的语言。比如，我们可以用"基本价值"、"核心价值"、"共享价值"或

---

① 汪亭友：《"普世价值"是个伪命题》，载《"普世价值"问题研究八人谈》，《思想理论教育导刊》2008年第11期，第65-66页。

② 甄言：《关于"普世价值"的几个认识问题》，《北京日报》2008年6月16日。

③ 田改伟：《认清"普世价值"背后的历史唯心主义》，《中华魂》2012年第5期。

④ 刘书林：《"普世价值"论包裹的"私货"》，《人民论坛》2013年第1期。

"共识价值"等概念，来替代"普世价值"概念。这不是无谓的咬文嚼字或简单的概念游戏，而是不同思维方式和不同实践效果的重大差异。这样的替代决不会和文明的进步与历史的发展相抵触，而只会减少它给社会可能带来的危害。①

其二，要从政治层面看待学术争论，消除"普世价值"的危害和影响。意识形态有鲜明的阶级性和党性，从政治角度判断意识形态领域内的热点、难点无可厚非。对于宣扬"普世价值"的要害要有清醒的认识。我们不应把"普世价值"当作时髦的用语，随声附和。要从巩固马克思主义的指导地位、做好意识形态工作的角度，看待"普世价值"的主张和倾向，认清它的危害，清除它的影响。②

其三，对人类文明进步和文化交流中形成的"价值共识"不持虚无主义的态度，积极确立和把握我们自己在价值问题上的话语权。我们不能对民主、自由、人权等采取不屑一顾的简单态度，要在充分重视世界文明成果的同时，追寻适合本民族、本国家发展的自由、民主、人权理念。保持"和而不同"立场，追求"普遍共赢"效果，举起"公平正义"旗帜。中国在其世界地位上升的历史时刻，应当根据自身的传统对现存的共享价值提出自己的明确看法，既要时时警惕"普世价值"的陷阱，又要站在世界大多数人民的立场上提出新的价值观。③

其四，加强社会主义核心价值体系建设。有学者指出，"普世价值"之所以引起如此大的争议，与一些人没有明确的信仰是息息相关的。当今是一个信仰困惑但又逐渐清晰和文明的时代，必须加强核心价值体系建设。马克思主义是社会主义核心价值体系的灵魂，要大力增强社会主义核心价值体系的吸引力和对其他思潮的凝聚力，从而更好地实现社会主义核心价值体系引领作用。④如何构建以马克思主义为核心体系的科学价值，是当今马克思主义研究者和传播者的当务之急，意识形态领域的积极精神力量将给实践以巨大的推动，完成其能动的反作用。

---

① 马德普：《价值问题的复杂性与"普世价值"概念的误导性》，《政治学研究》2009 年第 1 期，第 3-12 页。

② 冯虞章：《怎样认识所谓"普世价值"》，载《"普世价值"问题八人谈》，《思想理论教育导刊》2008 年第 11 期，第 59 页。

③ 相蓝欣：《"普世价值"还是"共享价值"？》，《联合早报》2008 年 9 月 3 日。

④ 黄明理：《对普遍伦理的质疑——兼从普遍伦理看道德信仰的根据》，《南京师大学报(社会科学版)》2007 年第 2 期，第 29 页。

第二节 对"普世价值"论争的评价和反思

关于"普世价值"的这场论争引起了中国社会各个层面的关注,从平面媒体到互联网、从平民百姓到领导层无不涉入了这场论争。如何评价这场论争?又给我们带来了哪些值得思考的问题呢?

一、对"普世价值"论争的几点评价

对于"普世价值"的论争,有人认为:有关"普世价值"的论争无论是反对者还是赞成者,都过于政治化和意识形态化了,把论争本身作为一种政治武器,对"普世价值"本身都缺乏理性理解;对立双方一个遇"西"就反,另一个见"西"就迷,各执一端而失去理性。①这种评价有待商榷。

其一,是否"过于政治化和意识形态化"?

回答这个问题首先必须明确这场论争的实质。毋庸讳言,在这场论争中,赞成"普世价值"的人们,在立场、观点及动机方面并非完全一致,相当一部分人只是"出于各种善意而赞同'普世价值'的观点",但确有少数热衷"普世价值"的鼓噪者有明确的政治意图。结合论争背景及双方观点交锋的态势不难发现,这场论争的实质是政治话语权之争,换言之,是争夺意识形态主导权的斗争。在我国改革开放的关键时期,一些"普世价值"的鼓吹者,企图用"普世价值"解释中国的发展进步和存在的问题,争夺话语权,影响中国下一步改革的走向,其政治指向不言自明。任何执政党对危及其意识形态话语权的社会思潮都不会听之任之、纵容姑息。如果执政党失去了对有害意识形态的识别能力和自卫能力,就意味着自动放弃了对意识形态的主导权,而丧失了话语权的执政党,其结果只能是失去人心而最终丧失执政地位。中国共产党历来主张,在任何情况下,都必须始终坚持马克思主义在社会主义意识形态领域的指导地位,唱响主旋律,打好主动仗,对一切危害社会主义制度、共产党执政地位和国家利益的社会思潮旗帜鲜明地进行坚决的政治斗争,对损害改革发展和社会主义核心价值体系主导地位的错误思潮进行严肃的思想斗争。因此,要坚定不移地走中国特色社会主义道路,建设社会主义核心价值体系,就必须同"普世价值"论进行坚决的斗争。当然这种思想意识领域的斗争不是"残酷斗争,无

---

① 吴戈:《普世价值讨论断想》,《同舟共进》2009年第2期,第35-37页。

情打击",而是通过学术商榷、理论切磋、观点争鸣和舆论宣传进行有理有力、有据有节的思想交锋,以期最大限度地消除"普世价值"论的负面影响。这场论争始终没有超出思想意识领域之争的范畴,何"过"之有?

其二,论争的一方是否见"西"就迷,另一方是否遇"西"就反?

"见'西'就迷"、"遇'西'就反"的观点未免过于简单化、绝对化了。不可否认,自近代以来,西方国家在物质经济领域取得了巨大成功,因而其精神文化具有相当的吸引力和影响力。一些国人潜意识中有向西方看齐的情结,对西方的思想理论有好感,出自不同的善意而赞同"普世价值",但这不能一概称之为见"西"就迷。有些学者在研究国内问题时脱离中国实际,生搬硬套西方理论、概念、方法和思想话语,写出文章的注释(主要为英文注释)比正文还长,内容华而不实,观点似是而非,不仅无助于问题的解决,反而会造成思想混乱。这类学者完全抛弃了辩证唯物主义和历史唯物主义的理论方法,尤其是阶级观点和阶级分析法,自我解除思想武器,丢失了应有的思想立场,丧失了对错误理论思潮的辨识力、质疑力和批判力,因而成为西方资产阶级意识形态的推销员,这类学者难免有见"西"就迷之嫌。

"普世价值"的反对者以马克思主义为指导思想,以推动社会主义核心价值体系建设为己任,是否意味着遇"西"就反呢?稍具政治常识的人不难做出正确回答。马克思主义本身源自西方,中国共产党把马克思主义基本原理与中国具体实践相结合,形成了毛泽东思想和中国特色社会主义理论体系。社会主义核心价值体系则是一个包容性很强的开放的思想体系,它勇于和善于汲取人类社会创造的一切优秀文明成果,当然也包括西方发达国家在内的世界各国人民创造的有益思想文化成果。问题的关键是必须区别精华和糟粕,汲取有益,剔除有害。正如邓小平同志所说:"属于文化领域的东西,一定要用马克思主义对它们的思想内容和表现方法进行分析、鉴别和批判。"①

"普世价值"是西方舶来的概念,尽管有人说它是全人类的,但在话语权"西强我弱"的国际格局中,要加入中国元素或亚洲元素或什么元素,因而使之成为世界的,这实在有点一厢情愿。只要不怀偏见和敌意,只要不乏政治常识,就不难发现"普世价值"论的本质"是当代西方话语霸权及其价值渗透方式的表达"。②西方的一些组织和个人把"普世价值"作为工具,企图动摇马克思主义在中国人民心中的信念,破坏马克思主义在我国意识形态领域的指导地

---

① 邓小平:《邓小平文选(第 3 卷)》,人民出版社 1995 年版,第 44 页。

② 候惠勤:《我们为什么必须批判抵制"普世价值观"》,《马克思主义研究》2009 年第 3 期,第 5-12 页。

位，对于这样的"西"当然必反无疑，否则社会主义核心价值体系难以确立。

其三，如何最大限度地消除"普世价值"的负面影响？

综观论争双方的文章，不难发现，这场论争对"普世价值"概念本身的界定始终没有达成一致，不仅论争双方没有达成共识，而且各自阵营内部也存在分歧。因而有评论认为，这场论争是在各方对"普世价值"的理解歧义丛生、对这个概念缺乏共识的基础上进行的。①由于对"普世价值"概念的理解各不相同，有时会使论争陷于你说你的，我说我的，自说自话的"聋子对话"局面，在这个基础上得出的结论，其说服力自然打了折扣。如前所述，这场论争双方观点交锋集中在政治话语层面，是话语权之争。政治话语与学术话语密切相关，政治话语离开学术话语的支撑就会丧失说服力，因此，在政治话语层面要澄清"普世价值"问题的是非曲直，掌握话语权，首先应从"普世价值"概念本身入手加强学术研究，使学术话语与政治话语有机结合，协调一致，以理服人。仅从政治上批判揭露"普世价值"论的实质和危害，恐怕远远不够，必须有针对性地从学理上加强研究论证，拿出事实依据、理论依据、历史依据、情感依据，形成真正科学的、有充分说服力的研究成果。②

二、对"普世价值"论争的几点反思

（一）复杂的国内国际背景

关于"普世价值"的论争不是偶然的，而是具有深刻的国内国际背景。在国内，随着社会经济生活的深刻变革，中国社会已经是一个多元化的社会。经济成分、就业方式、分配方式和利益关系日益多样化，社会成员的价值观也日趋多元、多样、多变。在国际上，随着经济全球化的日益深入，世界范围内各种思想文化交流、交融、交锋日趋活跃。社会主义中国将长期面对西方资本主义国家传播其意识形态、进行文化扩张和价值渗透的压力。改革开放30年，中国特色社会主义建设取得了举世瞩目的成就，尤其是2008年中国共产党在抗震救灾工作中的出色表现和奥运会的成功举办更是吸引了世界的目光。海外媒体纷纷发表文章，讨论西方和中国的政治制度优劣问题，不少文章提出重新认识和评价中国的政治制度。可是，在一些国外敌视社会主义的势力看来，中

---

① 文平：《"普世价值"辨析》，《红旗文稿》2009年第10期，第4-9页。

② 向冬梅：《对"普世价值"争论的一种解读》，《思想理论教育导刊》2009年第11期，第67-68页。

国的快速发展不仅威胁他们的经济利益，而且威胁他们的制度模式和价值体系。所以他们总是寻找机会、变换手法对中国发难。国内一些自由主义知识分子附和国外敌对势力，攻击中国特色社会主义制度，攻击党的领导，鼓吹自由、民主、人权、博爱是"普世价值"，中国不应当强调中国特色社会主义的特殊性而自外于这些"普世价值"。在这场关于"普世价值"的讨论中，少数人甚至借助纪念改革开放30年之际，打着"普世价值"旗号推销其政治主张，主张用西方政治制度模式取代中国共产党的领导和社会主义制度，企图影响中国今后改革开放的走向。①

（二）面临着多重困境

1. 从程序困境到理念困境

"普世价值"，顾名思义，应该是世界上多数国家和人民都可以接受的价值观念，但恰恰在这个问题上，国际社会从未取得过共识。西方国家政府和主流媒体经常说，民主、自由、人权是"普世价值"。但人们可以问一个简单的问题：除了民主、自由、人权是西方认定的"普世价值"外，世界上还有什么价值可以是"普世价值"呢？比如，世界上大多数人大概都认同"和平"应该是"普世价值"，但西方主要国家特别是美国不接受。再比如，中国人高度重视的"和谐"、"仁爱"、"责任"、"消除贫困"等价值，能不能成为"普世价值"？如能，下一步该怎么做？如不能，那是什么原因呢？这里首先涉及一个程序问题：世界上有这么多国家，有如此多元的文化和价值体系，哪些价值可以成为"普世价值"？哪些价值不可以成为"普世价值"？总该有一个大家都能接受的取舍筛选的程序，该让各国都发表一下自己的看法。如果这么大的事只能由少数西方国家说了算，那这个世界哪里还有正义和公道可言？

换言之，"普世价值"要"普世"，首先要解决"程序合法性"问题：把某种东西说成是"普世"的，说成是所有国家和人民都应该接受的，那就应该通过国际社会普遍接受的某种程序来加以确立，比如召开国际会议来进行讨论乃至谈判，最终形成国际共识，确定哪些价值属于全人类共享的，哪些不属于。唯有这样，"普世价值"才能令人信服，才能防止少数国家出于自己的政治、经济和战略利益需要，把自己界定的一些价值说成是"普世价值"，然后向全世界强行推销，甚至不惜诉诸武力和战争手段，造成对他国人民利益与福祉的

---

① 薄明华：《关于"普世价值"争论的回顾与思考》，《中南大学学报（社会科学版）》2011年第6期，第75-76页。

巨大损害。

　　"普世价值"面临的另一个困境是这个理念本身的困境：西方国家说民主、自由、人权是"普世价值"，但这个理念似乎经不起太多的推敲。人们不妨设问：即使在西方社会，也存在各种各样的民主、自由和人权，究竟什么样的民主、自由、人权才是"普世价值"呢？比方说，花这么多钱的美式民主应该算"民主"还是"钱主"呢？主张言论自由的美国同时监控那么多本国和其他国家公民的网上言论和通信，这种美国特色的言论自由是全世界应该效仿的吗？至于人权，美国发动的伊拉克战争是如美国所说为了推动伊拉克人权呢，还是严重侵犯了伊拉克人民的人权呢？恐怕世界上大多数人都会认为一场导致十多万平民丧生、数百万人流离失所的非法战争，应该是本世纪违反国际法、武力侵犯人权的最严重事件之一。此外，在民主、自由、人权等不少领域内，国际社会还未达成共识。即使在国际社会已经形成基本共识的一些领域内，西方一些国家迄今还不接受这些共识。以人权为例，世界上绝大多数国家都接受并参加了《经济、社会及文化权利国际公约》和《儿童权利公约》，但美国拒不加入。从具体的人权来看，瑞典的社会福利建立在高税收基础之上，这在美国会被认为损害了私有财产权；英国至今还有国教，而且是学校的必修课，这在法国是无法容忍的；法国政府对电视台的垄断权一直持续到 1982 年，这在美国则是难以接受的。

　　总之，一旦我们把许多抽象的概念适度具体化，就会发现问题要复杂得多。一些西方国家喜欢用抽象的概念忽悠人，背后往往是损人利己的战略利益考量。我们今天该做的事情，就是把抽象的概念适度具体化，然后再问几个为什么，这样就不会被西方话语忽悠了。西方到处宣扬民主是"普世价值"，我们可以明确回应：民主可以是多数人认同的价值，但西方民主制度过去不是、现在不是、将来也不可能是"普世价值"。西方民主制度是西方社会独特文化和历史的产物，属于"地方性知识"，非西方国家和社会可以汲取西方民主建设的经验和教训，但如果照搬西方民主模式，那基本上是照搬一个，失望一个、失败一个。从今天席卷西方的金融危机和债务危机看，西方民主制度本身存在大量缺陷，甚至积重难返，其改革任重道远。

　　2. 实践困境之一：颜色革命从" 希望"到"失望"

　　如果说"普世价值"的程序困境和理念困境更多涉及西方在国际关系中说了什么，那么，"普世价值"的实践困境涉及的是西方在国际关系中做了什么以及这些行为所产生的后果。以推动"普世价值"的名义，西方主要国家先后在格鲁吉亚、乌克兰、吉尔吉斯斯坦这三个前苏联加盟共和国推动了"颜色革命"，导致这些国家政权更迭。从"颜色革命"爆发至今的情况来看，这些国家都经历了政治上的动荡、经济上的持续衰退，百姓的生活水平基本没有提高。这些国家"颜色革命"已迅速褪色。2003 年格鲁吉亚爆发了所谓的"玫瑰革命"。时任美国总统的小布什称上台的亲美总统萨卡什维利为"民主英雄"，并造访格鲁吉亚，赞誉它为欧亚地区的"民主明灯"。但格鲁吉亚多数百姓的生活没有因为"颜色革命"而改善，目前 27% 的人口生活在贫困线以下。2004年，西方主导的民调挑战了乌克兰大选的官方统计，引发了所谓的"橙色革命"，引来西方世界一片欢呼。但好景不长，由于通货膨胀，经济凋敝，腐败激增，当年被推翻的亚努科维奇卷土重来，赢得 2010 年总统大选，这不能不说是一种讽刺。乌克兰主流民意对颜色革命的态度也从"希望"转为"失望"：2009年美国皮尤中心民调表明，乌克兰人中仅有 30% 支持"民主"，比 1991 年时低了整整 42 个百分点。乌克兰至今还深陷政治、经济危机之中，内斗不断，腐败丛生，百姓生活水平没有提高，地区矛盾加剧。2005 年，吉尔吉斯斯坦爆发了所谓的"郁金香革命"，令美国政界和媒体欢欣鼓舞，被视作"民主和自由"的胜利。但"革命"带来的是持续不断的社会动荡，代表南、北不同地区的政治势力陷入内斗。革命爆发后，吉国事态发展与西方的预期不太一致，新政府与俄罗斯的关系似乎比与西方的关系更为融洽。五年不到，又一场革命爆发，总统巴基耶夫被推翻，并引发武装冲突。这些动荡对吉国政治、经济和社会的巨大负面影响持续至今。

总之，"颜色革命"的结果可以用六个字来概括：从"希望"到"失望"。这不仅是这些国家多数民众的亲身感受，甚至也是许多推动"颜色革命"的西方政府和人士的感受，他们对"颜色革命"褪色如此之快深感失望。

3. 实践困境之二：从"阿拉伯之春"到"阿拉伯之冬"

2010 年底开始，西亚北非阿拉伯国家发生一系列以"民主"为号召的反政府运动，波及突尼斯、利比亚、也门、埃及等国，多国政权被推翻。这场政权更迭潮被西方媒体称为"阿拉伯之春"，它们高呼"一个新中东即将诞生"。但仅仅过去两年多时间，"阿拉伯之春"已变成"阿拉伯之冬"：利比亚内战后，各部落拥兵自重，整个国家陷入了失控状态；突尼斯经济受到重创，国内世俗化和伊斯兰化势力持续斗争；也门经历了部落间战争、教派间(逊尼派和什叶派)战争、政府军与"基地"组织的战争，不排除还可能爆发南部独立战争。作为中东地区大国，埃及跌宕起伏的经历更引人注目。2011 年初反政府示威浪潮使长期执政的穆巴拉克总统下台。2012 年大选，穆斯林兄弟会的穆尔西上台，但世俗派与伊斯兰派的争执没有因举行选举而减少，恰恰相反，两大派矛盾不断加剧，双方均不愿意妥协。政权更迭带来的持续动荡，重创埃及经济，不仅资本外逃，企业关闭，工业生产严重下滑，而且物价飞涨，犯罪率飙升。2013 年 7 月，军队废黜了民选的穆尔西总统，导致新的混乱和动荡，世俗派和伊斯兰派斗争愈演愈烈，爆发大规模流血冲突，前景不容乐观。

综上所述，"颜色革命"和"阿拉伯之春"波及的国家，都经历了政治混乱、社会动荡、经济凋敝。其实，这种从"希望"到"失望"的过程是可以预期的。首先，西方"普世价值"模式根本解决不了这些国家的深层次问题：既解决不了前苏联国家的民族矛盾、地区矛盾和经济困境，也解决不了阿拉伯世界的人口爆炸、贫穷和经济结构问题。推动"普世价值"模式反而使这些国家陷入动荡，使原本就分裂的社会更加分裂，使它们面临的各种问题扩大化、复杂化和持久化。其次，国家是一个包含了政治、经济和社会三个层面的有机体，"普世价值"导向的政治变革，最多只能触及这个有机体政治层面的某些变革，另外两个层面的改变则难以实现。这也是为什么西方在世界各地推行的"普世价值"模式，最终都"水土不服"，一个接一个失败。第三，国际政治实践表明：在一个经济相对落后的国家，政府如果不能凝聚全社会发展经济、改善民生的共识，并在此基础之上推动符合民情国情的政治变革，而是把解决一切问题的希望都寄托于所谓"普世价值"和"民主化"，则其成功的概率为零。这种单向度的政治变革只会使民众产生不切实际的期望，而政府永远满足不了这些期望，结果期望转变成失望，而且是具有巨大破坏力的失望，从而使社会陷入动荡，经济走向凋敝，甚至整个国家都可能走向解体，最后只能靠西方大国来收拾残局。这大概也是这些西方国家本来的意图，而且它们会继续以支持"普世价值"为名，拉一派，打一派，使这些国家陷入持续的内斗，最终整个国家只能成为它们的附庸，永世不得翻身。①

第三节 自觉超越"普世价值"的话语范式

一、"普世价值"思潮新动向

2014 年，美国国防部发布《四年防务评估报告》，提出包括"在国内乃至全世界对'普世价值'观的尊重"在内的四项国家核心利益。这说明美国人希

---

① 张维为：《从国际政治实践看"普世价值"的多重困境》，《求是》2013 年第 20 期，第59-61 页。

望全世界都"尊重"它的价值观，其隐藏的话语是：美国的价值观是全世界最好的；美国的价值观是适用于全世界的；在美国国防部的《四年防务评估报告》中提及"普世价值"，说明美国很可能会为了推广"普世价值"而诉诸武力。实际上，美国所谓"普世价值"观在某些国家那里一点也不普世。在美国看来，对自己有用的和有利的，那就是普世的；对自己没用的和不利的，那一定是不普世的。

在国内，以解构中国共产党的领导地位和社会主义制度为目的的"普世价值"思潮，不断转换手法、变换表现形式，与其他自由主义思潮融合，借解读中央重大决策继续推销其所谓"普世价值"，主要表现在如下三个方面：

(1) 借解读社会主义核心价值观再度活跃。

将社会主义核心价值观与"普世价值"混为一谈，认为社会主义核心价值观就是"普世价值"。2013 年 12 月，中央办公厅印发《关于培育和践行社会主义核心价值观的意见》，将党的十八大提出的"富强、民主、文明、和谐、自由、平等、公正、法治、爱国、敬业、诚信、友善"，正式确定为培育和践行社会主义核心价值观的基本内容。"普世价值"思潮将社会主义核心价值观与"普世价值"观混为一谈，认为中国的社会主义核心价值观就是"普世价值"观，而绝不是中国特色。他们企图把水搅浑，混淆视听，制造思想混乱。有网络媒体以"中共加强宣传'社会主义核心价值观'纳入普世价值"为题发文称：将西方"普世价值"中的民主、自由、平等、公正、法治等重要理念都纳入"社会主义核心价值观"，是对中共传统意识形态的一次大胆突破，展示了中共在意识形态和治国理念上试图"与时俱进"的意愿。有的人甚至提出，"法治、自由、民主、平等、公正"几乎出现在所有东西方国家的宪法与法律文献中，这毫无疑问地证明，中国的社会主义核心价值观就是"普世价值"。可以肯定，除极少数借助"普世价值"的概念来包裹"普世价值"思潮特有的"私货"之外，绝大多数人都认为，西方的价值观与我们的社会主义核心价值观是有根本区别的，因而反对照抄照搬西方的价值观。

(2) 借解读党的十八届三中全会《决定》再度升温。

认为"国家治理"概念最接近"普世价值"，在推进国家治理体系和治理能力现代化过程中，离不开自由、民主、公正、法治这些价值共识。党的十八届三中全会，明确指明了"全面深化改革的总目标是完善和发展中国特色社会主义制度，推进国家治理体系和治理能力现代化"。"国家治理"概念成为党的十八届三中全会决定的一大亮点，成为学界关注和研究的重点之一，也是"普世价值"借题发挥的重点之一。一些人仅仅遵循西方"治理"概念的含义解释

"国家治理"，认为"治理"的概念只是西方政治理论和管理理论的专利。

2014年2月17日，习总书记在省部级主要领导干部学习贯彻十八届三中全会精神全面深化改革专题研讨班上的讲话中指出，推进国家治理体系和治理能力现代化，要把"跨越时空、超越国度、富有永恒魅力、具有当代价值的文化精神弘扬起来"。一些人认为，习总书记虽然没有用"普世价值"的提法，但内涵是一样的。他们认为民主和法治是区分现代国家治理体系、治理能力和传统国家治理体系、治理能力的本质所在。在推进国家治理体系和治理能力现代化的过程中，离不开自由、民主、公正、法治这些现代世界普遍认可的价值共识。

应该说，学界绝大多数学者对"国家治理"概念的阐释解读能够坚持正确方向。我们党提出的国家治理体系和治理能力现代化，是紧紧与完善和发展中国特色社会主义制度联系在一起的。因此，全面深化改革，推进国家治理体系和治理能力现代化，必须在坚持中国特色社会主义制度的前提下进行，在完善和发展中国特色社会主义制度的方向上进行。

(3) 借解读党的十八届四中全会《决定》再度回暖。

宪政民主思潮成为"普世价值"思潮的新变种。一些人认为，作为人类社会政治文明的成果，宪政制度已经成为现代政治制度的基本架构，成为现代文明社会普遍接受的政治法律价值，并由此得出结论：中国要走向现代化，就不能拒绝文明、普世、普适的东西，宪政是社会主义应当继承和发展的普世价值，中国的政治改革必须以实现宪政为目标，通过宪政改革使中国成为一个宪政国家。党的十八届四中全会提出全面推进依法治国的总目标和重大任务。在全会召开前夕，有学者提出"这个时代仍贯穿着无产阶级与资产阶级、社会主义与资本主义阶级斗争的主线索，这就决定了国际领域内的阶级斗争是不可能熄灭的，国内的阶级斗争也是不可能熄灭的"。由此展开一场"法治"与"专政"的激烈争论。支持者认为，提阶级斗争，不等于倡导搞阶级斗争，尤其不等于重新"以阶级斗争为纲"。"他们很反感阶级斗争的提法，但恰是他们在以阶级斗争的方式追求自己的目标。"马克思主义认为，在阶级社会中，占统治地位的阶级实行本阶级的专政是不以人的意志为转移的客观规律，也是客观事实。把"专政"和"法治"对立起来，认为有法治就不用专政，有专政就会破坏法治。说到底，就是企图用"法治"来否定、代替人民民主专政，代之以超阶级的"仁者爱人"，这恰恰是"普世价值"的特征。正如有学者已指出的：法治与专政并不矛盾。如果用法治来否定、代替人民民主专政，就上了"普世价值"的当，那法治就会变味，其结果是既得利益者即国际资本和国内买办占尽便宜，而让最广大的人民群众吃亏。当务之急是，不是用法治来代替人民民主专政，而是要进一步加强法治建设。①

二、马克思主义对"普世价值"观念的批判

在马克思主义看来，尽管"普世价值"观念历久弥新、形态多样、自述绝对，在特定的历史条件下，具有一定的历史合理性与合法性，甚至某些普世价值观念为许多人所信仰，并成为特定社会的主导潮流、核心价值理念和官方意识形态，但这并不意味着它具有客观真理性、科学逻辑性和社会正义性。恰恰相反，"普世价值"观念具有主观虚幻性、逻辑抽象性和实践消极性。

(1) "普世价值"观念的主观虚幻性。

在观念与事物的关系上，马克思主义从辩证的历史唯物主义出发，深入批判了"普世价值"观念的主观虚幻性和唯心主义性质。在马克思主义看来，观念与事物的关系是具体的矛盾的关系：任何观念都是客观现实的反映，都可以从客观现实根源上得到一定的理解，当然任何观念的形成自然也有主观上的原因；观念的内容与形式是对立统一的，既有主观性又有客观性；就观念与客观对象的一致性而言，与客观对象相一致的观念具有客观真理性，否则就只具有主观虚幻性。在这方面，不仅认识上的观念是如此，价值上的观念也是如此。据此来解析"普世价值"观念，可以看出，"普世价值"观念是虚幻的、主观臆造的，没有客观性，不是客观实际的价值联系的正确反映。

① "普世价值"观念没有以对象性世界中的客观具体的价值联系为根据，缺乏客观对象的基石。在人们的社会实践过程中，存在着多样的与单一的、个人的与共同的、特殊的与普遍的价值诉求与价值联系，这些价值诉求与价值联系各有自己确定的内容与形式，有自己的主体与条件；在现实中，并没有一种永恒不变、普世适用和绝对必然的价值联系，不存在对所有人或人类整体都绝对至善的价值联系的客观事实；人与外部事物之间的价值联系，人与人之间的价值联系是相对的、有条件的、具体的，其内容和形式都是变化发展的；人们之间的价值联系可以有共同的内容和普遍的形式，也存在着一般规律，但不存在永恒不变的、无条件的、对所有人都是至善的规律。所以，在客观现实世界和人们的实践过程中，没有永恒普遍、绝对至善的价值诉求与价值联系。

② "普世价值"观念的立足点是没有客观现实性的主观意愿。既然在客观现实世界中并不存在绝对普世的价值联系，那么"普世价值"观念论者在论说"普世价值"观念时，必然不是以人们现实的物质生活过程和实践中存在的

---

① 李春华：《关注"普世价值"思潮新走向》，《人民论坛》2015 年第 1 期(上)，第 40-43 页。

客观价值联系为基础，而是立足于"人们所说的和所想的东西"；而且这些观念，不是客观价值联系的真实反映，而纯粹是主观虚构；他们诉求的是"天国"尽善尽美的福祉，而不是"人间"祸福相依的利益；他们所理解的人也是观念世界中想象出来的完美无瑕的人格，而不是现实世界中"有血有肉的、有爱有恨的活生生的人"。他们通过游离于实际过程之外的主观臆造和空洞想象，诸多"普世价值"观念和所谓的"普世性"的价值联系便虚构出来。

③ 从观念或范畴出发来解释客观世界和人们的实践，把"普世价值"观念看做是现实世界的基础与"普遍规律"。"普世价值"观念论者如柏克莱、费希特、黑格尔和施蒂纳等，把人类历史的发展变化看作是主观自我意识、或者是客观宇宙精神等诸如此类的某种形而上学的纯粹的抽象行动。他们在虚构所谓"普世性"的价值联系之后，就进一步把它看作是人类历史的基础、"普遍规律"和永恒正义的诉求。众多"普世价值"观念论者把"普遍性"的价值观念和逻辑范畴当作社会实践中的价值联系。实际上，它们并不一定就是客观事实和客观的价值联系，价值逻辑、经济范畴不过是社会利益关系的理论抽象罢了。

总之，"普世价值"观念是唯心主义思维方式的产物。这种观念虚构过程的基本环节是：不从历史的客观发展过程出发，把特定历史时期占统治地位的思想与特定主体分割开来，并从不同的思想中抽象出"一般思想"或"普遍观念"来等，并把它们当作是历史上的一般客观联系的"自我规定"。这样，"普世价值"观念变成了客观历史中的一般与永恒的价值联系。

(2) "普世价值"观念的逻辑抽象性。

在观念与观念的联系上，马克思主义从唯物辩证的逻辑学出发，科学地揭示了"普世价值"观念的逻辑抽象性和形而上学性。就观念间的逻辑联系而言，唯物辩证法坚持观念间正确的逻辑联系是客观具体的矛盾统一性。这要求人们在把握观念间的逻辑联系时，要在坚持观念间的逻辑联系以认识与实践中的客观对象之间的现实联系为根据的前提下，一方面要坚持观念的逻辑联系要符合内容与形式的具体的对立统一性；另一方面，要强调观念间的相同与相异、分析与综合、抽象与具体、演绎与归纳等逻辑推理。割裂、脱离具体内容的抽象与任意拼凑观念间的形式联系都不是科学的。

① "普世价值"观念简单地理解现实与概念的复杂关系。"普世价值"观念论者把纷繁复杂对立统一的现实关系加以简单的分割式的把握，把现实中的某一方面的关系看作是现实矛盾关系的全体，或者是事物的本质关系，或者是事物某一阶段的本质关系，忽视了事物关系的矛盾复杂性与中介过渡性；也把概念的内涵规定简单地理解为单一内涵的表征，忽视了人们把握这种关系的具

体"场域"与特定维度，没有看到认识过程中的矛盾性；从而把在思想上抽象分割了的现实关系与抽象概念简单地直接对应起来。"普世价值"观念论者的这种方法早就受到了马克思主义的批判。马克思、恩格斯在揭露"真正的社会主义"者鲁道夫·马特伊时指出："他首先把这两个极端空洞的抽象概念当作两个绝对的原则摆出来，由此得出一个结论，现实中应当又有同一种关系再现。只是这一点就已经使他有可能用演绎法把自己的所有论点表述两次：先用抽象的形式来表述，然后用貌似具体的形式，作为由前者得出的结论来表述。"①这也就是说，构造"普世价值"观念的方法，秘密就在于"抽象形态的运动"，即"只要抽取各种各样的运动的一切特征，就可以得到抽象形态的运动，纯粹形式上的运动，运动的纯粹逻辑公式。"②

②"普世价值"观念割裂价值概念间的普遍性与特殊性的关系。"普世价值"观念论者往往不考虑观念具体内容的复杂性、内在结构的不同和关联方式的特殊性，而只从观念的语词的相同性，观念诉求的一般相同性和观念主体的一般相同性等形式相同而不是内容相同来理解观念的同一性或异同关系。这种抽象理解的极端形式就是万物同一，所有的观念都相同，因为所有的观念都是观念。他们把这种处理观念间的联系的非科学的纯粹形式主义的抽象方法运用到价值观念的理解上，撇开人的现实生活的多样性，将现实的人抽象为"人""人性"等概念，然后再从这些概念中抽象或推演出"善"、"爱"或"正义""自由"、"幸福"等更为稀薄的作为人的普遍本性和普遍诉求的概念，最后撇开这些范畴具体内容的差异而仅以这些观念形式相同或抽象规定相同为前提进一步演绎成"普世价值"观念。显然，这种论证即从抽象的普遍本性引申出人类的终极关爱，是从抽象到抽象，没有具体性，即从抽象性的普遍本性出发推演出同样是抽象的没有具体内容的价值范畴，从而也就抽取掉了价值观念的具体复杂性内容，或者把某种特殊的价值及其观念论证为普世的价值观念。

③"普世价值"观念把"普世价值"与"永恒真理"相等同。"普世价值"观念论者常常赋予"普世价值"观念在认识上的绝对的、永恒的真理意义，从而建构起了"永恒真理"与"永恒的善"的绝对统一的关系。如德国哲学家杜林说："道德的世界，'与一般知识的世界一样……有其恒久的原则和单纯的要素'，道德的原则凌驾于'历史和现今的民族特性的差别之上'。"③在柏拉图的

---

① 马克思、恩格斯：《德意志意识形态》人民出版社1961年版，第555页。
② 马克思、恩格斯：《马克思恩格斯选集(第1卷)》，人民出版社1995年版，第140、139页。
③ 转引自马克思、恩格斯：《马克思恩格斯选集(第1卷)》，人民出版社 1972 年版，第124页。

哲学中"至真理念"与"至善理念"就是同一理念或最高理念。一般来说,"普世价值"观念表现在认识论领域,就是推崇绝对规律和永恒真理,"普世价值"观念论者在认识论上往往是永恒真理的崇拜者。马克思主义在真理问题上坚持真理的绝对性与相对性的辩证法,在价值问题上也坚持价值的绝对性与相对性的辩证法,在认识与价值、知识观念与价值观念、真观念与善观念的关系上,也同样坚持它们的联系与区别的绝对性与相对性的辩证法。马克思主义不承认人类历史中的任何价值关系的"永恒真理"性,只承认不同价值关系的历史进步性,强调即使社会主义、共产主义也绝不是什么永恒真理的观念,只是比起资本主义,社会主义、共产主义是更进步的价值,具有更为广泛的社会基础,也更促使社会发展和广大群众得到福利。

总之,"普世价值"观念论者的方法论特点,是割断事物的普遍性与特殊性的矛盾联系,把普遍性孤立地、抽象地推向绝对。他们制造"普世价值"观念的逻辑程序是:先把价值的普遍性、特殊性与特定的社会关系实际、真实的价值主客体关系割裂开来;尔后再把价值观念的普遍性与其特殊性割裂开来;然后再把这种概念化的、孤立的普遍性无限地泛化与绝对化;之后再把这种概念与"人"、"人性"、"至善"、"普遍秩序"等范畴抽象地关联起来;最后是把这种抽象的逻辑范畴理解为具有永恒和普遍的性质,把它诠释、论证为适应人类的一切时代,适应每一个人的"普世价值"。

(3) "普世价值"观念的实践消极性。

在观念对实践的关系上,马克思主义从认识与实践、社会意识与社会存在的辩证关系出发,强调观念对实践、社会意识对社会存在的能动关系。但这种能动作用取决于观念能否正确地反映实践和社会存在,能否充分地满足社会实践与社会历史发展的要求,是否顺应社会发展的趋势与进步潮流。"普世价值"观念的社会历史作用,并不像其论者所说的那样,在任何历史时代都代表了人类的价值诉求,顺应时代发展的潮流,都给人们带来福音,都推动历史向前发展,其历史作用要复杂得多。在一定的历史时代和具体条件下,某些所谓的"普世价值"观念表达了社会追求普遍福祉的良好愿望,或社会弱势群体的正义诉求,或社会进步阶层的价值理念。这种"普世价值"观念在其与社会发展相适应的历史阶段中就会发挥推动历史向前发展的积极作用。如果超越了其发挥积极作用的历史场域,其作用不仅不会推动社会发展,甚至会阻碍历史的进步。与实地客观地表达特定社会群体的正义诉求的价值观念相比,"普世价值"观念把特殊价值包裹在"普世价值"的外衣之中,其"正义性"论证遮遮掩掩,社会作用具有消极性。

① "普世价值"观念论者极力夸大和过于看重"普世价值"观念的社会作用。思想观念在人类社会的发展中具有一定的意义，发挥加速与延缓、整合与协调、设计与鼓动等方面的历史作用。但与社会发展的物质力量和人们的社会实践互动相比，其作用是第二位的。一般观念的社会作用是如此，"普世价值"观念的社会作用更是如此；比起特殊的价值观念来，其对人们调动、协调和凝聚人们之间的价值联系，建构公正合理的价值秩序的作用，也并不具有优越性。在马克思主义看来，在现实社会生活中，无论是个人还是群体，推动他们行动的首先是他们的特殊利益及其特殊价值观念。因此，"普世价值"观念的实际社会作用，是极其弱小的。

② "普世价值"观念掩盖了价值关系上矛盾与冲突的现实，对人们认识利益关系有遮蔽性。在社会现实的发展过程中，由于特殊利益、共同利益与全体利益矛盾地纠结在一起。在这种互动中，存在着社会整合与不同群体间的统治关系。这从而导致了各种特殊利益要在国家、全社会甚至全人类等普遍性的共同体形式中诉求自己的"合理性"、"合法性"与"正义性"。尽管在抽象的价值理论上，从形式上区分出"普世价值"、共同价值与特殊价值的范畴，甚至赋予这些范畴之间完全区别的价值内容规定，但在现实中，普遍性的价值观念所规定的价值内容及其关系对不同的社会阶层还是有不同的价值意义，对共同体有利的并不是个体或特定阶层所首选的。恰恰相反，在现实中，"每一个企图代替旧统治阶级的地位的新阶级，就是为了达到自己的目的而不得不把自己的利益说成是社会全体成员的共同利益。抽象地讲，就是赋予自己思想以普遍的形式，把它们描绘成唯一合理的、有普遍意义的思想。"[①]每一个时代的主流"普世价值"观念，本质上都是当时社会主导者的意识形态。因此，现实中的共同体及其观念都具有一定的遮蔽性，在这些形式下进行着各个特殊价值的矛盾互动，这决定了各个特殊价值在实现自身利益的同时也必然要维系社会基本秩序或"普遍利益"，在维系社会基本秩序或"普遍利益"的过程中实现自身利益的最大化。在当代，价值联系方式发生了深刻的变化，环境问题、全球性问题、社会和谐问题、和平解决争端等问题使得不同价值主体之间的利益共同性在不断地扩展，通过合作对话等非对抗形式解决价值矛盾受到人们的极大关注，但价值联系的辩证性质并没有改变，并不意味着"普世价值"关系完全取代了价值联系中的普遍与特殊的关系；工具理性和特殊价值的过度张扬导致了价值理性的衰微，通过塑造公共价值或共同价值等价值矛盾关系中普遍性方面的重要地位来促使价值矛盾关系从冲突走向和谐，但这并不能得出今天价值

---

① 马克思、恩格斯：《德意志意识形态》，人民出版社 1961 年版，第 44 页。

关系中的普遍性方面的永恒至善性；特殊价值通过融通而达成的价值共识是对特殊价值的扬弃，但仍然要以特殊价值为基础；在一定意义上说，这种价值共识也是一种新的特殊价值。今天，人们对价值关系认识的进步已超越了"普世价值"观念的范式，继续用其来论说价值关系，就会对人们深刻理解价值辩证联系，揭穿价值问题上的观念遮蔽，把握价值联系的实际规律起到消极作用。而且从价值理论的建构上看，对正义或自由或幸福等"善良"观念的论证和构造"形而上学"原理，并不非要强调"理论预设"和"逻辑结论"的永恒至善性。事实上，任何价值理论都是建立在一定条件上的思想体系，其区别只在于包含的价值诉求是否更符合社会发展的要求、更为广泛和兼容。如果把相对意义的价值论证为绝对意义的价值，在理论与实践上一定具有遮蔽性，"普世价值"观念发挥着一种思想"障眼法"的作用。

③ 推崇"普世价值"观念并不能有效地推动人性的善化。"普世价值"观念论者宣扬"普世价值"观念可以良风化俗，可以使人们一心向善，并且强调这是因为"普世价值"观念是永恒至善的，只要人们心中有了这样完美至善的观念，人们对其加以信仰，一定会落实在行动中。这种观念会像人们心中的上帝一样羁縻住犯罪的邪恶欲望。事实上，从人类的历史实际来看，暂且不论各种"普世价值"观念是否至善，即使至善的，也没有那样的特殊功效。"上帝"这样的"普世价值"观念流行数千年，也没有有效地消灭心灵中邪恶的欲望与行为中的犯罪，倒是强制措施、在价值冲突中的两败俱伤的惨痛教训，使人们逐渐地对价值关系采取了理性与明智的态度，强调注重价值共赢与相互间的妥协与容忍，合理的共同价值观念比"普世价值"观念发挥了更积极的作用。但是，这种价值关系调控上的明智理性与共同的价值观念并不具有普世的正义性和永恒的至善性。①

三、自觉超越"普世价值"的话语范式

在激烈的意识形态较量中，只有坚持以马克思主义为指导，勇于突破思想藩篱，客观理性地对"普世价值"的概念、判断、推理等展开深入研究，才能建设起更为先进、更为科学的社会主义核心价值观。

(1) 理性看待"普世价值"的历史局限，自觉坚定中国特色社会主义道路自信。作为西方资产阶级的价值观，"普世价值"具有鲜明的历史局限。譬如

---

① 赵本义：《"普世价值"观念的思想缺陷与马克思主义的批判》，《人文杂志》2015 年第 7 期，第 5-8 页。

民主，"资产阶级民主同中世纪制度比较起来，在历史上是一大进步，但它始终是而且在资本主义制度下不能不是狭隘的、残缺不全的、虚伪的、骗人的民主，对富人是天堂，对被剥削者、对穷人是陷阱和骗局"。① 又如自由，"资产阶级害怕充分自由和充分民主，因为它知道，觉悟的即社会主义的无产阶级会利用自由来反对资本的统治"。② 鸦片战争以来，中华民族在救亡图存的危难关头，用鲜血和生命选择了社会主义。社会主义建设和改革开放的伟大实践，证明只有社会主义才能发展中国。习近平总书记指出："实现中国梦必须走中国道路，这就是中国特色社会主义道路。这条道路来之不易，它是在改革开放 30 多年的伟大实践中走出来的，是在中华人民共和国成立 60 多年的持续探索中走出来的，是在对近代以来 170 多年中华民族发展历程的深刻总结中走出来的，是在对中华民族 5000 多年悠久文明的传承中走出来的，具有深厚的历史渊源和广泛的现实基础。"面对复杂的国际形势和激烈的国力竞争，我们必须坚定不移沿着正确的中国道路奋勇前进，进一步增强对中国特色社会主义的理论自信、道路自信、制度自信。

(2) 深刻认识"普世价值"的西方话语本质，从社会主义中国的实践出发来认识中国的问题。

当前国际形势日趋复杂，意识形态领域和价值观的竞争，既是国家综合实力的竞争，更是生存发展空间的竞争。西方鼓吹"普世价值"，代表的是国际垄断资本的利益，目标是将全世界纳入资本主义的发展轨道。如果我们将"普世价值"看作人类《圣经》，认为中国改革开放的目标就是变成一个类似西方的国家，不顾国情地全盘照抄西方模式，不仅会将中国带进思想认识的"死胡同"，而且会给国家和民族带来历史的悲剧，最终结果是使中国沦为西方资产阶级的"附庸国"。

(3) 科学辨析"普世价值"的概念范畴，发展社会主义的中国话语。

自由、平等、民主作为人类社会普遍的价值追求，从来不是抽象的概念和文字符号，它们是具体的、历史的、现实的。在不同的历史时期，在不同的社会制度下，这些价值理念的内涵外延、实现形式和实践情况各不一样。它们虽然被西方资产阶级用来描述"普世价值"，但并不意味着被资产阶级所专有。在社会主义制度下，自由、平等、民主获得了比其他任何社会制度都更加坚实的经济基础和制度保障：社会主义强调通过解放和发展社会生产力，为每个人的全面发展创造物质条件；社会主义基本经济制度保障了每个劳动者在生产和

---

① 列宁：《列宁选集(第 3 卷)》，人民出版社 1995 年版，第 601 页。

② 列宁：《列宁全集(第 12 卷)》，人民出版社 1987 年版，第 112 页。

分配中的平等；社会主义政治制度保障了人民当家做主的权利；社会主义宪法和法律保障了每个公民享有的权利和义务。在社会主义制度下，自由、平等、民主等核心价值突破了私有制和资本的藩篱，超越了个人主义的狭隘，必将成为更真实、更全面、更具生命力的价值观。

结　语

世界潮流，浩浩荡荡。我们既不妄自菲薄，也不妄自尊大，而是坚持以马克思主义为指导，扎根于中华民族优秀文化土壤，吸收借鉴人类文明的积极成果，与时俱进地培育和建设社会主义的"中国价值"，实现对资产阶级"普世价值"的自觉超越，为实现中华民族伟大复兴的中国梦提供强大的精神力量和价值引领。①

---

① 唐利如：《"普世价值"的理性解读》，《红旗文稿》2014年第9期，第27页。

历史虚无主义思潮

　　历史是弥足珍贵的精神财富和智慧宝库。以史为鉴，可以帮助人们察往知来，创造更加美好的明天。古往今来，一切民族和国家都会重视自己的历史，都会善待自己的历史遗产。清代思想家龚自珍曾言："史存而周存，史亡而周亡……灭人之国，必先去其史；隳人之枋，败人之纲纪，必先去其史；绝人之材，湮塞人之教，必先去其史；夷人之祖先，必先去其史。"可见历史在培育民族国家认同，增强民族自信心、凝聚力及提高民族素质等方面所发挥的重要作用。

　　在新的历史时期，国内学术界在如何看待历史的问题上出现了一些不和谐的声音，以否定或篡改历史为特点的历史虚无主义思潮沉渣泛起。该思潮具有很强的欺骗性和渗透性，对社会造成了较大的负面影响，给人们的思想造成很大的混乱。针对历史虚无主义的沉渣泛起，习近平在一系列关于正确看待党史国史的论述中强调：实事求是"永远是中国共产党人应该遵循的思想方法"，党史工作者要"坚持实事求是研究和宣传党的历史"；对历史人物的评价，应该"放在其所处时代和社会的历史条件下去分析"；看待历史，"既要讲两点论，又要讲重点论"；"历史一脉相承，不可割裂"，"历史、现实、未来是相通的"，要以联系的观点评价历史现象的产生和发展。这些论述，蕴含着丰富的历史唯物主义原理，对于批驳历史虚无主义、正确看待党史国史上的重大事件和重要人物，具有深刻的方法论意义。当前，只有坚持以唯物史观为指导，尊重历史、坚定自信，才能有效消除历史虚无主义的影响。

第一节　历史虚无主义的概念界定、演进历程
##　　　　及其重新泛起

一、什么是虚无、虚无主义和历史虚无主义

(一) 虚无

　　"虚无"一词是历史虚无主义的核心概念。《现代汉语词典》(第5版)中对"虚

无"的解释是:"有而若无,实而若虚,道家用来指'道'(真理)的本体无所不在,但无形象可见。"①田居俭在《警惕历史虚无主义思潮》一书中指出:"虚者,模糊歪曲也;无者,抹杀消除也。"②刘美玲、刘鹄在《在"纲要"教学中消解历史虚无主义的思考》一文中认为"'虚'是虚构臆造,'无'是抹杀否定"。③

(二)虚无主义

虚无主义一词对我国来说是个舶来品,它是英文单词 Nihilism 的中文译名。就英文词源来说,它源自拉丁文"nihil",意指"什么也没有"。陈元明对"虚无主义"语义使用渊源做了详细的梳理。④在西方,海德格尔认为哲学上对"虚无主义"一词的首先使用可能是 1799 年在雅各比《给费希特的信》中,雅各比批评费希特哲学为虚无主义,在他看来费希特把人类理性作为知识的唯一来源的观点必然导致一种空疏的主观主义,因而用虚无主义来命名他的唯心论哲学。"虚无主义"的概念后经由屠格涅夫流行开来,它表达了这样的观点,即唯有我们亲身经验到的存在者,才是现实存在着的,其余的一切包括基督教的上帝皆为虚无。在此,虚无主义被用来揭示一种信仰丧失状态下的生存状况。尼采进一步思考和分析虚无主义问题,并给后世奉献了一句振聋发聩的虚无主义口号——"上帝死了"。⑤他赋予了虚无主义概念新的更丰富的含义:"虚无主义意味着什么?意味着最高价值的自我贬黜。没有目的,没有对目的的回答……虚无主义是迄今为止对生命价值解释的结果。"⑥他还认为"任何信仰,任何自以为真实的行为一定是谬误。因为根本就没有真实世界。这就是说,这样的世界仍然源于我们头脑的远景式假象……在这个意义上说,虚无主义否定了真实的世界存在和神圣的思维方式"。⑦从这个意义上讲,应将虚无主义理

---

① 中国社会科学院语言研究所词典编辑室:《现代汉语词典(第 5 版)》,商务印书馆 2005
　　年版,第 1537 页。

② 转引自梁柱、龚书铎:《警惕历史虚无主义思潮》,人民教育出版社 2006 年版,第 24 页。

③ 刘美玲、刘鹄:《在"纲要"教学中消解历史虚无主义的思考》,《重庆科技学院学报
　　(社会科学版)》2011 年第 9 期,第 156 页。

④ 陈元明:《论新中国成立以来历史虚无主义的两种取向》,《毛泽东思想研究》2015 年第
　　2 期,第 131-132 页。

⑤ [德]尼采:《查拉图斯特拉如是说》,钱春绮译,上海三联书店 2008 年版,第 6 页。

⑥ [德]尼采:《权力意志:重估一切价值的尝试》,张念东等译,商务印书馆 1991 年版,
　　第 199 页。

⑦ 同上,第 280 页。

解为一个最高价值逐渐自我贬黜的过程。列奥·施特劳斯在题为《德意志虚无主义》的演讲稿中指出，"虚无主义的意思也许是 vellenihil，意欲虚无包括自身在内的万物的毁灭，因此，首先是自身毁灭的意志"，"但我相信，这并非德国虚无主义的最终动机"。[①]他还认为，德国纳粹运动"意欲现代文明毁灭"[②] 的这种渴求之所以是虚无主义的，因为"它为了达到目的而不择手段，这样就毁灭了对于任何高尚、理智的人而言使生活有价值的东西"[③]。在中国，先秦时期的道家哲学中也有虚无主义的位置，如庄子要求否定和舍弃一切文明和文化，回到原始状态(小国寡民)，无知无识，浑浑噩噩，无意识，无目的。《现代汉语词典》认为"虚无主义是一种否定人类历史文化遗产、否定民族文化，甚至否定一切的思想"。[④]

通过上述对虚无主义概念的历史考察，可以看出，这一概念的使用经历了一个长期的演变过程。总体来说，虚无主义在哲学意义上是怀疑主义的极致形式，认为世界、生命特别是人类的存在没有意义、目的以及可理解的真相及最本质的价值，现在通常泛指对某种甚至一切对象、事物的一种绝对否定的观点、态度和思想倾向，[⑤]它夸大了事物内部矛盾双方的对立性，割裂了矛盾双方的统一性。

(三) 历史虚无主义

根据对虚无主义的这种理解，抽象而言，历史虚无主义是对历史存在，严格来说是对历史人物和历史事件存在的两面性进行割裂的理论或实践，这种两面性可以是偶然与必然的两面，可以是积极与消极的两面，可以是成绩与错误的两面，也可以是延续与断裂的两面等等。具体而言，历史虚无主义的实践主要体现在对待历史的态度和评价上。冯夏根、胡旭华认为："所谓历史虚无主义，简言之，就是虚无历史，即对客观历史的本质、真相和规律持怀疑、否定和消解的态度，对历史现象、历史事实和历史人物任意解释甚至刻意歪曲的一

---

① [美]列奥·施特劳斯：《苏格拉底问题与现代性——施特劳斯讲演与论文集：卷二》，刘小枫编，丁耘等译，华夏出版社 2008 年版，第 104 页。

② 同上，第 104 页。

③ 同上，第 123 页。

④ 中国社会科学院语言研究所词典编辑室：《现代汉语词典(2002 年增补本)》，商务印书馆 2002 年版，第 1420 页。

⑤ 唐忠宝：《虚无主义及其克服：马克思的启示》，中共中央党校 2013 年博士论文，第 15 页。

种历史观。"①梅荣政、杨军认为："历史虚无主义是一种以唯心史观为基础的典型的实用主义，是同马克思主义唯物史观根本对立的。"②杨金华认为，所谓历史虚无主义，简言之，就是虚无历史。历史虚无主义者以反思历史为名，歪曲"解放思想"的真意，以戏说来解构经典，以荒诞来替代正说，通过捕风捉影、子虚乌有的故事来反叛历史传统。在历史本体论上，历史虚无主义不承认历史及文化传统的继承性与连续性，否定历史发展的内在逻辑，轻率地抛弃各种历史遗产。在历史方法论上，历史虚无主义以历史选择论为指导，以历史假设为前提，进行主观臆想和推断，最后得出所谓"新结论"。③

综上所述，历史虚无主义是在唯心史观指导下，否定历史的规律性，夸大历史的选择性，把支流当主流，把现象当本质，孤立地分析历史中的阶段性错误而否定整体过程，以实用主义的态度对历史事件和历史人物复杂的两面性进行简单化的割裂，用现实熔铸历史，甚至别有用心地歪曲历史事件和历史人物为其现实目的服务的一套思想理论。④

二、历史虚无主义在中国的演进历程

从深层次来看，"虚无主义"准确无误地切中了西方现代性的历史进程。马克思、恩格斯在《共产党宣言》中精辟地指出："生产的不断变革，一切社会状况不停的动荡，永远的不安定和变动，这就是资产阶级时代不同于过去一切时代的地方。一切固定的僵化的关系以及与之相适应的素被尊崇的观念和见解都被消除了，一切新形成的关系等不到固定下来就陈旧了。一切等级的和固定的东西都烟消云散了，一切神圣的东西都被亵渎了。"⑤也就是说，伴随着资产阶级时代的到来，以资本为主导的物的世界取代了价值世界，并成为人们普遍追求的对象，"超验"的价值世界随之坍塌，从而体现为"虚无主义"的历史进程。对此，海德格尔指出："从其本质上来看，毋宁说，虚无主义乃是欧

---

① 冯夏根、胡旭华：《虚无的背后——新时期历史虚无主义思潮论析》，《湖南文理学院学报(社会科学版)》2009年第5期，第2页。

② 梅荣政、杨军：《历史虚无主义重新泛起的透视》，《马克思主义研究》2005年第5期，第40页。

③ 杨金华：《当代中国虚无主义思潮的多元透视》，《马克思主义研究》2011年第4期，第118-119页。

④ 陈元明：《论新中国成立以来历史虚无主义的两种取向》，《毛泽东思想研究》2015年第2期，第131-132页。

⑤ 马克思、恩格斯：《马克思恩格斯选集(第1卷)》，人民出版社1995年版，第275页。

洲历史的基本运动。这种基本运动表明这样一种思想深度，即，它的展开只能引起世界灾难。虚无主义乃是被拉入现代之权力范围中的全球诸民族的世界历史性的运动。"①也就是说，伴随着现代性的全球扩张，虚无主义以不可避免的趋势向全球各民族渗透。而随着19世纪西方帝国主义用大炮强行轰开了大门，中国"被迫"开始步入现代性的进程。在此过程中，中国也遭遇了历史虚无主义的渗透。它集中体现在20世纪二三十年代出现的全盘西化的思潮中，其典型代表是陈序经和胡适。不能否认，作为关心中华民族未来走向的知识分子，陈序经和胡适提出"全盘西化"的主张体现了对中国应该走什么路的深切思索，但就该主张要求中国彻底归入西方社会发展的洪流，则必定堕入历史虚无主义的泥淖中。西方现代性的进程要求现实应该"从自己历史的'死亡之手'中放出来，而且这种解放，只有通过瓦解传统"②的方式才能实现，那么以"全盘西化"作为中国未来道路的选择，则必定会在意识层面衍生出对中国传统文化的轻视和否定。陈序经的"一刀断根"论认为，中华文化"样样都不如人"，"中国之趋于全盘西化，不过是时间的长短问题，我们若不自己赶紧去全盘西化，则必为外人所胁迫而全盘西化"③。胡适的中国"百事不如人"论，认为中华文化的出路在于"努力全盘接受这个新世界的新文明"，无不体现了对待中国传统文化的虚无主义态度。"全盘西化"论的最大特点在于彻底割裂了中华民族的历史进程，从而不仅抹杀了历史连续性的本质特征，而且与随之发生的中国革命的成功经验相背离。④这种"全盘西化"论、民族文化虚无主义同文化复古主义一样，都不能正确反映近代中国文化发展的要求，同近代中国历史发展的方向相违背，因而理所当然地受到了抵制和批判。随着马克思主义在中国的广泛传播，特别是人民革命的胜利，民族自尊心、自信心和自豪感得到极大增强。在一个长时期内，这种错误思潮受到了抑制。

　　粉碎"四人帮"以后，西方舆论界鼓噪出一种"非毛化"的提法。其实，这个提法是从西方舆论界一度流行的"非斯大林化"脱胎而来的。1956年2月，赫鲁晓夫在苏共二十大做秘密报告全盘否定斯大林，被西方舆论界说成是赫鲁晓夫搞"非斯大林化"。所以"文革"结束后不久，西方舆论界就想当然

---

① [德]海德格尔：《海德格尔选集(下卷)》，上海三联书店1996年版，第772页。

② [英]鲍曼：《流动的现代性》，上海三联书店2002年版，第4页。

③ 陈序经：《陈序经学术论著》，浙江人民出版社1998年版，第291页。

④ 许恒兵：《历史虚无主义思潮的演进、危害及其批判》，《思想理论研究》2013年第1期(上)，第31-32页。

地认为中国要学赫鲁晓夫，并恶意宣传毛泽东的夫人江青和他信任的王洪文、张春桥、姚文元被抓起来是我国正在"否定毛"。之后又把我们在真理标准问题大讨论中将林彪、"四人帮"歪曲篡改了的毛泽东思想和路线恢复过来及解放思想一概说成是"对毛泽东的攻击"。本来"非毛化"的提法是西方舆论界根据自己特定的立场所做的主观臆测，但这种观点传到国内之后，便被一些人顺势进行了发挥。1979 年春，国内出现了一股打着清算"毛泽东主义"的旗号，极力贬损、攻击毛泽东和毛泽东思想的恶流。如王若望、方励之等人就声称，赫鲁晓夫清算斯大林的行动是"绝对正确的"，"现在是我们对毛泽东采取同样做法的时候了"，"如果我们不处理毛泽东主义的问题，我们将不能越过前面这堵墙，并且向前进"。①究其本质，无非是想通过否定毛泽东及毛泽东思想从根本上否定毛泽东领导时期中国共产党的历史，抹去现实中我们坚持中国共产党的领导、坚持马克思主义、坚持社会主义道路的历史依据。

　　"非毛化"究竟是一股什么思潮、应当如何对待，引起了我们党老一辈无产阶级革命家的关注。邓小平是最早对"非毛化"现象发表重要意见的领导人。1979 年 1 月 24 日，他在会见来访的美国友人的谈话时首次对"非毛化"的提法表态。他说："不论现在还是以后，毛泽东思想仍是我们的指导思想，我们有许多基本原则还是毛主席和周总理生前确定的。……有许多事情毛主席生前没有条件提出来，我们现在提出来，这本身不是'非毛化'，根据现实提出问题是完全应该的。我们现在还是按照毛主席、周总理画的蓝图来建设我们的国家，来实行我们的对外政策。"邓小平亲自主持和指导了历史决议的起草工作，他在起草小组启动工作之初就明确提出三条"总的原则"、"总的指导思想"，其中，"最重要、最根本、最关键的"就是确立毛泽东同志的历史地位，坚持和发展毛泽东思想。正如他说："毛泽东思想这个旗帜丢不得。"从党的十一届三中全会到党的十一届六中全会这一时期，我们党对"非毛化"一词的内涵是明确的。尽管当时还没有提出"历史虚无主义"的概念，但"非毛化"思潮的实质就是通过否定毛泽东进一步歪曲、丑化中国共产党的历史和新中国的历史。②

　　与政治领域诋毁毛泽东，否定中共历史相呼应，一些人在文艺领域开展了一场否定、虚无传统文化，主张全盘学习西方文化的思潮。其中，尤以 1988 年 6 月以反思黄河文明为名否定中华民族历史与文化的电视政教片《河殇》的

---

① 梅荣政、张晓红：《论新自由主义思潮》，高等教育出版社 2004 年版，第 141 页。

② 许恒兵：《历史虚无主义思潮的演进、危害及其批判》，《思想理论研究》2013 年第 1 期(上)，第 32 页。

播出为最。在这部电视片中，作者以地理环境决定论否定历史唯物主义的生产力决定论，称中国人"不像欧洲民族那样生活在地中海周围，也不像美国人那样住在两个大洋之间"，是因为中国人"眷恋着大陆，始终不能超越土地的限制走向大海"，这就决定了这种"内陆文明"、"黄土文化"的落后、保守和封闭。因此，"单靠这片黄土和这条黄河已孕育不了新的文化"，中国要走向现代化，唯一的出路就是融入西方的"蓝色海洋文明"，无条件地接受"全盘西化"。①这些言论多发表在1989年政治动乱酝酿时期，成为一些人制造那次动乱的重要论据之一。②

"六四"政治风波被平息之后，历史虚无主义的宣传一时曾有所收敛。苏东剧变后，国际上以资本主义为主导的经济全球化迅速发展，世界社会主义运动暂时处于低潮，两种社会制度在全球范围内的并存、合作、竞争、斗争，在总体上呈现出"资"强"社"弱、"资"进"社"守的态势。西方国家特别是美国反共势力，把苏联崩溃视为一个世纪才遇到一次的大好机会，他们从苏联的演变中看到了历史虚无主义灭人国、夺人志的"价值"，为了使中国也"变得像西方一样非意识形态(化)、实用主义、实利主义，并在文化上和政治上更加自由"，他们在向全世界特别是社会主义中国推行美国的价值观念、培植自由化势力的过程中，极力兜售、倡导、宣扬历史虚无主义，致使历史虚无主义在20世纪90年代沉渣泛起，特别是近几年来更是甚嚣尘上，其波及范围涉及史学研究、历史题材的文学艺术以及教育等多个领域，影响非常恶劣。

历史虚无主义思潮的宣扬者们主张"告别革命"，否定中国近现代史上的革命；美化中国近代统治阶级，为近代中国统治阶级翻案；借中国共产党的错误而否定其全部历史；借毛泽东晚年的错误而否定毛泽东的一生；借国际共产主义运动史上的错误和苏联模式的缺陷，全盘否定国际共产主义运动的历史和苏联社会主义的理论和实践；等等。

在这股思潮泛滥的这些年里，虽然思潮的宣扬者们多表现为对我们党已有明确定论的一个个历史人物、历史事件、历史结论进行颠覆性评价，但却很少聚焦于"历史虚无主义"这个概念，很少对这股思潮的实质和性质进行理论梳理和系统言说。然而，这股思潮自2014年开始出现了一种新的动向。

《炎黄春秋》杂志2014年第5期刊发了一组"历史虚无主义"笔谈，笔谈的三篇文章分别是：《历史虚无主义的来龙去脉》、《要警惕什么样的历史虚

① 王扬：《〈河殇〉大讨论述评》，《文艺理论与批评》1989年第3期，第46-52页。
② 方艳华：《历史虚无主义思潮的演进及重新泛起原因论析》，《吉林师范大学学报(人文社会科学版)》2011年第6期，第75-76页。

无主义》和《历史虚无主义的实与虚》。笔谈从理论上"重新解释"了历史虚无主义的内涵，"系统梳理"了历史虚无主义的来龙去脉和表现。其核心观点是：把马克思主义称为历史虚无主义，把马克思主义的历史认识体系称为教条主义历史虚无主义，把反对历史虚无主义者称之为最大的历史虚无主义者。笔谈的一位作者说："马克思的历史图式与基督教历史图式十分相似。他虽然肯定了资本主义的成就，但他最终还是以一个设想中的未来社会阶段把资本主义的历史否定了。资本主义无论取得了怎样的成就也是异化的，它的政治制度、经济制度、社会组织与道德观念等等都将要被彻底抛弃。这显然脱离了启蒙的思想路线，陷入历史虚无主义。""在这个理论体系中，它把一个不存在的、仅仅是想象中的共产主义作为评判事物的唯一标准，不仅否定了奴隶社会、封建社会、资本主义社会这个漫长的人类历史，也否定了现实世界中的文明榜样。"接着，他以苏共垮台、苏联解体为例分析了马克思主义这种"教条主义历史虚无主义"在实践中"带来了巨大的灾难"。他说，教条主义历史虚无主义"在一开始就与政治行动结合在一起，一开始就是一种政治意识形态，而不是简单的学术倾向或认识偏差。由于这个原因，它的社会影响和后果也是任何其他的历史虚无主义所不能比拟的"，"它严重地扭曲了社会历史观，使人们不能对历史和现实做出恰当的理解和判断，从而构成改革开放和社会进步的巨大思想阻力"。另一位作者还说，在我国，那些反对历史虚无主义的人具有某种"强力意志"，"但这种强力并非来自批判者本身，而是来自只允许一种声音存在的举国宣传体制的支撑"等。

上述笔谈的这种"重新解释"，"颠覆"了人们对历史虚无主义的明确界定，他们"超越"了对具体历史事实的选择性虚无，直接将马克思主义及其指导下的历史认识体系扣上"历史虚无主义"的帽子，欲图从"理论制高点上"夺取批判历史虚无主义的旗帜和话语权，以彻底挣脱加在他们身上的这个"魔咒"。然而，事与愿违，这样做的结果使得这股思潮的政治实质更加显露。《马克思主义研究》2014 年第 9 期发表的《谁是真正的历史虚无主义者》一文，将笔谈作者的假面具撕得粉碎。历史虚无主义思潮的宣扬者主动接过"历史虚无主义"的概念，将其反过来扣向他们的批评者的做法，是当前历史虚无主义思潮的一个新特点。它意味着我们与历史虚无主义思潮的理论斗争进入了一个新的领域。①

---

① 马学轲：《2014 年意识形态领域十个热点问题》，《马克思主义研究》2015 年第 2 期，第 128-129 页

三、历史虚无主义重新泛起的原因

（1）世界社会主义运动处于低潮，是历史虚无主义思潮重新泛起的国际背景。

20 世纪 80 年代末 90 年代初的苏东剧变使国际共产主义运动发生了严重挫折，客观上造成了社会主义信念在世界范围内的震荡与危机。相当一批人对世界社会主义、国际共产主义运动的前途感到困惑和忧虑，还有一部分人直接放弃了共产主义信仰，加入到西方反社会主义舆论阵营中，为其鼓噪。历史虚无主义思潮在 20 世纪 90 年代泛滥开来无疑与此有很大的关系。进入 21 世纪以来，世界社会主义运动已经逐渐走出苏东剧变的震荡期，进入到了一个在探索调整中缓步前进的新阶段，而且还出现了以中国特色社会主义为代表的值得我们关注和振奋的一些亮点。但是由于苏东剧变无论是在广度上，还是在深度上对社会主义运动的打击都异乎寻常的深重，这种局部的高涨还不足以使整个运动从低潮中走出来。再加上依托于现代科学技术革命，当代资本主义又出现了新发展，而由于历史社会等各方面原因，社会主义国家与发达资本主义国家在经济技术及物质生活等方面，还存在相当大的差距。在这样的国际背景下，我国一些缺乏正确的历史观，不能科学反思历史的人，逐步形成否定中国革命史、否定马克思主义指导、否定社会主义发展道路、否定中国共产党的理论主张。这些历史虚无主义观点在我国人文社会科学各学科均不同程度地存在着，这股思潮对青年学生影响也不小。随着网络的快速发展，历史虚无主义思潮找到了新的存在场所和传播渠道。直到今天，历史虚无主义思潮仍呈蔓延之势。从这里可以看出，当代历史虚无主义思潮的泛滥同世界社会主义的曲折发展是密切相关的，一些社会主义国家在实践上的失误和挫折给历史虚无主义提供了借口。

（2）西方国家通过多种手段推行和平演变战略，为历史虚无主义思潮的蔓延提供了外部支持。

"二战"以后，资本主义国家在对社会主义国家进行战略遏制的同时，加紧对社会主义国家实施和平演变战略。苏联解体、东欧剧变即是西方国家实施和平演变战略的结果。历史虚无主义在苏联解体过程中充当了搞乱思想、破坏信念的工具，起到了釜底抽薪的作用。苏东剧变之后，西方国家把中国作为主要对手，他们在经济和军事上打压中国，在政治上分化中国，其基本手段之一就是分化中国民众的思想，破坏中国主流意识形态的影响力和凝聚力。比如，美国将主张"告别革命"的学者请到美国，让他们在美国安心著书立说、扩大影响；美国毫不掩饰地支持"藏独"、"疆独"，支持歪曲中国民族历史的错误言论；美国一些机构用"请进来"和"送出去"的方法，培养中国学者的自由主义"理论素质"，支持中国学者"向过去告别"。在西方国家的支持下，一些自由主义学者被打扮成国际知名学者，一些学者主动认同和信仰唯心史观，积极传播历史虚无主义观点。可以说，西方国家的支持是历史虚无主义长期存在的重要原因之一。①

(3) 以唯心史观为基础的西方社会科学理论，为历史虚无主义思潮的重新泛起提供了理论基础。

改革开放以来，我国与西方国家的文化交流不断扩大，以唯心史观为哲学基础的西方社会科学理论对我国人文社会科学研究产生了深刻影响。20 世纪八九十年代，各种西方学术思潮在中国社会广泛传播。这些思潮纷繁杂陈，彼此激荡消涨，活跃于政治、经济、文化、社会生活等各个领域，如果缺乏科学分析，引导不当，就会侵蚀我们的主流文化，对人们的思想产生消极的影响。以新历史主义为例，新历史主义侧重于研究当时和事后的历史书、历史小说、文献资料、民间传说、文学作品等各类文本对历史事件的记载和阐释，从中揭示它们所反映的当时当地的政治、思想和文化背景。②不可否认新历史主义对历史学的某些解释及反思是敏锐而深刻的，对这些有益成分的引介，丰富了我国史学研究的理论资源，开阔了历史学研究的学术视野。但是另一方面新历史主义也将历史认识论推至极端的相对主义，最突出的表现就是否认历史史实的客观性，将历史直接归结为文本和叙事的游戏；否认历史的客观规律性，夸大历史选择的偶然性、任意性。受这种思潮的影响，国内打着学术研究的名义，消解、篡改和重塑历史一度成为时尚。再者，就历史研究的主体而言，一些论者在史学研究的理论及方法方面还存在一些误区。当下的一些学者在研究过程中打着学术创新的名义，把唯物史观当成必须要克服的教条，对其或刻意回避，或视若敝履，而对于西方的各类学术思想，尤其是那些与唯物史观相左的观点，未加辨别就盲目当成科学理论而大加追捧。这种脱离中国的具体国情和自己的独立判断，言必以西方为规矩的学术作风，往往会背离历史的真实，落入历史虚无主义的窠臼。③

① 姜迎春：《论历史虚无主义思潮的成因、表现及其危害》，《南京政治学院学报》2014 年第 5 期，第 39 页。

② 张中载等：《二十世纪西方文论选读》，外语教学与研究出版社 2002 年版，第 593 页。

③ 方艳华：《历史虚无主义思潮的演进及重新泛起原因论析》，《吉林师范大学学报(人文社会科学版)》2011 年第 6 期，第 77-78 页。

(4) 主流意识形态建构和创新不足，造成一定程度上应对社会思潮冲击无力是重要因素。

改革开放以来，国内形势发生的一些变化在某种程度上也为历史虚无主义思潮的蔓延提供了时机和条件。在计划经济时代，我们实行的是高度一致的一元化意识形态。随着我国经济体制的变革、社会结构的变动、利益格局的调整和思想观念的变化，社会思想日益呈现出多元化的趋势，历史虚无主义思潮便是其中之一。但另一方面，我们也要看到，历史虚无主义之所以会蔓延成潮，不能仅仅归咎于外界的影响及国内社会环境的变化，也应对我们主流意识形态建构自身进行反思。例如，唯物史观是我们认识社会历史规律的科学的历史观和方法论，新中国成立之后，我们逐渐确立了唯物史观的指导地位，但是由于后来受"左倾"思想的影响，人们在学习运用唯物史观的过程中又出现了简单化、公式化的趋势。改革开放以来，我们对唯物史观及其指导下的史学研究的反思与实践，总体上是积极的。但由于历史原因，我们对历史唯物主义的理解有时候还停留在马克思主义经典作家的水平上。正因为如此，在应对信息化、全球化裹挟下的各种非马克思主义思潮的冲击时，也常会出现应对乏力的现象，这也是历史虚无主义思潮重新泛起的一个原因。

第二节 历史虚无主义的主要表现、基本取向和惯用手法

一、历史虚无主义的主要表现析评

我们先来看一下近年来有关历史虚无主义的几则典型案例。

案例 1

"调整解说词"——南京市旅游委员会下令修改解说词的红头文件事件

一纸红头文件将南京市旅游委员会推向了风口浪尖。7 月 29 日，澎湃新闻获悉，南京市旅游委员会此前曾下发红头文件，要求各旅行社、景区及导游在向台湾游客讲解民国文化时，将"解放后"改为"1949 年后"，把"淮海战役"调整为"徐蚌会战"。这份在事后引发诸多争议的文件，题为《关于适当调整民国文化讲解词的通知》，是南京市旅游委员会办公室于 7 月 21 日下发的，文号为"宁旅发【2014】172 号"。大约在 7 月 26 日，该文件被网友截图发布

在社交网站上，当即便引发各种争论。这份 172 号红头文件称，"接南京市政协委员反映情况：台商参观我市景区时，导游的讲解词中明显带有'大陆色彩'，台湾朋友感觉'听得不是太舒服'。鉴于我市与台湾具有的特殊历史渊源，根据市委领导要求，各相关景区（旅行社）可结合实际、对民国文化导游讲解词适当作出调整，尽可能地用一些中性的、台湾同胞平时使用的词语，制作出接待台胞的讲解版本。如'解放后'改为'1949 年后'、'淮海战役'改为'徐蚌会战'等等，以充分照顾台湾客人的感受，体现对台胞的尊重，请各单位接此通知后尽快做出调整。"

（资料来源：澎湃新闻 2014 年 7 月 29 日，http://www.thepaper.cn/newsDetail_forward_1259160）

"172 号红头文件"经网络曝光后，引发轩然大波。《解放军报》还通过其法人微博"@军报记者"发表了署名为瑞林的文章《历史不是面团》，对南京方面"调整解说词"进行了点名批评。文章称，淮海战役作为解放战争中中国共产党对国民党取得决定性胜利的三大战役之一，是客观事实。"不叫淮海战役，而称徐蚌会战，对那些对国民党怀有感情的台湾同胞而言，并不会舒服到哪里去，一场国民党的败仗还是败仗。"

《历史不是面团》的作者瑞林认为，按照某些部门的理论，介绍历史事实要见什么人说什么话，这样才能拉近与某类人群的心灵距离。如此说来，当日本游客到中国人民抗日战争纪念馆参观时，当介绍到抗战胜利日时，是否要顺应某些日本人的习惯叫"终战日"呢？有品位、有思想的台湾同胞来参观淮海战役纪念馆时，是为求得战争状况真相，不会在乎这场战争叫什么名。"如果一味通过改名迎合一部分人的情绪，会伤了中国共产党的信仰者、追随者的心，这部分人群要大得多。"

南京师范大学历史系教授张连红也在其实名微博中称，对导游讲解词的调整一定要尊重历史，要从历史客观性的角度出发，而不是刻意地去迎合游客。比如"解放后"可以改为"1949 年以后"，因为公元纪年法是世界通行的方式。但是像"淮海战役"这种带有历史观的特定名词，不能随意改变。

案例2

2013 年 9 月 1 日，网名为[IN 汉中]的网友发了一条微博，内容如下：[#汉中邻居#] 在西安街头发现的"黑暗料理"。他说："笑死了，西安街头卖长沙臭豆腐，正中间摆着"老人家"照片。下面两行字："香飘千里，遗臭万年。"我彻底喷了，必须去买一块儿支持啊！"该条微博还配有一张图片，是街头一个卖臭豆腐的摊点，中间一大幅广告牌上面的"老人家"的照片，正是伟大领袖毛泽东同志，图下还有"香飘千里，遗臭万年"的字样。这看似平淡无奇的一条微博，一个街头巷尾小摊贩的广告牌，却反映了当下一些人扭曲的心态与错误的观念，他们借卖臭豆腐的广告明白地表达出对毛泽东同志的诋毁与诽谤。这条微博就这样在网络空间里无遮无拦地快速传播着，看到的人不少，却没有人站出来反对与纠正；相反，却有不少人跟在这条微博后面写评论表示认同、好笑，甚至还有人点赞。这种现象在新媒体里并不少见。这完全是一种无视中华人民共和国历史，无视毛泽东同志历史地位和作用的历史虚无主义态度，完全是吃着共产党的饭，砸共产党的锅。

（资料来源：新华网 2014 年 11 月 27 日，http://news.xinhuanet.com/politics/2014-11/27/c_127257020_2.htm）

案例 3

北大原副校长梁柱被网络围攻事件

2015 年 8 月 30 日，新浪微博某认证账户"盛大林"（认证身份为知名杂文家、时评家等）发表了一篇微博，内容是"北大副校长梁柱：盲目追求真相不讲立场就是历史虚无主义！"并配发了一张梁柱讲话的照片。该微博经任志强、崔永元等"大V"转发，引发舆论强烈关注，甚至引起部分网友对梁柱的人身攻击。

（资料来源：《环球时报》2015 年 9 月 1 日）

对此，梁柱教授后来在接受记者采访时说："最近网上的确出现了对我的围攻，我感到很突然。因为我并没有想到有人会把我 4 个多月前的文章翻出来，并用篡改标题的方法来大做文章。在我看来，这件事并不是偶然的，多年以来，一些人惯于利用互联网的特点散布耸人听闻的言论。这样的事件，撇开其目的不谈，至少是缺乏起码的学术道德和应有的严肃学风。思想交锋和学术批评都是正常的，也是允许的。但有一条，你要批评，首先不能用恶意篡改标题的办法，故意设立批判、围攻的目标。我的文章标题明明是《怎样才能做到真正的历史清醒》，却被篡改成《北大副校长梁柱：盲目追求真相不讲立场就是历史虚无主义！》。标题不仅不是这个，而且内容也与它完全相反。这是一种有目的的行为——这条微博的始作俑者，是在用篡改原意的方法树立靶子，制造事端，挑起网友辱骂围攻，这种居心令人齿寒。虽然说别有用心者不是全部，但有些人是有目的的，他们这样做并不是为了攻击我一个人，他们是对我批判历史虚无主义的不满。

令人难以想象的是，一些所谓的大 V 也跟着起哄。我看了杨锦麟先生的评论，竟然问："这位副校长，究竟是谁培养的学生？"而崔永元作为前央视名嘴，也评论说"想起了梁效"。其实，不看内容就采取谩骂式的评论，这种做法，已经远远超过了学术交锋，越过了一个人起码的道德底线、情操。

作为一种唯心史观，历史虚无主义所虚无否定的历史，并非是以往的所有历史，而是从反对社会主义的特定政治目的出发，否定某一阶段或某几个阶段的历史。其中，重点放在了攻击近现代中国革命，否定党领导的革命和建设的历史领域。历史虚无主义思潮不仅表现在史学研究中，而且也表现在涉及历史和历史人物的某些文学、艺术和影视等领域的作品中，影响面大，危害至深。参考梁柱、梅荣政、张军和方艳华等学者的研究，历史虚无主义的主要表现可从以下六个方面析评：

（1）颂扬改良，否定革命的历史进步性。

历史虚无主义提出所谓的"研究范式"转换，用"理论创新"的名义，来达到否定革命，颂扬改良的目的。所谓"范式转换"，就是用所谓的"现代化史观"取代"革命史观"，把革命同现代化对立起来，借以否定中国近代史上的革命斗争。当然，从理论和实践上探讨中国现代化的源流、曲折和发展，不失为近代史研究的一种角度，但问题在于，持"现代化史观"论者往往是以否定争取民族解放和人民民主这一近代中国主旋律为前提的，这就从根本上违背了近代中国的历史实际和首要的历史要求。正因为这样，经过上述历史"研究范式"的转换，现代化就成为近代中国历史发展的唯一要求和唯一主题，而革命便成了破坏社会稳定、制造社会动荡、阻碍现代化的消极力量。其实，这种"现代化史观"并不是什么创新，早在 1938 年蒋廷黻在《中国近代史》一书中就说过，"近百年的中华民族根本只有一个问题，那就是：中国人能近代化吗？能赶上西洋人吗？能利用科学和机械吗？能废除我们家族和家乡观念而组织一个近代的民族国家吗？能的话，我们民族的前途是光明的；不能的话，我们这个民族是没有前途的。"①他由此得出结论，以落后的中国抵抗西方列强的入侵必遭失败；"明智的选择"是放弃无益的抵抗，甘于认输，一心一意学习西方，去实现中国的现代化。而此时正是抗日烽火连天、全民族抗战之时，这样的论调对争取民族解放战争的消极作用是不言自明的。可以说，这是"现代化史观"的最早表述，而今天持此论的正是继承和发展了这样的观点。我们知道，争取民族独立和实现国家富强即现代化，是近代中国历史的两大要求。但在民族灾难深重、国家不独立、人民受压迫的情况下，是无法实现现代化的。

① 蒋廷黻：《中国近代史》，岳麓书社 1987 年版，第 11 页。

近代中国有多少爱国者抱着科学救国的理想，苦苦追求和奋斗，结果都一一失败了。这就是因为当时的社会环境不容许。所以只有通过革命来解放生产力，才有可能实现国家的富强。那种用所谓的"现代化史观"取代"革命史观"，把革命同现代化对立起来，目的是为了否定中国近代史上的革命斗争。其实，所谓"革命史观"是他们否认革命而生造出来的一个概念，并不反映中国近现代史研究中的马克思主义历史观。对于中国革命和中国的现代化，我们都主张要用科学的历史观，即以唯物史观为指导加以研究。我们并不否认，改良和革命都是社会改造的途径。所谓改良，它不像革命那样最彻底最根本地摧毁旧的事物，而是缓慢地、渐进地改造旧的事物。在一定的历史时期这种改良具有进步的意义，像近代中国维新变法运动就有积极的历史作用。但又不能否认，近代中国的改良虽然取得了一定成绩，但最终都以失败告终，这是近代中国的社会历史条件使然的。而当革命条件成熟，把根本改造社会的任务提上日程的时候，继续鼓吹改良，反对革命，就会成为历史进步的阻碍者。事实表明，革命绝不是同现代化相矛盾、相对立的，革命是现代化最重要、最强劲的推动力量；如果没有革命为现代化创造民族独立、人民解放这个前提条件，中国的现代化就永无实现之日。

由此可见，这种所谓"研究范式"的转换，都是违背近代中国历史事实的，都是按照他们的主观愿望和政治诉求来剪裁历史的。这其实是他们设置的一种"理论陷阱"。正是在这样"研究范式"转换的基础上，和这种"现代化史观"相呼应的，就是有些学者所认为的，近代中国的主要问题，是"救亡压倒了启蒙"，所以现代化被耽误了。这成了他们诉说革命的一大罪状，也是某些人鼓吹"告别革命"的一个主要依据。毫无疑义，救亡是近代中国的主题；救亡需要思想启蒙，而救亡本身也是一场具有极大威力的思想启蒙，特别是中国共产党领导的人民大革命，彻底的反帝反封建斗争，对中国人民的觉醒并由此而组织起来，是前所未有的。这说明所谓"救亡压倒了启蒙"，只不过是某些人为了否定和反对革命而制造出来的一个伪命题。

(2) 轻蔑黄土文明，颂扬海洋文明(蓝色文明)。

历史虚无主义者把西方的政治思想、政治制度、价值观念作为普世价值，反对中国共产党的领导和社会主义制度。从历史虚无主义思潮的表现中，我们可以看到一个规律性的现象，这就是历史虚无主义和"全盘西化"论仍然如同难兄难弟一样，二者如影随形。这里要指出，历史虚无主义必然导致民族虚无主义和文化虚无主义，一些人不但歪曲近现代中国的历史，而且对我们以爱国主义为核心的民族精神，中华源远流长的灿烂文化也恣意抹杀。在一些人的笔下，我们的民族不仅"愚昧""丑陋"，而且充满"奴性"、安于现状、逃避现实，如此等等；而把中国优秀的文化和文化传统说成是走向没落的"黄色文明"，要实现现代化只有乞灵于西方的"蓝色文明"。华裔美籍著名物理学家李政道教授看了电视剧《河殇》后撰文指出："中华民族文化发源于黄河。当黄土文化移入了长江流域，使长江居住的黄人结合了北方的黄人。黄河的黄水流入了大海，使海外的华人也永远连接了这伟大的河流。黄帝的儿女们，我们必须团结，发扬民族理想，建立自尊、自信。……一个只依赖过去的民族是没有发展的，但是，一个抛弃祖先的民族是不会有前途的。5000 年的黄土文化值得我们骄傲，希望我们今后的创业，也能得到未来子孙们的尊敬。黄帝的儿女们，我们只要有志气，不必害怕目前的贫穷。盼能启新自兴，望弗河殇自丧。"①他对这种民族虚无主义给我们民族可能造成的伤害表达了深刻的忧虑和不安。

(3) 颂扬侵略有功，否定中国人民反侵略的救亡斗争。

在具体论证逻辑上，或从抽象的人性论出发，以人性替代革命性、阶级性，主张将所有的战争都推上被告席，泛泛地为战争之苦而呻吟，淡化侵略者与被侵略者的区别。或是完全避而不谈殖民征服给亚洲、非洲、拉丁美洲带来的灾难，而主张要从"现代化"、"全球化"、"世界一体化"的高度来看待殖民化的问题，说什么"如果没有西方的殖民征服，人类，特别是东方民族所有优秀的才能就会永远沉沦，得不到发展"，"中国只有像香港那样 300 年殖民地才能发展"。"侵略有功论"以一种釜底抽薪的方式直接抹杀了近代以来反帝斗争的合法性，使反帝斗争成为无矢之的。在他们看来，像琦善、李鸿章这样主张妥协投降的人物，是实事求是的、明智的，是负责任的态度，是真正的爱国，而主张抵抗的林则徐等人则成了不负责任的蛮干。颠倒是非到如此地步，连起码的爱国之心、民族大义，都化为乌有。这种不可思议的言论，要在过去将会被看作是可耻的卖国言论，人人喊打的过街老鼠，而今天却成为某些人的"思想解放"的时髦话语。试举数例说明之。

有人说，鸦片战争后"资本主义终于打入了封建主义禁锢着的神圣天国"，是好事，应当"大恨其晚"，如果再早一点，"我们中国就远不是如此的面貌了"。还有文章说，"从根本意义上来说，是鸦片战争一声炮响，给中国带来了近代文明"②。有人认为，无论是清王朝的抵抗，还是农民自发的三元里抗英斗争和义和团运动，"在形式上都是民族自己的斗争，而在实质上，都是站在维护本民族封建传统的保守立场上，对世界资本主义历史趋势进行本能的反抗，是

---

① 李政道：《读〈河殇〉有感》，《光明日报》1988 年 11 月 4 日。

② 郑炎：《打破束缚，更新观念》，《学术研究》1994 年第 4 期，第 84 页。

以落后对先进，保守对进步，封建闭关自守孤立的传统对世界资本主义'自由贸易'经济变革的抗拒"。①还有人认为，过去"只是更多地从'侵略与反侵略'、'压迫与被压迫'、'奴役与被奴役'这个正义与非正义的道德立场出发去审视，因此，见到的只是血与火的悲惨场面，想到了爱国保家，维护的是独立与尊严，表现的是愤怒与声讨，最终便是对'世界走向中国'这一历史做出消极的、片面的、情绪化的彻底否定"。②看了这些高论，真是"侵略有功，反抗有罪"了。连自己的脊梁骨都抽掉了，还有什么民族气节可言？从这里不难看出历史虚无主义思潮的实质究竟是什么。这使我们更能深切地理解邓小平的预言：如果中国复辟资本主义，就只能成为某个大国的附庸。有那么一些人就是要心甘情愿地做别人的"附庸"，当"孙子"！这里还用得着一句老话：就是不能依了他们，若依了他们，就会亡党亡国。

(4) 致力于做"翻案文章"，颠倒对历史人物功过是非的评价。

历史虚无主义对待历史的态度，有哗众取宠之心，无实事求是之意。一些人越过了学术研究应有的底线，却在"学术研究"的名义下，不尊重历史事实，片面引用史料，根据他们的政治诉求，任意打扮历史、假设历史，胡乱改变对近现代历史中重大事件、重要人物和重要问题的科学结论；有的则以"客观"、"公正"的面貌出现，崇尚"坏人不坏"、"好人不好"的模式，要求按照人性论的原则治史，否则就是"脸谱化"、"扣帽子"；一些人还以"思想解放"、"理论创新"的名义糟蹋、歪曲历史。在一定意义上说，他们确是一种"研究范式"的转换，不过是转换到旧史学中常常能够看到的，维护封建正统、蔑视人民群众的力量、为统治阶级辩护的老路上去。这绝不是什么"创新"，而是历史观上的复旧。公正地说，他们比旧史学还不如，因为他们不是研究历史，而是玩弄历史。正因为这样，已经被历史判明属于反动的一些历史人物，像慈禧、曾国藩、李鸿章、袁世凯这样一些人，都被描述成为有功于现代化的、忧国忧民的"悲剧英雄"，甚至成了"改革的先驱者"；而对林则徐、洪秀全、谭嗣同、孙中山则加以非难、贬低。近年来，有的论者仅仅根据蒋介石个人的日记，就武断地得出"可以改写中国近代史"，说我们对国共两党的斗争，对中国革命历史的阐述，诸如把国民党蒋介石集团说成是"大地主、大买办、大资产阶级利益的代表"等等，都是根据"土匪史观"和"内战思维"得出的"荒唐、谬

---

① 周清泉：《中国近代史应当提到世界史的历史范围内研究》，《成都大学学报》1985 年第 3 期，第 85-92 页。

② 胡波：《走向世界：中国近代历史不可忽视的主题》，《学术研究》1994 年第 4 期，第 79-80 页。

误的观点"，要求人们要彻底摆脱这种"土匪史观"和"内战思维"，要"重写中国近代史"；声明"我的任务，找寻并告诉读者一个真实的蒋介石"。这就是说，我们史书上的蒋介石，人民群众所认识的蒋介石，都是不真实的，只有蒋介石日记中的蒋介石，才是真实的。这就自觉地站到了为蒋介石辩护的立场上去，这显然是很不严肃的，为一个正直的史学工作者所不取的轻浮的学风。当然，在历史研究中，个人的日记、信件和回忆录等，都是有价值的史料，是值得研究的。但同任何史料一样，都需要进行辨伪求真的考证，都要放到一定的历史背景下加以分析，特别是对于个人自己的言论，更要如此。中国是一个史学很发达的社会，而在史学研究中考据学又受到了高度重视，对史料采取什么态度，往往是对史学家史识、史德的一个评价标准。像蒋介石这样纵横捭阖于政治舞台，善于以权术消灭异己的人，又怎么能够把他自己的言论作为历史的主要的、甚至是唯一的依据呢？如果历史可以这样来写的话，那么，从秦桧到李鸿章、袁世凯、汪精卫，都可以被描绘成高大的爱国者形象。当下一些人做翻案文章不正是用这种手法吗？他们仅仅根据蒋介石在日记中写了自己的隐私，就断定所记述的内容是真实的，就以此为根据来评判历史事件，而不必去考察全部历史事实，无需考察中国社会性质和阶级关系的特点，无需考察蒋介石国民党的全部政策及其社会后果，以为经过这样轻轻一笔，就可以抹杀中国革命斗争的性质，就可以为蒋介石"脱帽加冕"了。这是对极其严肃的史学研究工作的亵渎。

马克思主义史学家刘大年在《方法论问题》一文中，曾针对英国出版的《中国季刊》上刊载的一篇研究性长文，发表评论。该文坚决反对说蒋介石是大地主大资产阶级的代表，他引用一些材料说明蒋介石在"四·一二"反革命政变后，为与武汉政权对抗需要款项，遂通过发行国库券强迫资本家认购，甚至采取逮捕、没收财产、绑票勒索等恐怖手段，逼迫资本家就范。文章作者因此得出结论："蒋介石国民党占统治地位的领导是反资本家的。"刘大年指出，"《季刊》所述事实不假，然而它的结论却是完全错误的。道理很简单：此时共产党领导的人民革命力量仍然强大存在，南京与武汉的斗争胜负未决。1928 年蒋再次上台，地位也不巩固。对于蒋介石只有两条道路可供选择：极力加强南京政权，把共产党进一步打下去，保住大地主大资产阶级统治，或者相反，看着人民力量发展，在全国出现一个'反资产阶级'政权。蒋选择了前者，即牺牲资产阶级局部的暂时的利益，换来保护大资产阶级的长远利益。这说明蒋确实是大地主大资产阶级最得力的代表人物。《季刊》作者眼光短浅，见不及此，而得出蒋介石'反资产阶级'的结论。根本原因仅在：拒绝对中国近代复杂的历史事变做基本的阶级分析，否认阶级分析。"①这个分析无疑是十分正确、深刻的。然而，当年国外的这种错误观点，却被今天国内的某些学者接受，并走得更远了。

(5) 否定共产党领导的人民革命和社会主义建设的历史成就，竭力搞所谓的"非毛"、"反毛"。

毛泽东是中国共产党和人民共和国的主要缔造者，他的伟大的历史功绩、思想理论和在人民群众中的崇高威望，成为国内外反共势力企图西化、分化中国的不可逾越的障碍，因而诋毁、诬蔑、攻击毛泽东和毛泽东思想就成为历史虚无主义的"重中之重"。他们任意夸大毛泽东晚年的错误，把毛泽东领导时期说得一无是处，企图以此打开缺口，全面否定党的领导和社会主义制度。新近流行的一本论述经济改革的畅销书，其中涉及党的历史问题的论断，把改革开放前 30 年的历史说成是"1949 年以后的多次政治运动和'大跃进'使普通工人、农民和知识分子受难"，"是一种'国将不国'的深重危机"②，就是一个很典型的荒谬论断。对此，我们要依照历史的本来面目，给以有力的回答。

这里需要指出，评价一个国家、一个社会政策的效果，应该有一个共同的标准，这主要是：看它是不是促进了社会生产力的发展，是不是推动了社会进步，是不是为人们的生存和发展创造更加优越的条件。从这样的标准来看，只要比较一下旧中国，我们在毛泽东领导时期取得的是历史性的伟大成就，是极大地促进了经济发展和社会进步，在总体上带给人民的是福利而不是灾难。记得 1964 年我国第一颗原子弹爆炸时，远在美国的原国民党政府"代总统"李宗仁对友人感叹："我们不能不服气，我们搞了 20 多年连一辆像样的单车(自行车)都造不出来，不能不服气呀!"这就是旧中国的现实，新中国就是在这样的基础上起步的。只有深刻理解新中国经济建设面临的巨大困难，才会真切体会到我们所取得的巨大成就是何等的可贵。比如，在国民经济恢复时期，我们是在经历 20 年战争(其中，从 1931 年日本帝国主义侵占东北开始进行了长达14 年的抗日战争，3 年的解放战争，再加上新中国成立后 3 年的抗美援朝战争)，在短短的 3 年时间内，主要工农业产品产量大多数超过解放前最高年份(1936年)。正如陈云所说："3 年恢复，赶上蒋介石 22 年。"③创造了二次大战结束后医治长期战争创伤、恢复国民经济和社会稳定的一个奇迹。从 1956 年开始了

---

① 沙健孙、龚书铎：《走什么路关乎中国近现代历史上的若干重大是非问题》，山东人民出版社 1997 年版，第 18 页。

② 吴敬琏、马国川：《重启改革议程》，上海三联书店 2013 年版，第 2 页。

③ 陈云：《陈云文选(第 3 卷)》，人民出版社 1995 年版，第 366 页。

大规模的社会主义建设，虽然在这期间发生过像"大跃进"、"文化大革命"这样严重的失误，但在经济建设和社会进步方面取得的巨大成就是不能否定的。从1953年到1978年，工农业总产值年均增长率为8.2%，其中工业总产值年均增长率为11.4%，农业总产值年均增长率为2.1%。这个增长速度不但是旧中国无法比拟的，而且与当时世界各国相比也是不低的。在这期间建立了独立的、比较完整的工业体系和国民经济体系，填补了我国工业的许多空白，工业布局有了明显改善，内地和边疆地区都建起了不同规模的现代工业和现代交通运输业，基本上改变了旧中国工业畸形发展的局面；农田基本建设初见规模，效果明显，其间依靠农村集体力量修建了84 000多座水库，至今仍在农业生产中发挥灌溉、发电、栏洪等方面的重要作用；科学技术水平有了显著提高，现已进入世界先进行列的我国航天技术，就是从1956年起步的，对于"两弹一星"的成就，邓小平明确指出："如果六十年代以来中国没有原子弹、氢弹，没有发射卫星，中国就不能叫有重要影响的大国，就没有现在这样的国际地位。"①这些成就，都为新时期的改革开放和现代化建设奠定了坚实的基础，这是任何人都否定不了的历史事实。②

（6）通过"戏说"、"恶搞"、"抹黑"等方式解构和颠覆经典，对革命英雄人物去英雄化、去神圣化。

在文艺创作方面，20世纪90年代以来所出现的历史题材的文学创作，除一些描写革命题材的主旋律作品外，其中也有很大一部分专以解构神圣、颠覆经典为目标的。当然，利用多种形式对艺术创作进行创新，本无可厚非，但是在市场经济的利润原则支配下，为吸引受众，一些被改编的革命小说、历史剧在创作思想上不仅采取了对革命人物去英雄化、去神圣化，而且还将英雄人物偶像化、庸俗化，甚至桃色化。例如，在由样板戏《沙家浜》改编成的小说《沙家浜》里，传统的革命主题被作者颠覆为"一个女人和三个男人之间的关系"，妇孺皆知的抗日英雄阿庆嫂被塑造成了周旋于胡传魁和郭建光之间的风流成性的"潘金莲"式的人物，而共产党员的光辉代表郭建光被描写成胆小鬼、窝囊废，胡传魁却被打造成民间英雄，不仅"有一股义气在，还有一股豪气在"③，民众集体记忆中的革命人物形象完全被颠覆。再如，《红色娘子军》也

---

① 邓小平：《邓小平文选(第3卷)》，人民出版社1993年版，第279页。

② 梁柱：《历史虚无主义思潮的泛起、特点及其主要表现》，《马克思主义研究》2013年第10期，第123-127页。

③ 陶东风、和磊：《中国新时期文学30年：1978—2008》，中国社会科学出版社2008年版，第335页。

被改编成为青春偶像剧，该剧制片人就直言不讳地声称该剧在人物性格塑造上要抛弃老版的限制，展现青春美、时尚感。由此，吴琼花被塑造成了"不是天生的复仇者，应该是'天使的愤怒'，不是'愤怒的天使'。吴琼花首先在气质上要可爱，要让人一看到她就有想帮助、保护的感觉"，而为了表现革命者这种"人性的深度复杂性"，该剧导演又在剧情中特意为吴琼花加入了一些情感纠葛的戏份，受到了不少观众的指责与批评。

在对"红色经典"改编的热潮中，社会上还出现了一种对革命人物运用类似"无厘头"的方式进行恶作剧式的搞笑、调侃的现象，而且这种恶搞英雄人物的现象近两年来在网上非常流行。例如，"黄继光是摔倒了才堵枪眼的"，董存瑞炸碉堡是"因为手被炸药包上的双面胶粘住了"，邱少云在战场上不是被烧死而是被吓死的等等。艺术创作需要创新，这毋庸置疑，但创新必须要以尊重历史为前提，必须要有一定的道德荣辱标准和法律底线，倘若仅为追求感官享乐、商业利益或者炫耀自己的"才华"而置这些因素于不顾，那它带来的精神污染，将是不堪设想的。教育方面，近几年来历史虚无主义思潮也已经影响到了我国的教育领域，国内一位著名学者曾就此问题做了深刻的分析，他称"虽然我们的教育部门还表面上把苏霍姆林斯基列为伟大的教育家，但大多数学生和教师根本没有热情去读读他的著作。苏联不是垮掉了么？所以苏联的一切都是错误的。不能讲狼牙山五壮士了，因为弹尽粮绝了还不投降，那叫'没有人性'。不能讲草原英雄小姐妹和戴碧蓉、欧阳海了，因为那是给黑暗的年代涂脂抹粉。……有些学校连王愿坚的《七根火柴》也讲不下去，因为学生们质疑道：红军过草地，明知道没有人烟，为什么不带上方便面？起码的野外生存常识都没有，饿死活该。《白毛女》也讲不下去了，因为学生们认为那完全是瞎编：喜儿为什么不嫁给黄世仁？杨白劳欠债不还钱，这是公然破坏法制，畏罪自杀，死有余辜。喜儿一旦嫁给黄总，就会过上民主自由的幸福生活，怎么会头发都变白了，最后投入了恐怖主义分子的怀抱。"[1]可见，这种思潮的泛滥，无疑也对大中学生产生了恶劣的误导作用。[2]

二、历史虚无主义的两种取向

国内多数学者都承认历史虚无主义的存在，但对"要警惕什么样的历史虚

① 陶东风、和磊：《中国新时期文学30年：1978—2008》，中国社会科学出版社2008年版，第335页。

② 方艳华：《历史虚无主义思潮的演进及重新泛起原因论析》，《吉林师范大学学报(人文社会科学版)》2011年第6期，第76-77页。

无主义"这个基本问题发生了争论，论辩双方各执一词，一时争执不下，这个问题涉及历史虚无主义的取向问题。

新中国成立以来，马克思主义成为我国进行社会主义革命和建设的指导思想。总体而言，我国的历史研究在马克思主义的唯物史观指导下取得了丰硕成果。然而，毋庸讳言，在某些时期、某些阶段，我国在历史研究上也出现过这样那样的失误，其中主要的失误是出现了历史虚无主义。历史虚无主义在不同时期、不同阶段往往表现出不同的取向。

新中国成立之初的 17 年间，虽然在批判《武训传》、《红楼梦研究》等思想文化批判运动中存在一定的历史虚无主义倾向，但还未成为当时历史研究的主流，在这一时期的历史研究领域占主导地位的还是马克思主义的唯物史观。在这 17 年间，历史研究在唯物史观指导下逐渐打破了剥削阶级唯心史观统治史学的局面，坚持唯物史观与中国历史实际相结合，在通史、断代史和专史领域都产生出一批优秀的史著，在史学理论和大规模文献整理方面取得了重大成绩，并开拓了经济史、民族史、史学史等新的研究领域，取得了丰硕的研究成果。

到了"文革"时期，由于受极左思潮和实用主义史学思想的影响，出现了对中国历史和传统文化"最高价值的自行贬损"。一些人为了政治需要，硬说"文革"前 17 年是"黑线专政"，不加分析地对新中国成立初期 17 年的史学、文学、教育和文艺等许多社科研究成果大肆否定，一些高校学生甚至完全撇开教师急躁、粗糙地编写历史教材，进而发展到否定建国初期 17 年的社会主义建设；他们在"否定一切、打倒一切"的不正常社会氛围下，在批判封建主义和资本主义腐朽文化的同时却把一些本来与封建主义、资本主义没有多大关系的优秀历史文化遗产也贴上了地主、资产阶级的标签，大肆进行批判与否定①，直至发展到在"破四旧"运动中迫使"全聚德"、"荣宝斋"等商业老字号改名，甚至为北京的"张自忠路"、"赵登禹路"、"佟麟阁路"等改名，并导致不少文物古迹的损坏，历史虚无主义泛滥一时。这一时期表现比较典型的是林彪、"四人帮"两个集团的历史虚无主义。林彪集团中的一些人为了抬高林彪在中国革命史上的地位，竟然违背历史常识企图把井冈山会师中的"朱毛会师"篡改成"林毛会师"；林彪集团覆灭后，"四人帮"为了达到其政治目的，牵强附会地把"批林"同"批孔"联系在一起，硬说历史上的一切反动势力都是"尊孔"的，后来又妄图把"批林批孔"同"批周公"联系在一起……这类把马克思主

---

① 刘美玲、刘鸹：《在"纲要"教学中消解历史虚无主义的思考》，《重庆科技学院学报（社会科学版）》2011 年第 9 期，第 156-160 页。

义经典作家有关社会历史研究的某些论断当成教条，根据现实政治需要，从自身的主观愿望出发，刻意去裁剪历史，用现实篡改历史，生搬硬套，牵强附会，为我所用，对历史采取实用主义态度的做法表面上看也在谈马克思主义，实际上却把马克思主义庸俗化，极大地损害了马克思主义在群众中的形象。这是一类明显带有"左"的倾向的历史虚无主义。这种"左"的历史虚无主义把马克思主义经典作家的某些论断当作教条，以教条主义的态度和方式来对待马克思主义，否认马克思主义是一种需要不断发展的科学学说，①亦可称之为"教条主义的历史虚无主义"。

"文革"结束后，在我们党拨乱反正、转入现代化建设和改革开放这一特定历史条件下，历史虚无主义又以新的形式在我国泛起。在国际上，20 世纪七八十年代，西方历史学界掀起了一股历史相对主义思潮，西方汉学家对中国革命的研究也发生转向，逐渐由肯定性评价转向否定性评价，这些情况从外部推动了历史虚无主义在我国的再次泛起。在这些复杂形势下，出现了对社会主义革命传统"最高价值的自行贬损"及对社会主义本质的质疑与反思的思潮。②一些人以反思历史为名，歪曲"解放思想"的真意，从纠正"文化大革命"的"左"的错误，走到"纠正"社会主义，认为我国不该过早地搞社会主义，而应该让资本主义充分地发展；从纠正毛泽东晚年的错误，走到全盘否定毛泽东的历史地位和毛泽东思想；从诋毁新中国的伟大成就，发展到否定中国革命的历史必然性；从丑化、妖魔化中国共产党领导的革命和建设的历史，发展到贬损和否定近代中国一切进步的、革命的运动；从刻意渲染中国人的落后性，发展到否定五千年的中华文明等。③他们借纠正"文化大革命"的错误，涂黑"文革"十年的历史，并进而不断扩大否定的范围，把整个 20 世纪 50 年代、60 年代都企图加以否定，④最后扩大到否定整个中国革命史以至整个中华文明。这其实是另类的"否定一切，打倒一切"。这些人极力颂扬改良，百般美化侵略者、反动统治者以及形形色色的汉奸和叛徒。近年来，他们又歪曲改革，宣称改革开放三十多年来所取得的成就是对社会主义的否定、对资本主义

---

① 梁中堂：《关于用极左和极右两种眼光看待马克思主义》，《青海社会科学》1987 年第 6 期，第 12-17 页。

② 王志红、朱士群：《对中国当代虚无主义思潮的哲学思考》，《河北学刊》2012 年第 2 期，第 25-30 页。

③ 梁柱：《历史虚无主义评析》，社会科学文献出版社 2012 年版，第 4 页。

④ 刘书林：《2013 历史虚无主义"装扮"特点》，《人民论坛》2014 年第 2 期(上)，第 31-32 页。

的补课，是所谓纠正"歧途"的结果。这类把西方历史研究标准当成教条，从自身的主观愿望出发，试图通过蓄意涂抹剪裁某段历史以蒙蔽人民群众，否定我国现实制度，借以抽掉我国坚持四项基本原则的历史依据，从而"西化、分化"中国的做法，也对历史研究采取了典型的实用主义态度，从根本上违背了马克思主义的唯物史观。这是一类明显带有右的倾向的历史虚无主义。这种右的历史虚无主义把西方学者的某些论断当作一种宗教教条，以修正主义的态度和方式来对待马克思主义，一步步否定马克思主义的根本原则，亦可称之为"修正主义的历史虚无主义"。

通过上述新中国成立以来的两类历史虚无主义的种种表现，不难看出，二者的取向是有根本区别的：一种是"左"的历史虚无主义，另一种是"右"的历史虚无主义。换言之，新中国成立以来的历史虚无主义具有"左"、"右"两种取向，也可以说是两大类型。这两种取向的历史虚无主义之间具有密切的关系。一方面，二者既然同属于历史虚无主义，它们之间就有着天然的联系：二者都是为了现实政治需要，从主观愿望出发，对历史肆意地涂抹、剪裁甚至虚构臆造，对历史研究采取了非历史主义的实用主义态度，混淆了历史与现实的界限，从理论基础上说是唯心史观，从思维方式上说是形而上学；二者都对中华民族的历史文化遗产采取贬抑和否定的态度，只不过一个从"左"的方向进行否定，一个从"右"的方向进行否定。另一方面，二者既然属于不同取向的历史虚无主义，它们之间也有诸多区别：一是"左"的历史虚无主义虽然实际上采用的是唯心史观的方法，但形式上还是维护唯物史观的，而右的历史虚无主义则全盘否定唯物史观；"左"的历史虚无主义剪裁历史的标准是马克思主义社会历史研究的某些论断，而"右"的历史虚无主义剪裁历史的标准是西方社会历史研究的某些论断；"左"的历史虚无主义夸大革命的作用，肯定五四运动、社会主义改造的历史地位，机械地维护马列主义、毛泽东思想的指导地位，坚持中国共产党的领导，而"右"的历史虚无主义则贬抑革命作用，否定五四运动、社会主义改造的历史地位，否定马克思主义、毛泽东思想的指导地位，否定中国共产党的领导；"左"的历史虚无主义往往带有一种中华民族的自大情绪，常常妄自尊大，"右"的历史虚无主义往往带有一种中华民族的自轻情绪，常常妄自菲薄。

"要警惕什么样的历史虚无主义"实际上是指当前要重点批判哪种历史虚无主义，这就需要证明哪种历史虚无主义才是当前的主要危险。

有论者认为"教条主义的历史虚无主义"（也就是"左"的历史虚无主义）是当前的主要危险，甚至说"只要它（指教条主义的历史虚无主义）存在，它就是最大的历史虚无主义"。①这种判断未免过于武断。因为事物是不断变化的，错误倾向是随着形势的变化而变化的，所以主要危险也不是一成不变的，要根据变化了的具体情况来判断。纵观新中国成立以来的历史，"左"、"右"两种取向的历史虚无主义在不同历史时期对社会的危害程度显然是不一样的。在"文革"时期，"左"的历史虚无主义确实是当时思想政治领域和史学领域的主要危险，这在学界早已成了共识。应该承认的是，"左"的历史虚无主义曾在"文革"时期掀起狂潮，从思想文化到文物古迹都给我国社会造成了很大的伤害。但随着"文革"的结束，"左"的历史虚无主义受到了致命的打击。改革开放至今，"左"的历史虚无主义已经被批了三十多年，日渐式微，逐渐偃旗息鼓，在广大人民群众中早已没有了市场。时至今日，极少有人再以马克思主义历史研究的某些理论教条到处乱套，来随意裁剪历史事实，把一切都当成"封、资、修"来打倒了。即使有极个别人想那样做，也很少有人支持，难以掀起什么风浪。至于某论者所说"有人扬言要发动二次'文化大革命'，来整治中国官场的腐败"，其实最多也仅仅是几句愤激之词，在我国的现实环境下根本没有实践的可能性，因为各阶层群众虽然非常痛恨腐败现象，但改革开放三十多年来连续不断地对"文革"的反思和批判早已让他们对"文革"心有余悸，几乎没有人愿意再经历一次那样的磨难，根本不会赞同以"文革"的方式来反腐败。至于这位论者所说的另一种情况"不准人们触碰'文化大革命'，欲将'文革'封存、冻结于历史，让它在新生代的头脑中变成一片历史的空白"则根本不是事实。众所周知，在1981年党的十一届六中全会上，在邓小平主持下做出的《关于建国以来党的若干历史问题的决议》中早已否定了"文化大革命"的理论和实践，并写进了学校的历史教材，一直沿用至今。此后三十多年来，我党多位领导人和许多学者都对"文革"那一套"左"的做法进行了深刻反思和批判，各类媒体对"文革"的批判也从未间断。在这种形势下，即使有极个别人想"将'文革'封存、冻结于历史"也是根本不可能的。"文革"结束三十多年来发展变化的事实是客观存在的，我们应以发展的眼光看问题，着眼于对当下的具体情况进行具体分析，而不应总把视野局限在"文革"刚结束时的社会环境。不同时期可能出现不同的错误倾向，不能说任何时期主要危险都是一样的。当前在社会主义制度遭到怀疑、否定和攻击，而且又如此猖獗并有成为舆论主流之势的情况下，难道还能说主要危险是"左"的历史虚无主义吗？②

---

① 尹保云：《要警惕什么样的历史虚无主义》，《炎黄春秋》2014年第5期，第29-34页。

② 周新城：《围绕改革问题马克思主义同反马克思主义的斗争——改革开放30年历程的回顾与总结》，中国社会科学出版社2010年版，第199页。

之所以有人声称"教条主义的历史虚无主义"仍是当前的主要危险，甚至断言"只要它(指教条主义的历史虚无主义)存在,它就是最大的历史虚无主义"，其实是把"教条主义的历史虚无主义"的范围泛化和绝对化了，把马克思主义历史认识体系当作教条主义的历史虚无主义来批判。如果把马克思主义历史认识体系也打成所谓"极左教条"，那么这个"教条主义的历史虚无主义"的范围就过于宽泛了，也曲解了"教条主义的历史虚无主义"这个概念的本义。其实，从本质而言，这种做法无异于站在"右"的立场上来纠"左"，把正确的东西也当成"左"，反"左"的时候忽视"右"，甚至根本不承认"右"的存在。不怕"右"，只怕"左"，一度成了理论工作和实际工作中的一种动向，这样做的结果只会越反越"右"，一步步滑向"右"的极端。有些学者在论证"左"的历史虚无主义是当前的主要危险时常常认为"右"的历史虚无主义只是学术问题，甚至根本否认"右"的历史虚无主义的存在。有论者说："对某些领袖人物功过和某些历史时期成就的所谓'否定性'评价，尚不足以标识为清算历史虚无主义的主要目标，因为这在很大程度上只是学术界有关历史评价的学术之争。"①事实果真如此吗？"右"的历史虚无主义远不只是对某些领袖人物功过和某些历史时期成就的所谓"否定性"评价，这类历史虚无主义已经发展到公开丑化英烈、美化侵略、美化汉奸卖国贼的地步了，任其泛滥下去，我们就无法培养以爱国主义为核心的民族精神了。况且即使是对某些领袖人物功过和某些历史时期成就的"否定性"评价也要以历史事实为依据，秉持客观、全面的原则，而不能以偏概全地妄下结论。实际上，从 20 世纪 80 年代的泛起和狂热到 90 年代的"告别革命"和"非毛化"，再到新世纪以来的全面泛滥，"右"的历史虚无主义在改革开放后的蔓延脉络是比较清晰的。其间，以邓小平为代表的党内许多同志从批评全盘否定毛泽东和毛泽东思想的论调到反对精神污染，再到反对资产阶级自由化以及建设社会主义精神文明，为抵制"右"的历史虚无主义做出了不懈的努力。然而，遗憾的是，由于多方面的原因，"右"的历史虚无主义未得到全社会长期的足够的重视和批判。时至今日，"右"的历史虚无主义的种种观点仍然在各大网站尤其是一些重要的门户网站、社交网站大行其道，在报纸、广播、电视等传统媒体上也屡见不鲜，在一些培训班、学校甚至党校的课堂上也不罕见。社会上相当一部分人尤其是部分学者和青少年受其影响对党、对社会主义、对祖国往往抱有偏见，多做负面评价，甚至偏执地"逢共必反"、"逢社必反"、"逢中必反"。可见，"右"的历史虚无主义已经以多样化的传播方式进入了寻常百姓家，影响着许多人的思想。"右"的历

① 马龙闪：《历史虚无主义的来龙去脉》，《炎黄春秋》2014 年第 5 期，第 28 页。

史虚无主义抹杀中国优秀传统文化，解构中华民族的灿烂文明，消除中华民族的文化认同，动摇社会主义理想信念，削弱民族自信心和凝聚力，消融民族精神，动摇党的领导地位，不利于社会稳定，对社会产生多方面的危害。更危险的是，"右"的历史虚无主义企图从历史领域入手，通过否定、丑化历史达到否定现实的目的，借以抽掉我国坚持四项基本原则的历史依据，这也是其实质之所在。如果让这种企图得逞，新中国就丧失了立国之本，改革开放就没有了正确的方向，中国特色社会主义也就成了一个"空壳"。正如邓小平在分析思想理论战线的形势时，曾着重指出的那样："对于思想理论方面'左'的错误观点，仍然需要继续进行批评和纠正。但是，应当明确指出，当前思想战线首先要着重解决的问题，是纠正'右'的、软弱涣散的倾向。"①这一论断虽然是改革开放初期提出的，但仍然适用于当前思想战线的形势，因为当时提出的问题至今仍未得到有效的解决，有些方面甚至更严重了。因此，在思想政治领域，在两种取向的历史虚无主义中，"右"的历史虚无主义才是当前的主要危险。②

三、历史虚无主义的惯用手法

(1) 否定人类社会发展是有规律可循的。

历史虚无主义宣扬人的主观性决定各种历史事件和历史现象，具有不可预测性，因而没有规律可言。马克思主义认为，人类社会是按照原始社会、奴隶社会、封建社会、资本主义社会、共产主义社会的发展规律不断地从低级到高级发展的。这是人类社会发展的一般规律。而中国的封建主义时间太长，在西方列强入侵中国时手忙脚乱难以应对，把中国带入了半殖民地半封建社会，这是中国社会发展的特殊规律。在面临民族危亡、国将不国的时候，中国向何处去？各种主义和思潮都进行过尝试，资本主义道路没有走通，改良主义、自由主义、社会达尔文主义、无政府主义、实用主义、民粹主义、工团主义等也都"你方唱罢我登场"，但都没有解决中国的前途命运问题。是中国共产党在马克思主义指导下，领导人民起来进行革命，推翻了压在中国人民头上的帝国主义、封建主义、官僚资本主义三座大山，建立了中国人民自己当家做主的中华人民共和国，又逐步探索确定了中国特色社会主义的制度、道路和理论体系。

---

① 邓小平：《邓小平文选(第 3 卷)》，人民出版社 1993 年版，第 47 页。

② 陈元明：《论新中国成立以来历史虚无主义的两种取向》，《毛泽东思想研究》2015 年第 2 期，第 132-135 页。

这就是中国社会发展的基本规律，是历史的必然选择，人民的正确选择。历史虚无主义却到处宣扬"共产主义是一个科学性不很明确的，还弄不清楚的概念"，"社会主义是理想，资本主义是现实"，苏联选择社会主义道路是"盲目追求理想，鄙视和破坏现实"。他们以历史的偶然性来否定革命的必然性，认为"历史的发展有太多的偶然"，以此来否定中国革命具有历史必然性，提出所谓"革命制造论"、"革命破坏论"、"误入歧途"等等谬论，企图通过否定革命来否定中国共产党的历史，否定走社会主义道路的历史必然性。

(2) 以假设推断代替历史事实。

历史虚无主义经常提出"假设不搞五四运动"、"假设不向苏联学习而向英美学习"、"假设当年不出兵抗美援朝"等等假设的观点，尔后推论可能产生的效应和结果，证明自己判断的正确。其实，历史是不承认"假设"的，我们分析认识问题只能是对已经发生的历史事实进行分析判断，而不能以尚未发生的想象作为依据。

(3) 抓住历史枝节无限夸大。

我们党是经过艰苦奋斗，不断地同各种困难做斗争，不断地同敌对势力做斗争，同时也不断地同自己的缺点错误做斗争中探索出中国特色社会主义道路的。毋庸讳言，在这个艰苦的过程中我们犯过不少错误，有"左"的也有"右"的，出现过多次失误，有些失误还是全局性的。但是这些错误和失误放到中国特色社会主义伟大事业中毕竟是前进中的错误，是主流中的支流，是探索当中难以避免的。正如中国一句老话所说："人非圣贤，孰能无过。"尤其需要强调的是，中国共产党光明正大，堂堂正正，从不讳疾忌医，更不坚持错误。我们的错误和失误都是我们党依靠广大人民群众自己揭露自己纠正的。中国特色社会主义的制度、道路和理论体系就是在不断地纠正错误和失误中逐步补充完善的。历史虚无主义却专门去搜集、罗列我们党在工作中的失误，无限夸大，以否定我们党带领人民所取得的成绩，以历史的个别现象来否定历史的本质。比如，有的地主本人很勤奋也很节俭，是靠几代人积攒家产发迹的；有的农民翻身后腐化变质，吃喝嫖赌。这都是个别人、个别事件、个别现象。历史虚无主义就拿这个做例子说地主阶级并不是反动的，农民运动是痞子运动，以此来否定反封建的土地革命。

(4) 用今天的标准去衡量历史的事件。

判断事物的功过是非只能放到当时的历史条件下分析判断，不能用今天的形势和条件去衡量过去的事件和决策。比如历史虚无主义大肆宣传我们过去是"闭关锁国"，早就应该"跟美学英"，"不要跟着苏联与美国和西方为敌"等等，其实从安全角度分析一下这个历史过程就再明白不过了。中华人民共和国成立时的安全环境首先是生存问题，是政权安全。以美国为首的西方世界根本不承认我们政权的合法性，和我们建交的只有苏联为首的十几个社会主义国家和周边的几个小国如缅甸、柬埔寨等。西方国家通过政治上的歧视，经济上的封锁，军事上的围堵，一直想把新中国扼杀在摇篮中，在这种情况下，怎么去开放！我们不信邪，不怕压，经过几十年斗争，政权站稳了脚跟，在广大第三世界朋友的簇拥下获得在联合国的合法地位，美国等也相继和我国建交。这时以美国为首的西方世界又说共产党独裁，说社会主义制度不行，企图搞垮中国共产党的领导和社会主义制度。这时候我们面临的是制度安全。中国共产党依靠广大人民的力量实行改革开放，使生产力大解放大发展，中国的国际地位和世界影响力明显提高，中国发展模式已为世界许多国家所认同。这个时候，美国和西方世界又和我们争夺资源，争夺市场，争夺高科技领域，争夺话语权和制定规则权，我们面临着发展的安全。这是我们走过的实实在在的历史过程。历史虚无主义却说我国对西方的开放搞晚了。早了行吗？直到今天，美国和西方对我国的开放还是有很大限制的。我们提出建立新型大国关系，开始美国也是不屑一顾，后来发现中国的国际影响力和发展趋势势不可挡，才不得不接受这个现实。这说明今天的地位是我们党经过艰苦奋斗争取来的，并不是历史虚无主义者说的"早就该这样"。

（5）把探索中的不同认识说成是个人之争。

中国特色社会主义是前无古人的崭新事业，没有现成经验可以借鉴，只能在实践过程中不断探索，有所发明有所创造有所前进。既然是探索，在党内在领导层就难免有不同意见。历史虚无主义把我们党内的历史说成是个人恩怨的斗争，是整人的历史，是勾心斗角，和封建宫廷争权夺利没什么区别等等。王光美同志曾坦然地说："主席和少奇没有什么个人恩怨。两个人都是想把新中国建设搞好，让人民过上好日子。只不过是思路不同。主席主张搞快一点，少奇主张搞稳一点，主席想通过抓阶级斗争、上层建筑推动生产力发展，少奇想通过抓经济建设推动生产力发展。应该说两个人的主张都有正确的一面也有片面的一面，如果两个意见结合起来就好了。主席和少奇的出发点都是想把中国的事情办好。而且长时间的历史证明还是毛主席想得深一些，考虑远一些，多年证明主席对的多。所以当时全党都是拥护主席的决策的。"这个活生生的事例可以使历史虚无主义无地自容。

（6）披着学术的外衣谋求政治诉求。

历史虚无主义一个很迷惑人的手法就是利用学术研究做幌子去"挖掘新的

材料"，"还原历史真相"，用"新的视角"，"重新审视历史"，利用所谓"学术没禁区"，发扬"学术要民主"来宣传自己的错误观点。比如清政府1908年颁布的《钦定宪法大纲》中提出了教育、司法、经济制度、政治体制、外交一系列社会改革，就断言说这属于"革命性改革"，"使中国社会成为民主社会的雏形"，很遗憾这个进程被辛亥革命打断了。如果按慈禧太后、光绪皇帝宪政路子走下去，中国会走上英国式的民主化道路，所以辛亥革命其实是不必要的。实际上这是根本经不住分析的。其一，《钦定宪法大纲》所提改革目的是为了维护清朝封建皇帝的统治；其二，因为它代表的是封建统治者的利益，得不到广大人民的认同和支持，所以根本就没推开；其三，正是辛亥革命推翻了封建王朝才掀开了中国历史的新篇章。

(7) 利用文学艺术否定传统文化和社会主义先进文化。

历史虚无主义利用电影、电视、小说、讲座、研讨会等形式嘲笑我们祖先创造的龙的传统、长城的精神、黄河文化都是落后愚昧的，至于美化汉奸的，歌颂叛徒的，贬损革命伟人和爱国人士，贬损英雄模范的也有不少谬论。尤其是谁攻击共产党，谩骂社会主义，谁就被捧为敢于解放思想；而谁坚持党的文艺路线，宣传正能量，他们就攻击谁，说是"老左"，是"僵化"。

(8) 利用互联网等先进手段碎片化历史。

历史虚无主义利用微博、微信等互联网手段宣扬他们的错误观点，有的断章取义，有的伪造历史事件，有的散布政治谣言，特别是把一些历史事件不讲前因后果地任意剪裁，把一部完整的历史碎片化、简单化加以宣扬，造成了恶劣影响。比如，《解放军报》曾报道我军潜水艇上一名士官技术超强，几次在潜艇出现故障的情况下成功排障，使潜艇得以顺利运行。可网上题目改为《我军潜水艇事故频发，风险极大》，同一篇文章，题目一变，主旨全变了。这种手法对历史的客观性真实性伤害极大，同时在人们不经意中误导了舆情。

(9) 有所虚无有所不虚无。

历史虚无主义虚无的是正史、正能量，是历史的事实和本质，而不虚无的则是负面的反动势力、错误思潮和它虚构的历史，甚至是无中生有。历史虚无主义提出的口号就是"还历史真面目"，"告诉你一个真实的历史"，要"重建历史"、"再塑历史"。通过虚无革命，提倡改良主义；通过虚无共产党领导，提倡资产阶级领导；通过虚无社会主义建设成就，提倡走英美式的资本主义道路；通过虚无党的领袖，提倡崇拜封建主义资产阶级的代表人物。[1]

---

[1] 李殿仁：《认清历史虚无主义的极大危害性》，《红旗文稿》2014年第20期，第8-10页。

第三节　划清马克思主义与历史虚无主义的界限

中国共产党第十七届四中全会提出要划清马克思主义与反马克思主义的界限，这是当前我国社会主义意识形态领域牢固坚持马克思主义指导地位的一项重大理论任务。历史虚无主义是在我国影响较大的错误思潮之一，反对历史虚无主义是当前意识形态领域的重要任务。值得注意的是，近年来有人接过反对历史虚无主义的口号，把马克思主义指责为"历史虚无主义"，显示出一种想要把水搅浑，把围绕历史虚无主义的论争变成一场混战的意图。他们以反对历史虚无主义的名义"虚无"马克思主义，进而以更加彻底的形式否定党和新中国的历史，这是一种改头换面的历史虚无主义的新变种，对此我们不能不保持警惕。

一、马克思主义是怎样被扣上"历史虚无主义"帽子的

邓小平在 1992 年春的南方谈话中，曾对历史唯物主义揭示的社会发展规律做了言简意赅的概括，他说："封建社会代替奴隶社会，资本主义代替封建主义，社会主义经历一个长过程发展后必然代替资本主义。这是社会历史发展不可逆转的总趋势，但道路是曲折的。"①他还说过："我们这些人的脑子里是有共产主义理想和信念的。要特别教育我们的下一代下两代，一定要树立共产主义的远大理想。"②就是这样一种科学的社会历史观点，现在却被人扣上了"历史虚无主义"的帽子。有论者这样描述他所称的"马克思历史图式"：如人们所知，马克思有一个历史五阶段说，即原始共产主义社会——奴隶社会——封建社会——资本主义社会——共产主义社会；他同时还有一个三阶段说，即原始共产主义社会——阶级社会——共产主义社会。三阶段说与五阶段说是一致的。应该说，这样的表述虽然不太准确，也还大致符合马克思主义的社会形态理论，与前述邓小平的概括也不矛盾。但是，如何评价这些思想，就发生了根本的分歧和对立。邓小平在做出上述概括时坚定地表示："我坚信，世界上赞成马克思主义的人会多起来的，因为马克思主义是科学。"③而上述观点却认为：

---

① 邓小平：《邓小平文选(第 3 卷)》，人民出版社 1993 年版，第 382-383 页。

② 同上，第 111 页。

③ 同上，第 382 页。

马克思把历史终结在未来的共产主义阶段,这样的历史图示……是用两头否定中间,并把历史终结在一个设想的未来阶段。这里所谓"用两头否定中间"和"把历史终结在一个设想的未来阶段",就是该观点所称的"历史虚无主义"。该观点认为:马克思的历史图示与基督教历史图示的确十分相似。他虽然肯定了资本主义的成就,也认为资本主义是目前世界文明高峰,但他最终还是以一个设想中的未来生活阶段把资本主义的历史否定了。在他的历史观中,从奴隶社会、封建社会到资本主义社会都是"阶级社会",是人的本性的堕落;资本主义无论取得了怎样的成就也是异化的,它的政治制度、经济制度、社会制度与道德观念等等都将要被彻底抛弃。这显然脱离了启蒙的思想路线,陷入历史虚无主义了。

这样看来,该观点可以概括为三条:第一,历史是要终结的,一切历史观都是历史终结论的,区别只在于主张历史终结在未来还是现在;第二,资产阶级启蒙学者"把历史终结在现在","启蒙历史图示去掉未来阶段,就等于是树立了一个现实标准的原则,它指出美好的事物就存在于人们眼前的现实世界中",这种"启蒙历史终结论的意义在于建立了一个现代的思维方式和新的历史观";第三,马克思的历史观把设想中未来的共产主义作为历史的终结点,否定了资本主义和封建社会、奴隶社会的历史,陷入了历史虚无主义。不难看到,这一套说法的理论前提是历史终结论,并以此为理论支撑点,评论马克思的历史观,演绎出两条结论,一是说它"把历史终结在一个设想的未来阶段",二是说它否定了资本主义和全部阶级社会的历史,然后以此为根据,给它扣上了"历史虚无主义"的帽子。在该观点看来,马克思主义认为人类社会将超越资本主义而走向更高的历史阶段,实现共产主义,就否定了以往的全部历史并且把历史"终结"在设想的"未来阶段",因而就是"历史虚无主义"。

二、马克思主义是剖析历史虚无主义的思想武器

马克思主义当然不是什么历史虚无主义。恰恰相反,它是我们剖析历史虚无主义包括其新变种的思想武器。关于这个问题,具体可以从以下几个方面来分析和认识。

(1) 关于历史终结论。

在上述历史虚无主义的新变种中,"历史终结论"是作为理论前提出现的,是一个未经论证就拿来运用的假设。这种观点认为,世界上各种传统的历史观基本都是历史终结论的。然而我们知道,任何一种历史观都不过是对客观历史

过程的这样或那样的反映，它不是历史本身，也不是历史的决定者，不能规定历史的方向和道路。历史走着自己的路，而不管这种或那种历史观如何宣布它的"终结"。全部历史向我们显示的是：自从人类出现在地球上，社会就没有停止过在迂回曲折、高低不平的道路上或快或慢地前进的脚步。

从世界观或宇宙观的层面看，历史终结论是一种形而上学的静止的观点，它否认了一切事物都必然会灭亡，必然会转化为其他事物。而在唯物辩证法看来，"一切产生出来的东西，都注定要灭亡。""除了永恒变化着的、永恒运动着的物质及其运动和变化的规律以外，再没有什么永恒的东西了。"①毛泽东说："新陈代谢是宇宙间普遍的永远不可抵抗的规律。""世界上总是这样以新的代替旧的，总是这样新陈代谢、除旧布新或推陈出新的。"②在基本的理论前提下，马克思主义同主张历史终结论的历史虚无主义新变种是完全对立的。

(2) 关于"把历史终结在一个设想的未来阶段"。

马克思主义把唯物主义和辩证法贯彻到包括人类社会在内的一切领域，按照社会历史的本来面貌去反映它。所以在马克思主义看来，历史是一个没有终点的发展过程，绝不会"终结"于某个"未来阶段"。恩格斯以透彻鲜明的文字表达了历史没有终结点的观点，他说："历史同认识一样，永远不会在人类的一种完美的理想状态中最终结束；完美的社会、完美的'国家'是只有在幻想中才能存在的东西；相反，一切依次更替的历史状态都只是人类社会由低级到高级的无穷发展进程中的暂时阶段。"他对历史进程中一切阶段的暂时性做了深入阐述："每一个阶段都是必然的，因此，对它发生的那个时代和那些条件来说，都有它存在的理由；但是对它自己内部逐渐发展起来的新的、更高的条件来说，它就变成过时的和没有存在的理由了；它不得不让位于更高的阶段，而这个更高的阶段也要走向衰落和灭亡。"③这里讲得够清楚了：历史"永远"不会达到某种完美的理想状态而"最终结束"，一切社会都处在产生、发展和衰落、灭亡的过程中。中国化马克思主义同样是坚持这种唯物辩证的历史观的。毛泽东关于历史的发展"永远不会完结"的论述是非常著名的，他说："人类的历史，就是一个不断地从必然王国向自由王国发展的历史。这个历史永远不会完结。"他还特别讲到了将来的发展："在无阶级存在的社会内，新与旧、正确与错误之间的斗争永远不会完结。"因此，他强调："人类总得不断地总结经

① 马克思、恩格斯：《马克思恩格斯文集(第 9 卷)》，人民出版社 2009 年版，第 422、426 页。
② 毛泽东：《毛泽东选集(第 1 卷)》，人民出版社 1991 年版，第 323、324 页。
③ 马克思、恩格斯：《马克思恩格斯文集(第 4 卷)》，人民出版社 2009 年版，第 270 页。

验，有所发现，有所发明，有所创造，有所前进。停止的论点，悲观的论点，无所作为和骄傲自满的论点，都是错误的。"①然而，共产党不是把共产主义当作"最终目标"吗？是的，我们的党章明确规定："党的最高理想和最终目标是实现共产主义。"但是不要忘记，我们从来没有把党的最终目标的实现看作是人类社会历史的终结，而是看作更高级的人类社会的开始。早在 1949 年中华人民共和国诞生的前夜，在纪念中国共产党成立 28 周年之际，毛泽东就兴致勃勃地向人们展示了这个"人类进步的远景"，宣布党也将有一天要衰亡。他说，我们努力奋斗，正是为了"创设条件，使阶级、国家权力和政党很自然地归于消灭，使人类进到大同境域。"②毛泽东还说过："就是到了共产主义阶段，也还是要发展的。它可能要经过几万个阶段。能够说到了共产主义，就什么都不变了，就一切都'彻底巩固'下去吗？"③

可见，唯心主义、形而上学的历史终结论与唯物辩证的马克思主义历史观是完全不相容的。所谓"马克思把历史终结在未来的共产主义阶段"、"终结在一个设想的未来阶段"，完全是历史虚无主义的新变种凭空捏造出来强加于人的。编造"历史终结论"，既是为了抹黑马克思主义，又是为了美化资产阶级的历史观和资本主义制度。在该观点看来，只要强制性地规定"所有的历史观都是历史终结论的"，那么，一切历史观要么把历史终结在现在，要么把它终结在未来，别无选择；既然马克思的历史观认为现实中的资本主义社会将会被超越，那它就是"把历史终结在未来"，就否定了过去和现在，所以它是历史虚无主义；资产阶级的历史观("启蒙历史图示")把资本主义看成是永恒的，这就是"去掉未来阶段"，把历史"终结"在"现代(现在)"，"指出美好的事物就存在于人们眼前的现实世界中"，所以只有它才是值得推崇的"现代的思维方式和新的历史观"。总之，按照该观点规定的理论前提和逻辑规则，要想不陷入"历史虚无主义"，唯一的出路就是宣布历史已经终结于资本主义的生产方式和社会制度。资产阶级的历史观是产生于资本主义生产方式和社会制度并为它服务的意识形态。把资本主义制度说成是永恒的，就是这种意识形态为自己的经济基础和政治制度服务的集中表现。新变种的历史虚无主义对此并不讳言。这种观点把福山的"历史终结论"引以为据，把苏联的解体说成是"历史终结"的标志和对资本主义制度永恒性的证明；总之，在长期的竞争对比中，自由民主制度显示了优势并获得胜利而成为人类最后的制度，这个趋势一直持

① 毛泽东：《毛泽东著作选读(下册)》，人民出版社 1986 年版，第 845 页。
② 毛泽东：《毛泽东选集(第 4 卷)》，人民出版社 1991 年版，第 1469 页。
③ 毛泽东：《毛泽东文集(第 8 卷)》，人民出版社 1999 年版，第 108 页。

续下来，意味着人类历史终结而进入一个叫"后历史"的时代。可见，所谓"把历史终结在现在"，就是把资本主义制度宣布为"人类最后的制度"而将其凝固化、神圣化，从而根本否定社会主义制度建立和发展的历史必然性。历史终结论不过是资本主义永恒论在历史观层面的表达形式；资本主义永恒论则是包裹在历史终结论中的现实政治结论。正是在这里，我们看到了历史虚无主义新变种的实质。

(3) 关于"否定资本主义的历史"、"'阶级社会'是人的本性的堕落"。

把马克思对资本主义的批判攻击为"历史虚无主义"是毫无根据的。马克思对资本主义的研究是以唯物主义历史观而不是什么"人的本性"为基础的。当马克思 1859 年在《政治经济学批判》第一分册中首次发表自己研究政治经济学的成果时，他就在序言中对唯物史观的要点做了经典性的表述。1867 年《资本论》第一卷出版时，马克思又在序言中声明："我的观点是把经济的社会形态的发展理解为一种自然史的过程。"[1]马克思根本抛弃了从空想出发用"人的本性"去评论资本主义社会的唯心史观。他"所用的方法，就是从社会生活的各种领域中划分出经济领域，从一切社会关系中划分出生产关系，即决定其余一切关系的基本的原始的关系"。[2]他"把社会关系归结于生产关系，把生产关系归结于生产力的水平"，[3]以严格的科学态度去分析社会现象，用"生产的经济条件方面所发生的物质的、可以用自然科学的精确性指明的"[4]事实为根据，揭示出资本主义社会的运动规律。正如列宁所指出的，马克思揭示资本主义的发展规律时，他的分析"仅限于社会成员之间的生产关系。马克思一次也没有利用这些生产关系以外的任何因素来说明问题。"[5]正因为如此，马克思全面地科学地评价了资本主义的历史地位。他把资产阶级本身看作是一个长期发展过程的产物，看作是生产方式和交换方式一系列变革的产物。马克思和恩格斯明确地指出，"资产阶级在历史上曾经起过非常革命的作用"，它对旧有的社会关系不断进行革命，炸毁了束缚生产力的旧的桎梏。"资产阶级在它的不到一百年的阶级统治中所创造的生产力，比过去一切时代所创造的全部

① 马克思、恩格斯：《马克思恩格斯文集(第 5 卷)》，人民出版社 2009 年版，第 10 页。
② 列宁：《列宁专题文集·论辩证唯物主义和历史唯物主义》，人民出版社 2009 年版，第 158-159 页。
③ 同上，第 161 页。
④ 马克思、恩格斯：《马克思恩格斯文集(第 2 卷)》，人民出版社 2009 年版，第 592 页。
⑤ 列宁：《列宁专题文集·论辩证唯物主义和历史唯物主义》，人民出版社 2009 年版，第 162 页。

生产力还要多，还要大。"①另一方面，他们又指出，随着生产力的进一步发展，资产阶级锻造了置自身于死地的武器和将要运用这种武器的人，即无产者。如列宁所指出的，马克思"以对资本主义制度的这种客观分析，证明了资本主义制度变为社会主义制度的必然性。"②这种用发展的眼光全面地评价资本主义历史地位的科学态度，同历史虚无主义究竟有何相干呢？对于历史上的其他剥削制度，马克思主义同样给予科学的历史评价。马克思把人类从原始野蛮状态进入文明时代以及从古代的奴隶制到现代的资产阶级社会都看作是历史的进步。他把文明时代的历史看成是在对抗中进步的历史，揭示了文明发展的规律："没有对抗就没有进步。这是文明直到今天所遵循的规律。"③他在揭露和谴责文明进步过程中的矛盾、对抗和罪恶的同时，肯定并且赞扬文明在对抗中取得的进步和成就。在《反杜林论》中，针对杜林用泛泛的空话痛骂奴隶制的非历史的观点，恩格斯说："没有奴隶制，就没有希腊国家，就没有希腊的艺术和科学；没有奴隶制，就没有罗马帝国。没有希腊文化和罗马帝国所奠定的基础，也就没有现代的欧洲。""我们的全部经济、政治和智力的发展，是以奴隶制既成为必要、又得到公认这种状况为前提的。""没有古希腊罗马的奴隶制，就没有现代的社会主义。"他明确指出"：在当时的情况下，采用奴隶制是一个巨大的进步。"④恩格斯还批评了那种看不到中世纪的进步的非历史的观点，他说："反对中世纪残余的斗争限制了人们的视野。中世纪被看作是千年普遍野蛮状态造成的历史的简单中断；中世纪的巨大进步——欧洲文化领域的扩大，在那里一个挨着一个形成的富有生命力的大民族，以及 14 世纪和 15 世纪的巨大的技术进步，这一切都没有被人看到。"⑤如果有人置马克思主义创始人这些明确的论述于不顾，硬要说马克思主义否定从奴隶社会、封建社会到资本主义社会的历史而"陷入历史虚无主义了"，对于这样的态度，人们就很难按照正常的学术研究所遵循的思维逻辑来理解了。

持上述历史虚无主义新变种论者的一些说法为我们理解这种态度提供了启示。如，"历史虚无主义在很多情况下是一种政治性行为"，"几乎所有把历史加以虚无化的行为都带有特殊的政治目的"。"人们不可能提供对历史的学术

① 马克思、恩格斯：《马克思恩格斯文集(第 2 卷)》，人民出版社 2009 年版，第 33、36 页。

② 列宁：《列宁专题文集·论辩证唯物主义和历史唯物主义》，人民出版社 2009 年版，第 178 页。

③ 马克思、恩格斯：《马克思恩格斯全集(第 4 卷)》，人民出版社 1958 年版，第 104 页。

④ 马克思、恩格斯：《马克思恩格斯文集(第 9 卷)》，人民出版社 2009 年版，第 188 页。

⑤ 马克思、恩格斯：《马克思恩格斯文集(第 4 卷)》，人民出版社 2009 年版，第 283 页。

的、科学的仔细探讨来获得一致的、准确的认识，因为争论的性质是政治的而不是学术的。"应该承认，这些说法的确反映了历史虚无主义同现实政治的紧密关联，说出了宣扬历史虚无主义作为"政治性行为"的性质及其"政治目的"。马克思主义把历史看作永无止境的不断上升的过程，对以往一切发展阶段的历史地位都给予全面的评价，这本来已经成为人们普遍知晓的常识，并不需要特别的"仔细探讨"。因此，我们只有注意到其行为的政治性质和"特殊的政治目的"，才能理解某些论者为何完全不顾事实而做出诸如马克思的历史观"把历史终结在未来"，"否定了奴隶社会、封建社会、资本主义社会这个漫长的人类历史"这类武断的结论。

中国共产党是马克思主义同中国工人运动相结合的产物。党从诞生之日起，就把马克思主义确立为自己的指导思想。中国共产党 90 多年的历史，党领导下中华人民共和国 60 多年历史，就是马克思主义同中国实际日益结合的历史。因此，把马克思主义宣布为"历史虚无主义"而彻底地"虚无"它，对于否定中国共产党和中华人民共和国的历史无疑是一种釜底抽薪的方法，是一条最便捷的路径。可见，接过反对历史虚无主义的口号，把历史虚无主义的帽子扣在马克思主义头上，以此来"虚无"马克思主义，确实是历史虚无主义的一个新变种。①

结　语

鉴于历史虚无主义思潮的严重政治危害，我们既要重视对其进行学理批判，通过说理，让群众看清事实的真相；同时也要对极少数具有明显政治意图的历史虚无主义者，特别是公开以马克思主义理论作为攻击对象的人，进行必要的党纪国法的惩处。对于那些公开制造违背宪法和法律的舆论，并给干部群众造成极大思想混乱的人，要严格依照法律进行惩处。在这个问题上，我们要敢于"亮剑"，不能做"开明绅士"。

---

① 李方祥：《划清马克思主义与历史虚无主义界限的几个问题》，《思想理论教育导刊》2010年第 8 期，第 73-79 页。

"新左派"思潮

　　自20世纪90年代中后期以来，随着社会的分层日益明显，经济分化过程中出现的社会不公平日益严重，中国知识分子中的"新左派"思潮日益活跃。"新左派"从批判资本主义全球化的视角，提出公平、社会正义和平等的价值诉求。他们把当代中国的现实问题当作资本主义的问题予以评说与认识，对"文化大革命"的基本理念抱有相当积极的肯定，对当今中国融入市场经济与全球化主流的总趋势提出质疑和挑战。"新左派"具有的"批判性"思维，决定了它在当代中国思想史上占有一席之地。

　　党的十八大以来，"新左派"继续以新的方式表达他们的政治诉求和价值取向，而且趋于显性化、公开化。他们设置某个或数个易引起人们关注和激发情绪的话题，制造"意识形态群体性事件"，借助学术讨论、政策辩论平台，传播异于主流意识形态的声音。因此，我们必须警惕"新左派"的极左化危险，努力发掘其思想和理论中的合理之处，使其在新的改革和社会变革中发挥重要的、积极的作用。

第一节　"新左派"的概念界定和发展脉络

一、"新左派"的概念界定

　　用"左"与"右"来描述政治见解的区别缘于一个契机。在法国大革命期间，持不同观点的议员分别坐在座位的两侧，用座位排列的空间概念区分政治观点。①这个说法沿袭下来后被人接受，逐渐形成定式。毋庸置疑，"左"与"右"

---

① 戴维·米勒、韦农·博格丹诺：《布莱科尔政治学百科全书》，中国政法大学出版社1992年版，第402页。

具有描述性和评价性意义，概括政治观点很不准确，但由于现实的困难，人们不可能对复杂的政治思想问题都持同一种看法，有意见分歧，自然要分成派别，然后用简要的词汇来概括，"左"和"右"就是这样的字眼。①

中国的"新左派"这一名称，最早见于 1994 年 7 月 21 日《北京青年报》上的一篇文章，青年学者杨平评论了崔之元的文章《新进化论·分析的马克思主义·批判法学·中国现实》，杨平在文中认为中国出现了"新左翼"，②他认为，"新左翼"理论既是对国内分配过程中的不公正的批判，也是对全球资本主义不公正秩序进行的批判。从此，"新左翼"或是"新左派"就成为对持批判立场学人的一种归类，并且这一称谓逐渐得到学界认可。

萧功秦在《"新左派"与当代中国知识分子的思想分化》这篇文章中，给"新左派"下了一个定义："'新左派'思潮是以西方左翼社会主义思想理论为基础，以平等与公平为核心价值，把中国走向市场经济的转型过程中社会分层化、社会失范与社会问题理解为资本主义社会矛盾的体现，并以平均主义的社会作为解决中国问题的基本选择的社会思潮。"③相对于萧功秦的定义，任畅从另一方面评论"新左派"，他认为"中国确实存在'新左派'，它是 90 年代中国知识分子分化的产物。'新'是相对于如邓力群、胡乔木而言，'左'是来自他们的共同倾向，即对私有化、市场机制、以个人自由为基础的法制体系、现代性、资本主义社会制度的质疑、批判乃至否定，对改革前毛泽东的理论和实践的肯定乃至赞扬，以及他们的左翼思想资源。"④综合这两人的定义，我们可以得知，尽管"新左派"是一个松散的团体，但是"新左派"思潮的思想基础、核心价值以及主要主张还是比较明确的。正如任剑涛在《解读"新左派"》中指出："'新左派'的理论陈述，不是一个具有理论一致性的、自觉结社的理论阐释行动，它是一个以某些立论的相对接近而形成的松散的、无明确理论纲领的姿态与主张的代称。"⑤通常认为崔之元、汪晖、韩毓海、左大培、韩德强、甘阳、黄平等人是"新左派"思潮的有代表性的学者。

---

① 马立诚：《当代中国八种社会思潮》，社会科学文献出版社 2012 年版，第 6 页。

② 刘建军：《当代中国政治思潮》，复旦大学出版社 2010 年版，第 140 页。

③ 萧功秦：《"新左派"与当代中国知识分子的思想分化》，载公羊《思潮：中国"新左派"及其影响》，中国社会科学出版社 2003 年版，第 404-405 页。

④ 任畅：《中国的"新左派"是"自由左派"吗？》，载公羊《思潮：中国新左派及其影响》，中国社会科学出版社 2003 年版，第 314 页。

⑤ 任剑涛：《解读"新左派"》，《天涯》1999 年第 2 期，第 35 页。

二、"新左派"的产生及发展

"新左派"的凸显起因于与自由主义的论战,其标志性事件是"新左派"人士王彬彬1997年发表在《天涯》上的文章《读书札记:关于自由主义》。文章称:自由主义反对任何激进态度,对以革命方式改造社会怀有深深的恐惧和敌视……自由主义的一些基本观念,当然是好的。反专制,反独裁,这种姿态,当然令人神往。然而,在特定的历史条件下,却往往正是自由主义者会拥护专制,称颂独裁,甚至自身变成专制和独裁者的工具和帮凶……在中国近现代史上,在特定历史关头,自由主义者常会走向极权主义,拥护专制与独裁。……自由主义本身,内在地包含着通向专制、独裁之路。"①王彬彬的文章发表以后,遭致自由主义学者的强烈反驳,"新左派"与自由主义者的交锋成为20世纪90年代至今中国知识界津津乐道的话题,诸多学人借助两者的交锋表达了自己的观点。汪晖的《当代中国的思想状况与现代性问题》在《天涯》杂志1997年第5期发表,被形容为一场思想地震,成为"新左派"思想的一个重要起点。②

"新左派"思潮的发展过程可以归纳为四个阶段:

第一个阶段,伴随着1991年被甘阳评为中国"新左派"的开山之作的王绍光的《建立一个强有力的民主国家》的发表,"新左派"进入了第一个阶段——形成阶段。这一阶段的中心问题是破除市场神话,强调以宏观调控制约自由放任的资本主义经济,强调在改革过程中扩大政治民主与经济民主的重要性。

第二个阶段是从1997年汪晖的《当代中国的思想状况与现代性问题》一文的发表为标志开始的。这一阶段"新左派"思想逐渐趋于成熟,对中国语境下的文化杂多问题、差异问题以及全球下的中国处境等问题的提出与探讨,丰富了"新左派"思想。尤其是对反省现代性问题提出了初步的探讨是这一时期"新左派"思想的重要的理论收获。

第三个阶段从2003年开始,以"乌有之乡"网站的建立和公羊主编的《思潮:中国"新左派"及其影响》的出版为标志,"新左派"进入实践期。这个时期的"新左派"理论联系实际的能力更强,许多学者从书斋走出,走向社会实践中去,关注的重点由各种"主义"的论争转移到了更加具体和现实的问题。这些学者对于社会实践活动报以一种积极的态度,由此也在知识界产生了一定

---

① 王彬彬:《读书札记:关于自由主义》,《天涯》1997年第4期,第146页。

② 汪晖:《当代中国的思想状况与现代性问题》,《天涯》1997年第5期,第133-150页。

的影响。

第四个阶段是从 2012 年至今，是以"乌有之乡"为代表的一系列左派网站关闭为标志的，这一时期是"新左派"的反思时期。这一时期"新左派"由于其理论上存在的缺陷，导致在社会实践中产生不当的影响，从而"新左派"的社会实践活动严重受挫，"新左派"学者一时间"销声匿迹"，"新左派"进入反思时期。

三、"新左派"之"新"

之所以称他们为"新左派"，主要有以下几方面的原因：

（一）"新"在它与老左派的差异

传统左派是指在 20 世纪 50 年代到 20 世纪 80 年代间的，以正统的马克思主义、列宁主义、毛泽东思想为指导思想的左派。老左派的表达方式多以大字报、口号、标语为主，过于情绪化和简单化，虽义愤填膺，表面上看上去杀伤力十足，但是无法弥补其理论根据不足的先天缺陷。[1]老左派注重的是政治层面，他们是坚定的传统社会主义拥护者，坚持公有制、计划经济，坚持单位社会，坚持社会主义与西方资本主义的根本对立，反对中国市场经济和制度。"新左派"与传统左派相比告别了与国家权力直接结合的政治体制，同时告别单纯从意识形态视角论述问题理论。"新左派"更多关注的是经济方面的与民主、民族和民生方面的问题。汪晖指出："在资本活动渗透到社会生活各个领域的历史语境中，政府和其他国家机器的行为和权利运作也已经与市场和资本活动密切相关，从而也不能简单地从政治角度来分析。"[2]"新左派"对于社会主义公有制经济思想是持支持态度的，对于现行的中国社会主义市场经济持改良态度，更希望在中国现行的法律体制制度下通过国家的调控加大对弱势群体的关注以及对社会公平的追求。

（二）"新"在左倾立场的更新

老左派的代表人物大都是活跃在政治舞台的当权者，意识形态相对单一，他们阐述问题的方式大都从单一的意识形态角度入手，暴力崇拜、斯大林主义、

---

① 马立诚：《最近四十年中国社会思潮》，东方出版社 2015 年版，第 248-249 页。
② 汪晖：《当代中国的思想状况与现代性问题》，载公羊《思潮：中国新左派及其影响》，中国社会科学出版社 2003 年版，第 7 页。

僵硬的计划经济与集权政治体制下的国家权力直接结合的激进左派。①而相对于传统左派,"新左派"在左倾的立场上更新,它以伸张人民主权与普遍民主的姿态出现,以反对资本主义的政治、经济权力垄断及文化霸权的姿态出现。在前一方面,是以同情弱者的姿态出现;在后一方面,以批判主流的方式立论,而这种立场相对老左派而言更加灵活和具有说服力。

(三) "新"在左倾方法的调整

"新左派"以反意识形态的非本质主义姿态出现,借助于西方"后学"的解构武器,将近现代西方的主流意识形态——自由主义、理性主义与资本主义——直接钩联起来,加以抨击。而且以单纯的理论辨析的姿态出现,以对民族、国家,乃至世界全面负责的面目立论。

任剑涛将"新左派"的"左"主要归纳为三个方面:"其一,激烈地痛斥资本主义;其二,为'社会主义'呼唤;其三,对既有成就(无论是理论的,抑或是实践的)加以否定,这种否定的理由就是这些成就的'不完美'。"②在其文中认为从"新左派"身上所体现出的"难以掩饰的激进性,与无法抹去的空想性"是所有左派的共性。"新左派"在对于传统的资本主义社会与传统的社会主义社会的比较中发现,传统的资本主义社会的社会资源主要集中于少数所谓社会精英的手中,认为市场经济制度与自由主义与老的资本主义是很相似的;而传统的社会主义的社会资源分配则更倾向于劳动人民。认为其与社会主义创新以及"新左派"思潮是有一定相似度的。这样现阶段出现的问题便都与市场经济与自由主义分不开了。汪晖指出"对进步的信念,对现代化的承诺,民族主义的历史使命,以及自由平等的大同远景,特别是将自身的奋斗与存在的意义与向未来远景过渡这一当代时刻相联系的现代性的态度,等等"③这些全部都出了问题,最正确的方法便是彻底的对他们进行彻底的解构。同时我们也应该看到"新左派"的"左"也包括着对大跃进与文革的意义与价值的挖掘、对社会平等价值的追求、对官僚与腐败的痛斥与为弱势群体代言的担当,左派代表社会下层利益,右派代表社会上层利益。

当然,我们不能否认的是"新左派"又同时受到本土左倾思想的影响,他们的理论体现着土洋结合的双层特性。可以说,一方面它以伸张人民主权与普

① 任剑涛:《解读"新左派"》,《天涯》1999 年第 2 期,第 36 页。

② 同上。

③ 汪晖:《当代中国的思想状况与现代性问题》,载公羊《思潮:中国新左派及其影响》,中国社会科学出版社 2003 年版,第 17 页。

遍民主的姿态，以同情弱者的姿态出现；另一方面，它以批判主流的方式立论，以反对资本主义的政治、经济权力垄断及文化霸权的姿态出现。

第二节　"新左派"思潮产生的社会背景和思想渊源

中国"新左派"思潮产生于 20 世纪 90 年代，其产生背景可以从两个方面来进行分析说明，一个是世界格局和西方主流意识形态的变化；另一个最直接的原因是中国 90 年代以来的社会问题和社会结构变化。

一、"新左派"思潮产生的社会背景

国际的动态总是牵动着国内的神经，在全球化的大趋势下，谈论国内事务势必要谈到国际事务。考虑"新左派"思潮产生的社会背景，既要考虑当下的市场化变革，也要有"国际视野"。大体来看，西方"新左派"运动构成国内"新左派"思潮的西方背景，而国内持续的市场化改革则是"新左派"思潮产生的具体原因。

（一）西方"新左派"运动的影响

西方"新左派"是在 1956 年赫鲁晓夫做"秘密报告"批判斯大林之后兴起的。1956 年前，西方左派运动主要内容是追随苏共，在各国开展共产党政治活动。1956 年之后，西方"新左派"纷纷与斯大林划清界限。与此同时，新崛起的左派割断了与政治实践的联系，躲进书斋，集中从事创新性的马克思主义理论研究，与苏联官方共产主义学说决裂，这就是"新左派"。[①] 西方"新左派"的要义是反对资本权势，批判市场经济，要求扩大民主，其政治主张主要表现为以下几个方面：[②]

第一，西方的社会制度是社会问题的总根源。"新左派"不仅抗议现代工业社会把人降为物的人格解体现象，还呼吁以人为关注的中心。同时，他们把西方政治制度作为靶子提出尖锐批评，认为西方民主制度冷漠而又被操纵，并不是民有、民治和民享的制度。西方"新左派"还对弱势群体的困境深表同情，谴责富裕社会中的贫困现象。

---

① [英]玛德琳·戴维斯：《英国新左派的马克思主义》，载张亮《英国新左派思想家》，江苏人民出版社 2010 年版，转引自马立诚《最近四十年中国社会思潮》，东方出版社 2015 年版，第 73 页。

② 赵林：《美国新左派运动述评》，《美国研究》1996 年第 2 期，第 40-59 页。

第二，"参与民主制"是其政治目标。在实践上，其表现是直接民主，提倡每个个体都参与解决重大问题。为使"参与民主制"成为现实，需要建立有自身政治、经济、文化生活准则和方式的微型社会结构，即所谓"平行社区"，这种"平行社区"与现行社会制度平行。他们认为达到经济平等的途径通过民主的社会主义，使人们从一切非人性的压抑下解放出来的方式是变革。

第三，革命的主要手段是改良和暴力革命。西方"新左派"早期主张用和平的、非暴力的手段逐步改良来变革西方社会，并不赞同马尔库塞关于暴力的论述。运动后期，部分人士认为现存的资本主义制度已经腐朽至极，不可能从内部实行改良，为了使其新生，必须用暴力和流血的手段把它翻转过来。

第四，变革社会的主力军是青年知识分子。西方"新左派"认为，工人阶级不可能是资本主义的否定力量，也不可能成为社会发展的动力，更不是变革的力量源泉，他们本身已融入资本主义社会。西方"新左派"受赖特·米尔斯的影响，他们认为，只有青年知识分子才是变革社会的主力，也只有青年知识分子才能成为新时期左派运动的领导力量。

西方"新左派"运动深深影响到中国的"新左派"，如同西方"新左派"运动中的青年人一样，国内"新左派"以救世主、先知和启蒙者自居，希望通过自身的努力来唤醒大多数懵懂消沉的群众参与到政治生活当中。西方"新左派"对种族主义和少数民族贫困问题的关心，使中国"新左派"对弱势群体的关注提到了讨论的日程，从而为这些问题的缓解创造了条件。同时，西方"新左派"运动也使中国的"新左派"们强烈地意识到现代西方工业社会对人的威胁。美国"新左派"青年抵制侵略战争，追使美国政府从越战撤兵的反战行为直接刺激国内"新左派"对西方的"侵略性"本质保持高度警惕。①

（二）国内背景

1992 年，党的十四大指出："我国经济体制改革的目标是建立社会主义市场经济体制。"②这为市场经济的论争画上了句号，标志着我国社会主义市场经济体制得以确立，标志着中国的经济体制改革进入了一个新的阶段。在此之后出现的一些社会问题，"新左派"思潮认为都是源于社会主义市场经济体制的确立。

第一，腐败。中国在 90 年代腐败现象大量滋生，蔓延在社会的各个领域，"腐败已经成为中国最大的经济损失、社会污染和政治挑战"，"据我们初步估

① 江洋、吕梁山：《美国新左派运动综述》，《理论界》2006 年第 3 期，第 180 页。

② 中共中央文献研究室：《中共十三届四中全会以来历次全国代表大会中央全会重要文献选编》，中央文献出版社 2002 年版，第 157 页。

计，在 90 年代后半期，腐败所造成的经济损失和消费者福利损失平均每年在
9875～12 570 亿元之间，占全国 GDP 总量比重约 13.2%～16.8%之间。"①腐
败造成的损失略见一斑。中国改革发展最快的阶段却出现了最为严重的腐败现
象，这引起了"新左派"思潮的深刻思考，比如：腐败是由什么原因造成的？
腐败和市场经济有没有关系？

第二，国有资产流失。与腐败现象紧密相连的是国有资产的流失问题。中
国国有资产流失的具体金额是一个难以计算和统计的数据。经济学界流传的一
个比较认可的数字是：国有资产每天流失 1 个亿。②且不论这一数字的可信度，
下列事实却确实能说明国有资产流失的严重情况：1995 年国有资产管理局共
收到举报 160 件，直接查处国有资产流失案件 22 起，到 1996 年 3 月结案 8 起，
这 8 起案件就为国家挽回损失 15 亿元，平均每件涉及金额 1.9 亿元；1996 年
又查处国有资产流失案件 300 余起，挽回损失 21 亿元。③面对这种现象，"新
左派"思潮思考着：国有资产的流失是如何形成的？权力在这一过程中发挥了
什么作用？通过不正当手段获得资本是否公正？

第三，下岗失业。随着我国经济体制由计划经济向市场经济体制转轨、经
济增长方式由粗放经营向集约经营转型，我国的下岗失业问题日益突出。根据
国家统计局统计的 1994 年至 1998 年全国城镇登记失业人员变化情况，可以看
出：1991—1997 年失业人员 352.2 万、363.9 万、420.1 万、476.4 万、519.6 万、
552.8 万、576.8 万，④呈逐年上涨的趋势。随着国企改革的深化，传统就业体
制下所掩盖的隐性失业人员显性化的压力不断增加，就业矛盾日趋尖锐。据有
关数据计算，"九五"期间，全国城镇集体单位裁员 1810.6 万人，国有单位
在岗职工裁员 2208.1 万人，两者合计裁员 4018.7 万人。⑤对此，"新左派"学

---

① 胡鞍钢：《腐败与社会不公——中国 90 年代后半期腐败经济损失的初步估计与分析》，
　《江苏社会科学》2001 年第 3 期，第 52 页。

② 人民网：《国有资产每天流失 1 个亿的根子在哪？》，人民网强国论坛(http://
　finance.people.com.cn/GB/71364/8832071.html) 2009 年 02 月 19 日。

③ 雷家骕：《国有资产流失威胁国有经济安全》，人民网(http://www.people.com.cn/
　GB/paper2515/8536/801394.html)2002 年第 4 期。

④ 资料来源：《中经网统计数据库》(2006 年 10 月 17 日)，转引自李云丽《中国新左派思
　潮评析》，南昌航空大学硕士学位论文，2007 年 5 月，第 5 页。

⑤ 根据中华人民共和国劳动与社会保障部公布的《1996—1997 年度劳动事业发展统计公
　报》《1998 年劳动和社会保障事业发展年度统计公报》和《1999—2000 年劳动和社会保
　障事业发展统计公报》的有关数据计算得出。转引自燕红亮《中国"新左派"思潮的动
　向与前瞻》，华中科技大学硕士学位论文，2013 年 1 月，第 26 页。

者考虑的是：是何原因造成如此大规模的失业下岗？是否因政府将其所应承担的责任推向市场而造成这种情况？为此，是否应强化政府权力和职能？

第四，收入差距过大。收入差距在迅速扩大。虽然党和政府始终主张坚持社会主义共同富裕的基本原则，但是人们的收入分配却变得愈来愈不公正，这主要表现在：一是中国已成为财富向少数人手中集中最快的地区之一。"有统计说，2003 年，在中国拥有超过 100 万美元金融资产的人有 23.6 万。这些人占有的财富已经超过了 9690 亿美元。而 2003 年中国的 GDP 是 1.4 万亿美元。这是个惊人的数字。"[①]二是中国已属于世界上收入分配不平等比较严重的国家之一。整个 90 年代中国的 GDP 一直都保持着平均数为 9% 的增长，甚至在 1997 年后全世界都因为东南亚金融危机而陷入经济增长速度下滑的时候，中国不仅没有受到影响，反而迎来了新一轮的高速增长。但是，在这样大好的形势下，人民群众的收入并没有普遍提高。根据长期从事中国收入分配研究的南开大学经济研究所陈宗胜等人对国家统计局资料的计算，"我国居民收入基尼系数由 1988 年的 0.35 上升为 1997 年的 0.40，当计入偷税漏税、官员腐败、集团消费转化、其他非法收入之后，我国居民收入实际基尼系数由 0.42 上升为 0.49。"[②]为了和前面下岗失业的统计年份相对应，特取 1990—1997 年我国居民正常收入差别的基尼系数和 1990—1997 年我国居民收入差别的基尼系数进行对比，可以发现，随着改革的深入，基尼系数逐年增大。换句话说，也就是：改革在取得巨大成功的同时，改革成果却没有实现共享。对此，"新左派"思潮思考着：和"共同富裕"相差甚远的收入差距过大究竟是由什么造成的呢？

第五，社会结构深刻变动。改革开放 30 多年来，中国发生了翻天覆地的变化，党的十六届六中全会通过的《中共中央关于构建社会主义和谐社会若干重大问题的决定》将它概括为："经济体制深刻变革，社会结构深刻变动，利益格局深刻调整，思想观念深刻变化。"[③]随着改革开放的不断深入，我国经济结构发生了重大变化，公有制为主体、多种所有制经济共同发展的局面基本形成。与此同时，社会结构也有了显著变化，除了城乡结构和就业结构发生变化外，这些年来，社会阶层结构也发生了深刻的变化，在新经济组织和新社会组

① 李永海：《中国已成为财富向少数人集中最快的国家之一》，载人民网(http://finance.people.com.cn/BIG5/1045/4178923.html)，2006 年 3 月 8 日。

② 陈宗胜、周云波：《非法非正常收入对居民收入差距的影响及其经济学解释》，《经济研究》2001 年第 4 期，第 19 页。

③ 《中共中央关于构建社会主义和谐社会若干重大问题的决定(单行本)》，人民出版社 2006 年版，第 3 页。

织中出现了民营科技企业的创业人员和技术人员、受聘于外资企业的管理技术人员、个体户、私营企业主、中介组织的从业人员、自由职业者等新的社会阶层。这些新的社会阶层"目前大约有 5000 万人，加上在相关行业的所有从业人员，总人数约 1.5 亿人。他们掌握或管理着 10 万亿元左右的资本，使用着全国半数以上的技术专利，并直接或间接贡献着全国近 1/3 的税收，每年吸纳着半数以上新增就业人员。"①我国社会结构的剧烈变动，使一部分普通工人、农民等社会成员的生活境况受到了冲击。在这种情况下，他们必然会有自己的利益诉求。鉴于他们自身的文化特点，他们不可能系统而完整地表达其利益诉求，这就需要有一些思想敏锐的、关注他们生存现状的学者来进行概括和提炼，通过一定方式在社会上传播开来。这些学者以及他们的思想传播，客观上促成了"新左派"思潮的形成。

上述腐败蔓延、国有资产流失、下岗失业和收入差距过大等社会问题出现后，伴随着社会结构的深刻变动，作为急剧变动的社会中的利益受损群体代言人，必然要进行思考，给出思考的答案，提出解决的办法，这时候，中国"新左派"思潮就应运而生了。

二、"新左派"思潮产生的思想渊源

中国"新左派"思潮产生的渊源可以从三个方面进行分析：一是西方马克思主义的兴起；二是国内传统的历史渊源；三是启蒙知识界内部的三次分裂。

（一）西方马克思主义的兴起

西方马克思主义是西方左翼社会思潮的重要组成部分，主要指西方发达资本主义国家中的思想家对马克思主义理论的解读，用马克思主义的视角来批判当代资本主义社会。② 20 世纪 50 年代以后，新科技革命提高了社会生产力，改善了人们的生活水平，同时使当代西方国家的政治结构和文化结构出现了新特点。但是，新科技革命在发达国家日益变成统治和奴役人的工具，加剧了资本主义社会的矛盾和异化，产生了全球性的生态危机和社会问题，这些引起了西方马克思主义者的广泛思考和批判。尤其重要的是，第二次世界大战以后，西方资本主义国家的"新左派"和青年学生运动蓬勃发展，使西方马克思主义

---

① 《中国新社会阶层约 5000 万人掌管着 10 万亿元资本》，《人民日报》（海外版），http://news.xinhuanet.com/fortune/2007-02/13/content_5733014.htm，2007 年 2 月 13 日。
② 匡萃坚：《当代西方政治思潮》，社会科学文献出版社 2005 年版，第 440 页。

由学术理论变为社会运动的指导思想,其中,马尔库塞和萨特等人一时成为"精神领袖",法兰克福学派也随之声名大震,成为风靡一时的社会思潮。

在西方马克思主义者看来,西方发达国家原来以物质消费资料匮乏为前提的无产阶级和资产阶级的矛盾消融了,工人阶级不再是反对资本主义社会的革命性力量,但资本主义社会的物质丰富和生活丰富并没有消除资本主义社会的各种弊病。西方马克思主义者认为,现代西方社会是"压抑性社会"、"新型集权社会",是全面异化的"病态社会"。在这个社会里人受到"总体奴役",所以必须通过"总体性革命"对资本主义进行根本改造,即从政治、经济、心理、意识、本能、需要和日常生活方方面面进行全面的总体的改造,彻底改变现状。

在西方马克思主义思潮中,法兰克福学派是影响最大、代表人物最多、持续时间最长的一个流派。它的基本特征主要是把哲学、社会学、经济学、伦理学等各门学科结合起来,对社会进行研究,强调"批判"是理论的社会功能和马克思主义的本质特征,认为"批判理论"之所以不同于"传统理论",就在于批判理论对资本主义社会采取了一种批判的态度、彻底否定的态度,它以破坏一切东西为宗旨,范式资本主义的东西也属于批判之列。
依附理论是西方马克思主义流派的一支。其核心观点是:不发达国家对发达国家的经济依附,是造成不发达国家经济落后的根本原因,不发达国家要想摆脱这种依附,就必须走社会主义道路。埃及经济学家萨米尔·阿明是依附理论的主要代表人物,他认为,当代资本主义世界体系可分为"中心部分的资本主义组成体"和"外围部分的资本主义组成体"两部分,前者指北美、西欧和日本等发达资本主义国家,后者是指广大第三世界国家。随着全球化发展,边缘国家陷入越来越深的困境。[①]自20世纪60年代以来,帝国主义进入了结构性危机时期,中心和外围的矛盾成为主要矛盾,克服这一危机的可能性有三种:一是发生社会主义革命;二是出现中央集权的生产方式或国家集体所有制模式;三是上述两种方式的结合。至于哪种可能性会出现,取决于将来阶级斗争的发展。

从东西方社会现代运动关联性上看,当代中国"新左派"继承的即为西方马克思主义思想。从法兰克福学派那里出发,中国的"新左派"致力于对资本主义意识形态的批判;在对西方政治经济霸权进行批判的同时,对西方的文化霸权也进行了批判;然后在对西方文化霸权批判的基础上,中国"新左派"提出要尊重多元文化下的多元民主,否定一切与西方相关的普世价值,追求中国的本土化道路。而从依附理论那里,中国"新左派"找到了拒斥西方资本主义、

---

① 马立诚:《当代中国八种社会思潮》,社会科学文献出版社2012年版,第70-71页。

市场经济和全球化的理论武器。中国的"新左派"基本上是把法兰克福学派和依附理论等西方马克思主义的言论不择地点，不论条件地转移到了中国，西方马克思主义对西方资本主义社会的批判"武器"构成了中国"新左派"的理论基底。①

（二）国内传统的历史渊源

第一，我国根深蒂固的"左"的思想是中国"新左派"思潮的历史渊源之一。中国共产党在革命和建设过程中曾经犯下多次"左"的错误。对此，1945年4月中共六届七中全会做出的《关于若干历史问题的决议》和1981年6月党的十一届六中全会做出的《关于建国以来党的若干历史问题的决议》有过很好的总结。其中，最严重的是1966年5月至1976年10月的"文化大革命"这一全局性的、长时间的"左"倾错误。粉碎"四人帮"后，开始拨乱反正，我国在邓小平理论指导下，开始了改革开放，但这种"左"倾思想并没有彻底消失，一有机会就泛滥起来。1992年小平同志视察南方特别讲了"左"的问题。他说："现在，有'右'的东西影响我们，也有'左'的东西影响我们，但根深蒂固的还是'左'的东西。""中国要警惕'右'，但主要是防止'左'。"②"新左派"思潮的基本倾向之一是极力肯定过去的一些"左"的做法。如对思想僵化的老同志所持的改革开放批判态度的继承，尤其是它自认为只有自己是正确的，只有按照它的思路去做，中国才能保持社会主义的性质，才能更强大。由此，不难看出，"新左派"思潮所拥有的"左"的倾向，和我国革命和建设中的"左"倾思想是一脉相承的。

第二，新、旧左派的历史勾连。可以看出，尽管"新左派"和旧左派有很多表面上的不同，但是"新左派"还是对文革思维路径形成了依赖，而"新左派"的思维陷阱也就在于，"文革"意识形态在我们民族心理与潜意识结构中已经形成一种政治文化定式与民族心理中的积淀，这种革命文化思维在真正走向死亡之前，处于一种"假死"状态，一旦有机会就会被激活，然后连成一片，在这些相互依存的概念之间的定向暗示作用下，一通百通。正如马立诚所说，许多人从小接受的是"兴资灭无"的正统教育，到了社会上就用学校学的那一套东西去评价现实社会中的不公，这当然容易得出"阶级斗争"还要进行，"走资派还在走"这样的结论。③

---

① 任剑涛：《解读"新左派"》，《天涯》1999年第1期，第37-38页。

② 邓小平：《邓小平文选（第3卷）》，人民出版社1993年版，第375页

③ 马立诚：《当代中国八种社会思潮》，社会科学文献出版社2012年版，第304页。

（三）启蒙知识界内部的三次分裂

1978 年《实践是检验真理的唯一标准》的发表引起强烈反响，以此为先导，全国形成思想解放的潮流。文学界和社会科学界围绕朦胧诗、人性和异化、社会主义商品经济等问题展开热烈讨论并形成两大阵营。阵营的一方是以正统的马克思、列宁、毛泽东为理论资源的知识分子，也就是所谓的"老左派"；另一方，是以民主、自由等为诉求的知识分子，形成所谓的"启蒙知识界"。在 1980 年前后，前者迅速边缘化，后者则稳步取得话语权，在整个 80 年代执掌知识界之牛耳。启蒙知识界主张通过启蒙的方式消除主宰当代中国政治生活的价值观念——蒙昧主义和思想专制。80 年代末到 90 年代初，苏东剧变以及国内因放权让利而造成的"诸侯经济"催生新权威主义的出笼，新权威主义以强化国家体制作为市场经济运行的保障，从而与原教旨主义的启蒙主义分道扬镳。围绕"民主"问题，泛自由主义意识形态首次发生危机，持新权威主义立场的知识分子从启蒙阵营中走出来，形成"启蒙知识界"的第一次分裂。

冷战结束以后，两级塌陷，中国作为有独特意识形态的大国，经济高速增长的态势对世界范围的市场、资源和权力架构形成潜在压力。20 世纪 90 年代，从持续的经济制裁到"银河号"事件到北京申奥失败再到多次台海危机，中国战略环境的恶化使民间社会也感同身受。此时，中国民族主义也脱离共产主义的意识形态，不再保留有国际主义的视野，局限于自身民族利益的诉求。围绕"民族"问题，"启蒙知识界"的第二次分裂发生。

1992 年以后，市场经济体制下国民经济的高速增长、全球化以及社会分化、社会腐败和消费主义等不断涌现，这一系列特征中，最引人注目的就是全球化背景下深刻的社会分化。一方面是中心城市和沿海地区的高度繁荣；另一方面是广大农村的凋敝和城市贫民的大量涌现。这一切又同西方国家主导的经济全球化、不平等的国际政治经济秩序相勾连。社会集团之间不同的利益分野不可避免地反映到意识形态领域，使"民生"成为广泛关注的紧迫问题，也终于在 90 年代后期引发了启蒙知识界的第三次分裂：一方面是在知识舆论界势头强劲的新自由主义，另一方面就是"新左派"的异军突起。

第三节　　"新左派"思潮的基本主张和主要特征

马立诚在《当代中国八种社会思潮》这本著作中，从以下几个方面对"新

左派"思潮的内容进行了概括：[①]

第一，对市场经济的看法。在"新左派"那里，"中国面临的问题是市场经济的消极面造成的，市场经济必然导致两极分化"；[②]"在市场化的道路上，资本主义逐渐泛滥"，[③]"中国经济已经成为世界资本主义市场的一个活跃部分"。[④] 当然，针对"新左派"的看法，吴敬琏、秦晖等学者指出，中国实体经济的问题是民主、法治、社会保障以及能有效维护劳动者权力的工会和农会非常缺乏，从而导致权贵介入市场，单纯指责市场，是开错了药方。[⑤]

第二，对全球化的认识。汪晖认为，"所谓全球化的历史，是把各个区域、社会和个人编织进一个等级化的、不平等的结构之中的过程……发展主义的另一个特征，就是把成功的发展模式当做普遍的发展模式……这个叙事……掩盖了这种发展同时意味着对别的地区和人民的发展权利、甚至生存权利的剥夺"。[⑥]和汪晖的看法相似，杨斌认为"世贸组织是西方套在中国脖子上的绞索和软刀子"。[⑦]

第三，对否定"文革"的不满。美国"新左派"代表人物之一，杜克大学教授弗雷德里克·詹姆逊对中国否定文化大革命十分不满，他称这是"玷污"革命史，[⑧]在詹姆逊看来，毛泽东没有把文革进行到底，导致中国出现了资本主义复辟。詹姆逊的这些议论被汪晖搬了过来，汪晖谈到："以文化大革命的结束为界标，以不断革命和批判资本主义为特征的社会主义宣布终结……并在开放的改革实践中，中国被逐渐纳入世界资本主义市场之中。"[⑨]

---

① 马立诚：《最近四十年中国社会思潮》，东方出版社 2015 年版，第 74-85 页。

② 陈学明：《正视市场经济的负面效应》，《社会科学报》2010 年 6 月，第 1 页。

③ 李民骐：《读沃勒斯坦的〈资本主义世界经济〉——兼论 21 世纪上半叶的中国问题》，载公羊主编《思潮：中国新左派及其影响》，中国社会科学出版社 2003 年版，第 89-109 页。

④ 陈燕谷：《从依附理论到世界体系》，社会学视野网 (http://www.sociologyol.org/yanjiubankuai/fenleisuoyin/shehuixuelilun/2007-10-22/3717.html.)，2007 年 10 月 22 日。

⑤ 吴敬琏：《呼唤法治的市场经济》，上海三联书店 2007 年版；秦晖：《自由主义、社会民主主义与当代中国"问题"》，《战略与管理》2000 年第 5 期，第 84-89 页。

⑥ 汪晖：《去政治化的政治——短 20 世纪的终结与 90 年代》，上海三联书店 2008 年版，第 498、505 页。

⑦ 杨斌：《威胁中国的隐蔽战争》，经济管理出版社 2000 年版，第 311 页。

⑧ 弗雷德里克·詹姆逊：《晚期资本主义的文化逻辑》，上海三联书店 1997 年版，第 392-393 页。

⑨ 汪晖：《去政治化的政治——短 20 世纪的终结与 90 年代》，上海三联书店 2008 年版，第 66 页。

第四，对"启蒙"的贬低。"新左派"学者指出，从西方话语中寻找精神资源，是"五四"以来的中国知识分子的一大通病，这实际上是"被殖民"。[1]在汪晖看来，"曾经是中国最具活力的思想资源的启蒙主义'已经死了'，它现在日益处于一种暧昧不明的状态，也逐渐丧失批判和诊断当代中国社会问题的能力……中国的启蒙主义面对的已经是一个资本主义社会，市场经济已经日益成为主要的经济形态，中国的经济改革已经把中国带入全球资本主义的生产关系中……资本主义的生产关系已经造就出自己的代言人，启蒙知识分子作为价值创造者的角色正面临日益深刻的挑战……正因为如此，启蒙主义的抽象主体性概念和人的自由解放的命题，在批判传统社会主义时曾显示出巨大的历史能动性，但面对资本主义市场经济和现代化过程本身的社会危机时，却显得苍白无力。"[2]

第五，对现代化的否定。"新左派"学者认为，中国现代化受阻和受挫的问题不存在，中国面临的危险是重新变成殖民地："与其说我们的时代是一个后殖民的时代，不如说是一个新殖民的时代。"诸如"与国际惯例接轨""市场机制""竞争机制"等都是殖民话语；在人权、市场经济、知识产权等问题上，中国应有自己的标准，以便"从根本上去挑战和拒绝西方权势话语"；这种立场把"自由、民主、多元、作家的独立性等概念"全都当成"资本主义观念"。更时髦、更精致的做法是不讲现代化，而是谈"现代性"，有人主张，具有正面价值的是对现代性的批判而不是肯定："现代性的冲突结构恰恰是现代性迄今仍然具有某种活力的原因，但是，这种内在活力恰恰来自对现代性的批判和冲击本身。"[3]

综合"新左派"学者的论述和其他学者的观点，我们从历史观、经济观、政治观和国际观四个方面对"新左派"思潮的基本观点进行梳理。

一、"新左派"思潮的基本主张

(一) 历史观

(1) 20世纪的中国革命具有历史必然性。旷新年认为，20世纪革命的发生

---

[1] 汪晖：《当代中国的思想状况与现代性问题》，《天涯》1997年第5期，第138-146页。

[2] 汪晖：《去政治化的政治——短20世纪的终结与90年代》，上海三联书店2008年版，第80-81页。

[3] 徐有渔：《当代中国社会思想：自由主义和新左派》，《社会科学论坛》2006年第3期，第105页。

具有历史必然性,李泽厚"告别革命"的观点是以"一己的偏见遮断永恒的历史",①他借用鲁迅嘲讽康有为的话点名批评李泽厚,"鲁迅曾说过一个故事,康有为到西方溜了一圈儿,自以为有一个伟大的发现:'欧洲之所以常常发生革命,是因为其城墙太矮',90 年代可以与之媲美的是李泽厚的发现,李先生认为西方之所以比我们进步,是因为西方没有革命……在李先生的世界历史里,英国没有发生过砍掉国王头颅的革命,美国也没有发生过脱离英国殖民统治的革命。"②甘阳认为,中国知识界近年来对革命和激进主义的反省现在已经走到了尽头,因为这种反省并没有使中国知识界认识到自由主义在现代条件下只能是民主的自由主义,反而得出一系列似是而非的结论。因此他"拒绝以所有自由主义为名否定辛亥革命以来的中国革命史和'五四'以来的中国现代思想史"。③"新左派"学者不仅认为 20 世纪的革命是历史的必然,而且认为无产阶级革命超过以往任何一次革命。

(2) 西方现代性道路并不是中国的必然选择,要寻找制度创新之路。

"新左派"认为,西方发达国家的发展模式并不是唯一的,也不是最优的,它们无法给我国的社会主义建设提供改革借鉴,我们的改革是"摸着石头过河",改革道路需要不断的探索。通过引用德国经济学家安德烈·冈德·弗兰克的依附理论,"新左派"认为,由于历史的原因,"卫星国"始终受"宗主国"的牵制,"卫星国"统治阶级的地位也是以"宗主—卫星"结构为依据。④中国这样的发展中国家要想摆脱依附和不发达地位,就绝不可能照抄西方资本主义那一套,必须在反思资本主义的基础上,不断进行制度创新,走出一条超越传统社会主义和资本主义的"制度创新"之路,而这条路也是唯一可供选择的道路。崔之元把制度创新的典型列举为股份合作制,"两参一改三结合"和村民委员会选举。股份合作制既能保持内部民主,又能灵活向外筹资;"两参一改三结合"简单地讲就是"团队合作";村民委员会选举是乡村的民主自治,能实现农户政治参与监督的要求。⑤韩毓海把社会主义制度创新的基础和目的概括为:如何建立一个以劳动者为主体的社会,在建设这个社会的过程当中,要加大国家的权力,用国家理性来促进公平正义。而不管怎样,它们都被看成是

---

① 公羊:《思潮:中国新左派及其影响》,中国社会科学出版社 2003 年版,第 130 页,

② 旷新年:《风与旗:90 年代的阅读》,《东方文化》2000 年第 3 期,第 48 页。

③ 甘阳:《自由主义:贵族的还是平民的?》,《读书》1999 年第 1 期,第 87 页。

④ 同上。

⑤ 刘启云:《制度创新与第二次思想解放——"中国改革与社会发展论坛"第一次学术研讨会述要》,《学校科研信息》1995 年第 15 期,第 19、33 页。

在中国的深厚土壤中产生,具有世界意义的制度创新。

(二) 经济观

(1) 过度市场化:当前改革的基本事实。

1996 年,国家计委市场与价格研究所课题组在《宏观经济管理》上撰文指出:我国 1995 年市场化指数为 65%。[①]与之相呼应,北京师范大学经济与资源管理研究院发表的《2003 中国市场经济发展报告》显示:2001 年中国市场化指数达到 69%,同时,《2005 中国市场经济发展报告》显示,2002 年、2003 年中国市场化指数分别是 72.8%和 73.8%。[②]这些数据明显高于国际上判断市场经济国家 60%的临界水平。据此,"新左派"认为我国已经处于过度市场化阶段,而过度市场化改革造成一系列恶果的涌现。[③]汪晖认为,过度市场化改革造成私有化的泛滥。中国社会的各种行为,包括政治、经济、文化甚至政府行为,都开始深刻地受制于资本和市场活动。整个中国几乎是在发展资本主义私营经济,打击、扼杀社会主义国有经济,将社会主义集体经济制度推翻,使中国重新陷入个体经济的汪洋大海。[④]私有化的大行其道又造成居民收入差距的急剧拉大,社会上百万富翁、千万富翁、亿万富翁纷纷涌现,而农村人群、下岗职工、无业人员的生活却日益贫困。此外,过度市场化还加速了中国融入资本主义全球化的步伐。90 年代以来,跨国公司并购中国企业的潮流开始出现,大陆在经济领域迅速进入全球化的过程中,跨国资本与集权体制一体化的格局已经形成,西方"新左派"对资本主义丑恶的批判在中国变成现实。

(2) 过度市场化改革使我国全面滑入资本主义全球体系。

汪晖在《当代中国的思想状况与现代性问题》中,反复提到"中国的社会主义改革已经将中国的经济和文化生产过程纳入到全球市场之中。"以及"中国的社会主义经济改革已经把中国带入全球资本主义的生产关系之中"[⑤]。"新左派"思潮做出"过度市场化使中国全面滑入资本主义全球体系"的判断,是基于以下原因:首先,过度市场化改革导致了私有化。"中国社会的各种行为,

---

① 市场与价格研究所课题组:《我国经济总体市场化程度已达 65%》,《理论纵横》1996 年第 4 期。

② 中评网:《2003 中国市场经济发展报告》总论,http://finance.sina.com.cn/financecomment/20040827/1755981928.shtml.

③ 李云丽:《中国新左派思潮评析》,南昌航空大学硕士论文,2007 年 5 月。

④ 汪晖:《当代中国的思想状况与现代性问题》,《天涯》1997 年第 5 期,第 133 页。

⑤ 同上。

包括经济、政治和文化行为甚至政府行为，都深刻地受制于资本和市场活动。"①"新左派"思潮认为，中国事实上是在发展资本主义私营经济，打击扼杀社会主义国有经济，将社会主义集体经济制度推翻，使中国重新陷入个体经济的汪洋大海。"私有化"大行其道。其次，过度市场化改革使我国居民收入分配差距急剧扩大。邓小平强调共同富裕，反对两极分化，指出中国一旦出现两极分化，就意味着进入资本主义。现在的过度市场化改革使百万富翁、千万富翁、亿万富翁纷纷涌现，而农村人群、下岗职工、无业人员，生活日益贫困，富者愈富、穷者愈穷。"新左派"思潮认为，这些现象说明了中国正在全面滑入资本主义社会。最后，过度市场化改革加速了我国融入资本主义全球化的步伐。"新左派"思潮认为，90年代以来，跨国公司在华并购中国企业的潮流开始出现，中国大陆在经济领域迅速进入全球化的过程中，跨国资本与集权体制一体化的格局已经形成，近代西方左派批判理论中对资本主义丑恶的描绘已经成为现实。

(3) "四个阶段论"：权贵资本主义的趋势。

在"新左派"看来，权贵资本主义在中国呈现不断发展的趋势，杨帆将其归纳为四个发展阶段：第一，农村承包土地时，20亿的集体资产落入集体干部手中。第二，80年代初期，权贵的发财途径来自国内商业、外贸和旅游。第三，从90年代初开始，在生产资料双轨制为标志的生产资本阶段，直接依靠审批权获得个人好处。第四，在1992年以后的金融资本阶段，从原始股票的流失到上市额度的分配；从股票证券市场的操纵到房地产泡沫经济；计划利率与黑市利率的长期并存，贷款权力的违纪与违法使用。几乎每一次金融创新都伴随极大的利益再分配，金额动辄数10亿，这远非商品层次可比，有些地方甚至发展到以司法权力保护本地债权人"。②在此情况下，杨帆警告说，中国有发展为拉美化社会的倾向，"在中国，由于高度集中的权力基础没有根本改变，所以要特别防止在市场经济改革当中腐败和权力资本化失去控制，一步一步走向买办化，导致只有小部分人享受改革开放果实，将中国改革的目标从社会主义和谐社会变成买办资本控制的、两极分化的、失去独立主权的拉美化社会。"③那么，如何避免走上权贵资本主义道路？韩德强认为："和人民结合就可以使改革开放大业回到正确的轨道上。在经济上，落实社会经济的民主，让

---

① 汪晖：《当代中国的思想状况与现代性问题》，《天涯》1997年第5期，第133页。

② 杨帆：《中国的危机：权力资本恶性膨胀》，http://www.wyzxwk.com/Article/lixiang/2010/12/498.html，2004-08-15。

③ 杨帆：《论新改革开放观》，《开放导报》，2005年第3期第11页。

底层民众参与经济生活的决策和管理;在政治上,可以实行人民监督与干部自律相结合;在文化上,承认人的自利性的同时,注重强调国家的整体利益,倡导高尚的理想主义。唯有如此,才可避免走上权贵资本主义道路。"①

(4) 市场化改革:社会问题产生的缘由。

"新左派"把中国面临的问题单纯归咎于市场,尤其认为是市场经济造成了中国社会公正问题,这一观点固然有其合理性,但也存在一定的片面性。社会公正是一个内涵丰富的概念,包括政治、经济、文化等多方面的内容。中国的社会公正问题也体现在诸多不同的领域,如城乡和区域之间的医疗、教育等多个方面;同时,不同领域的社会公正问题也是由民主、法治、社会保障等多重因素综合作用的结果。"新左派"学者陈学明认为,中国面临的问题都是市场化的消极面造成的,他给出的理由有四点:第一,市场化以后,劳动者被推向市场,成为工具和商品;第二,市场化是效率和资本相结合,基本上不考虑劳动者的境遇;第三,市场化以后,人与人之间的关系成为竞争关系,造成以邻为壑;第四,市场化必然导致两极分化。②

(5) 新的改革开放观:破解困境的路径选择。

"新左派"学者认为,1995年至2005年是旧的改革开放观,其内容由新自由主义者倡导,其本质是权力的资本化,其代表人物是吴敬琏、张维迎等主张市场化、私有化改革的经济学家,其特点是把 GDP 增长作为社会发展的唯一目标。在当下中国所处的复杂环境下,要提出新的改革开放观,为此,"新左派"的各位学者纷纷发表个人见解。甘阳认为要想实现社会公正和平等,就必须实行全民民主,用底层民众广泛参与的政治力量来对抗少数强势阶层对整个社会的控制、支配和剥夺。自由主义者当然不能认同这样的激进观点,多数自由主义者认为维护自由,才是保障公民基本权利的根本途径,抑或自由本身就是公民最基本的权利之一。③王绍光指出,国家基本制度建设应优先于大规模的民主化,要先行一步,因为它是经济可持续发展和社会稳定的必要条件,也是建立法治和民主制度的必要条件。④高梁的立足点在于民族产业的保护,他认为,国家应制定科学的产业政策,把自己的战略产业划定起来进行重点支

① 韩德强:《一些新自由主义者如何影响改革,一些主流经济学家如何误导改革》,《探索》2006年第2期,第188页。

② 陈学明:《正视市场经济的负面效应》,《社会科学报》2001年6月24日第001版。

③ 甘阳:《自由主义:贵族的还是平民的?》,《读书》1999年第1期,第84-94页。

④ 王绍光、胡鞍钢、周建明:《第二代改革战略:积极推进国家建设》,《战略与管理》2003年第2期,第95页。

持，控制外资与合资在市场中的比例，规范国有企业产权改革的同时，通过自主创新来提高国家竞争力。①

（三）政治观

1. 平等至上而非自由优先

何为自由？左大培认为，自由的题中之义就是大家想干什么就可以干什么。"一个真正自由的社会，真正的个人自由，意味着每一个人都享有同样自由的同时又受到同样的对自己自由的限制——这种限制的目的是避免侵犯他人的自由，最终保证每个人都在这个前提下享有同样的尽可能大的自由。"②刘宁军指出，"同样的自由"、"同样的限制"本质上是一种权利上的平等，个人自由本身首先意味着某种平等，至少是权利上的平等。真正的自由一定是以权利平等为前提。无论何人，他都应该平等地享有自由的权利。所谓的"自由"不能是少数人的"特权"，而是所有人的"权利"；不能强调能人、富人和强人的自由，而无视无知识者、穷人和弱者的权利。③假如只强调自由而忽视掉公平，大部分群众就会自由得一无所有，重新陷入被奴役的境地，这样一来，自由就走向了自己的反面。在这里，"新左派"实际上主张"平等"比"自由"更重要。

2. 赞同直接民主形式

汪晖对间接民主主张进行了批评。他批评一些学者无视现代宪政民主中包含的间接民主与直接民主的内涵，完全排斥直接民主在民主实践过程中的意义，甚至把民众的直接参与看成是专制主义与暴政的温床，这种民主观和民主的精神正好背道而驰。他指出，解决社会不公并消除市场经济弊端的办法也是发展直接民主，只有通过国家强有力的干预，实行直接民主，让底层民众能够直接参与到经济生活的决策和管理，在资源分配上向弱势群体倾斜，保证广大公民享受普遍的生存权和福利权，才能真正实现公民的自由与民主。④"新左派"十分赞同群众性的大民主，王绍光在《警惕对"民主"的修饰》一文中强调，民主应该是广大群众广泛参与的民主，他说："中国在社会主义制度基础

---

① 高梁：《全球化与国家工业发展和自主创新问题——在乌有之乡周日讲座上的报告》，http://www.dajunzk.com/chanyegc.htm，2006 年 1 月 20 日。

② 左大培：《混乱的经济学》，石油工业出版社 2002 年版，第 133 页。

③ 刘军宁：《自由主义与公正：对若干诘难的回答》，http://www.l199.com/EditText_view.action?textId=474903，2012 年 4 月 18 日。

④ 汪晖：《当代中国的思想状况与现代性问题》，《天涯》1997 年第 5 期，第 133-150 页。

上建设的民主，应该是一种以最广大人民的利益为出发点的民主，一种广泛参与式的民主。因此，完全没必要向有产者做出什么让步，从而对民主大打折扣。"①甘阳也认同以全国性大选为杠杆的大众民主；②崔之元则高度赞扬了毛泽东曾经倡导的群众性的大民主，在《毛泽东文革理论的得失与"现代性"的重建》一文中他指出："用群众新的大民主打倒党内走资派是毛泽东文革理论的核心内容，毛泽东文革理论之'得'，在于它多处突破了教条化的马列主义，尝试用群众性大民主的办法解决社会主义体制的一系列内在矛盾……大民主是毛泽东的未竟事业，是他的政治遗产中最值得我们重视的部分。"③除此之外，崔之元还在其他文章中说，"文化大革命"有正面因素和积极作用，应该从"文革"中吸取群众运动经验。

（四）国际观

"新左派"质疑并反对全球化，他们认为："在全球化过程中发展中国家日益边缘化，在全球化的幌子之下，发达国家以经济殖民主义盘剥发展中国家，跨国公司就是经济侵略和盘剥的工具，中国在全球化背景下的发展只能是一个梦"。④"新左派"非常赏识提出依附理论的沙米尔·阿明的观点，"资本主义创建了独一无二的覆盖全球化的经济体系，征服并统一了世界，但它并没有促进各国经济均衡发展，反而造成了'中心'和'边缘'的区隔，欧美各国是'中心'，发展中国家则是'边缘'，边缘国家随着全球化的不断发展陷入越来越深的困境。"⑤汪晖在《现代性问题问答》一文中也说："全球化的历史就是把各个区域、社会及个人编织进一个不平等的、等级化的结构之中的过程"，"发达国家与发展中国家实际上处于一个中心和边缘、主宰和从属的不平等模式当中"，"发展主义的特征……这个叙事……掩盖了这种发展同时意味着对其他地区和人民的发展权利、乃至于生存权利的剥夺。"⑥杨斌更是一语道破"新左派"对全球化的定位，他说："中国应该和世界各国的人民团结在一起，反对全球化，并揭露全球化名为促进经济联系，实为推行新殖民主义政策，为美国谋求

---

① 王绍光：《警惕对"民主"的修饰》，《读书》2003 年第 4 期，第 18 页。

② 甘阳：《走向"政治民族"》，《读书》2003 年第 4 期，第 7 页。

③ 崔之元：《毛泽东文革理论的得失与"现代性"的重建》，转引自马立诚《最近四十年中国社会思潮》，东方出版社 2015 年版，第 77 页。

④ 马立诚：《最近四十年中国社会思潮》，东方出版社 2015 年版，第 77 页。

⑤ 同上。

⑥ 汪晖：《去政治化的政治化》，上海三联书店 2008 年版，第 498 和第 505 页。

世界霸权创造条件的本质。"①由于对全球化持反对的态度，"新左派"反对加入 WTO，认为 WTO 是西方国家在中国脖子上套的软刀子和绞索。杨斌指出："西方国家让中国加入 WTO 不是基于经济考虑，而是基于政治考虑，在美国政府看来，中国企业根本无法与美国和西方企业竞争，中国加入 WTO 以后一定会造成失业狂潮，这样中国社会将出现动荡，政府就会垮台。"②基于此，"新左派"提出，开放的含义既不代表无条件地接受资本的逻辑，也不是仅仅寻求被纳入国际资本主义体系的依从位置。相反，应该高度重视国家利益和经济安全，在经济全球化的过程中，始终强调把国家的利益和安全放在首位。

二、"新左派"思潮的主要特征

马立诚概括了"新左派"的主要特征，这些特征主要表现在三个方面：一是借用西方"新左派"理论，主要是西方马克思主义；二是"新左派"谈论较多的是社会公正和参与政治；三是与老左派相比，"新左派"的表达方式迥异。③任剑涛对"新左派"思潮的主要内容进行了细致分析后得出，"新左派"的姿态、主张与特征可以从"拒斥"和"回归"两个维度概括。④所谓"拒斥"，大致围绕三个方面展开：首先是拒斥自由主义的言述；其二是拒斥市场经济的理路；其三是拒斥经典社会科学的言路。"回归"围绕的主张有三：其一是回归高调民主；其二是回归政治主导；其三是回归人文激情。⑤

（一）拒斥西方现代性道路

马立诚总结到，"新左派"思潮最根本的特征就是拒斥西方现代性道路。从 90 年代末的《中国可以说不》，到 2000 年韩德强的《碰撞》，再到 2008 年奥运火炬传递受阻以后的《中国不高兴》。这三本书主要是讨论全球化问题，最后的结论是中国不仅可以搞贸易保护主义，而且必须搞贸易保护主义。无论是旗帜鲜明地反对私有化和市场化，还是提倡新的改革开放观；无论是高声呼喊"狼来了"，还是塑造"假想敌"，拒斥西方现代性道路是"新左派"一直不变的主线。具体来看，这种表现主要体现在三个方面。

---

① 杨斌：《威胁中国的隐蔽战争》，经济管理出版社 2000 年版，第 311 页。
② 杨斌：《威胁中国的隐蔽战争》，经济管理出版社 2000 年版，第 295 页。
③ 马立诚：《当代中国八种社会思潮》，社会科学文献出版社 2012 年版，第 66-68 页。
④ 任剑涛：《解读"新左派"》，《天涯》1999 年第 2 期，第 35 页。
⑤ 任剑涛：《解读"新左派"》，《天涯》1999 年第 1 期，第 35、36 页。

第一，拒斥西方的代议制民主制度。"新左派"不满足西方代议制的"消极自由"和"间接民主"，追问是何种"民主"，谁之"自由"。批评这些表面平等的"消极自由"只是少数权贵能享受到的自由，但是与广大民众无涉。[1]

第二，拒斥全球化和市场经济理论。"新左派"对全球化持反对态度，根据"中心—边缘"理论，他们极力批判全球化，认为全球化不但导致发展中国家受到发达国家的剥削，而且加剧了全球贫富分化。[2]他们认为中国已经成为世界资本主义市场经济的一个最为活跃的部分，我们已全面滑入资本主义社会的深渊，现在所有的问题都是由市场化改革带来的。

第三，拒斥启蒙等"现代性"概念。汪晖指出："启蒙主义曾经是中国最具活力的思想资源，但它现在日益处于一种暧昧不明的状态，逐渐丧失批判和诊断当代中国社会问题的能力。中国的启蒙主义面对的是一个资本主义化的社会，资本主义的生产关系已经造就了他的代言人，启蒙知识分子作为价值创造者的角色正面临深刻挑战。正因为这样，启蒙主义的人的自由命题和抽象的人的主体性命题，在批判传统社会主义时显现出巨大的历史能动性，但是在面对现代化本身的社会危机和资本主义市场经济时，却显得那么的苍白无力。"[3]汪晖还指责中国知识分子五四以来的一大通病，就是喜欢从西方话语中寻找精神资源，这实质上是被殖民。

(二) 片面强调"中国模式"

在以上三种拒斥的同时，"新左派"也有"三种颂扬"。

首先，颂扬民族主义。这种颂扬主要体现在三个方面。在政治上，"新左派"思潮追求民族国家的崛起，主张以国家为中心，以国家强盛、国家能力的提升为现代化的核心目标；在经济上，拒斥市场经济和全球化，讴歌"中国模式"；在文化上，对西方文化和西方模式极端抵触。1994年，张颐武、陈晓明发起后殖民主义文化批评，他们从文化批评的角度重新审视五四以来的中国现代话语，断然宣布现代性在中国应该终结，代之以具有本土意识的"中华性"。

其次，颂扬"继续革命理论"。"新左派"肯定毛泽东晚年思想，颂扬文革，崔之元在《在毛泽东文革理论的得失与"现代性"重建》一文中，高度赞扬文革做法。他认为，毛泽东文革理论最为核心的内容是打倒党内"走资派"。文革理论之"得"在于它多处突破教条化的马列主义，尝试用群众性的大民主来

① 甘阳：《自由主义：贵族的，还是贫民的？》，《读书》1999年第1期，第93-94页。

② 杨斌：《威胁中国的荫蔽战争》，经济管理出版社2000年版，第295页。

③ 汪晖：《去政治化的政治》，上海三联书店2008年版，第76页。

解决现存体制的一系列内在矛盾……文革是毛泽东政治遗产中最值得我们重视的部分，是他的未竟事业。崔之元还多次提出要正视文革的正面因素和积极作用，从文革中汲取群众运动的先进经验。

最后，颂扬直接民主。崔之元对直接民主十分认同，他认为要实现改革目标，"中央政府必须充分发挥新闻舆论的监督作用，紧紧依靠底层群众，使底层群众拥有监督基层干部的民主权利。"陈燕谷认为："任何力量都阻止不了'全世界受苦的人'追求更为公正的生活方式，他呼吁构建一种反对一切压迫、超越西方自由式民主，能够实现人类解放的'全面民主'远景。"王绍光认为："提出一个'真正的民主'的方案，这种方案是'人民当家做主'的民主，而不是被阉割、经过无害化处理的民主，即百姓提出建议，政府倾听采纳。"然而，王绍光提出的"回应性民主"本质上是一种"回应性威权"，统治者掌握着民主与否的主动权。①

"新左派"拒斥西方现代性道路，那么它就必须寻求中国的本土化道路，这种本土化道路一定要体现这"三种颂扬"。在政治上必须实行直接民主，在经济上一定要坚持走社会主义道路，在思想文化上必须反对西方的启蒙理性。"新左派"探寻中国本土化道路的这种努力在 2008 年"中国模式"说出现以后表现得十分明显。他们一反过去对改革开放的质疑和批评，一拥而上盛赞"中国模式"，在整个 90 年代和 21 世纪初，汪晖都是尖锐地批判官僚化的"非政治的政治"和全球化的资本主义，反对中国加入 WTO，批评邓小平的"发展主义"，2008 年却突然成为"中国模式"的解释人。自 2009 年以来，汪晖从总结新中国成立 60 年以来中国崛起的独特经验出发，进而肯定"政党的国家化"，认为中国的成功来自党国体制的保证。与他类似，其他的"新左派"人士也相继发表著作，总结中国改革开放的经验，他们俨然作为"中国模式"的政策设计者和理论阐述者，活跃于海内外思想界和政界，仿佛过去几十年改革所创造的奇迹，就是他们所设计的，这是一个奇妙有趣的变脸。②

"新左派"们对中国的改革开放有这样的态度转变，其实不难理解，因为他们的基本立场是反对西方资本主义及其民主，现在他们通过歌唱"中国模式"，试图论证中国拒绝西方道路、挑战西方的普遍价值，也可以获得成功。总而言之，反对西方是目的，至于支持还是反对改革，不过是手段而已，要看是否有利于达到这个目的。

---

① 王绍光：《民主四论》，上海三联书店 2008 年版，第 242 页。
② 马立诚：《最近四十年中国社会思潮》，东方出版社 2015 年版，第 86 页。

第四节 "新左派"思潮与自由主义之争

自由主义与"新左派"之间的论战是当代中国思想界最重要的事件之一。发端于 20 世纪 90 年代初的自由主义与"新左派"之争，于 90 年代末达到高潮，进入新世纪仍然"余震"不断。这场论争规模之大、时间之久、主题之深刻，为转型时期思想界所罕见。不仅大批中国学者加入到这场论战之中，国外的知识界对它也十分关注。了解论争双方的阵营，梳理双方论争的焦点，对把握当代中国学术界的思想分化与认识当代中国的社会现状有着重要意义。

虽然学界已经普遍采用"自由主义"与"新左派"来概括论争的两方阵营，但从每一位具体参与论争的学者看，很少有纯之又纯的自由主义者和"新左派"。同一位学者可能会欣然接受"自由主义者"的头衔，但就某一具体问题的看法却与"新左派"不约而同，而同一阵营的学者对某些重大问题的看法也会出现大相径庭的情况。基于此，很多学者反对以自由主义和"新左派"来对中国学界做简单化的、脸谱式的划分。高全喜就认为："我从来就不赞成思想领域所谓左中右的脸谱式的划分，思想家们对于社会、政治与人性的看法是多个维度的，充满张力的，任何简单的符号定性都是片面的，也是危险的。"[1]但同时，无论是理论资源的依据还是对现实社会的判断，无论是价值的追求还是路径的选择，自由主义与"新左派"都存在着明显的区别。因此，自由主义与"新左派"的划分的确可以从整体上反映出当代中国思想界的分化，这一点倒是没有太多的争议，这也是此二分法被广泛运用的原因所在。所以，不仅大多数学者已经认同这种划分方式，即使是反对这种简单二分法的学者也不得不承认确实存在自由主义与"新左派"两种不同的思想倾向，而认为二分法过于简单的学者往往会提出更细致的划分方法。[2]参与这场论争的学者具有非常复杂的思想谱系，大多来自法学、社会学、政治学、哲学、文学、经济学等多个学科领域。本书将仍然依据自由主义与"新左派"的二分法，探讨当代中国思想界的分化。

自由主义的代表人物有李慎之、徐友渔、朱学勤、秦晖、汪丁丁、刘军宁、邓正来、许纪霖、季卫东等。自由主义派喜爱引证或介绍洛克、休谟、孟德斯鸠、亚当·斯密、伯克、哈耶克以及中国的胡适、储安平等，强调个人的权利

---

① 高全喜：《何种政治？谁之现代性？》，新星出版社 2007 年版，第 153 页。

② 许纪霖、罗岗等：《启蒙的自我瓦解：1990 年代以来中国思想文化界重大论争研究》，吉林出版集团有限责任公司 2007 年版，第 37-40 页。

和自由、主张法治、支持市场经济，赞成对政府权力的制衡，这些都是自由主义的特征。

"新左派"的代表人物有汪晖、甘阳、崔之元、王绍光、陈燕谷、韩毓海、左大培、韩德强等。从学术渊源上看，"新左派"大体可以分为三类：第一类是人文学科尤其是文学批评出身的学者，他们更多的是以西方左翼的法兰克福学派理论与后现代主义文学批评为理论资源。第二类是经济学出身的学者，他们主要以西方左派的"依附性发展"经济学理论作为立论基础。第三类是反西方的民族主义者，以"后殖民主义"理论以及萨义德的东方主义作为理论资源。①

朱学勤指出双方分歧的焦点主要集中在三个方面：第一是对国情的判断；第二是对社会弊病的判断；第三是如何解决社会弊病。②而徐友渔明确地指出论争的焦点主要集中在六个问题上，即"一是市场经济和社会不公；二是全球化和加入世贸组织；三是关于中国国情；四是如何看待大跃进、人民公社、文革等；五是如何看待80年代的思想解放运动和五四新文化运动；六是中国的现代化与极端民族主义立场有关的一系列国际问题"。③还有其他诸如腐败问题、贫富差距问题、国有资产流失问题等。可以看到，"新左派"与自由主义在很少事情上能够达成共识，几乎对整个中国现代性问题都加以讨论。究其根源，"新左派"与自由主义在思想根源上主要有两个不同之处：其一是自由与公平的问题，自由主义信仰的是"自由优先"的原则，而"新左派"则坚守着"平等至上"的原则；其二在于其思想的根本出发点不同，"新左派"更愿意相信人性趋于善，而自由主义更愿意相信人性趋于恶。

具体来看，主要包括以下几个方面的内容：

一、对社会现状的认识：市场社会与转型社会

改革开放以来，特别是1992年实行社会主义市场经济以来，中国的经济社会结构出现了急剧的变化。究竟发生了怎样的变化？该如何认识？围绕着如何判断转型时期中国社会的性质及其演变趋势问题，"新左派"与自由主义者

---

① 萧功秦：《中国的大转型：从发展政治学看中国变革》，新星出版社2008年版，第335页。

② 朱学勤：《新左派与自由主义之争》，载公羊《思潮：中国新左派及其影响》，中国社会科学出版社2003年版，第261-263页。

③ 徐友渔：《当代中国社会思想：自由主义和新左派》，《社会科学论坛》2006年第6期，第102-115页。

有着各自不同的看法。

"新左派"认为，中国社会发生了质的变化：中国已经进入了资本主义的市场社会，是世界资本主义体系的一部分。以"新左派"的领军人物汪晖为例，他从 90 年代市场化转轨和社会变迁的新特点出发，主张超越 80 年代的新启蒙主义和现代意识形态，而以全球资本主义的视域重新思考中国问题。汪晖的结论是：中国经由市场化的改革已经基本形成了"市场社会"或"资本化的社会"。中国社会的各种行为，包括经济、政治和文化行为，都深刻地受制于资本和市场的活动。对中国问题的诊断必须同时也是对日益全球化的资本主义及其问题的诊断，而不能一如既往地援引西方作为中国社会政治和文化批判的资源。汪晖进而对经济自由主义的市场拜物教提出批评，认为经济自由主义掩盖了中国市场形成与国家改革计划的关系，创造了一种自然范畴的"市场"概念，丧失了分析市场关系内部的那些支配与被支配的权力关系的能力。这种权力关系不仅是社会腐败的主要根源，而且也是社会资源不平等分配的基本前提。[①]汪晖关于中国"市场社会"或资本主义社会的判断成为"新左派"关于中国社会认识的一个基本观点。

自由主义者不同意"新左派"关于中国社会的判断，他们并不认为市场化改革已经改变了中国社会的基本制度。自由派普遍认为，中国仍然只是转型社会。徐友渔指出："中国社会发生了巨大变化，但就社会性质和社会制度而言，和 1949 年建立、经历 50、60、70、80 年代的社会和制度是一脉相承的，没有革命、没有断裂、没的质变。"[②]在徐友渔看来，"新左派"批判的毛病，在于其舍近求远和避实就虚的"批判精神"。任剑涛也认为，"新左派"的批判存在"错置具体感的谬误"。他认为，"新左派"将西方自由主义批判和市场社会批判横移到中国时，其中国关怀不可避免地存在三重错位：一是中国关怀的理论认知错位；二是中国关怀的历史维度错位；三是中国关怀的现实判断错位。"新左派"的主张不过是"中国可以说不"的精致版本而已。[③]

二、对公正问题的看法：资本与权力

改革进入 80 年代后期时，社会公正问题开始显露。90 年代的市场化改革

---

① 汪晖：《当代中国的思想状况与现代性问题》，《天涯》1997 年第 5 期，第 133-150 页。

② 徐友渔：《自由主义与当代中国》，《开放时代》1999 年第 5 期，第 50 页。

③ 任剑涛：《解读"新左派"》，载公羊《思潮：中国"新左派"及其影响》，中国社会科学出版社 2003 年版，第 347-351 页。

在创造出空前经济繁荣的同时，也产生了日益严重的社会不公和贫富分化。"新左派"与自由主义者都承认社会公正问题的严重性，但双方对于问题根源的诊断却大相径庭："新左派"将批判的矛头直指资本主义，而自由主义批判的对象则是权力结构。

自由主义者认为，社会公正问题的症结在于没有得到改革的垄断性权力结构。中国的改革是利用计划经济体制下的国家权力来构建市场经济体制。原来权力持有者及其亲属，就利用社会资源再分配的机会为自己谋利，从"掌勺者私分大锅饭"直至发展为"掌勺者私占大饭锅"。①在经济运行过程中，行政干预过多，"寻租"现象泛滥，权钱交易每时每地都在发生。依靠权力发财是最大的社会不公正。中国的市场经济不是西方的市场经济，它更多地受权力机制的牵制，经常是"看得见的脚"踩住了"看不见的手"。谴责社会不公、资本与权力合谋，更多应归咎于那只蛮横的"脚"，而非肮脏的"手"。②徐友渔指出，既然触目惊心的腐败和社会不公正问题的原因在于市场没有摆脱旧权力体制的控制而不成熟和不规范，那么解决问题的出路就在于发展和完善市场经济体制。中国向市场经济转型的问题再多再严重，也只能硬着头皮向前走，决不能走回头路，返回衣食住行都被人包办，种什么、造什么、卖什么都得等上级指示的那种日子。因此，"第一，要搞真市场、真正的自由竞争，要使规则公正，人人遵守，要把权力逐出市场；第二，要依靠法治，完善法制。例如，通过修宪保护合法的私人财产，通过立法缩小贫富差距，依靠法律惩处腐败，防止国有资产流失"。③在"新左派"看来，社会不公的根源在于市场，在于资本主义的生产关系，在于"资本主义的固有弊端"。"看不见的手"固然可以促成分工合作，"但由于合作各方力量的不平衡，合作的成果为强势方占有，并进而增强了强势方的力量，造成了强者愈强、弱者愈弱的后果，使强者可以越来越肆无忌惮地对弱者进行压榨和剥夺，也使弱者不得不周期性地铤而走险，从而激化了社会矛盾"。④"新左派"批评自由主义的主张是为权力资本辩护，是在维护寡头的利益。韩毓海指出，实际上，当代"自由主义"以经济活动不得干涉的名义，捍卫并造成的是那些介入、掌握和控制着经济活动的最大利益集团和政治力量的不得干涉的事实——更多地站在当时社会最强大的势力一边，而不是站在社会公意和人民民主一边，这就是"自由主义者"和现代中国知识

---

① 秦晖：《问题与主义》，长春出版社 1999 年版，第 3-4 页。

② 罗岗，倪文尖：《90 年代文选》，广西人民出版社 2000 年版，第 489 页。

③ 徐友渔：《知识界到底在争什么》，《社会科学论坛》2002 年第 4 期，第 4 页。

④ 韩德强：《碰撞：全球化陷阱与中国现实选择》，经济管理出版社 2000 年版，第 4 页。

分子在历史沉浮中的一般选择，尽管他们(包括我自己在内)经常自称为民主的捍卫者和人民的同路人。也正是这种选择决定了相当多数中国知识分子的一般命运——这是一种十分可悲的命运——因为在这种虚伪的姿态背后，暴露出的是知识分子主流的合法性危机，是作为"公意"和公共性的天平的倾覆——由于这个天平的倾斜，很多知识分子的知识和精神已经在事实上，从内部崩溃和破产了。[①]与自由主义推崇亚当·斯密、哈耶克等人不同，"新左派"则经常引用博兰尼、布罗代尔、沃勒斯坦、贝罗奇、阿尔利吉等西方左派学者的资本主义研究成果。

对于公正问题，秦晖是较早关注和研究的学者之一。他所倡导的"转型经济学"就是以公正问题为主题，他所吁求的公正首先是"过程公正"。"过程公正"虽不能保证"结果平等"，但却是结果公正的基础。因而"正当"是公平的前提，公正是理想的底线，社会民主原则也必须以自由原则为前提或底线。[②]在公正问题上，秦晖认为，既要反对寡头主义，又要反对民粹主义。他指出，在历史上，寡头主义冒自由之名于先，民粹主义灭自由之实于后；民粹主义冒平等之名于先，寡头主义灭平等之实于后；"不公正的伪竞争"与"反竞争的伪公正"互为因果，形成恶性循环，从而导致自由与平等、自由主义与社会民主主义同归于尽的危险。针对寡头主义的辩护者，应该提出"不患寡而患不公"的原则；针对民粹主义，应该提出"不患不均而患不自由"的原则。现在的弊病不在于市场，而在于强制。因此，现在不是要限制市场，而是要告别强制。[③]

总之，既要反对用强权进行的原始积累，又要维护正常的市场经济中的竞争。秦晖没有直接从"左"和"右"中选择自己的阵营，而是从两派的论争出发，揭示了论争背后应该思考的问题。他的分析对于认识公正问题有很大的启发作用，因而也引起了"新左派"与自由主义两方阵营的较多共鸣。

三、对民主的追求: 全面民主与宪政民主

民主是"新左派"与自由主义共同追求的目标，但两方对民主理念的不同乃至相互冲突的理解却依然使得双方的论争火药味十足。"新左派"与自由主

---

① 韩毓海：《在"自由主义"姿态的背后》，《天涯》1998年第5期，第18页。

② 秦晖：《转轨经济学中的公正问题》，《战略与管理》2001年第2期，第47-53页。

③ 秦晖：《自由主义、社会民主主义与当代中国"问题"》，载公羊《思潮：中国"新左派"及其影响》，中国社会科学出版社2003年版，第397-398页。

义论争的焦点在于激进民主与宪政民主。对西方的自由民主进行批判并追求超越自由民主的"全面民主"是"新左派"的普遍诉求。陈燕谷呼吁"全世界受苦的人"追求超越自由民主的"全面民主"。他指出，在后冷战时代，历史并没有终结，因为产生不平等、不自由和不民主的土壤还继续存在。没有任何力量能够阻止全世界受苦的人追求一种更为公正、全面民主的生活方式。"全面民主"的主要含义在于"民主的原则必须贯穿于社会生活的每一个方面。和自由主义把民主理解为一个政治概念(特别是政府的生产方式和组织原则) 不同，全面民主的生活方式必须承认每个人都拥有平等的权利参与社会生活所有主要方面的决策和安排，因为权力绝不仅仅局限在狭义的政治领域，经济资源和文化资源占有的不平等同样会导致权力关系的不平等，导致形形色色的压迫关系，所以和政治民主同样重要的是经济民主和文化民主。另一方面，全面民主的原则必须是一个全球性规划，它不能在任何一个民族国家的范围内完全实现，因为资本主义制造的全球分裂是全面民主的主要障碍，所以实现全面民主必须既在局部范围又在全球范围反对资本主义，消灭资本主义世界体系制造的全球性两极分化"。他进而强调，"全面民主"以经济民主为必要条件，而且它是一种社会主义实践。"如果建设一个全面民主的全球社会可以说是一种社会主义实践的话，那么没有社会主义的复兴是不可想象的。"①

王绍光认为经济民主就是要超越政治民主，在广度与深度上将民主进一步延伸。说到底，经济民主就是社会主义民主。之所以要争取经济民主是因为，权力不仅存在于政治制度中，也存在于经济制度中。只要求制约政治权力，不要求制约经济权力是毫无道理的。那些借口保护私有产权而反对将民主延伸至经济领域的人，不可能是真正的民主派。

汪晖进一步强调"文化民主"与"经济民主"、"政治民主"的相关性。他指出，在市场条件下，对文化资本和媒体的控制，决定着社会的基本文化倾向和主流意识形态的取向。"争取经济民主、争取政治民主和争取文化民主事实上只能是同一场斗争。……在中国的独特的市场社会形式中，不存在脱离经济民主和文化民主的政治民主问题，也不存在脱离政治民主和文化民主的经济民主问题。"②关于政治民主，"新左派"更注重"民主"的古典含义，即强调公民政治参与的直接民主，普遍对"文革"时期的"大民主"有好感，政治民主带有鲜明的平民色彩。

与"新左派"激进的全面民主诉求不同，自由主义者则强调政治领域的宪

---

① 陈燕谷：《历史的终结还是全面民主》，《读书》1998 年第 12 期，第 3-8 页。

② 朱学勤：《1998 年：自由主义学理的言说》，《南方周末》1998 年 12 月 25 日。

政民主。顾肃在分析自由主义与"新左派"的民主之争时,引用自由主义的观点强调,"新左派"所主张的直接民主缺乏具体的制度设计和可行性研究,因而是一种可望而不可及的高调民主,这与"新左派"基调的乌托邦性质基本一致。顾肃认为,"新左派"所追求的经济民主和文化民主,无论是宏观还是微观的论证都带有乌托邦性质。经济民主不可能实现政治民主的平等投票权,因为经济领域中的完全平等权可能导致平均主义、扼杀能人和妨碍竞争的恶果,最终牺牲社会的总体效率。解决官员腐败和社会不公的问题,不能靠经济领域的大民主,而有赖于政治民主化,即对政府官员和公共部门实行民主监督。那些浪漫主义文学批评家所倡言的文化民主,是比经济民主更空洞虚幻的东西。"文化民主"概念的混乱在于:文化领域不可能像政治上平等投票权那样,让每个人平等参与文化创造,或实现文化资本占有和欣赏消费的平等权,没有人能说清楚何谓文化欣赏的平等权的衡量标准。[①]

　　纵观"新左派"与自由主义关于民主的论争,两派虽然都崇尚民主,但二者对民主的理解却大相径庭。"新左派"所追寻的民主,以社会主义的经济民主、共和主义的参与式民主和完美的"全面民主"为目标。而自由主义的民主诉求,则以宪政民主为中国的改革模式。从"全面民主"与"宪政民主"的对立中,可以看到高调民主与低调民主、民主理念与民主经验、直接民主与间接民主、社会民主与自由民主、大众民主与精英民主、文学性民主想象与政治学民主运作之间的深刻紧张。在民主理念上,自由主义与"新左派"的根本分歧,在于自由民主与大众民主的冲突。用严复的概念,即"自由为体,民主为用"与"民主为体,自由为用"的对立。[②]萨托利指出,有关民主的讨论,有必要区分民主是什么的"描述性定义"和民主应是什么的"规定性定义"。政体间的比较性评价,应该"以现实比较现实,或以理想比较理想。用社会主义的理想去比较现实中的民主是不行的,这是作弊行为。……以描述比较描述,以规定比较规定,以及对各方的理想在变为其所指的现实方面如何成功(或糟糕)进行比较在区分'实然'和'应然'上保持警惕,立刻会证明,有关这件事的理想比那件事的现实优越的言论纯属无稽之谈"。[③]反观"新左派",以民主的理想形态比较民主的现实形态、以"应然"否定"实然",是其理论的通病。但自由主义者经由市场经济、市民社会和消极自由而自发地进入民主社会的主张

---

① [美]萨托利著,冯克利译:《民主新论》,东方出版社1998年版,第171-172页。

② 许纪霖、罗岗等:《启蒙的自我瓦解:1990年代以来中国思想文化界重大论争研究》,吉林出版集团有限责任公司2007年版,第227页。

③ [美]萨托利著,冯克利译:《民主新论》,东方出版社1998年版,第13-14页。

亦含有很大的一厢情愿的成分，其中内含着自由主义民主理论的困境：在中国，怎样以自由主义的手段实现自由主义的目标？

"新左派"与自由主义的论战，堪称另一场"问题与主义"之争。对于处于转型期的中国而言，"中国问题"的复杂性似乎超出任何外来的和本土的"主义"。无论何种主义，都不可能具有"根本解决"中国问题的功效。我们更不应该期盼，并热衷于找到一种彻底的方法来根本解决中国的所有问题。中国问题的多元性，决定了解决问题的主义的多元性。①但可以期待的是，不同的思想能够排除意识形态的干扰，在一定的规则之下平等竞争。如果"新左派"和自由主义者能够同时从"左"和"右"两个方向为社会发展出谋划策，并以独立的知识分子的身份对政府进行监督，那无疑将对中国现代化道路的选择产生极其重大而积极的作用。

第五节　"新左派"思潮的价值、困境与未来走向

"新左派"思潮产生于 20 世纪 90 年代，在改革开放的步伐加快，中国经济腾飞中，改革出现了一些问题，而"新左派"学者们在反思这些问题中找到了自身存在的价值，并在其理论中存在的合理性与正当性中摸索前进。

一、"新左派"思潮的价值

无论我们对"新左派"思潮是否同意，"新左派"思想都不是无的放矢的。"新左派"的产生与发展是源于我国经济体制改革下所产生的那些负面因素，如贫富差距问题、腐败问题、国有资产流失问题、社会不公问题等一系列曾经在资本主义国家上演如今在我们国家出现的问题。只要这些问题一天没有得到彻底的解决，"新左派"思潮就会有存在下去的理由和价值。

首先，面对中国社会转型中出现的各种社会问题和不良现象，"新左派"以经济平等为诉求，尖锐批判市场经济的不公，反思改革，关注社会平等与民主，要求分配公平和维护弱势群体利益，这些主张在民间有一大部分的支持者，具有一定的社会影响力。由于"新左派"为弱势群体说话，所以"新左派"有着广泛的群众基础。我们可以看到，"新左派"所关注的许多问题都得到了社会的重视。

---

① 高力克：《五四的思想世界》，学林出版社 2003 年版，第 294 页。

其次，"新左派"的主张不仅可以在一定程度上反映社会底层民众的需求，也对国家决策层起到了警示作用。而"新左派"对于全球化的相关观点虽显极端，但同样具有警示意义，它提醒投身于全球化浪潮中的发展中国家，尤其是发展中的社会主义国家，西方发达国家作为全球化的主导者和支配者，不仅是全球化中最大的受益者，而且始终借助全球化的力量，潜移默化地将自己的政治制度、意识形态和价值观输出到世界各国。

再次，"新左派"知识分子立足本土、洋为中用的学术本土化意识和研究方法值得肯定和借鉴。"新左派"倡导从一些西方理论和中国自身的历史经验中汲取启发，"以中国深厚的土壤为基础，将中国已经出现的一些制度创新和理论创新的萌芽培育、壮大起来"。[①]应当说，这对我们今天坚持和发展中国特色社会主义建设是有启发的，对中国特色社会主义建设的经验总结和理论创新也可以提供一些参考资源。

当然，无论是借鉴西方理论还是历史经验，都要坚持客观、理性、辩证的态度，立足于实践，实事求是。在考虑社会民生问题的解决之道时，既要认识到中国国情的特殊性，采取有针对性的措施，也要善于总结世界各国发展过程中的普遍规律，学习他国的成功经验；从历史汲取经验教训，则既要避免把历史妖魔化，也要避免历史浪漫主义的一厢情愿。

二、"新左派"思潮的困境

透过"新左派"的主张，我们不难看出，"新左派"思潮发展至今在思想上还存在许多不足。

首先，在对中国社会性质做出的判断上，由于"新左派"借助西方理论来解决中国问题，而理论移植所具有的有限性和差异性，使之在对国内现有经济成分、就业结构等现实情况避而不谈的情况下，做出了中国社会已经成为资本主义社会的论断，这种为了契合西方理论而忽视中国国情，进行"生搬硬套""裁截历史"和"置换现实"的错误做法，会使其判断和主张不可避免地出现较大的偏差。

其次，"新左派"把中国面临的问题单纯归咎于市场，尤其认为是市场经济造成了中国社会公正问题，这一观点固然有其合理性，但也存在一定的片面

---

① 崔之元：《制度创新与第二次思想解放》，香港《二十一世纪》1994 年 8 月号。转引自邵小文，罗嗣亮《"新左派"知识分子关于民生问题的思考及其启示》，《现代哲学》2012 年第 5 期(总第 124 期)9 月号，第 59 页。

性。社会公正是一个内涵丰富的概念，包括政治、经济、文化等多方面的内容，中国的社会公正问题也体现在诸多不同的领域，如城乡和区域之间的医疗、教育等多个方面；同时，不同领域的社会公正问题也是由民主、法治、社会保障等多重因素综合作用的结果。

再次，"新左派"对于"文革"的"怀念"实质上是没有认清中国发展的现实，是一种历史的倒退，对"大民主"的追捧更是忽视其本质的不科学行为；同样，"新左派"也忽视了广泛的民主需要一定的文化和道德基础这一基本条件。在中国社会转型期，随着社会结构调整、社会阶层日益分化、社会冲突不断加剧，大量的社会问题和矛盾不断涌现，此时"新左派"主张"文革"、"大民主"无疑具有巨大的吸引力，而来自底层民众和网络世界的呼应更加剧了社会的不稳定。

最后，全球化是世界经济发展过程中出现的不可逆转的趋势，面对全球化的浪潮，中国审时度势做出积极应对的决策是正确的，否则才会真正沦为"边缘"国家，严重束缚国家的进步和经济的发展。同时，在全球化的背景下，中国在改革开放 30 多年间实现了高速的发展，取得了巨大的成就，利远远大于弊，这也说明中国在全球化背景下的发展并不是"一个梦"。

"新左派"具有一定的政治煽动力，但是却缺乏一个可控的政治方式蓝图。在一个秩序化的社会中，"新左派"忽视程序正义来限制民众，来保证达到"新左派"的政治诉求。当政府忽视程序正义时，政府的公信力也将随之下降，而一个丧失治理能力的政府是对公民权利的最大威胁。

三、"新左派"思潮的走向

(1) 民粹主义倾向和国家权威的膜拜。

清华大学中文系教授旷新年认为，左派的民族主义喧嚣，越来越遮蔽了劳动人民的利益诉求，使得"新左派"越来越成为一个脱离中国现实和底层的派别。左派过分迷信权力和关注权力斗争，对思想和群众均采取虚无主义态度，具有严重的机会主义和上层路线倾向。……某种程度上，自由派成为了资本的表达，"新左派"成为了权力的附庸。[①]

新加坡国立大学东亚研究所所长郑永年认为，现实地说，较之自由派，中国的左派更具有现实社会基础，在手段上也更具有马基雅维利主义色彩。左派

---

① 旷新年：《新左派的消沉(下)——后乌有时代反思与展望》，来源：破土网，转引自红歌会网 http://www.szhgh.com/Article/opinion/xuezhe/2015-07-16/90661.html，2015 年 7 月 16 日。

有两个非常有效的意识形态手段，即"民粹主义"和"民族主义"(往往自诩为爱国主义)。在民粹主义下，左派可以用意识形态或者"道德高地"来攻击对方，可以把任何一种自己不能认同的行为，视为是"阶级"(无论是经济上的还是政治上的)的意志表达；在民族主义下，他们可以把任何一个自己不能认同的行为，视为是外国"反华"势力意志的表达。正因为具有这些优势，左派里面的一些人，尤其是左派机会主义者，可以不择手段。另一方面，作为追求西方价值的自由派，其手段往往会显得"文明"一些(或者用左派的话来说是更"虚伪"一些)。不过，两者在使用手段方面没有本质的区别，只有方式的不同。①

"新左派"的政治诉求决定了其转向国家主义的逻辑可能性。许纪霖在《进入21世纪的中国国家主义思潮》一文中就曾指出："近年来'新左派'的最大变化就是集体右转，'新左派'的集体右转并非晴天霹雳，而有其内在的思想和历史逻辑，以拒斥西方代议制民主为号召的民粹式民主，在国家制度上势必要落实到以民主为合法性基础的个人或寡头式权威。"②

(2) 以各种方式传播观点主张，试图影响国家政策走向。

党的十八大以来，"新左派"继续以新的方式表达他们的政治诉求和价值取向，而且趋于显性化、公开化。他们设置某个或数个易引起人们关注和激发情绪的话题，制造"意识形态群体性事件"；借助学术讨论、政策辩论平台，传播异于主流意识形态的声音。2015年，"新左派"仍旧认为，中国已经进入"资本主义社会"，贫富差距、社会分化等问题都是资本主义私有制导致的结果。他们提倡新自由主义市场经济以外的"中国他选"，以求能够保证中国底层百姓的福利。由于"新左派"的主张多是从底层的角度关注中国转型过程中的民主、公平等社会矛盾，因而极易引起广大底层民众的共鸣，进而形成影响政府决策的舆论场。③极端"新左派"利用当前腐败问题、贫富差距问题等，否定改革开放的成就，甚至希望回到计划经济时代；极端"新左派"为"文化大革命"辩护，等等。

(3) 逐渐影响青年的认知取向。

某些激进的"新左派"与反对改革的老左派复旧势力相结合而形成的反对

① 来源：《联合早报》，转引自《延伸观点——左派有两个非常有效的意识形态手段，即"民粹主义"和"民族主义"》，《人民论坛》2016年第1期，第47页。

② 许纪霖：《进入21世纪以来的国家主义思潮》，转引自许纪霖《当代中国的启蒙与反启蒙》，社会科学文献出版社2011年版，第241页。

③ 《2015中外十大思潮调查评选NO.5——新左派》，《人民论坛》2016年第3期，第44页。

改革、颂赞"文革"的思想浪潮，赢得了不少网上"愤青"的支持，"新左派"在网络世界里，确实有相当大的表达空间。

尤其值得关注的是，"新左派"在没有关于"文革"记忆的青年人中间是有着广泛影响的，他们面对"新左派"选择性历史记忆的话语基本上没有判断力。青年人本身就充满着浪漫与激情，而他们面临的社会不公的现实，以及如前所述的弱势群体的选择性记忆的话语环境，则进一步加剧了他们的激进化倾向。而"新左派"经过选择性记忆的加工所建构的貌似理想主义的"革命"话语，恰与青年人的激进情怀暗合，因此，即使"新左派"不做任何的煽动，也能赢得不少激进青年人的心。①

还有一点值得注意，由于"新左派"大多是有一定学术影响的知识精英，这本身就产生了晕轮效应，因而对于求知若渴、涉世未深的青年人来说，他们通常会不假思索地把"新左派"的选择性记忆及其解决当下中国问题的策略，当作了真实的知识。"新左派"思维就是通过社会教育中的"左"的理论成分的激活而影响青年一代的。青年是民族和国家的未来。但是，现在的不少青年人对历史的认知状况、认知取向，以及由此而表现出来的左倾化、"愤青化"趋势令人堪忧。长此以往，将会对我国改革开放的走向、对我国未来的发展产生不利的影响。

结　语

只要中国社会在改革发展的过程中有不公平的存在，那么左派就依然有主导思想的议题和权利，就没办法杜绝"新左派"的出现。"新左派"对于公平的提出在一定程度上反映了弱势群体的呼声，在弱势群体面前，最急迫见到的恰恰是公平而不是自由。如果只强调自由而忽略公平，那么自由将会是"不平等的自由"，是少数人剥夺大多数人的自由，穷人和弱势群体的利益就不会受到保护，而贪污腐败与社会不公便有了合法的解释。"新左派"的存在取决于和主流意识形态与自由主义的政治上的平衡与思想上的走向。当代中国思想中的"新左派"思想不但是思想上的力量，还是政治上的力量，不论我们是否喜欢、是否赞成，我们都应该给予关注。

---

① 赵丰：《新左派五大发展态势》，《人民论坛》2016 年第 3 期，第 46 页。

民粹主义思潮

当前中国社会正面临全面深刻的转型，社会矛盾凸显，贫富差距拉大，国际关系也面临诸多挑战和角力，国内外环境的变迁催生了民粹主义的暗流。与此同时，互联网以及社交媒体应用在国内普及，围绕公共议题的讨论以此为平台越来越普遍，在此过程中网络民粹主义逐渐壮大。尽管没有制度化的组织形态，这股思潮在网络热点事件中借助新媒体工具快速传播，对事件的走向、政策的变迁产生影响，成为不可忽视的力量。

民粹主义是现代化过程中出现的应对工业化、自由主义的政治思潮。它缺乏核心价值，总体而言是一种文化维度，是政党和政治人物的政治策略和政治动员手段。它是中性的，可以依附于多种意识形态。作为后发现代化国家，转型在给中国带来巨大积极变化的同时，也带来了诸如腐败、分配不公、道德沦丧等弊端。所以，中国的民粹主义影响越来越大，而且积极意义较少。在未来，中国必须在精英主义和民粹主义之间保持合理的张力。

第一节　民粹主义的概念、产生背景和主要特征

一、民粹主义的概念

民粹主义的概念在学术界历来众说纷纭，它既可以表现为一种运动、一种策略，也可以是一种政治话语。从起源上看，"民粹主义"一词最初特指两种现象：一是对应英文中的"populism"，专指 19 世纪末美国由人民党代表的，以保障农民与小工业者的利益为主要政策诉求的激进乡村运动。二是从俄语"nonyлизм"一词翻译过来，指 19 世纪六七十年代俄国知识分子中"民粹派"的主张，他们认为俄国有绕过资本主义直接过渡到社会主义的内在可能性，并认为人民群众优于受过教育的精英，号召到"人民中去"。

在关注俄国民粹派活动的同时，一些学者认为民粹主义是世界性的现象，而不是俄国特有的。爱德华·希尔斯在研究麦卡锡主义的过程中，将民粹主义看成是多面性和国际性的，认为它渗透于德国的纳粹专制以及俄国的布尔什维克主义之中，"对于长期形成的等级统治阶级，这些阶级垄断着权力、财产、教养以及文化，在他们所实施的统治过程中，哪里有普遍的怨恨情绪，哪里就存在着民粹主义"①，他将精英和大众之间的关系作为基本的分析框架。希尔斯提炼出如今被冠有"民粹主义"之名的种种现象的一些共同特征，最先使"民粹主义"成为一个通俗性的概念，并成为社会科学，尤其是政治学和社会学的重要研究对象。此后，对民粹主义的研究，无论是理论层面还是经验层面，都在持续不断地扩展，这就开启了民粹主义的"游移"之旅。希尔斯本人也将他对民粹主义的分析扩大到解释非洲和亚洲的相关现象。进入 20 世纪中期，拉丁美洲政治上表现出一系列新特点以及人格魅力型领导人的出现，吸引了学者的广泛关注，特别是庇隆统治下的阿根廷和瓦尔加斯时代的巴西，为民粹主义研究提供了更广泛的素材，很多学者用民粹主义分析拉美的一系列社会政治现象，并将此称为民粹主义的经典时代。这样，民粹主义被定义为"基于动员起来但还未成为独立组织的平民政治运动，这些民众由扎根于社会中层和上层的精英领导，领导者和其追随者之间的纽带是具有超凡魅力的人格化领袖"②。在 20 世纪 80 年代，拉美各国出现了一些新型政治家，在政治上他们同此前的民粹主义领导人一样，都诉诸大规模的群众支持以期获得或行使权力，但他们诉诸的对象不同，更多是非正式部门的人员而不是产业工人，并且在经济上实行与经典民粹主义领袖相背离的新自由主义政策，他们同样被归到民粹主义者的行列中。在欧洲，20 世纪后期出现了一些政党，如法国的国民阵线，奥地利的自由党，意大利的国民同盟、北方同盟等，它们有传统民粹主义反体制和动员大众以获取支持的特征，但又反映了极右思潮和政党政治的复杂关系，这样的政党也被视为是民粹主义的。在当代中国，一部分人在网络空间表达个人意见时的极端平民化倾向，特别是面对与权富阶层有关的事件时表现出来的对权力和精英的极端不满、不信任和对立情绪，也被学者称为一种民粹主义。这样，民粹主义从最初的俄国、美国"游移"到了世界各地。③

　　相对民粹主义在全球范围内的兴盛，学术界对民粹主义的界定却至今没有

---

① [英]保罗·塔格特：《民粹主义》，袁明旭译，吉林人民出版社 2005 年版，第 15 页。

② 林红：《民粹主义：理论、概念与实证》，中央编译出版社 2007 年版，第 8 页。

③ 程同顺、杨倩：《比较政治学视野中的民粹主义概念辨析》，《天津社会科学》2015
　　年第 4 期，第 73-74 页。

达成共识。作为一种社会运动和政治思潮，民粹主义的丰富内容和多样性很难用简明的概念加以限定；而作为一种思想意识形态，民粹主义则缺乏一个核心价值。"民粹主义是变形金刚，它瞻之在前，忽焉在后，看似在左，倏然在右，今天要平等，明天就要特权，一会儿是民主主义者手里的讲稿，一会儿又是独裁者，比如庇隆脚下的阳台，这个国家的民粹主义者要加税，那个国家的民粹主义者要减税，甚至拒绝缴税，比如法国的鲍杰德主义……"①多年来，无数学人对民粹主义这一概念进行过有益的探索。在不同历史时期不同国家和地区的现实政治中，民粹主义又有多种变体，以至于学界至今没有形成比较稳固的、被普遍公认的关于民粹主义的概念和理论体系，更没有形成系统化的组织和理论代表流派。樊纲认为，民粹主义一词的本义是"迎合大众情感的政治主张"，后来，这个词泛指那些为了拉选票而不顾国家的长远利益，简单迎合一些人经济、社会、政治方面短期利益的政治行为和政策主张。②从日云认为，民粹主义只是一种立场、态度、情感和行为方式，它没有成熟的、系统化的理论，秉持平民立场，仇官仇富，敌视精英。③祝东力则认为，民粹主义就是体制边缘的大规模群众为自身利益，寻求跨越体制的魅力型领袖，彼此结合而形成的特定社会情绪、思潮和运动④。俞可平指出："作为一种社会思潮，民粹主义强调平民群众的价值和理想，反对精英主义，把平民化和大众化作为所有政治运动和政治制度合法性的最终来源，以此来评判社会历史的发展；作为一种政治运动，民粹主义主张依靠平民大众对社会进行激进改革，并把普通群众当作政治改革的唯一决定性力量；作为一种政治策略，它指的是动员平民大众参与政治进程的方式，强调诸如平民的统一，全民公决，人民的创制权等民粹主义价值，从而对平民大众从整体上实施有效的控制和操纵。"⑤欧美学者则将民粹主义假定为一个过程，据此对民粹主义进行界定，并寻找例证进行研究，以此种方式来完善民粹主义的定义。如英国学者保罗·塔格特通过探讨民粹主义的六个核心主题，对民粹主义加以界定。即"民粹主义者敌视代议制政治；民粹主义者把他们所偏爱的群体作为理想化的中心地区并以此作为辨识自身的依据；民粹主义作为一种思想意识缺乏核心价值；民粹主义是对严重危机的强烈反应；民

①　吴稼祥：《民粹主义的三只手》，《南方周末》2008 年 4 月 24 日。
②　樊纲、张晓晶：《"福利赶超"与"增长陷阱"：拉美的教训》，《管理世界》2008年第 9 期，第 15 页。
③　从日云：《中国网络民粹主义表现与出路》，《人民论坛》2014 年第 4 期，第 54 页。
④　祝东力：《社会不公是民粹主义的温床》，《文化纵横》2012 年第 6 期，第 16 页。
⑤　俞可平：《现代化进程中的民粹主义》，《战略与管理》1997 年第 1 期，第 89 页。

粹主义因自身的矛盾性而具有自我局限性；民粹主义作为像变色龙一样的东西，能够随环境的变化而变化。"①

据学者林红的梳理，目前主要存在两种对"民粹"的解释：一种是"以民为粹"，表现的是反精英的大众主义或平民主义，民粹主义在这个意义上成为"底层的主义"；民粹主义的第二种解释即"民之精粹"，表现的是视民众为工具的精英主义。在第二种阐释体系下，民粹主义成为一种政治策略或统治工具。②林红本人进一步指出民粹主义在思想上的成型和实践上的展开决定于精英阶层的自觉与设计。从一定意义上说，民粹主义实际上是一种概念上的"底层主义"与实际中的精英主义。③换言之，民粹主义是精英阶层手中的政治策略或工具，用以实现其救世主意识和权力意志。④

综观现有研究成果，我们虽然不能对民粹主义进行规范性的概念界定，但却可以给它一个描述性的定义。

第一，民粹主义"绝不是一种特定的总体性意识形态体系或者组织类型"，而是"一个普遍性的政治文化的维度"。⑤因此，它可以依附于相互冲突的各种意识形态和政治运动，从而成为各种政治力量、政党领袖及政治强人的政治策略和政治动员手段。

第二，民粹主义视人民为智慧和道德的象征，是政治权力和社会行为的合法性来源。虽然在现实经验世界中，不同背景下的民粹主义求助于不同的特定政治力量，诸如俄国村社农民、北美农民和农场工人、阿根廷城市工人及当代西欧主要受雇于私营部门的工人等。但由于民粹主义不具有阶级基础，所以，民粹主义在理论上是把人民作为一个无差别的整体看待的。但在实践中，民粹主义无一不立足于下层民众，从而凸显其草根性、平民性特质。所以，在所有的民粹主义个案，精英阶层或强势集团始终是被排斥在"人民"范畴之外的。正因为如此，民粹主义普遍存在反智主义和反精英主义的特征。

第三，虽然民粹主义是现代化的产物，甚至在诸如欧洲的新民粹主义个案中是现代性的一部分，但民粹主义始终是现代化的异己力量。基于上述价值观，

---

① 王璐、方晓强：《网络民粹主义的潜流：2000—2010年中国网民行为意识的个案分析》，《内蒙古社会科学(汉文版)》2011年第1期，第115页。

② 林红：《民粹主义：概念、理论与实证》，中央编译出版社2007年版，第7-8页。

③ 林红：《论民粹主义产生的社会根源》，《学术界》2006年第6期，第189-193页。

④ 向冬梅：《理性审视民粹主义——基于当下国内社会思潮的论争》，《理论探讨》2015年第1期，第167-168页。

⑤ [英]以赛亚·伯林：《俄国思想家》，译林出版社2011年版，第21页。

民粹主义拥抱简单化，天然地拒斥任何复杂的社会、政治形式和规则。正因为如此，民粹主义与复杂的现代性社会结构密切联系的几乎所有的社会因素都存在内在紧张。它畏惧工业主义，厌恶资产阶级及其意识形态自由主义。它对现代国家形式尤其是支撑现代国家形式的政党制度、代议制度心存蔑视。

第四，民粹主义是在反对现存的政治经济制度过程中兴起的思潮，在许多方面表现出了与自由主义主张不同或者相反的特征。民粹主义虽然从终极意义上承认国家是恶，但又反对放任主义，坚持国家干预的重要性。在理论和实践上，民粹主义倡导集体主义。与此同时，虽然在对待现代化的态度上、在对资本主义和资产阶级的评价上、在所依赖的社会力量上、在政治运动的形式以及社会革命的目标模式上，民粹主义都与社会主义相去甚远。但是，同样作为一种自由主义的异己力量，民粹主义在维护社会正义与促进平等方面展现了与社会主义相似的面貌。

第五，作为对现代化、全球化及自由主义的回应，民粹主义始终是批判的和解构性的。它从"美德只存在于普通人身上"、"智慧存在于普通人身上"[1]这些基本认知和价值诉求出发，往往站在政治正确和道德高地上评判社会现象。对于贫富差距、腐败、道德沦丧，无论是真实的还是想象的，都会采取严厉的批判态度。[2]

二、民粹主义产生的社会历史背景

进入 19 世纪以来，当西欧资本主义成长壮大，资产阶级革命深入进行，工人运动蓬勃发展的时候，俄罗斯这个古老的幅员辽阔的东方帝国仍滞留在日趋没落的农奴制度阶段，资本主义的发展十分缓慢。作为欧洲反动的"神圣同盟"魁首的沙皇王朝，不仅血腥地镇压了 1825 年本国的"十二月党人"的起义，而且还跃跃欲试地企图参与对 1830 年法国"七月革命"的镇压。在国内，它一面疯狂地扑打燃遍全国的农奴起义的火焰，一面又残酷地迫害具有民主主义革命思想的爱国知识分子，企图扼杀革命，维护其迅速解体着的封建农奴制度。然而，革命的洪流不可阻挡，已经衰退了的农奴制度不断地经受着革命的冲击。仅据当时俄国官方统计，自 1842 年起，每年都平均有 40 个贵族死于农奴起义。沙皇尼古拉一世为了转移国内日益激化的阶级矛盾，连续发动了对外

---

① ［英］保罗·塔格特：《民粹主义》，吉林人民出版社 2005 年版，第 128 页。

② 黄军甫、张倩倩：《如何理解社会转型中民粹主义的勃兴》，《探索与争鸣》2015 年第 8 期，第 58-59 页。

战争。但是这一切却挽救不了农奴制度覆灭的命运。1853—1856 年的克里米亚战争，充分暴露了这个欧洲最后的反动堡垒的腐败和孱弱。正如后来恩格斯说的，这次战争的特点就是"一个采用原始生产形式的民族同几个拥有现代生产的民族进行绝望的搏斗"。①战争的结果是财政危机鼎沸，农奴解放运动风起云涌，尼古拉一世被迫自杀。与北美农奴解放运动相呼应，仅在 1860 年，俄国就发生了 100 多次农奴起义。为了避免这个"装上了火药的地雷"的爆炸，尼古拉一世的继承人亚历山大二世被迫于 1861 年颁布了"废除农奴制"的法令。在这个敏感的沙皇看来，"从上面解放比等待从下面推翻更好些"。所以，这个"解放"法令的宗旨是不要过多地伤触贵族地主的利益，又能缓和国内阶级矛盾，使沙皇专制政权苟延残喘。这个闻名于世的"解放"是不彻底的。"解放"后的社会制度既要农奴交纳"赎金"，又要把农奴束缚在有限的份地上。正因为如此，仅在"解放"后的 1862—1863 年两年内，就爆发了两千多次农民起义，起义的锋芒直接指向了农奴制残余。尽管如此，束缚生产力发展的农奴制的千年锁链还是被挣断了，社会生产力在同农奴制残余的斗争中获得了前所未有的发展。无论城乡，资本主义经济都在迅速地增长着。1865—1890 年，工人数目由 706 000 人增至 1 430 300 人，净增了一倍多。至 19 世纪 90 年代末，全俄工人又增至 2 702 000 人。工业人口比重的增长是与农业村社的迅速解体同时进行的。俄国在这个社会经济急剧变革的时代，经历着剧烈的社会阵痛。这种情况，正如马克思指出过的"不仅苦于资本主义生产的发展，而且苦于资本主义生产的不发展"。②

面对这种社会经济变革，"俄国向何处去"的问题就成了 19 世纪后半期俄国社会各个阶级的思想家和代表人物思索和探求的主题。③

在俄国，民粹主义是沙皇专制农奴制度走向危机和资本主义薄弱发展的产物。它的最深根源，既反映了农民在专制农奴制度下所经受的悲惨遭遇以及他们发出的愤怒抗议，也反映了他们面临新道路选择时对西欧资本主义血腥罪恶所产生的恐惧情绪。当时探索俄国发展道路的先进分子，正代表了俄国农民的这种思想情绪。民粹主义作为最早萌生于"叛逆贵族"中间，后来主要是在平民知识分子当中传播的社会政治思潮，其实质是一种小资产阶级的农民社会主义。沙皇自上而下的不彻底的农奴制改革，更加重了农民的灾难，随之而来的

---

① 马克思、恩格斯：《马克思恩格斯全集》，人民出版社 1972 年版，第 465 页。

② 马克思、恩格斯：《马克思恩格斯全集》，人民出版社 1972 年版，第 10-11 页。

③ 姜若宁、王兆祥：《马克思主义与民粹主义的论战史述评》，《马克思主义研究》2000 年第 3 期，第 13-14 页。

资本主义又像头上的一口悬剑，以剥夺土地，令农民完全破产的前景，威胁着他们的生存。旧的农奴制罪恶还没有从前门驱除，新的资本主义威胁又从后门潜入。究竟俄国人民摆脱灾难的出路何在？这时，在探索俄国命运的先进知识分子面前，已不是 30—40 年代存在于斯拉夫派和西欧派之间的一般论争，而变成了一种更加紧迫的选择：是任俄国社会在农奴制改革后自然发展下去，让农民进一步丧失土地而沦为无产者，走一条"阴沉昏暗而血迹斑斑的"资本主义道路，还是保留俄国传统农民村社而避免西欧的资本主义？在这个事关俄罗斯命运的重大选择面前，俄国思想界出现了重大变化：先前的斯拉夫派和西欧派发生重组，一种更为强大的社会政治思潮——民粹主义——开始形成并发展起来。

　　如果说 40 年代的俄国民粹派还"只有单个者和不大的小组"，那么，60年代已经涌现出一个庞大的社会群体并形成了自己的社会舆论。他们不仅形成了强大的社会思潮，而且有了俄国社会思想的中心人物和这个群体的思想领袖。这个人就是尼·加·车尔尼雪夫斯基。他以自己近乎圣者的道德，感召、鼓舞着一代革命民粹主义者——平民知识分子革命家。沙皇政府为镇压革命，以捏造的罪名判处这位思想领袖 19 年苦役。在俄国历史上制造的这起最丑恶的假案，在民粹派知识分子和正义人士中激起了更加强烈的抗议，引起了民粹主义的更大发展。

　　俄国民粹主义有各种各样的派别，有革命的和保守的，激进的和温和的，唯物主义的和宗教的，从"斯拉夫主义者到西方派的赫尔岑，从陀思妥耶夫斯基到 70 年代的革命者都是民粹主义者"。这一思想潮流是如此强大，以至到60 年代中后期很快就成了社会思想的主潮，并在 70 年代一跃而占据了社会思想的优势地位。革命民粹主义者在 70 年代发起了一个颇具声势的"到民间去"运动。他们穿着农民的衣服、留着农民的发式，到民间宣传群众、动员群众。但这些知识分子到底不太了解农民，以至有些农民对他们抱着怀疑态度，有的甚至向官府告发，引起了官方对他们的抓捕和镇压。"到民间去"运动的失败，招致了 70 年代末到 80 年代初民粹主义的危机和分化：一部分同沙皇制度妥协，走向自由主义，成为自由民粹派；一部分组成"民意党"，走上刺杀沙皇的恐怖主义道路；一部分则开始从工人中寻找新的革命力量，接受马克思主义，走上了无产阶级社会主义道路。①

---

① 马龙闪：《俄国民粹主义产生的历史条件和它的主要持征》，《俄罗斯研究》2002 年第2 期，第 59-60 页。

三、民粹主义的主要特征

民粹主义的主要特征可以归纳为如下三点：

(1) 空心化。民粹主义中的"人民"并不是现实意义上的群众实体，而是由知识分子因为兴趣或政治需要建构出来的虚构概念，是一个充满了道德色彩、高度同质化、感情充沛、创造力无穷的美好想象。这种虚构概念导致的最直接的结果就是"人民"的空心化，人们只是朦胧地看到"人民"的轮廓并坚定地相信它的美好，但至于"人民"究竟包括谁，人们并不知道。拉克劳将这种概念称为"空符徵"，由于天生的社会属性和习惯性的等同逻辑，人们往往倾向于在观念上再现重构一些集体符号，以满足人们的归属感，这些符号只注重形式上的接合逻辑而非内容上的具体指涉，因此好像是空心的，人民、民族、无产阶级或者任何其他能反应不同社会诉求的集合概念都属于"空符徵。"[1] 民粹主义的空心化特征使其对环境具有很强的依赖性，能够随着环境的变化而变化，环境特征甚至构成民粹主义本身的重要特征。[2] "人民"的主体像变色龙一样不断变换，民粹主义也像一种"政治涂料"一样，能与各种意识形态和政权形式相结合，并提出多种多样的诉求，正如邓志松所说："民粹运动的诉求可能是土地改革、解除束缚，改善生活，如历史上屡见不鲜的农民革命；也可能针对财团、官僚、政党与贪婪政客，如美国 19 世纪末的进步主义运动；也可能是民族主义导向，挑战国际秩序，如德国纳粹。民粹诉求可能是右派的降低赋税，要求更多的自由市场，也可能是左派的土地改革或财富重新分配"。[3] 民粹主义的空心化特征导致了它的工具性，使它很容易被政治精英利用，成为达成精英个人目的的手段和策略，这也是学界倾向于给民粹主义下策略性定义的一个重要原因。

(2) 反智主义。民粹主义的反智主义特征来源于人民本身的特性。人民普遍受教育程度有限，缺乏理性和精致的思维能力，容易显露人性本身的弱点。而且，由于大众在政治经济生活中长期处于边缘地位，他们对于既得利益者——精英——缺乏信任，往往将精英所设计的复杂体制和社会规范视为其攫取利益和压迫自己的工具，因此更加崇尚简单、质朴的政治风格。这种特性导致

① 林淑芬：《民粹主义、民主与人民》，《政治与社会哲学评论》2005 年第 12 期，第 149-152 页。
② [英]保罗塔·塔格特：《民粹主义》，袁明旭译，吉林人民出版社 2005 年版，第 5-6 页。
③ 邓志松：《民主社会中的民粹运动：一个理论层面的探讨》，《台湾政治学会第七届年会暨"跨越 2000 年的政治学研究：两岸学者论坛"论文集》，2000 年，第 36 页。

了三个结果：一是简单化的政治风格。"民粹主义主张在复杂政治过程中以简单方式处理各种问题，它的目标之一就是创建一种与繁文缛节式的代议制及其官僚政治相区别的简单化政治风格。"①这种对简单化政治的推崇使得人民更容易被简约明确的政治口号所感召，被"克里斯玛式"的领袖人物所领导。二是情感至上主义。人民是一种感情动物，正如勒庞所言："在同人类的各种作为文明动力的感情——譬如尊严、自我牺牲、宗教信仰、爱国主义以及对荣誉的爱……的对抗中，理性在大多数时候都不是赢家。"②因此，人民更喜欢美好的、充满道德和激情的政治构想，民粹主义也很容易倒向暴民政治或道德(或宗教)原教旨主义。三是对于过去的缅怀和推崇。民粹主义的非理性赋予它一种浪漫主义气质，倾向于憧憬完美的乌托邦和缅怀过去的黄金时代。"民粹主义与传统文化、习惯与思想有非常密切的契合关系，它的未来蓝图也是以过去的'美好社会'为基础而设计，因而民粹主义其实是向后看的主义……正是传统社会向现代工业社会的转型引发习惯了传统模式的人们的不安定感，不安定感会引起'怀旧情绪'，这是民粹主义出现并蔓延的社会心理基础。"③

(3) 精英领导。虽然民粹主义以反对精英政治为主要诉求，但具有讽刺意义的是，历史上绝大部分民粹运动由精英领导，比如庇隆及其夫人对拉美民粹主义的领导、社会信用党对加拿大民粹主义的领导、各新兴右派政党及其领袖对于欧洲新民粹的领导等。在俄国民粹派的案例中，人民甚至从来都不是民粹主义运动的领导力量，为农民奔波呼号的一直都是怀有村落社会主义理想的城市知识分子。民粹运动对于精英领导的需求首先来自于民粹主义的空心化特征，即缺乏实质价值。在没有确定的、明晰的价值目标或行动纲领的情况下，人们只好将目光投向精英领导；而且，作为领导者的精英往往是果决的、睿智的和充满魅力的，与平凡的大众形成鲜明对比，这既顺应了人民崇拜英雄和需要领导的天性，也给迷茫失落的人们带来了希望和安定感，尤其当大众将被社会危机和道德崩溃感压倒的时候，原本应该奉献给价值理想或政治纲领的大众热情很容易转变为对于领导者的期待和效忠。人民倾向于精英领导的另一个原因来自他们对于制度的不信任和对直接简单统治的向往。大众对制度的拒斥直接导致了民粹主义的制度困境，既无法保证民粹运动的持久性，也无法建立稳定的民粹政体，比较有效的应对办法显然又是对个人领导作用的强调。但这个

---

① 林红：《民粹主义：概念、理论与实证》，中央编译出版社 2007 年版，第 58 页。

② [法]古斯塔夫·勒庞：《乌合之众：大众心理研究》，冯克利译，中央编译出版社 2004 年版，第 93 页。

③ 林红：《民粹主义：概念、理论与实证》，中央编译出版社 2007 年版，第 68 页。

替代性方案也仅仅是权宜之计，在民粹主义依赖个人魅力型领导的地方，它要长期维持自己是非常困难的。即使在民粹主义不依靠个人魅力型领导的地方，它维持自身依然有困难，因为它对政治制度化天生的厌恶。然而，制度化是任何政治运动生存的先决条件之一。①个人领导是非常短暂且不稳定的，终究会在领导人的死亡或更迭中崩溃，或者逐渐转变为法理型统治，随着这种情况的发生，民粹主义也就逐渐平息了。②

第二节　民粹主义对中国革命和建设的影响

民粹主义对中国革命和建设的影响，是 20 世纪 80 年代以来中国学术界一直探讨与争论的问题。由于相当一段时间内对这个问题的讨论是在范围不大的学者中间进行的，因此并未引起人们太多关注。随着我国著名思想理论家、历史学家胡绳参与这一讨论，并提出毛泽东与民粹主义的关系问题，认为毛泽东"曾染上过民粹主义色彩"，这个问题便一下子引起人们极大的关注，其论争也空前激烈起来。近年来，对这一问题的关注已经超越了史学界，成为中国思想文化界关注的热点问题之一。

诸多学者对辛亥革命时期、五四时期、新民主主义革命时期、社会主义革命和建设时期中国民粹主义的表现极其影响做了详细解读和分析，在此做简要介绍。

一、辛亥革命时期的民粹主义及其特征

儒家的大同理想及民本思想、农民的平均主义思想、墨家的劳动观念及平民意识等，都成为中国近代民粹主义的思想资源。由于中国有着与俄国相似的小农经济的社会基础，加上传统的思想资源的影响，更易促发民粹主义在近代中国的滋生。与俄国民粹主义相比，中国近代民粹主义有着自己鲜明的特色。它没有系统的组织化的民粹派，也没有系统的民粹主义政治思想，它更多地体现为一种不自觉的民粹主义思想倾向。辛亥革命时期俄国民粹主义传入中国，比较有代表性的思想流派主要有刘师培、孙中山及章太炎等人的民粹主义思想。

① [英]保罗塔·塔格特：《民粹主义》，袁明旭译，吉林人民出版社 2005 年版，第 138 页。
② 庄吟茜：《对民粹主义概念的再认识》，《唐都学刊》2015 年第 1 期，第 99-100 页。

（一）刘师培等人的无政府民粹主义

20 世纪初，俄国民粹主义与虚无主义、无政府主义、社会主义互相交织在一起，开始传入中国。由于俄国无政府主义思想家巴枯宁、克鲁泡特金是俄国民粹主义运动的积极参与者和重要代表，故俄国的无政府主义与民粹主义始终纠缠在一起。民粹主义虽然不完全等同于无政府主义，但清末民初中国人所称的民粹主义、虚无主义、无政府主义和社会主义等名词，在俄国实际上并没有明确的界限，均被冠以"民粹主义"的总名。故当它们在清末民初从日本和法国传入中国之后，同样未做明确的界限，实质上仍是俄国的民粹主义。①辛亥革命时期的"无政府主义"，并不是纯粹欧洲意义上的无政府主义，更多的是含有俄国民粹主义意味的"无政府主义"，故可名之曰无政府民粹主义。刘师培、何震、张继、汪公权为主要撰稿人的《天义》所宣传的无政府主义，以"破坏固有之社会，实行人类之平等为宗旨，于提倡女界之革命外，兼提倡各族经济诸革命。"②尽管它大量介绍了西方无政府主义思想，但同时认定无政府主义在中国古已有之，故这种带有复古主义色彩的无政府主义有着浓厚的农民气息，实际上更倾向于俄国民粹主义。刘师培、李石曾等人之所以接受无政府民粹主义，是基于对西方资产阶级革命的失望和对西方资本主义制度的不满，反映了部分革命党人试图"另筹革命之方"、另辟革命之途径之意向。刘师培等人虽然在反清革命问题上与孙中山领导的同盟会基本一致，但对推翻清政府统治后建立的国家问题上却存在着明显分歧。孙中山主张在革命后建立资产阶级代议制的民主共和国，而刘师培等人则看到了资产阶级共和制的弊端，对资产阶级代议制度进行了批评，反对建立资产阶级代议制国家。"绕过资本主义道路，直接过渡到社会主义"，俄国民粹主义这个核心思想，在中国产生了共鸣。在对待资本主义问题上，从西学泰斗到国学大师，从维新派到革命派，从国粹主义者到无政府主义者，从风云人物到名不见经传的文人士子，均带有深层的心理抗拒和伦理上的拒斥，程度不同地对资本主义罪恶进行猛烈抨击，并为中国避免资本主义祸害做了种种设想，表现出明显的民粹主义倾向。

---

① 严格地说，民粹主义之不同于虚无主义，虚无主义之不同于无政府主义，而后二者之不同于前二者，是显而易见的。但清末民初从俄国经由日本和法国传入中国的所谓无政府主义，主要是俄国民粹主义。

② 《简章》，《天义》第 1 卷，1907 年 6 月 10 日。

(二) 孙中山的民粹主义思想

辛亥革命之前，以孙中山、章太炎、刘师培等人为代表的资产阶级革命派，看到了西方资本主义的弊端，设法在中国资本主义尚未发达时就加以防止，将政治革命与社会革命"毕其功于一役"，提出了"节制资本"、"土地国有"等民粹主义主张，力图避免中国的资本主义前途。1912年，列宁看到孙中山《在南京中国同盟会会员饯别会的演说》后，撰写了《中国的民主主义和民粹主义》，认为孙中山的革命纲领是战斗的、真诚的民主主义并超出了民主主义的范畴，它与俄国的民粹主义十分相似，与避免走资本主义道路即防止资本主义的愿望结合在一起，与宣传激进的土地改革计划结合在一起。在列宁看来，孙中山为代表的资产阶级民主革命派的民粹主义，主要体现在其提出的平均地权和节制资本的民生主义纲领上。作为中国近代民主革命的先驱者，孙中山通过对欧美国家的观察和体验，深感欧美资本主义各国虽然比中国先进，但是其内部却也矛盾重重、危机四伏。他洞察到西方资本主义世界由自由竞争发展到垄断所造成的阶级对立异常尖锐和贫富的巨大悬殊。为了使中国避免欧美各国所出现的社会危机，他主张"举政治革命、社会革命毕其功于一役"，力图在中国消除资本主义的弊端，避免走资本主义道路。孙中山的这种认识，带有明显的民粹主义色彩，他将社会主义与中国的非资本主义前途联系起来，视社会主义为中国避免走资本主义道路的预防药方。为此，孙中山提出了民生主义，最早构想了中国走"非资本主义"的道路。平均地权、节制资本和集产社会主义，是孙中山"民生主义"的主要内容。这显然是带有民粹主义倾向的社会改造方案。孙中山平均地权的性质，不是社会主义而是资产阶级民主主义。因为它在客观上只能起着反对封建主义和发展资本主义的作用。但平均地权没有将平均地权和农民无偿地获得土地的问题联结起来，因而不能真正动员起农民的力量以实现这个纲领，加上孙中山企图不动员农民而用和平的阶级调和的方法来解决土地问题，决定了"平均地权"难以真正实现。孙中山对近代资本主义的批判，主要集中于对其发展带来的弊端之上，并非全面反对资本主义。他看到资本主义的弊端，设法在中国采用民生主义，即他理解的社会主义的方法，在资本主义尚未发达时就加以防止。他承认资本主义物质文明的成就，承认发展现代经济的绝对必要性，但他并不想把这个伟大的历史责任交给中国的资本家。他要用他的民生主义方法达到国家现代化的目的，而其方法，就是用国家资本限制私人资本的垄断。这样看来，民生主义是中国传统平均主义思想的近代翻版，是广大下层劳动民众要求摆脱困苦愿望的学理化反映，是资产阶级要求发展资本主义的欲望在革命运动中的折射。孙中山希望在中国落后的社会环境里举政治革命、社会革命"毕其功于一役",只能是一种难以实现的社会空想,其民生主义具有浓厚的民粹主义色彩。

(三) 章太炎等人的民粹主义

不仅孙中山具有浓厚的民粹主义思想倾向,以章太炎为代表的国粹派,具有更浓厚、更突出的民粹主义倾向。受儒家"大同"理想和"不患寡而患不均"思想的影响,章太炎把平均社会财富和小农经济为基础的传统农业文明作为应对西方资本主义文明挑战的途径,将传统农业文明与西方工业文明截然对立,以中国传统的"大同"理想比附近代社会主义,并以此批判西方近代资本主义,提出"均田"、"限袭产"等民粹主义的主张。他主张"重农抑商",并且"均配土田"。这种主张带有明显的"农业社会主义"的倾向。章太炎堪称近代中国突出地在道德上尊崇平民与体力劳动、贬抑上层人物与知识精英的第一人。他把农民视为最有道德的人,而将知识分子和比知识分子地位更高的人视为不道德的阶层,并将在外洋机构中服务的"雇译人"视为最不道德的人。一方面反映出他对上流社会极端鄙视的情绪,另一方面则反映出他对农民的崇尚,带有浓厚的崇拜农民和体力劳动者而贬低知识和知识精英的倾向。章太炎这种体现小生产者的民粹主义思想是肤浅的。他以为只有农民、工人是自食其力者,只有他们在生产和创造财富,而知识分子、商人、社会管理者均不创造财富,显然是站不住脚的。由于他使用的是一种非常狭隘的小生产者的道德尺度,因此他把组成中国社会各阶层的"质"与"量"做了许多倒置。"知识愈进愈坏"是典型的反智主义的命题。

总之,俄国民粹主义在 20 世纪初以无政府主义、虚无主义、社会主义等名义开始在中国传播,它激活了中国传统思想中的民粹主义因素,逐渐形成了中国近代民粹主义。辛亥革命时期的民粹主义基本特征有二:一是对资本主义深恶痛绝,把它看作是丑恶、衰落、倒退的历史现象;二是看不到社会发展的基础是物质生活的生产和再生产,不懂得社会革命发生的经济根源,试图绕过资本主义发展阶段,从农民的个体私有经济直接过渡到社会主义。与俄国民粹主义相比,中国近代民粹主义没有系统的组织化的民粹派,也没有系统的民粹主义政治思想,它更多地体现为一种不自觉的民粹主义思想倾向。农耕文明与儒家文化是民粹主义的温床,对西方资本主义认识的肤浅是民粹主义滋生的思想文化因素。幻想从落后的农业国跳过资本主义工业化阶段直接过渡到社会主义社会，是中国近代民粹主义的最重要特征。[①]

二、五四时期的民粹主义及其影响

五四时期的民粹主义始终以与无政府主义思潮相混合的形式表现出来。五四时期中国的无政府主义尽管掺杂了其他空想社会主义成分(普鲁东学说、工团主义、新村主义、工读主义等)，但主流则是与民粹主义结合在一起的俄国无政府主义，并且主要是受俄国思想家巴枯宁、克鲁泡特金及托尔斯泰等人思想的影响。五四时期的民粹主义，除了像无政府主义那样揭露资本主义罪恶并主张中国走非资本主义道路外，基本特征体现为：劳动主义的兴起及对劳动、劳工的推崇；平民主义的流行及对民众力量的重视；到农村去、到民间去潮流的涌动；以及崇拜民众、鄙视知识分子的反智主义倾向的萌动等。

(一) 崇尚劳动与劳动主义的兴起

五四时期民粹主义的兴起，与中国无政府主义者对"劳动主义"的宣传密切相关。中国无政府主义者对劳苦百姓的悲苦生活抱有极大同情，自视为"平民"代言人，极力推崇劳动。无政府主义对劳动问题的重视及托尔斯泰泛劳动主义的流行，在五四思想界掀起了重视劳动、推崇劳动及"劳工神圣"的观念。1918 年 11 月 16 日，在庆祝协约国胜利的大会上，北大校长蔡元培以学界领袖的身份发表演说，喊出了"劳工神圣"的口号。"劳工神圣"成为五四知识青年和报纸杂志的时髦用语，并出现了一股崇尚劳工、赞扬劳工精神的潮流。

无政府主义者不仅在中国首次明确张扬"劳动为人生之天职"的思想，促进了劳动主义的兴起，而且还在中国发起了最早的纪念"五一"劳动节的活动。1920 年 5 月 1 日，京、沪、穗等地的各派社会主义者掀起大规模的"五一国际劳动节"庆祝活动。李大钊主持的北京大学五一劳动节纪念大会，参加人员达 500 多人。陈独秀主编的《新青年》第九卷第六期开辟"劳动节纪念专号"，蔡元培题写"劳工神圣"的字幅，吴稚晖用篆字为该刊题写了"人日"两字，表示一向被当做牛马的劳动者要站起来做人，孙中山和蔡元培也为该刊题词。该纪念专号刊发了 15 篇报道中国各地劳工实况的短文，11 篇介绍世界各国工运发展及有关劳工理论的专文，有 13 位工人的题词被置于与上述 3 位知名人士同等的地位，这在中国出版史上是破天荒之举。同时，报纸杂志也刊载了大量"五一节"的纪念文章，阐述劳动节的历史和意义。"劳工神圣"成为五四

---

① 左玉河：《论辛亥革命时期的民粹主义》，《史林》2012 年第 2 期，第 115-127 页。

之后几代中国人的普遍观念。知识分子走进厂矿、走向田野，"到民间去"，与工农相结合，逐渐成为五四之后新的社会风尚。伴随着劳动主义的兴起，一股推崇劳动者、崇拜民众力量的平民主义思潮迅速流行起来。

（二）推崇民众与平民主义的流行

平民主义是五四时期具有浓厚民粹主义色彩的社会思潮。伴随着对劳动及劳工的推崇，越来越多的人们看到了普通民众的力量和作用。而俄国革命的胜利，在很多人看来就是平民主义的胜利。1918 年 11 月 15 日，李大钊在天安门广场发表《庶民的胜利》演说，将第一次世界大战的胜利视为"庶民的胜利"。李大钊对庶民主义的召唤，在当时思想界产生了强烈共鸣，民主的观念开始在中国流行。陈独秀以"德先生"和"赛先生"来称呼"民主"和"科学"，并且宣布，"我们现在认定只有这两位先生，可以救治中国政治上、道德上、学术上、思想上一切的黑暗。"①杜威访华后，更加推动了平民主义思潮的流行。

李大钊是五四时期平民主义的重要代表。1923 年 1 月，李大钊出版《平民主义》小册子，对平民主义做了深刻阐述：① 平民主义是世界的潮流、时代的精神，是社会政治前进的巨大动力，将来的世界是平民主义的世界。② 平民主义不但是一种政治制度，而且是一种人生哲学。③ 平民主义的真精神是"自由政治"。④ 断言工人政治是真实的平民政治、纯正的平民政治。李大钊的"平民主义"，以平等的最大化为首要价值目标，以人的政治经济社会全面解放为追求目标，实际上是民粹主义式的民主。平民主义的流行，成为五四时期民粹主义的重要标志，对五四后的中国思想和社会产生了重大影响。正是在平民主义理念驱使下，一批知识分子到农村去、到工厂去，到民间去，开始进行建立平民主义社会的尝试和试验，掀起了影响深远的平民教育和乡村建设运动。

（三）"到农村去、到民间去"的呼声

五四知识分子对民主做"平民主义"阐释的同时，也对俄国民粹派发起的"到农村去"运动给予关注而加以效仿，力图从俄国民粹主义运动那里汲取精神力量，用以改造中国社会。李大钊在十月革命后努力探寻俄国革命成功的原因，并试图以此启发中国青年。1919 年 2 月，李大钊在《晨报》上发表《青年与农村》一文，把十月革命的胜利视为早期民粹派"到民间去"活动的结果。他将俄国早期民粹派的活动与布尔什维主义取得的十月革命胜利联系起来，认

---

① 陈独秀：《〈新青年〉罪案之答辩书》，《新青年》1919 年第 6 卷第 1 号。

为革命民粹派"到民间去"的宣传活动是十月革命这种新机的"酝酿",是民粹派到民间发动民众的必然结果,故中国也要效仿俄国民粹派,到广大的农村去发动和组织农民。李大钊歌颂农民、赞美农村、推崇知识分子从事农业体力劳动、号召到农村去,明显地表现出对社会下层农民的道德与农村生活的憧憬,显然是用传统社会形态中道德的价值理性来批判现代工业文明的工具理性和功利主义,从而希望避开或跳过资本主义发展阶段,直接进入社会主义社会。

李大钊等人倡导和发动的"到民间去"运动,其实际效果并不十分显著,但作为知识分子一项激进而具浪漫特性的社会改造运动,在五四知识青年中产生了积极的意义。正是在平民主义流行、劳动主义兴起和"到民间去"的潮流中,北京大学成立的平民教育讲演团、工读互助团,北京高等师范学校师生组织的平民教育社,恽代英、毛泽东等人的"新村"运动,乃至五四以后梁漱溟等人的"乡村建设运动",都可以说是知识青年在"到民间去"的理念影响下所进行的具体实践。

(四) 贬低知识及反智主义情绪的萌动

民粹主义对民众近乎崇拜的重视,必然导致对知识分子的极端贬低。对民众的重视达到崇拜的程度,就是认为民众一切都好,而知识分子则一无是处,非经过民众的改造不能使用。民粹主义的正面是"人民崇拜",反面是打倒精英,特别是经济精英和知识精英,所以,民粹主义具有强烈的反智主义倾向。反智识主义不是一种学说,而是一种态度,一种体现在政治、经济、社会各方面的心理倾向。五四时期流行的"劳工神圣"、平民主义及"到民间去"思潮中,已经蕴含有明显的反智主义倾向。在五四时期劳动主义初兴之时,"脑力劳动者"也包括在"劳动者"之中,但当反智主义情绪蔓延之后,"脑力劳动者"便逐渐被排除在"劳动者"行列之外了。陈独秀在"劳心"与"劳力"问题上,崇尚"劳力"而贬低"劳心",显然具有反智主义倾向。在反智主义情绪萌动之后,"平民"越来越等同于"劳工"、"劳农","劳动者"越来越等同于"做工的人"。五四时期"劳工神圣"、"与劳工阶级为伍"的潮流中的许多知识青年,均有强烈的反智主义情绪。那些具有反智主义倾向的青年对城市知识分子的"知识"始终抱有不信任感,而对农民天生的"智慧"则抱有信任倾慕之心。

总之,在五四新文化运动时期,中国思想文化界萌生了一股民粹主义情绪,这种情绪的发展,对五四启蒙运动的历史走向产生了重大影响,改变了五四启蒙思潮的流向。民粹主义与启蒙主义是两个具有不同价值取向的概念，前者以平民百姓为本位，强调向民众学习而不是说教；后者则主张向广大民众灌输现代文化知识，改变民众对于宇宙人生的蒙昧认识。五四新文化运动是一场深刻的启蒙运动，知识精英充当了平民百姓的"启蒙者"，而平民百姓理所当然地成为知识精英启蒙的对象。但就是在五四启蒙思想发展过程中，却萌生了一股强大的劳工神圣、平民主义及反智主义情绪。当这样的情绪兴起并膨胀之后，作为启蒙者的知识精英与作为启蒙对象的平民百姓之间的关系，便发生了微妙的变化，出现了一种令启蒙者两难的矛盾情形：一方面，知识精英自恃为启蒙者，赋予自己向民众灌输民主意识、科学知识的道德义务；但另一方面，他们又崇拜民众的道德和社会力量，反过来要向民众学习，从而背离了其思想启蒙之初衷。这样，民粹主义倾向与启蒙主义的内在冲突，使五四启蒙运动逐渐偏离了正常的启蒙运动的轨道，从而走向了"后五四"的平民主义激进之路。五四时期流行的劳动主义、反智主义、反资本主义以及知识分子与民众打成一片的观念，也逐渐构成五四之后中国革命意识形态的基调。[1]

三、关于新民主主义革命时期民粹主义问题的论争

如果说 19 世纪中国文化中民粹主义思想是在小农国家自发产生的话，那么到 19 世纪末至 20 世纪上半期，中国民粹主义产生和传播的条件则与西方侵略中国，外国资本主义对中国人民的残酷剥削，中国人民从资本主义感受到的深切痛苦密切相关。当时，先进的中国人曾一度致力于向西方学习，企图走西方的道路，但帝国主义的侵略特别是第一次世界大战暴露出的矛盾，打破了中国人的幻想，这使中国人的目光转向了俄国。中国人在向俄国人学习的过程中，从那里接受马克思主义的同时，也受到了俄国民粹主义的影响。由于中国本土的民粹主义传统和俄国民粹主义的影响，按照民粹主义还是按照马克思主义解决中国的前途问题，即怎样处理"资本主义与社会主义的关系"问题，便成了"一个重要问题"。[2]罗荣渠认为："在殖民地半殖民地的具体条件下，民族主义与工业主义有时是互相排斥的。在经济发展落后的许多国家，都发生过民族主义憎恶和抵制现代工业化的思潮和运动。这在俄国称之为民粹主义；在

① 左玉河：《论五四时期的民粹主义》，《晋阳学刊》2010 年第 1 期，第 77-84 页。
② 胡绳：《毛泽东的新民主主义论再评价》，《中国社会科学》1999 年第 3 期，第 4-19 页。

拉丁美洲称之为民众主义；在非洲有乡村社会主义；在亚洲有甘地主义；在中国，民粹主义思潮在知识分子中也有影响。"①他认为这种影响在20世纪20到30年代中国的一些代表人物身上表现得十分明显。②但中国共产党的一些早期活动家瞿秋白、杨明斋、恽代英、蔡和森等，曾在不同程度上同这个时期的民粹主义思想做过斗争。"杨明斋根据马克思主义的社会进化论，提出了人类社会依生产力的发展而由农业社会向工业社会进化的现代化理论的最基本观点。"③瞿秋白在建党初期就批判了"空想的乌托邦主义"，也批判了孙中山的"民粹派式的社会主义"和章士钊的"农业社会主义"。他的结论是："马克思主义绝对与非科学的民粹派或无政府派不同，决不想用什么手段跳过资本主义直接行社会主义。"④其他中共早期活动家恽代英、蔡和森等也都坚持将中国转变为"工业国"，"反对党内党外这一类非资本主义前途的油腔滑调"。⑤但是，中国是落后的农民国度，这里和俄国一样，有着产生民粹主义的肥厚土壤。因而马克思主义一从俄国传入，从其在中国传播的起点上就受到民粹主义的浸染，在中国共产党内也受到民粹主义的影响。⑥毛泽东在新民主主义革命时期是否具有民粹主义思想是学术界争论的一个焦点。较早提出毛泽东具有民粹主义思想的是莫里斯·迈斯纳。他在1982年出版的《马克思主义、毛泽东主义和乌托邦主义》一书中说："民粹主义的影响成为毛泽东主义解释马克思主义的一个不可缺少的组成部分。"

毛泽东本人在同美国作家斯诺的谈话中也曾涉及民粹主义问题。他说，他"对民粹主义者到农村去的'方法'的接受，并不等于对民粹主义的全部主张的赞成"，但他承认，他早年有过"空想社会主义观念"。这使一些学者认为，早期的毛泽东曾受过民粹主义的影响。但毛泽东在其传记中说，"到了1920年夏天"，他"已经在理论上和在某种程度的行动上，成为一个马克思主义者"。有的学者据此认为，这种转变"只有一年之隔"，"在这样迅速的转折中，民粹

① 罗荣渠：《从"西化"到现代化——五四以来有关中国文化趋向和发展道路论证文选》，北京大学出版社1990年版，第27页。
② 罗荣渠：《五四以来政派及其思想》，上海人民出版社1987年版，第337页。
③ 转引自王素莉：《马克思主义中国化的社会转变道路与近现代民粹主义思潮》，《中共党史研究》1998年第3期，第21页。
④ 瞿秋白：《瞿秋白文集(政治理论篇)》，人民出版社1988年版，第202页。
⑤ 恽代英：《恽代英文集(上)》，人民出版社1984年版，第409页；蔡和森：《蔡和森文集》，人民出版社1980年版，第803页。
⑥ 胡乔木：《胡乔木文集(第2卷)》，人民出版社1993年版，第284页。

主义等固有观念，是来不及清算也是不必要清算的。它只是被悄悄地嫁接了过来"。他们甚至认为，毛泽东"崇拜底层社会的造反模式，本身就是一个民粹主义者题中应有之义"。①李泽厚也认为毛泽东具有民粹主义色彩，指出在李大钊"前后的章太炎、鲁迅(早期)、章士钊、梁漱溟、毛泽东等人那里，曾各以不同的形态闪烁出这同一特色"②。但胡绳认为，中国新民主主义革命时期的毛泽东，至少在其"一生最辉煌的时期之一，即大体在民主革命时期的 1939年到 1949 年，毛泽东不但没有丝毫染上民粹主义的思想，而且是坚决地反对民粹主义的"。胡绳甚至称他是在中国共产党内"从理论和实践两方面坚定地、透彻地反对民粹主义"的"第一人"。③由于中国社会存在着民粹主义的深厚土壤，由于共产国际和俄国领导人的影响，中国革命和中国共产党曾受到民粹主义的影响，这在中国学术界已为不少人所承认。有人认为"20 世纪 20 年代是中国民粹主义思想的一个高峰期；国民革命引发的近代中国最大一次以农民为主体的乡土社会动员给民粹主义提供了一个理想的实验场；民粹主义是农民运动和国民革命失败的主观因素之一"。④胡绳认为第二次国内革命战争时期的李立三、王明路线急于攻打大城市，就是急于反对资本主义，急于把资产阶级民主革命转变为无产阶级社会主义革命。胡绳揭示了中国共产党党内"左"倾机会主义同民粹主义的关系，说这种"左"倾机会主义的"基本性质是类似于民粹主义的"，"因为它以为可以在经济很落后的情况下，即普遍存在着小农经济的情况下一下子将民主革命转到社会主义革命去。这种"左"倾机会主义——民粹主义根源，一方面是中国本土传统固有的，另一方面是"受共产国际和俄国人的影响而产生的"。⑤毛泽东也认为"民粹主义在中国和我们党内的影响是很大的"。他曾指出："俄国民粹派'左'得要命，要更快地搞社会主义，不发展资本主义，结果呢，他们变成了反革命。"同这一思想相联系，在中国革命胜利前夕，毛泽东曾多次批评中国共产党党内一些同志急于"消灭资本主义"的错误，并把这种"左"的倾向同民粹主义思想联系在一块。⑥

---

① 朱学勤：《风声、雨声、读书声》，上海三联书店 1994 年版，第 59-67 页。

② 李泽厚：《中国现代思想史论》，天津社会科学出版社 2003 年版，第 152 页。

③ 胡绳：《马克思主义与改革开放》，中国社会科学出版社 2000 年版，第 157-158 页。

④ 姚曙光：《国民革命失败的民粹主义因素分析——以湖南农民运动为个案的探讨》，《南京大学学报》2003 年第 3 期，第 62 页。

⑤ 胡绳：《毛泽东的新民主主义论再评价》，《中国社会科学》1999 年第 3 期，第 10 页。

⑥ 刘建国：《近廿年来中国学术界关于民粹主义与中国革命和建设问题的争论》，《中州学刊》2006 年第 6 期，第 159-160 页。

综上所述，在中国新民主主义革命过程中，自始至终贯穿着马克思主义同民粹主义的思想斗争。具有忧国忧民传统的中国知识分子深受儒家"大同"思想的熏陶，很容易出现用传统农业文明来批判资本主义工业文明的民粹主义。幻想从落后的农业国跳过资本主义工业化阶段直接过渡到社会主义社会，是中国民粹主义的最重要特点。相对于马克思主义主流来说，民粹主义居于思想的次要地位，只是表现为一种思想潜流，这种潜流往往是在革命的高潮中，尤其是"左"倾思想泛滥时集中呈现出来。在动员和组织广大民众参加革命的过程中，民粹主义主要体现出正面的积极作用；当革命处于激进的高潮时，民粹主义便展现出负面的消极影响，严重地危害中国革命事业的发展。正因为如此，中国共产党在领导中国人民进行新民主主义革命过程中，对民粹主义保持了高度的警惕，极力克服民粹主义的消极影响。从某种意义上讲，中国新民主主义革命的胜利，是马克思主义对民粹主义的胜利。但由于小资产阶级在中国社会中占据多数，民粹主义在中国社会有着深厚的社会经济基础和深远的思想传统，所以，在新中国建立后的社会主义革命和建设中抵制和清除民粹主义消极因素影响的历史任务仍然比较艰巨，党内仍然存在着马克思主义与民粹主义倾向的斗争。①

四、关于中国社会主义革命和建设时期民粹主义问题的论争

　　自 20 世纪 70 年代末中国进入改革开放时期以来，人们在不断思考和探讨新中国成立后中国社会主义革命和建设失误的根源问题，特别是苏联的解体引起人们极大的警觉。以胡绳为代表的史学家，主张要总结经验教训，就要正视历史，不能回避并掩盖问题，因此提出了中共在新中国成立后对待资本主义与社会主义的关系问题。他认为，新中国成立后"怕资本主义，实际上是前 20 年(引者注：新中国成立前的 20 世纪 30 到 40 年代)'左'倾思想的继续"。②他认为毛泽东对社会主义的认识"曾染上过民粹主义色彩"，其"典型说法是'一张白纸没有负担，好画最新最美的图画'"。③胡绳认为，这样"以为在'一穷二白'的底子上就可以自由挥洒，画出社会主义的最新最美的图画"的想法，"是不符合实际的。""如果有社会主义最新最美的图画，那一定是和社会主义

---

①　左玉河：《论中共党内的"左"倾民粹主义》，《晋阳学刊》2011 年第 3 期，第 84 页。
②　胡绳：《胡绳文集(1979—1994)》，中国社会科学出版社 1994 年版，第 134 页。
③　胡绳：《马克思主义与改革开放》，中国社会科学出版社 2000 年版，第 153 页。

的很高的生产力相联系的。当社会生产力还极其落后的时候，不但谈不到最新最美，而且不应当根据社会主义的一般概念来决定实行什么样的方针政策。"①

1998 年和 1999 年胡绳先后发表《社会主义和资本主义的关系：世纪之交的回顾和前瞻》和《毛泽东的新民主主义论再评价》两篇文章，完整系统地阐述了上述观点。他高度评价毛泽东关于中国革命分新民主主义革命和社会主义革命两步走的新民主主义理论，但同时认为"到 1953 年宣布过渡时期总路线以后，党的方针有了明显的改变"，毛泽东实际上放弃了新民主主义的理论，利用政治力量，人为地促成社会主义的发展，只用大约 3 年(1954—1956 年)时间就完成了社会主义改造。到 1958 年，全国农村又跃进到人民公社。"可以说，领导思想失之毫厘，民粹主义的思想就在下面大为膨胀。当农业生产力没有任何显著提高，国家的工业化正在发端的时候，认为从人民公社就能进入共产主义，这是什么思想？只能说这种思想在实质上属于民粹主义的范畴，和马克思主义距离很远。"②胡文的发表，引起了思想理论界的强烈反响。有人认为胡绳关于"毛泽东曾染上过民粹主义色彩"的说法，"带有严重的、根本的性质"，这涉及能否科学评价毛泽东和毛泽东思想这一重大问题，"这是一个全局性的、至关重要的问题"。③"如果认为毛泽东具有民粹主义倾向，那就意味着毛泽东至少在某种程度上成了小资产阶级革命家，他的思想在某种程度上不过是小资产阶级的'社会主义'而已。"他们认为胡绳的这些观点，"不仅是针对毛泽东的，而且是针对《中共中央关于建国以来党的若干历史问题的决议》、针对邓小平的有关论述的"，这"不仅在事实上站不住脚，而且还可能在政治思想上引起混乱"，认为胡绳"陷入"了"庸俗生产力论的泥潭"。④与此同时，有人在《中共党史研究》、《中流》、《真理的追求》等杂志上撰文，对胡绳的文章提出指责，认为"这不仅是对毛泽东和毛泽东思想的无理批评，而是把新中国走社会主义道路歪曲成'民粹主义道路'。"⑤他们还认为"现在，摆在我们

① 胡绳：《胡绳文集(1979—1994)》，中国社会科学出版社 1994 年版，第 198 页。

② 胡绳：《社会主义和资本主义的关系：世纪之交的回顾和前瞻》，《中共党史研究》1998 年第 6 期，第 1-2 页；《毛泽东的新民主主义论再评价》，《中国社会科学》1999 年第 3 期，第 5-19 页。

③ 刘建国：《近廿年来中国学术界关于民粹主义与中国革命和建设问题的争论》，《中州学刊》2006 年第 6 期，第 160 页。

④ 同上。

⑤ 金台生：《"民粹主义帽子"的由来》，《真理的追求》2000 年第 2 期，第 18-20 页。

面前的迫切任务，不是什么反对'民粹主义'，而是反对庸俗生产力论"。①

随后，支持胡绳观点的学者立即反击，写了《请放下你的棍子》、《岂能如此曲解？》、《读"毛泽东的新民主主义论再评价"》、《应当尊重胡绳教授的原意》等文章，双方的论争一下子激化起来。支持胡绳的学者认为，胡绳"不仅尖锐地提出问题，而且从对民粹主义认识的新视角，揭示了党内'左''右'倾错误路线产生的根源"，这是"党的历史上一个带有根本性的问题"。②有的学者认为"胡绳教授撰写的两篇文章，完全是站在一个学者的立场上，对毛泽东新民主主义论所蕴涵的尚未被挖掘的宝贵思想及其对建设有中国特色社会主义的现实指导意义提出自己的学术见解，这是应该提倡和发扬的"，胡绳没有陷入"庸俗生产力论的泥潭"，而是坚持马克思主义的。③石仲泉则认为胡绳说毛泽东在 20 世纪 50 年代滋长了曾经批判过的急于消灭资本主义的思想，染上了民粹主义色彩，并未表明胡绳"否定了社会主义改造"，也未"给毛主席脸上抹黑"，"他所说的急于消灭资本主义是染上了民粹主义色彩"，"是从总结经验教训的角度而言的。总结经验教训着重讲缺点，分析原因，丝毫不等于是否定成绩"④。

在论争中，双方学者对毛泽东的一个典型论断"一张白纸，可画最新最美的图画"，也持不同看法。有学者认为，毛泽东这个论断是坚持唯物辩证法，是讲矛盾对立双方的转化，这与民粹主义无关。⑤有的学者指出："毛泽东这几句话讲的是，我们经济底子薄，工业基础差，几乎像一张白纸；这是坏事，也有好处，我们可以从比较高的起点开始，建设新的(现代的)工业、农业、运输业、文教事业；在一个不太长的时间内，改变我国的落后状态，把我国建设成为强大的社会主义国家。这怎么能和民粹主义挂钩呢？"⑥有的学者在赞成上

---

① 刘建国：《近廿年来中国学术界关于民粹主义与中国革命和建设问题的争论》，《中州学刊》2006 年第 6 期，第 160 页。

② 邱路：《请放下你的棍子——质疑沙健孙教授对胡绳先生的批判》，《百年潮》2000 年第 1 期，第 23-27 页；何诚：《读"毛泽东的新民主主义论再评价"》，《中共党史研究》1999 年第 6 期，第 77-80 页。

③ 林庭芳：《应当尊重胡绳教授的原意》，《中共党史研究》2000 年第 1 期，第 106-110 页。

④ 石仲泉：《与时俱进：胡绳学术晚年的新辉煌》，《中共党史研究》2002 年第 2 期，第 62 页。

⑤ 刘建国：《近廿年来中国学术界关于民粹主义与中国革命和建设问题的争论》，《中州学刊》2006 年第 6 期，第 161 页。

⑥ 郎冠英：《不要忘了反对资产阶级自由化》，《真理的追求》1999 年第 12 期，第 14-17 页。

述观点的同时进一步指出："我们在不到30年的时间里，把一个连自行车和手表都不能生产的贫穷落后的农业国建成了强大的社会主义工业国，为四个现代化奠定了坚实的基础，画出了'最新最美的画图'。这就是事实，有何民粹主义？"① 也有人提出"一穷二白"之说与民粹主义无涉，但民粹主义的本质是把村社和农民理想化，毛泽东对农民社会主义积极性的赞扬和反复强调，是否能够听到一点俄国民粹主义的回声呢？②

　　除上述论争外，一些学者就社会主义革命和建设时期的民粹主义问题的其他方面展开探讨。有的学者认为社会主义建设总路线、大跃进运动、人民公社化运动和"文化大革命"等的提出和开展，都与民粹主义有关。③ 与上述观点不同，有的学者认为毛泽东提出过渡时期总路线并未受到民粹主义的影响，过渡时期总路线与民粹主义在社会基础、思想来源及"要不要有一个彻底的资产阶级性质的民主革命"等方面有着根本的区别。④ 朱佳木认为毛泽东对中国工业化的探求，既"有辉煌的成就，也有一些失误"，但不管是哪种情况，过渡时期总路线、社会主义改造、大跃进运动、人民公社化运动，以及"文化大革命"等"与民粹主义无关"。⑤

　　近20年来，中国学术界关于民粹主义与中国革命和建设问题的论争持续不断，相当激烈，甚至在某种程度上超出了学术范围，掺杂了许多政治色彩。⑥ 从这场论争的总体情况来看，问题的要害在于如何评价毛泽东和毛泽东思想，如何评价新中国成立后30年的理论与实践，如何总结这30年的社会主义理论与实践的经验教训？这场论争的实质是如何反思经济和科技落后国家如何建设社会主义的理论与实践，如何处理好社会主义与资本主义的关系的问题。总体上看，这场论争廓清了一些认识，深化了理论探索，对于推进对我国

---

① 金台生：《"民粹主义帽子"的由来》，《真理的追求》2000年第2期，第18-20页。

② 胡岩：《民粹主义和社会主义》，《当代世界社会主义问题》1999年第2期，第3-20页。

③ 杨发民：《"左"倾中国社会主义意识形态的特征》，《人文杂志》2005年第1期，第19-25页。

④ 李捷：《当前毛泽东思想研究的几个问题》，《思想理论教育导刊》2000年第8期，第26-30页。

⑤ 朱佳木：《毛泽东对中国工业化的探求与中国的革命和建设》，《中共党史研究》2004年第2期，第10-21页。

⑥ 刘建国：《近廿年来中国学术界关于民粹主义与中国革命和建设问题的争论》，《中州学刊》2006年第6期，第160-161页。

社会主义初级阶段的认识，更好地总结社会主义建设的经验教训，都有非常积极的意义。①

第三节 当前中国民粹主义透视

一、中国民粹主义的新动向

概括来说，民粹主义在当前中国社会表现为以互联网为载体，针对某些热点事件和现象的，非理性和极端化的观点和舆论主张。互联网成为民粹主义思潮表达的重要平台。在现代化过程中，中国社会从总体性社会向多元利益主体并存的社会状态转化，阶层分化和利益格局变化导致了部分民众对官僚、社会底层对上层的不满和愤懑。在中国当下社会中，民粹主义以仇富、仇官、反智等二元对立为主要表现，其中又以仇官最为突出。

民粹主义盛行的网络空间，对事件的判断并非基于清晰的事实和逻辑，而是基于事件双方当事人的身份。在具体的事件中，民粹主义者大多利用贫富差距、身份阶级等特征来分辨"敌我"。富二代、豪车、城管、高管甚至是医生、教师、专家都是指引网络事件走向的关键词，只要在网络新闻中看到这样的词，我们基本就能判断这个事件将有怎样的舆论反应。

随着互联网的普及，民间社会和草根群体运用网络表达政治主张成为我国近年民粹主义思潮流行的重要动力。以报纸、广播、电视为代表的传统媒体基本上传达的是社会的主流价值观，而在一些民众看来这些媒体则是既得利益群体或是精英的代言人，很少表达贫富分化、城乡对立、环境恶化等结构性问题。而互联网上的草根、自由的言论氛围更适于表达不满或怨气，在"信息茧房"里对社会不公、制度不调的不满回荡，意见气候趋向一致，而形成群体极化的效应，成为民粹主义思潮表达的重要平台。微博、微信平台上时政事件的传播、舆论的聚集过程体现了民众的知情权、表达权和监督权，但这些平台不容易凝聚成理性的社会共识，有时会向极端的方向发酵。

近年来的国际社会和国内政治发生不少大事，在这其中最值得关注的动向有两个：一是民粹主义在中国大举反腐的趋势下声势增长，二是民粹主义愈发显示出与极端民族主义合流的迹象。

---

① 蒲国良：《国内学术界关于毛泽东有否民粹主义色彩的论争述评》，《中共南京市委党校南京市行政学院学报》2007年第2期，第9-11页。

在中国大力反腐的过程中，民粹主义这一"副产品"值得关注。尽管中国政府一向将打击贪污腐败作为纯洁党的事业肌体和党内监督的重要举措，但是自 2012 年以来体现出的密集反腐、高压反腐的态势还是前所未有的。这一举措体现了国家从严治党、建设廉洁政府的决心，也给民众带来了信心。但是，民粹主义一直以来的仇官情绪似乎得到了现实的佐证，以致甚嚣尘上。复旦发展研究院传播与国家治理研究中心经过调查发现，腐败被认为是目前中国社会面临的最大问题。这一方面印证了政府政治传播的议程设置，另一方面，这种在短时间大量揭露腐败现状的方式对民粹主义思潮是一种助长。对于反腐过程中一些故事性、极具戏剧效果的细节，网民津津乐道。

此外，近年来国际社会发生了不少大事，如马航客机失踪、美国政要频频访问亚洲、香港"占中"、台湾地区领导人选举、南海问题等。在这些事件中，对外强硬的民族主义势力与民粹的结合值得关注。①

二、网络民粹主义的基本表现

与一般的民粹主义相似，网络民粹主义思潮强调平民性，理所当然地非议或批判与之相对立的权威。当代的权威主要来自知识、权力和财富。于是，作为权威代表的专家、官员和富豪，便成了网络民粹主义思潮的主要矛头所指。专家是网民批评最多的权威代表。因为专长于写和说，专家在公共媒体和互联网上抛头露面的机会最多，而有些著名的主流学术权威几乎成了互联网上的明星，他们的言论在互联网上广为转载。正因为如此，他们也受到了网民最多和最严厉的批评。近年来，知识界一些名流几乎都受到不同程度的批评。尤其是一些著名经济学家，只要他们一有新的言论，就招致网民诸多的、乃至潮水般的非议。厉以宁、吴敬琏、张维迎等，在学术圈内享有盛名，常常作为政府或高官的座上嘉宾，但在网上的遭遇却大相径庭，甚至成为众矢之的。比如，《中国青年报》2005 年 11 月公布的一份"你相信哪位主流经济学家"的公众调查中，信任率超过 10%的仅有两人，以至厉以宁声言要"顶住互联网的压力"。其他各类专家或学术明星遭遇也差不多，高高在上的科学院、工程院院士，著名作家，电视大众讲演的学术红人，都毫无例外地遭受网民的非议和讨伐。广场狂欢式语言在这里也找到了自己的立足之地。如同亢奋、发泄是广场狂欢节的基本情绪一样，理性也不是网络论坛的必要的通行证。情绪化的话语更具有

① 参见李良荣：《警惕网络民粹主义"暴力"——中国民粹主义新动向》，《人民论坛》2015 年第 1 期，第 35-36 页。

感染力，能更快地在网络上散布开来。互联网还具有群体极化特性。群体极化指群体中原已存在的倾向性，通过相互作用而得到加强，使一种观点朝着更极端的方向转移，保守的会更保守，激进的会更冒险。互联网的平等性、聚集性、偏激性为网络民粹主义思潮提供了技术支持；在大量聚集的网民拥有话语权并且带有偏激情绪的情形下，出现民粹主义思潮是容易理解的。

总体上，网络民粹主义思潮一方面是对现实中精英主义的反抗，另一方面是对现实中民粹主义思潮的延伸。现实中精英权威的言行刺激了网络民粹主义思潮的滋长。应该说，民粹主义和精英主义是一对难解难分的孪生兄弟，民粹主义是对精英主义的反抗。网民的民粹主义思潮指责权威，也是因为这些所谓的权威的确存在被指责的地方。就专家而言，知识分子曾被冠之以"社会的良心"，人们期望他们站在公正的立场上说话。但是在现实社会中，一些专家成为利益团体的代言人，尤其是为富人说话、为既得利益者说话。在"刘涌案"中的一些法律专家，在"科龙案"中的一些经济学家，都扮演了这样的角色。当这些暴露在网络之上，必然激起网民的愤怒。有的专家甚至沽名钓誉、信口开河，混同于社会明星，降低了他们的学术信誉。除此之外，近年来知识界、学术界各种学术不轨、乃至道德出轨事件，经过互联网的放大和传播，使得他们应有的清誉受到广泛的质疑，贬损了他们在网民心目中的形象。就官员而言，民众期望的官员应当是"人民的公仆"，但实际情况往往相反。有的官员高高在上，官僚主义，脱离群众，对成绩夸大其词，对缺点轻描淡写；有的官员贪赃枉法，腐败腐化，触目惊心；有的官员朝令夕改，与民争利。凡此种种，政府的公信力和官员的形象，必然遭到网民的非议。至于中国的富豪，有相当部分的财富并不是来自"勤奋劳动"和"合法经营"。近年来富人崛起于备受争议的房地产业、小煤窑等，更加深了网民对富豪的怀疑。还有一些富豪生活奢侈、处事张扬、蔑视平民，也容易激起网民的义愤。

中国逐渐扩大的贫富差距强化了民粹主义思潮。民粹主义思潮与贫富差距具有正相关的联系。中国改革开放以来，经济发展取得长足的进步，人民总体生活水平大幅度提高。但也无须讳言，中国贫富差距有扩大趋势，各个阶层所分享的改革成果并不均衡。目前中国还处在社会的转型期，而这样的时期是最容易滋生民粹主义思潮的。社会转型所导致的发展不均衡、分配不公平的基本现实，以及随处可见的掠夺、腐败、僵化、蜕变等现象，由此导致的欲望泛滥、道德失范、心理失重等精神弊病，都是滋生民粹主义思潮的土壤。需要指出的是，由于普通民众很难通过传统媒介渠道表达自己的意见，宣泄不满情绪，因此他们的民粹主义思潮集中地以网络的方式表达出来。①

三、网络民粹主义的叙事逻辑

互联网的出现无疑给民粹主义提供了滋生的土壤，网络的隐蔽性、互动性、离散性、碎片化等特点一方面拓宽了公众的参与渠道，另一方面也容易将社会矛盾和底层情绪放大，形成一套二元对立的"以美化底层、仇视精英"为核心特征的民粹主义话语。雷闪闪、郭小安从网络公共事件中网民的三种主要情绪——悲情、戏谑与愤怒——入手，结合具体案例，分析了网络民粹主义三种不同的叙事逻辑及其表现。

（一）底层叙事——美化弱者，仇视精英

"底层"一词源自意大利马克思主义研究者安东尼奥•葛兰西。葛兰西在《狱中札记》中用了"Subaltern Classes"一词，可译为"底层阶级"，特指欧洲社会里那些从属的、被排除在主流之外的社会群体。在我国，通常把月收入3000元以下的人群归为"底层"。中国互联网络信息中心(CNNIC)《第 35 次中国互联网络发展状况统计报告》显示，我国网民中 3000 元以下收入者约占2/3(65.4%)，这种"底层"聚集的结构容易放大负面情绪，导致网民偏离理性轨道，底层身份往往容易成为"弱者的武器"②。底层叙事在此背景下产生，它对现实持一种反思、批判的态度，对底层怀着深切的同情，对精英怀有强烈的质疑。在这种叙事框架下，网民往往站在道德的制高点，划清阶级立场，共同打击"强者"，安抚弱者。在这场集体狂欢中，事实本身已经不再重要，法律的权威性和刚性也不再重要，一切将让位于"人民"。"人民"成了不能被批评的敏感词汇，精英已经被普遍地预设成为体制服务的既得利益阶层，而遭受广泛的道德质疑与挑战。如在"邓玉娇事件"中，媒体报道框架中最常出现的关键词是"修脚女"的身份，与"招商主任"的身份形成了强烈对比，且"强奸"、"杀人"等情境很容易引发公众关注和狂欢。各大门户网站在标题制作上刻意突出了表现弱者身份的词语，这些倾向性的标题一方面吸引了网民关注，另一方面也影响了网民的理性判断。如新浪网的《女服务员刺死官员》，搜狐网的《邓玉娇从"烈女"到"凶手"之路》、《罗彩霞、邓玉娇等事件显示出小

---

① 陶文昭：《互联网上的民粹主义思潮》，《探索与争鸣》2009 年第 5 期，第 48 页。

② [美]詹姆斯•斯科特：《农民的道义经济学：东南亚的反抗与生存》，程显才译，译林出版社 2001 年版，第 82 页。

人物的胜利》，凤凰网的《修脚女邓玉娇，一刀刺中官场的软肋》等。最终，邓玉娇反被网民们视作英雄、反腐斗士、女中龙凤、"当代的穆桂英"等，并有网民视邓玉娇为女儿之典范。

同样，在"杨佳袭警案"中，底层叙事的风格也是发挥得淋漓尽致。2008年7月1日上午9时40分，杨佳携带20多厘米长的单刃(剔骨刀)、锤子、喷雾剂、防尘面具等作案工具，来到上海市公安局闸北分局门口，抛投8个燃烧瓶纵火，并用匕首刺死警察6人，刺伤多人，在杨佳伏法并执行死刑后，网络上却出现了大量的同情、美化杨佳的声音，有网民把杨佳视为英雄，并在网上建立了"杨佳网络纪念馆"，号召将11月26日作为"英雄"杨佳的忌日，每年进行悼念，还有其他团体联系杨母进行访谈、拍照纪念其逝世儿子。

可见，当网络公共事件涉及官、富、警等敏感身份时，极易引发民粹主义情绪，在这种情绪支配下，极易形成"安抚弱者、打击强者"的舆论氛围。此时，事实的对错不再重要，道德安抚和谴责才是主旋律。换句话说，能否安抚好"善良的同胞"，打倒"凶残的敌人"将成为主要使命，这容易导致对"底层"的过度补偿，催生出暴力崇拜。

(二) 哄客叙事——戏谑狂欢与隐性抵抗

"哄客"的概念最早由文化学者朱大可于2005年提出，它"是用酷语、色语和秽语对公共事件或人物进行道德、美学评判的行为"。[①]该词原本是针对文化娱乐事件中一些受众的低俗表现，从"芙蓉姐姐"到"犀利哥"再到"凤姐"，"哄客"们或贬或捧，总爱乐此不疲地从那些网络人物身上榨取乐趣，并提炼出某种符号制作笑料。随后，"哄客"的内涵被扩至指向网络上重大社会话题中的某类言论倾向，有些成为网络流行语沉淀下来，成为"集体记忆"的一部分。哄客叙事通过一种戏谑化的表达手段，可以起到去敏感化、娱乐化、大众化的效果。在哄客叙事中，网民常常使用戏谑恶搞的方式如改编诗词、制作歌曲、编写段子等，以进行大众化传播，而对于相反或不同的意见则"统统一棍子打死"，形成话语垄断。

例如，在"李某某案"中，著名媒体人杨某曾于2013年2月23日在微博发表以下内容："劳教一年对一个因为冲动打人的未成年人来说是否惩罚过重？被贴上标签的孩子很容易破罐破摔了。真替李老师感到痛心！"这段话被网民们理解为替李某某"辩护"，此言一出，引发群起围攻，哄客们运用围观、对骂、编段子、打油诗、人肉搜索等形式，掺杂各种酷语、色语和秽语，羞辱

---

① 朱大可：《流氓的盛宴》，新星出版社2006年版，第3页。

当事人，迫使杨某公开道歉。2 月 24 日晚杨某在微博上做出回应："由于我并不了解当年李某某打人细节，因此有关劳教一年的处罚是否适当的评论是不负责任的，抱歉。法律面前人人平等，没有人可以凌驾于法律之上。"她的丈夫也站出来解围，称妻子本意是质疑劳教制度的有效性，但第一忘了先亮牌支持受害者，第二不了解李某某当时被判劳教一年的依据就发表言论，快中出错。2 月 24 日晚 11 点半，杨某再次向外界道歉："对女性的性侵害应受到严惩是最基本的立场，是不言而喻的！我之前微博的本意是怀疑那种送劳教了事的改造方法是否真的有效，但对当年事实了解不清，不适当地提出劳教长短的问题，再次抱歉。"

在"京温跳"事件中，网民一方面在微博、网络论坛、百度贴吧上渲染悲情，对死者的家庭背景、现状进行情感修辞，如"死者家境贫困，父亲重病；袁某极有孝心，是家中的顶梁柱"，"家中母亲听到噩耗已经晕倒住院"。同时，也通过戏谑化的方式对事件进行舆论审判。2013 年 5 月 13 日，天涯杂谈上一位名叫"牛吹天"的网友杜撰的一篇六月下冰雹的极具煽动性的帖子，更是把哄客的特点发挥得淋漓尽致。

（三）对抗叙事——虚构事实与建构身份

网络民粹主义的话语充满了对抗性，它总是在关注"谁是我们的敌人"、"谁是我们的朋友"。事件发生后，网民们会迅速从事件中剥离身份，虚构情景，划清敌我矛盾，以此来引发情感共鸣。因此在对抗叙事中，一般都强调受害者的无辜和他们所遭遇的不公；而作为对照，作恶者则常常被描述得凶恶无情。此类叙事所展现的，是善与恶的典型对照。[①]在这场身份与话语的叙事中，当事人的身份、情境是关键要素，因为一旦涉及敏感身份(如官与民、警与匪、富与穷、明星与平民、城管与小贩等)、情景标签(如腐败、包庇、殴打、狂妄、强奸、虐待等)，就很容易引发公众的悲情、愤怒、同情、绝望等情绪。[②]对抗叙事主要手段有：人肉搜索，谣言建构，情绪渲染，借势造势，线下行动等。在对抗叙事中，"人民"成为一个整体、同质、抽象的统一体，它特指处于社会底层的阶级如农民、农民工、小生产者、城市工人阶级等，代表着社会的善和美，与位于社会上层的精英阶级如政治精英、大企业家、高级知识分子

① 杨国斌：《连线力：中国网民在行动》，广西师范大学出版社 2013 年版，第 36 页。
② 郭小安：《网络抗争中谣言的情感动员：策略与剧目》，《国际新闻界》2013 年第 12 期，第 61 页。

等相对抗和抵触。①正如塔格特所言："民粹主义者有这样的倾向，他们通常站在自己所排斥、厌恶的社会集团的对立面上来描述自身。民粹主义者的言语中充满了对头脑敏锐的知识分子、官僚、雇佣文人、财主、强盗头领、披头士和财阀的诋毁。"②这就造就了具有鲜明特点的对抗式话语表达方式——非此即彼、非黑即白、反权威、去中心、文化叛逆。在贴标签的过程中，人民和敌人可以迅速地简单归类。③

如在"安徽池州"事件中，有网民建构了一则"中学生被打死"的谣言，最终引发了网民的情感动员，导致了群体性事件。2005 年 6 月 26 日下午，一辆牌照为苏 Z 的本田车在池州市区与一个本地青年刘亮相撞并发生争执后，车主吴某将刘亮殴打致伤。吴要刘赔偿，刘则希望吴送他到医院检查但被拒绝，争执中刘亮打了本田车的倒车镜，于是被车上的保安殴打。围观群众传言吴还说了一句，"打死了不就是赔 30 万嘛"，此话激起了围观民众的愤怒情绪。而在青年被打送往医院后，又网络谣传"中学生被打死了"，这更进一步刺激了围观者，闻讯而来的警察没有及时拘留逮捕打人者吴某，而是上了吴某的本田车，围观群众开始认为"他们是一伙的"，误认为警察在袒护富商，不满情绪的累积与警察的"不当处置"使怨气爆发，导致越来越多的人开始聚集，局势越来越混乱，人群里开始扔水瓶、石块、鞭炮。围观群众掀翻了本田汽车，并把掀翻的本田车烧毁。随后，人们又把警车推倒，不断有人拿工具砸警车车窗，接着车内火光闪烁，派出所已经浓烟滚滚。人们开始哄抢附近的东华东超市，只是因为老板送了一些矿泉水到派出所里，有人又谣传他给打人的老板做担保，让那些人从后门跑掉。

同样，在"四川大竹群体性事件"中，最终使得事件步步升级的仍然是网民虚构的对抗叙事。2006 年 12 月 30 日，在四川省达州市大竹县莱仕德酒店做迎宾小姐刚满一个月的杨代莉死亡。事发十几天过去，由于警方一直没有给杨的死亡定性，此时谣言开始在网络空间传播，如"三位省里的高官，也是酒店老板的朋友，强求杨代莉陪酒，而后对其轮奸并进行野蛮摧残"。之后，有关杨代莉死因的版本一步步升级，甚至还有这样的描述，"杨死亡时几颗牙齿掉落，脖子上有乌黑的掐握痕迹，下阴被弄烂。警方欲以杨系醉酒而死结案"，公众情绪被谣言迅速引燃，导致越来越多的人开始聚集。2006 年 1 月 17 日，酒店门前开始聚集部分民众，而且像滚雪球般越来越多。而此时，另一则

---

① 林红：《民粹主义——概念、理论与实证》，中央编译出版社 2007 年版，第 47 页。
② [英]保罗·塔格特：《民粹主义》，吉林人民出版社 2011 年版，第 74 页。
③ 陈龙：《网络民粹主义的话语垄断策略》，《苏州大学学报》2011 年第 6 期，第 159 页。

谣言又推波助澜，说"十来个学生冒着高压水柱砸碎了酒店的钢化玻璃，随后酒店两个房间起火了，大火引发了更多人的围观，火烧得很大，几层楼都着了，吓死人"①。未成年人曹某看到莱仕德酒店起火后，到现场用手机拍了照片，并在 QQ 群里谣传"三个高官要杨代莉陪酒，随后在酒里下毒，将她轮奸"和"在杨代莉死亡之前，莱仕德酒店还有人遇害，这些都被当地政府包庇了"，此谣言无疑是火上浇油，最终使事件演变成一场大规模的群体性事件。

由此我们发现，网络民粹主义已经形成了一套模式化的话语，每当出现公共事件，一些网民就会在底层情绪、刻板意见的支配下，对信息进行选择性理解、选择性过滤、选择性记忆，甚至使用谣言作为武器进行身份和情景建构，以剥离出"富与穷"、"官与民"、"警与匪"、"城管与小贩"等二元对立的身份格局，然后通过各种情感动员手段，以达到"安抚弱者、打击强者"的目的。其叙事过程往往遵照如下逻辑：通过底层叙事，美化弱者，妖魔化强者，以此进行悲情叙事，引发情感共鸣；利用哄客叙事，通过娱乐、戏谑、恶搞等手段，引发网络狂欢，加快事件的传播力度，争夺事件的解读权，并对不同意见采取恶搞的方式进行攻击，形成强大的舆论氛围；通过抗争叙事，将人民与敌人迅速简单归类，对官、警、富进行妖魔化解读，以激起网民的愤怒情绪，起到情感共鸣和情感动员的效果。

但是，网络民粹主义的叙事逻辑与民主法治的精神从根本上来说是背道而驰的，因为底层叙事在展示底层的艰难与不幸时，会无限放大和美化底层淳朴善良的道德品性，而无视法治的作用，由此造就"穷人无罪，富人罪加一等"的现象。哄客叙事是一种文化病态，它通过网络狂欢，形成排山倒海之势，对事件进行舆论审判，本质上是"文革叙事"的延续。抗争叙事则是一种二元对立的思维模式，暗含了激烈甚至暴戾的情绪，使得本就尖锐的社会矛盾更加激化。

当然，网络民粹主义的形成原因是多方面的，既与互联网的技术特点有关，还与当前社会矛盾升级、底层情绪积压、政治参与渠道不畅有关，也与部分地方政府"花钱买稳定"，由此带来的"不闹不解决、小闹小解决、大闹大解决"的认知与预期有关，导致在中国网络公共事件中，"围观就是力量"、"以势抗争"成了一种常态②。因此，只有当社会结构不断优化，社会矛盾不断缓和，底层情绪不断被安抚，制度化参与渠道不断拓展时，公众才有可能回归平

---

① 贾云勇：《四川大竹群体事件追记：传言未澄清公众走向失控》，新浪网(http://news.sina.com.cn/c/l/2007-02-04/094812224361.shtml)。

② 周叶中、蔡武进：《论检察民主》，《河南社会科学》2012 年第 1 期，第 24-31 页。

和与理性，网络民粹主义才会真正"偃旗息鼓"，最终回到民主和法治的轨道上来。[①]

四、审慎对待民粹主义

民粹主义并非洪水猛兽，总体上来说属于人民内部矛盾，其存在具有两面性。大多数学者都不同程度地承认民粹主义既有消极的负面影响，也有一定的积极意义。民粹主义肯定平民大众的首创精神，把平民大众的愿望、需要、情绪等当作考虑问题的出发点和归宿，因此从重视人民群众的历史作用方面来看，它具有积极意义。但民粹主义思潮把民主的理想绝对化，把民主主义推向极端，最终可能发展为专制主义的独裁政治，成为一种反民主主义，因而从社会发展和平民大众的长远利益来看，它又有着消极的意义。

民粹主义的观点偏激，开出的解决社会问题的药方有破坏性而缺少建设性，放任其滋生蔓延不仅会激化社会矛盾和撕裂社会，不利于社会平稳有序发展，而且最终伤害底层大众自身。但是民粹主义一向关怀弱势人群，体恤民生艰难，疾恶如仇，追求公正平等的社会生活，它在一定程度与限度内的存在无疑是对特权腐败和严重社会不公的一种冲击和制约，使其不敢恣意妄为。同时，民粹主义是一面镜子，反映出我们政治生活和社会政策存在的一系列深层问题和矛盾，对改革决策层有重要的警示与借鉴意义。针对这些矛盾和问题找出解决之道，不仅有助于缓解人民大众的不满和愤怒情绪，而且有助于提高我国政治社会发展的整体水平。[②]

对于网络民粹主义思潮，一方面要认识清醒，另一方面要处置得当。所谓认识清醒涉及两个问题。首先，网络上出现了民粹主义现象，但并不是说整个网络主流就是民粹主义。实际情况是，互联网上存在着各种不同甚至是相对的思潮，民粹主义只是其中的一种。对网络民粹主义思潮的范围和程度，不可高估和渲染，而要实事求是。其次，对民粹主义的作用要一分为二。民粹主义与民主主义在主权在民和人民统治这一基本点上是共通的。普通民众借助网络，对强势集团消权，对弱势群体增权，从而使各个阶层的权力配置更为均衡，相互之间有更多的制衡，这样有利于社会的健康发展。当然，网络民粹主义思

---

① 郭小安、雷闪闪：《网络民粹主义三种叙事方式及其反思》，《理论探索》2015 年第 5 期，第 65-69 页。

② 向冬梅：《理性审视民粹主义——基于当下国内社会思潮的论争》，《理论探讨》2015 年第 1 期，第 169 页。

潮也是具有危害性的。民粹主义思潮带有非理性。由于网民的虚拟身份，网络话语具有随意性，比较感性化和情绪化，有时甚至是某种情绪的宣泄。最近几年的网络热门事件，一些网民信口开河、情绪激昂，在不调查、不了解事情真相的情况下随意发言，造成了人们对事情的混淆认识、错误判断。一些网民还借用弱势群体利益表达的名义，否定其他社会群体的正当利益及其在社会发展中的正当作用，制造平民群众和精英群体的对立，在客观上起到激化矛盾与撕裂社会的作用，不利于社会和谐。因此，中国目前既需要反映民粹主义思潮包含的正当要求，尤其是处于社会边缘的平民的要求，又要防止民粹主义思潮对现实社会造成的破坏。

对于网络民粹主义思潮不能听之任之，必须审慎加以对待。第一，适当的网络引导。在保证大众利益表达的前提下，对网络上的不和谐声音加以引导、控制，不能任由民粹主义思潮占领市场。第二，必须开拓制度化的民意表达渠道。如果人民缺乏理性的参与渠道，对网络的过度依赖自然会加深网民的民粹情绪。不能让网民拥挤在难以规范的网络表达的单行道上，要尽可能多地开辟民意表达的制度化通道，让人民能更理性地反映意见，从而形成建设性的建议。第三，根治民粹主义的土壤。民粹主义思想反映了下层社会的要求，表达着他们对现行体制的不满，他们希望形成一种公平、公正、公开的社会生活。[1]只有通过进一步完善社会主义民主，深化政治体制改革，促进社会公平正义，才能有效消解所有的民粹主义，当然也包括网络民粹主义。

结　语

民粹主义在中国土壤深厚。"民贵君轻"、"藏富于民"、"不患寡，而患不均"、"王侯将相，宁有种乎"的思维与传统早已根植于中国人的文化心理之中，一旦遇到适当的机会就会被激活。民粹主义在中国互联网上的流行是当下具体的社会历史条件的产物，这个条件不会立刻改变，这也就意味着网络民粹主义依然会影响我国。总体来说，一方面，应警惕网络民粹主义"暴力"，防止民粹主义对政策制定的误导；另一方面，也应理性、客观辨别看待民粹主义反映的真实成分，对于民众诉求的合理性予以认可，切实解决问题，将边缘化、激进化的民粹情绪和行为吸纳到主流的政治生活中来。

---

① 陶文昭：《互联网上的民粹主义思潮》，《探索与争鸣》2009 年第 5 期，第48-49 页。

现代新儒家思潮

　　在中国哲学史上，汉代经学衰落后，道教突起，佛教风靡，传统儒学受到"异端"的挑战。地主阶级的正统思想家们经过几代人的努力，终于完成了对"异端"的融合改造，创立了新式的儒家哲学——三教合一的宋明理学。本世纪 20 年代以来，中国传统伦理和价值系统日益崩溃瓦解，帝国主义的对华军事和文化侵略日渐加紧，马克思主义在中国的传播愈益广泛。面对这样的现实，一批有着忧国忧民情怀的知识分子，为了提高中华民族的地位，便极力弘扬儒学，恢复传统文化的地位和价值系统，以便在此基础上融合西方文化，可将其概括为"现代新儒家思潮"。代表这股思潮的有独立思想体系的学者，可称为"现代新儒家"。如新中国成立前的新儒家梁漱溟、熊十力、贺麟、冯友兰，50 年代以后活跃在港台的牟宗三、唐君毅、徐复观，近年活跃在海外并在大陆有相当影响的杜维明、成中英、余英时等人。

　　新儒家思潮是中国文化保守主义的主要代表，正如方克立先生所说："中国近代思想史上也出现了文化保守主义思潮，主要有本世纪初(编者注：20 世纪初)以康有为为代表的'孔教派'，以章太炎、刘师培为代表的'国粹派'，20 年代以吴宓、梅光迪为代表的'学衡派'，以杜亚泉、章士钊等人为代表的'东方文化派'，30 年代以陶希圣等十教授为代表的'中国本位文化派'等；而作为 20 世纪中国文化保守主义之主流派的，则是产生于 20 年代初、至今已有三代人薪火相传、延续了 70 余年(编者注：距今已有 90 余年)的'现代新儒家学派'，其主要代表人物有梁漱溟、熊十力、冯友兰、唐君毅、牟宗三、杜维明等人。"①因此，有学者认为新儒家是近代文化保守主义之集大成者。在一定意义上讲，新儒家是对当时激进反传统主义的反向运动。在应对西方文化挑战的过程中，新儒家学者坚信中国传统文化对中国仍有价值，力图在现代中国

---

① 方克立：《要注意研究 90 年代出现的文化保守主义思潮》，《高校理论战线》1996 年第 2 期，第 35 页。

恢复儒家思想的主导地位，重建儒家的价值系统，并认为只有在此基础上，才谈得上对西方文化进行吸纳、融合和会通，才能实现中国文化和社会的现代化。

第一节 现代新儒家的概念界定及形成的历史背景和条件

一、相关概念的界定

"新儒家"或"新儒学"是中国近现代出现的一个概念，它有两种基本的含义。第一是指宋明理学或宋明道学。冯友兰在出版于 20 世纪 30 年代初的《中国哲学史》中说："唐代佛教称盛，而宋明道学家，即近所谓新儒家之学，亦即萌芽于此。"[①]冯友兰在 1948 年用英文出版的《中国哲学简史》中说："'新儒家'这个名词，是一个新造的西洋名词。与'道学'完全相等。"[②]冯友兰称"近代所谓新儒家之学"，表明新儒家或新儒学的概念非冯友兰最早使用，应早于 20 世纪 30 年代。作为英文的"新儒家"概念更为晚出，是 20 世纪 40 年代末前后"新造的"。这个概念就是指陈宋明道学。冯友兰的《中国哲学简史》第二十三至二十六章的标题分别为"新儒家：宇宙发生论(包括韩愈和李翱、周敦颐的宇宙发生论、精神修养的方法，邵雍的宇宙发生论、事物的演化规律，张载的宇宙发生论)。""新儒家：两个学派的开始(包括程颢的'仁'的观念，程朱的'理'的观念的起源，程颐的'理'的观念、处理情感的方法、寻求快乐)。""新儒家：理学(包括朱熹在中国历史上的地位、理、太极、气、心性、政治哲学、精神修养方法)。""新儒家：心学(包括陆九渊的'心'的概念，王守仁的'宇宙'的概念，'明德'、良知、'正事'、用敬、对佛家的批判)。"具体阐释了新儒家的具体学说。钱穆在 1931 年出版的《国学概论》中说："追寻之于孔孟六经，重振淑世之化，阴袭道院、禅林之绪余，而开新儒学之机运者，则所谓宋明理学是也。"[③]此处使用"新儒学"概念的时间与冯友兰大致同时或略早，也是指宋明理学。在成于 20 世纪 40 年代早期的《中国文化史导论》中，钱穆多次使用"新儒家"和"新儒学"的概念，如云："直要到宋代新儒家兴起，再从禅宗思想转进一步……他们(引者注：禅宗高僧)与那时盛行的新

---

① 冯友兰：《中国哲学史》，中华书局 1961 年版，第 800 页。

② 冯友兰：《中国哲学简史》，北京大学出版社 1985 年版，第 308 页。

③ 钱穆：《国学概论》，商务印书馆 1997 年版，第 193 页。

儒家思想，还是息息相通”①“宋代新儒学兴起，他们讲的是万物一体之道”②
“中国新儒家，以书院自由讲学为根据，一面代替宗教深入社会，一面主张清
议上干政治……而那时的新儒家更有一番重要的新贡献”。③第二，“新儒家”
或“新儒学”泛指中国新文化。贺麟在《儒家思想的新开展》一文中指出：“广
义的新儒家思想的发展或儒家思想的新开展，就是中国现代思潮的主潮。”④正
因为贺麟把“新儒家思想的开展”理解为中华民族新文化的重建，所以他主张
把深刻认识和理解西洋文化作为儒家思想新开展的关键问题，并通过学术文化
方面的哲学化、宗教化、艺术化来融合中西文化。

　　“现代新儒家”(有人亦称“当代新儒家”、“儒学的第三期发展”等)到目
前为止还是一个正在商榷中的概念，但它与“儒家”和“新儒家”一样，主要
侧重于指学派、人物；而“现代新儒学”则与“儒学”和“新儒学”一样，侧
重于指学说。二者的关系是载体和灵魂的关系：儒家是儒学的载体、新儒家是
新儒学的载体、现代新儒家是现代新儒学的载体，离开前者无所谓后者；儒学
是儒家的灵魂、新儒学是新儒家的灵魂、现代新儒学是现代新儒家的灵魂，离
开前者也无所谓后者。所以“现代新儒家”和“现代新儒学”这两个概念的区
别是微弱的，在多数情况下可以通用。

　　最早将“现代新儒家”这一概念形诸文字者是方克立先生。他在《天津社
会科学》1986 年第 5 期发表了《要重视对现代新儒家的研究》一文，将“现
代新儒家”界定为：“现代新儒家是在本世纪 20 年代产生的以接续儒家“道统”
为己任，以服膺宋明儒学为主要特征，力图用儒家学说融合、会通西学以谋求
现代化的一个学术思想流派。因为区别于先秦儒学的宋明儒学，在历史上被称
为“新儒家”，所以把本世纪以复兴儒学为帜志的这个流派称为“现代新儒家”，
或“当代新儒家”。先秦儒家，宋明新儒家，现代新儒家，这就是他们所说的
儒家学术发展的三个阶段。现代新儒家所致力的就是“儒学第三期发展”的工
作。”⑤李泽厚先生认为的现代新儒学即是现代宋明理学，而熊十力、冯友兰、
梁漱溟、张君劢、唐君毅和牟宗三承继的正是宋明理学，强调儒家的心性论，
因此“现代新儒家”就是宋明理学的宣扬者、发展者，他们要在宋明理学的基

① 钱穆：《中国文化史导论》商务印书馆 1994 年版，第 180-181 页。

② 钱穆：《中国文化史导论》商务印书馆 1994 年版，第 188 页。

③ 钱穆：《中国文化史导论》商务印书馆 1994 年版，第 190 页。

④ 贺麟：《文化与人生》，商务印书馆 1988 年版，第 4 页。

⑤ 方克立：《要重视对现代新儒家的研究》，《天津社会科学》1986 年第 5 期，第 22 页。

础上去继续建立道德形而上学。[①]柴文华教授认为"典型意义上的现代新儒家"就是立足于传统儒学，并且对西方学说持有一种开放的心态，承认儒学的负面因素和西学的合理性，致力于儒学自身的现代化尝试，包括吸收科学、民主、个性等方面的现代价值观念，形式方面接受现代的学术方法或致力于儒学自身的分析化。"[②]龚鹏程教授认为"所谓现代新儒家，主要是指由熊十力、马一浮、梁漱溟所开启，而后由钱穆、唐君毅、徐复观、牟宗三在香港、台湾发起的一个新的当代儒学运动。"[③]

从以上对于"现代新儒家"的界定中，有取狭义之说，也有采广义之说。方克立教授将现代新儒家从以下五个方面进行了归纳：[④]

第一，从学脉传承来说，现代新儒家是现代中国的儒家，具有尊孔崇儒、以儒家学说为中国文化的正统和主干、以继承儒家道统、弘扬儒家学术为己任等儒家的一般特征。他们有感于儒学在近代的衰落，怀着"为往圣继绝学，为万世开太平"的强烈的使命感，力图上承孔孟程朱陆王之"道统"，重建儒家的价值系统，使儒学在当今得到"第三期之发扬"。所谓"第三期"是针对"第一期"(先秦儒学)和"第二期"(宋明新儒学)而言的，指现代新儒学的发展阶段。儒学发展三期论正是其道统观念最明显的写照。现代新儒家的代表人物在致思趋向和哲学观念上也表现出千差万别，但在尊孔崇儒、以儒家圣贤自命这一点上是共同的，这正是决定其为现代中国的儒家而不是墨家、道家或其他什么"家"的根本原因所在。

第二，尊崇宋明理学是现代新儒家的共同精神取向。他们所理解的儒学的基本精神，其实就是宋明理学的精神，即以儒家心性之学为中国学术文化之本源大流，强调以"内圣"驭"外王"，通过提高道德以追求"天人合一"的精神境界。现代新儒家的主流派(从熊十力到牟宗三)似乎是更重视宋明理学中的陆王心学一派，但却不能以是否推崇陆王心学为绝对标准，冯友兰的新理学就是"接着"程朱讲的，方东美也更推崇程朱理学，不能否认他们也是现代新儒家的重要代表人物。有的学者如熊十力，曾宣称"余平生于宋学无甚好感"[⑤]，但是他极力阐扬、绍述的"尽己性以尽物生"的"圣学血脉"[⑥]，正是体现了

① 李泽厚：《探寻语碎》，上海文艺出版社 2000 年 1 月第 1 版，第 359 页。

② 柴文华：《现代新儒学的主要类型和特征)》，《学术交流》2004 年 1 月第 1 期。

③ 龚鹏程：《儒学新思》，北京大学出版社 2009 年 1 月第 1 版，第 343 页。

④ 方克立：《关于现代新儒家研究的几个问题》，《天津社会科学》1988 年第 4 期，第 19-20 页。

⑤ 熊十力：《乾坤衍》1961 年自印本，下册第 58 页。

⑥ 熊十力：《新唯识论》壬辰本，癸已赘著。

宋明理学的根本精神。现代新儒学和宋明理学(新儒学)之同一个"新"字，一是指它们皆非简单地复归先秦儒学、而是表现了能够融合佛道以至会通西学的开放性，二是指它们都重视儒家"内圣"之学，不离"内圣"为体、"外王"为用的思想格局。

第三，从时代特征来看，现代新儒家区别于先秦儒家亦区别于宋明新儒家，他们是生活在 20 世纪的中国，深切地感受到西方文化的挑战和中国面临着迫切的现代化问题，其对应现实的方法是力图以儒家思想为主体，来吸收、融合、改造西方近现代的思想和文化，力图找到一条使传统中国通向现代化的较平稳的道路。它一方面认同传统文化，一方面迎接西方新潮以适应时代需要。港台新儒家提出了"返本开新"的思想纲领，所谓"返本"就是返传统儒学之本，所谓"开新"就是开当代科学、民主之新。现代新儒家的代表人物都在不同程度上受到西方近代哲学和文化的影响，"援西学入儒"、"儒化(华化)西洋文化"是他们共同致力的工作，而且后来者在接受西学方面表现出越来越开放的态度。

第四，从时间界限来说，现代新儒家思潮产生于本世纪 20 年代初，它是对于"五四"新文化运动激烈反传统的一种保守的回应，也代表了中国传统哲学力图适应现代、走向世界的一种努力。这个时间界限与我们通常所说的从"五四"开始的中国现代思想史是一致的，所以叫"现代新儒家"可能比称"当代新儒家"更确切一些(编者注："当代"一般指 1949 年中华人民共和国建立以后。海外称"当代新儒家"，虽然也提到梁漱溟、熊十力等前期代表人物，但主要是突出 50 年代以后港台新儒家的地位)。我们在考虑现代新儒家产生的文化背景时，自然不能忽略他们和康有为、梁启超等人的思想联系，但康、梁在戊戌变法以后的保守思想却不能归入现代新儒家的范畴，辛亥革命前后的国粹派同它也有显著的思想特征的差异。至于下限，谁也不能否认，现代新儒家在今天仍然是一个活着的思想派别。恐怕在整个社会主义初级阶段，在社会主义制度的优越性充分显示出来之前，不仅"全盘西化"论总会有一定市场，希望中国走"儒家资本主义"道路的理论也总会有人欣赏。

第五，现代新儒家是现代中国的一个重要学术流派，是一种广泛的文化思潮，而不仅仅是一种哲学思潮。有的学者认为钱穆是史学家，徐复观是思想史家，张君劢是政治家，都不能算是现代新儒家的代表人物。这是把现代新儒家仅仅看作是一种哲学思潮，甚至以是否重视终极关怀、安身立命问题为主要选择标准。我们认为这样理解就太狭窄了。例如，钱穆先生虽然是一个史学家，但是他首先提出中国历史文化精神为活的生命，这就是儒家的精神，他极其推崇宋明理学，以宋明理学为指导思想来编纂历史，同时又以叙述历史的方式来阐发宋明理学的基本思想。他无疑是广义的现代新儒家学派的重要代表人物之一。把现代新儒家作为一个完整的"思潮"来研究，似乎很难越过梁漱溟、熊十力、冯友兰、贺麟等前期代表人物，研究他们前期的新儒家思想，并不等于对其一生学术活动做结论，也不否定他们后来学术思想的转变和进步。

在现代化的历史进程中复兴儒学，首先要解决的是传统和现代的文化价值冲突问题，从而解决中国的现代性的文化根基问题。所以方克立先生认为，现代新儒家"以接续儒家'道统'、复兴儒学为己任，以服膺宋明理学(特别是儒家心性之学)为主要特征，力图以儒家学说为主体，为本位，来吸纳、融合、会通西学，以寻求中国现代化道路的一个学术思想流派，也可以说是一种文化思潮"。①作为中国现代文化保守主义的主流派，八十多年来它已有三四代人薪火相传，形成了自己的学脉和传统，至今仍有一定的势力和影响。在中国现当代思想史上(就包括港、澳、台在内的整个中国而言)，现代新儒学也可以说是与马克思主义、自由主义的西化派鼎立的三大思潮之一。②

二、现代新儒家形成的历史背景与条件

现代新儒家作为一种影响广泛且延续至今的学说和思潮，其兴起、形成乃至确立、发展，一方面固然是历史不断发展变革的结果，但更为根本的原因还是取决于当时特定的社会政治、经济、文化条件。

(1) 现代新儒家的兴起与清末民初的特定政治条件密切相关。

清政府长期实行的"闭关锁国"政策，使中国经济孤悬于世界经济体系之外，远远落后于历史发展的潮流。鸦片战争的爆发，拉开了帝国主义武装入侵的序幕，中国开始沦为西方列强的殖民地与半殖民地。中国人民不甘屈辱，开始了长达一百多年的对外反击帝国主义侵略，对内反抗封建压迫，争取民族自由、民族独立的革命斗争。伴随着西方列强武力入侵的是西方的文化入侵，在这种强势入侵面前，中国传统文化受到了前所未有的重创和冲击，传统伦理道德体系遭到了极大的破坏和摧残，儒家文化的社会独尊的地位开始崩溃。而新文化运动的随之兴起又进一步加速了这一进程。在这样的历史条件下，为了解决中国的实际困难，应对面临的深层次文化危机，这时的国人需要有一种思想来统一认识，重建崩溃的社会伦理价值体系。一大批脱胎于旧儒家的精英学者

---

① 方克立：《现代新儒学与中国现代化》，天津人民出版社 1997 年版，第 19 页。

② 方克立：《现代新儒学与中国现代化》，天津人民出版社 1997 年版，第 448 页。

开始了儒学的自我调整与自我挽救，现代新儒学由此而形成。但是，现代新儒学提倡的吸纳、融合、会通被认为是"蛮夷学说"的西学，是不同于明清以前历代儒家学派的一个显著特点。有一点必须明白，现代新儒家吸纳、融合、会通西学的目的，不光是为了挽救儒学，而是为了通过发扬中国儒学中有价值的精华部分来宣扬中国的精神，以拯救灾难中的中国。如现代新儒家的奠基人冯友兰在《新原人·自序》中所说："为天地立心，为生民立命，为往圣继绝学，为万世开太平。"此哲学家所应自期许者也。况我国家民族，值贞元之会、当绝续之交，通天人之际、达古今之变、明内圣外王之道者，岂可不尽所欲言，以为我国家致太平、我亿兆安心立命之用乎虽不能至，心向往之。非曰能之，愿学焉。①冯友兰这段话表现出了现代新儒家知识分子以继承和发扬中国文化的优秀传统为己任，挽救民族危亡，实现民族复兴和国家独立，关注民生疾苦，积极入世的忧国忧民之志。

(2) 现代新儒家的兴起与清末民初资本主义的经济发展密切相关。

清末民初社会的经济特点：一是自然经济解体。鸦片战争以前，中国是一个自给自足的自然经济占统治地位的封建国家。鸦片战争后，西方资本主义国家利用侵略特权，疯狂地向中国倾销商品、掠夺原料，逐步地把中国卷入世界资本主义市场体系，以小农业和家庭手工业为主要标志的自给自足的自然经济逐步解体。二是中国本土资本主义经济在一定范围内获得发展。中国资本主义的萌芽最早出现在明朝后期，但由于生产力相对比较落后的满族的入侵，以及明朝末年连年不断的农民起义战争，一时受到严重摧残，大多凋零，幸存者绝少。清朝后期，中国南方的资本主义因素的经济也已有相当规模，但由于与封建经济有着千丝万缕的联系，不能算是真正意义上的资本主义经济。中国真正的资本主义的产生，是在 19 世纪六七十年代，随着洋务运动的兴起，由洋务派直接把西方已有的企业成套地移植过来所建成的。到 20 世纪二三十年代，由于第一次世界大战的爆发，西方列强把注意力集中在欧洲战场上，中国外来压力减轻，民族资本主义经济才获得了长足的发展，民族资产阶级作为一个阶级开始形成。在经济上便强烈要求解除资本主义经济发展的障碍，在政治上强烈要求改变封建主义的政治统治，在文化上要求发展资本主义的近代文化。在资本主义经济发展的基础上，清末民初的科学文化也获得了很大发展，加之西方资产阶级新思想、新学说的涌入，无疑极大地刺激着中国传统文化。在这种新旧、东西文化的强烈撞击下，传统文化不得不做出艰难的蜕变，以适应历史的进程。同时，东西方文化的碰撞及各种思潮的交锋也为催生中国新思想、新

---

① 冯友兰：《贞元六书》，华东师范大学出版社 1996 年版，第 515 页。

学说提供了基础和条件。20世纪20年代，形形色色的思想、主义纷纷登台亮相，但经过一番唇枪舌剑乃至你死我活的较量后，最终分化组合成三个最大、最具影响力的社会思潮，即马克思主义、西方自由主义和文化保守主义。梁漱溟、熊十力、冯友兰、牟宗三等作为现代新儒家的代表人物以文化保守主义者的姿态出现，对当时各种思潮的碰撞起到了积极的推动作用。总之，作为上层建筑的文化哲学是以自然科学的发展为基础的，现代新儒家作为上层建筑的一部分，是特定历史阶段的产物，是清末民初经济文化发展的必然结果。

(3) 现代新儒家的兴起与清末民初特定的文化学术背景密切相关。

清朝前期，由于清政府接连兴起文字狱，诛杀异己，连累无辜，社会上充满了恐怖气氛，因而使整个思想界一片死寂。这种局面直至清朝晚期才发生了根本改变，这首先要归功于早期的启蒙主义学者龚自珍与魏源。作为中国近代改良主义的始祖，龚自珍的主要历史贡献在于他尖锐的社会批判论。龚自珍把批判的目标直指封建制度本身，认为封建社会是一个束缚和屠戮个性、才情的时代，发出了"我劝天公重抖擞，不拘一格降人才"①的振聋发聩的呐喊，并大声疾呼"一祖之法无不敝，千夫之议无不靡"。他的思想体现了变革时代的时代精神和历史要求，深刻地影响着我国民族文化新思维的形成。另一个启蒙主义思想家魏源经历了鸦片战争的失败，第一次认识到了学习西方的重要性。他在其著作《海国图志》中提出的"师夷之长以制夷"的观点，反映了当时觉醒了的中国人的历史要求，具有十分重要的社会现实意义。经历了早期启蒙主义者的思潮后，中国社会又先后经历了"洋务派"和"维新派"文化思想的影响。"洋务派"文化思潮是洋务派办洋务后开始兴起的，是清朝政府在内外交困、走投无路的情况下所采取的一种"自救"运动思潮，其实质是为了维护清朝政府的封建统治。"洋务派"提出的理论主张是"中学为体，西学为用"。其代表人物顽固地认为"中国文武制度，事事远出西人之上"，只有坚船利炮不如西方。因而，在开始时洋务派只是兴办军事工业，其后因为经济的需要才又扩展到创办厂矿、铁路、航运等业务。洋务运动发展到后期，出于了解西方和与西方交流的需要，洋务派又创办新式学堂，开始培养翻译人才，翻译西方书籍。洋务派的这些做法，事实上对传播和吸收西方近代文化，起到了一定的推动作用。洋务运动开展几十年后，始终没有改变中国落后挨打的局面，这使一些开明的封建知识分子逐步认识到，只有改变封建主义的政治统治，才能彻底改变中国的面貌，因而出现了洋务派与维新派的分野。"维新派"的主要代表人物是康有为和梁启超。康、梁倡导的维新变法运动，作为一场资本主义性质

---

① 龚自珍：《龚自珍全集》，上海人民出版社1975年版，第521页。

的政治改良运动，把人们从长期的封建主义的禁锢和束缚中解脱出来，批判了封建主义的道德伦理纲常，使人们在思想文化领域获得了极大的思想解放。其后，梁启超、严复、黄遵宪等"维新派"的其他代表人物，在康有为批判封建主义的程朱理学、科举制度、古文经学、八股文的基础上，又对中国传统文化中的一些痛疾发起了一轮又一轮的冲击，无论其深度还是广度，都比康有为更进一步。1919 年五四新文化运动前后，中国社会的主流思潮是由西化派所统治，无论是维新派的康有为、梁启超，复古派的章太炎、刘师培，还是文化激进派的陈独秀、鲁迅，西方自由派的胡适，无不站在西方文化的立场上展开对中国传统文化的批判。由于这些人都幼承古学，深谙中国传统文化，因而也更了解中国传统文化的痛疴，也就更痛恨落后的中国文化，而国家民族面临的危机与苦难恰恰加深了这种痛恨。他们希望用西方的文化或替换、或改造中国的传统文化，以便使中国的文化得以重建。他们的这些思想、姿态造成了中国传统文化与西方文化的激烈碰撞，也就更激起了中国传统文化保守主义者的奋力反击。因而，现代新儒家的崛起是历史阶段的产物，是中国传统文化反击外来文化入侵的一种自然而然的反应。

第二节　现代新儒家的发展演变及主要特征

就现代新儒家的发展演变研究，学术界认为，刘述先教授提出的"三代四群"的架构，是迄今为止对现代新儒家比较全面的描述。他认为从产生至今，新儒家大致经历了五个阶段。[①]"三代四群"架构如下：

第一代　第一群：梁漱溟(1893—1988)　　熊十力(1885—1968)
　　　　　　　　　马一浮(1883—1967)　　张君劢(1887—1969)
　　　　　第二群：冯友兰(1895—1990)　　贺麟(1902—1992)
　　　　　　　　　钱　穆(1895—1990)　　方东美(1899—1977)
第二代　第三群：唐君毅(1909—1978)　　牟宗三(1909—1995)
　　　　　　　　　徐复观(1903—1982)
第三代　第四群：余英时(1930—　　)　　刘述先(1934—2016)
　　　　　　　　　成中英(1935—　　)　　杜维明(1940—　　)

---

① 刘述先：《现代新儒家研究之省察》，台北：中央研究院中国文哲研究所，2005 年，第137-138 页。

一、现代新儒家的发展演变

● 第一阶段：现代新儒家的开创期。

从五四新文化运动到 20 世纪 30 年代初，以梁漱溟、熊十力、马一浮等为主要代表。在五四运动中，形形色色的西方现代资产阶级哲学流派被当作"新思想"介绍到中国来。在国内，新文化运动的倡导者们不仅视破坏旧礼教为新文化建设的一大关键，而且视攻破孔教为中国社会出黑暗入光明的必由之路。中国文化面临挑战，导致五四运动时期的中西文化问题论争，出现了全盘西化派与东方文化派、科学派与玄学派的激烈论战。如何看待科学与道德、知识与价值、传统与现代的关系，成为思想理论界论辩的一个热点问题。正是在此论辩中，产生了第一代新儒家——梁漱溟和熊十力。在 20 世纪初中西思想文化激烈碰撞之际，梁漱溟为复兴儒学，将柏格森的生命哲学引入儒学，使儒学获得了新生命。他从儒学思想中发掘出不为特定时期和社会形态限定的具有世界意义的东西，这构成了 20 世纪新人本主义的初始环节。梁漱溟认识到了西方社会的弊病和极端唯科学主义的危机，试图以人文关切扫除理智的冷酷，让伦理情谊温暖人心，同时重建儒家道德主义传统，给现代化事业筑起一个精神根基，为人们找回安身立命之所，以回应西化派的挑战。

复兴儒学，是 20 世纪中国文化保守主义者面临的共同任务。他们所谓复兴儒学并非是全面复古，梁漱溟认为儒学思想须经过批评后才能重新拿出来。他不无遗憾地批评前者(儒家中的复古派)无视中西文化相交会的社会现实，只知道"堆积一些陈旧古董"和"死板板烂货"[1]，无力为传统文化打通一条路。在自古及今的西洋哲学中，他感到深切于心的是柏格森的生命哲学。鉴于此，他着力从西洋哲学中寻找可资利用的思想材料和思想方法，充实到儒家哲学中，以澄清孔子儒学的真精神为目的，从而开启了现代新儒家"援西学入儒"的历史先河。

梁漱溟的新儒学思想的特点在于：试图把宋明理学的人生哲学奠立在柏格森的生机主义和直觉主义的理论基础上，按照唯意志主义的"情志"说阐释和发挥"存天理，灭人欲"的蒙昧主义伦理思想。熊十力是位富有思辨气质的哲学家。他从哲学本体论的角度入手，通过一系列的逻辑分析，论证儒学在现代社会和未来社会复兴的可能性和必要性。他认为哲学是在万殊中证会本体的学问。梁漱溟和熊十力同属一个时代，两人同援佛入儒，同宗孔孟陆王，共倡新

---

① 梁漱溟：《东西文化及其哲学》，北京商务印书馆 1922 年版，第 180 页。

儒学，一致认为儒学与西洋文化并不冲突，只不过走的文化路向不同而已。同时，他们还主张儒家文化可治西方之症：在他们看来，西方文化只知向外追逐而不懂向内要求，而中国的心性文明正可以救西方一味追求物质享受所出现的弊病。因此，他们把儒学的复兴看作是人类的前途所在。梁漱溟指出："质言之，世界未来文化就是中国文化(引者注：实即儒家文化)的复兴"。[①] 熊十力说："孔子为大地人类前途，预拟太平之原则。略举以四。一曰，天下人人，皆有士君子之行。二曰，天下为公。三曰，天下一家。四曰，群龙无首。今后大地人群，将实现孔子这四项原则。尔时国界、种界都消灭，野心家利用国界、种界以造人类自毁之罪恶者，当亦随同消灭。科学不可向武器发展。将有余裕以从事于宇宙真理之探索。"[②] 面对西方哲学，他们都直接借用柏格森"生命—物质"的二分世界模式证明宇宙的根源和本质不是物质，而是生命；生命是世界的真正基础和唯一实在。他们都借助于柏格森关于认识类型的区分，证明科学理智不可能达到唯一的真实存在——生命，因而科学绝不能取代传统的精神价值，不能取代哲学和道德。梁漱溟和熊十力还借助于柏格森的流动、创造的生命观念，重新发掘孔子儒家思想的真义，赋予儒家的本心仁体以宇宙本原的地位及流动、创生的特性。他们对生命哲学的摄入，主要在于证明人类的精神、意志和生命与物质自然分属于两个不同层次的世界，理智不能认识生命，科学不能代替传统的精神价值。梁漱溟和熊十力作为现代新儒家的初创者，对西方哲学尚知之不多。而为反对唯科学主义对科学理智超越范围的应用，他们在其知之不多的西方哲学中，较多地倾向于非理性主义的哲学，从而使得他们的思想缺少现代哲学的重逻辑重分析的风格，与下一代新儒家相比，对于西方哲学，他们只限于表面上的认识与运用。也正是如此，他们为新儒家学说的发展开辟了道路。

●　第二阶段：现代新儒家的发展期。

20 世纪 30 年代中后期至 40 年代，随着日本帝国主义侵略的步步加剧，中华民族陷入生死存亡的危急关头，民族的救亡与复兴成为中国人民政治生活和文化生活的主题。全民族在抗战中表现出的空前的凝集力，为现代新儒学的发展提供了一个良好时机。这一时期新儒家的主要代表人物是冯友兰和贺麟。他们同 20 年代的开启者一样，仍致力于科学与哲学、西学与中学以及事实世界与价值世界的区分；为传统的价值辩护，凸显儒家的道德学说与形而上学。

---

① 梁漱溟：《东西文化及其哲学》，北京商务印书馆 1922 年版，第 199 页。

② 熊十力：《明心篇》，转引自方克立，李锦全《现代新儒学研究论集》，中国社会科学出版社 1991 年版，第 106 页。

不同的是，他们不仅注重中西哲学与文化之异，而且更注重二者之同，极力主张通过中西哲学的相互融合来重建新儒家哲学，并把这种重建直接与抗战救国和中国走向现代化等现实政治问题密切联系在一起，尝试通过复兴传统文化来振兴整个国家和民族。

随着抗日战争的全面爆发，民族矛盾上升为主要矛盾，国共两党再度合作，形成了抗日民族统一战线。一些参加到抗日民族统一战线中的地主资产阶级学者，举起"新儒学"的旗帜，幻想以此激励民族精神，达到"学术建国"的目的。他们感到先前的"新儒学"过于粗糙，非理性色彩过分强烈，很难起到"为天地立心，为生民立命"(冯友兰语)的作用。他们试图冲淡新儒家哲学的非理性主义色彩，调和理性和信仰的矛盾，通过细致的哲学论证，建立起比较精致的新的哲学体系。他们具有较深的理论功底，经过对西方哲学长期的学习、研究、消化、吸收，能够比较自如地掌握现代哲学的思想方法。另外，他们还积累了大量有关儒家哲学的思想资料，可以得心应手地把中外的唯心主义学说融会贯通。因此，经过他们进一步的发挥，新儒学才真正具有比较完备的理论形态。新儒学成熟的标志是"新理学"、"新心学"这两类典型的唯心主义哲学体系的问世。

冯友兰先生的"新理学"是以程朱为正宗，运用新实在主义的逻辑分析方法构造出来的客观唯心主义哲学体系。"新理学"的基本思想认为，在人们经验所及的"实际"之外潜存着超验的"真际"。这个真际就是"理世界"，亦可称之为"大全"或"太极"。他认为可以从逻辑推断理世界的实在，但人们无法借助理论思维把握真际中的真理，只能通过神秘的"觉解"使"理世界""明白起来"。按着人对于真际之理的觉解程度，冯先生把人生的境界分自然、功利、道德、天地四种，其中天地境界是人生中的最高境，在天地境界中人"经虚涉旷"，"极高明而道中庸"，"自同于大全，体与物冥"，"我"与"非我"的分别，对于他已不存在。[1]冯友兰的新理学所推崇的最高境界实际上是一种泯灭主客体、与理为一的神秘境界。冯友兰认为这种天地境界即是圣人境界，是否达到这一境界，是衡量一个人是否为圣人的唯一尺度。"至此种境界中的人，谓之圣人。"[2]在这里，冯友兰将"天地境界"定为衡量圣人的唯一尺度，并强调天地境界的到达最终决定于人的最高觉解，决定于人对宇宙人生最深的理

---

① 冯友兰：《新原人》，转引自方克立，李锦全《现代新儒学研究论集(一)》，中国社会科学出版社1989年版，第257页。

② 冯友兰：《新原人》，转引自方克立，李锦全《现代新儒学研究论集(一)》，中国社会科学出版社1989年版，第265页。

知。这显然是对人的理性思维的再一次高扬，是对宋明理学片面强调"德性所知"、认为"德性所知，不萌于见闻"的直觉主义的一个重要突破。

贺麟先生的"新心学"是以陆王为正宗，运用新黑格尔主义的思辨方法构造出来的主观唯心主义哲学体系。新心学的基本思想认为物质世界不是客观存在着的，而是心的表现。熊十力先生与贺麟先生不同，他没有公开打出"新心学"的旗帜，他自己造出"新唯识论"，由佛学返入儒学，主张"心本"说。熊先生认为："仁者本心也，即吾人与天地万物所同具之本体也。……盖自孔以迄宋明诸师，无不直指本心之仁，(实则，仁即本心，而曰本心之仁，措词方便故)，以为万化之原，万有之基，即此仁体。"[1]他的"新唯识论"思想的特点在于，以"翕辟"说解释心物关系，赋予"本心"以能动性。熊先生指出，本心之显现，有其摄聚而形向的动势，叫做"翕"；有其刚健而不物化的势用，叫作"辟"。翕与辟分别从反、正两个方面显现"本心"或"本体"，但二者不可分。在认识论方面，熊十力先生提出"二心"说，认为人有两种认识能力：一种基于"本心"，叫做"性智"；一种基于"习心"，叫做"量智"或"理智"。前者可以直认本体；后者用来认识物质现象。因此，"性智"高于"理智"，这是很明显的非理性主义认识论。在人生观方面，他反对佛教的虚无主义，力倡儒家的入世哲学。他主张"我们的人生态度，只有精进和向上"。[2]

现代新儒学发展至此，已形成一种现代哲学史上颇具影响的哲学思潮。虽然它不是一个完全统一的哲学流派，新儒家学者的哲学观点以至政治立场均有不少差异，但他们却有一个共同的目标，即试图融合东西方的唯心主义，谋求儒家哲学的现代化。

● 第三阶段：现代新儒家的成熟期。

从 20 世纪 50 年代初到 70 年代末是新儒家的成熟期，这一时期主要是以唐君毅、牟宗三等海外新儒家为代表。新中国成立之后，特别是在 20 世纪 60 到 70 年代，新儒家学说有了进一步发展。这一时期的新儒家在继承传统文化方面怀有更为强烈的使命感，而沐浴西方现代文明之风的生活现实，又使他们不得不更深入地思考如何解决传统与现代、知识与价值的关系问题，在维护传统、"摄智归仁"的同时，努力地通过援入西方哲学来"返本开新"。他们吸收西方哲学，特别是德国古典哲学的理性精神和思辨方法，以期从儒家心性之学中转出知性主体和政治主体，由传统的"内圣"之学开出新"外王"，为科学

---

[1] 熊十力：《新唯识论》，转引自方克立，李锦全《现代新儒学研究论集(二)》，中国社会科学出版社 1989 年版，第 140 页。
[2] 同上。

和民主奠立一个内在超越的根据。

在这段时期，熊十力的弟子传承薪火，唐君毅展开了他的"唯心论的本体——文化论的哲学系统"，牟宗三展开了他的"唯心论的本体——现象论的形而上学"。此外，徐复观把儒家传统与现代自由主义结合起来，以传统主义卫道，以自由主义论政。这一时期的新儒家具有群体活动的意向，并有了持久的弘道阵地。他们共同研究探求"返本开新"与"摄智归仁"之道，他们提炼中国文化之精华，疏导中西文化之异同，从本源上谋求中西文化融合，发扬基于人性、人道等中西哲学中一切仁爱思想、情志，企图端正人心，启导人生轨途，消除社会祸患，共尽自救救人的职责。

首先是唐君毅，他在《中国哲学原论》中条分缕析中国哲学的内涵与源流，探索人之终极实现与人文世界所依据之道，叙述中国哲学中人性论与道德哲学的发展，证明中国传统的以人性道德为本的哲学，实为有永恒价值的哲学。他还于晚年写出《生命存在与心灵境界》一书，借助黑格尔精神哲学的方法与理论，全面展开儒家所挺立的心灵主体的层级结构与发展动力。在他看来，人的生命存在绝不单单是道德的存在，它具有极为广泛、丰富的内涵。人的心灵活动也绝不仅仅是道德的活动，它同时还包括认知、审美、信仰等各方面的内容，具有观照外物、反观自我和追求超越等多种能力。唐君毅的心灵九界说，不仅依据黑格尔哲学的三段式去展开人类心灵与生命的次第上升、不断自我超越的历程，而且吸取黑格尔精神哲学的智慧，运用佛教判教的方式，广泛融摄西方科学、伦理、哲学以及宗教等多种各类观念体系与知识内容，将其纳入一个思辨体系中，进行排列定位，以之作为人类心灵自我展现过程中的一个个逻辑环节。如在主观境界中，唐君毅将中外一切有关身心关系的哲学判为"感觉互摄境"，将一切关注纯共相的哲学判为"观照凌虚境"，将一切有关道德良知的哲学判为"道德实践境"；在超主客观境界中，又将西方一神教判为"归向一神境"，将印度佛教判为"我法二空境"，将传统儒教判为"无德流行境"，认为上述不同的知识与观念体系均分别代表着人类心灵活动的特定阶段，表现着生命升进的特定层次。这种对中外知识体系的广泛融摄，显示出唐君毅试图在更广阔的理论视野下重建儒家的心性学说，赋予儒家的道德心灵以更为丰富的内涵和更为强劲的生命力。

这一时期最具代表性的人物当数牟宗三。牟宗三继承了熊十力的心性哲学理念，并且借用了康德的哲学体系来融会贯通儒、释、道的思想，建立起了以"良知"价值为核心的道德形上学的心性学说。这一时期的新儒家继承了中国文化精神的泛道德主义的传统特征，围绕"传统与现代化"的主题从两个方面进行了分析。倡导以儒学融化西学的文化观念，强调人文是本、科学是用，构成了"内圣心性之学开出科学、民主新外王"的规模结构。①

与唐君毅建立"道德自我"、"道德理性"诸概念稍有不同，牟宗三重释传统儒学的基本概念是"道德的形上学"。在牟宗三看来，"道德的形上学"乃是一种"本体—宇宙论"，同时也是人的一种道德实践之"心"，但这种"道德的形上学"却不同于"道德底形上学"。后者主要对道德问题开展研究，乃是一种道德哲学，而前者"则是以形上学本身为主(包含本体论和宇宙论)，而从'道德的进路'入，以由'道德性当身'所见本源渗透至宇宙之本源，此就是由道德而进至形上学了，但却是由'道德的进路'入，故曰'道德的形上学'"。②牟宗三是通过比较中西哲学来建立道德形上学的。他认为宋儒大宗的心性论是"道德的形上学"，而康德《道德底形上学原理》一书只是对"道德形上学"的解析或描述。他以孟子和陆王心学来批判康德的道德神学、道德形上学的解析。他确实抓住了康德割裂现象与本质、感性世界与超越世界的缺点。他认为康德以先验的自由意志所设定的上帝存在和灵魂不死，是一个预设超越原理，而不是自我呈现。因此，当他建立道德形上学的时候，还是把道德本体规定为道德感情的自我呈现。牟宗三所谓沟通感觉界与睿智界、突然界与当然界、自然界与理性世界，就是以道德感情上升为心性本体来加以沟通的。他抓住了康德哲学以自由意志和上帝存在的假设沟通现象与本体的思维方法，却没有看到康德混淆自然与社会的区别，以道德意志贬低逻辑理智，贬低人对自然界认识的关键问题。牟宗三认为把道德感情提升为宇宙本体达到自我呈现就可以沟通现象与本体、自然与道德的关系，这只不过是用陆王心学去解决康德哲学的矛盾，实际并没有从宇宙观上解决现象与本质的对立统一关系、自然与社会的对立统一关系，以及认识自然和认识社会精神现象的区别问题。他只不过是把良知自我呈现与康德自由意志相结合，把陆王心学康德化、现代化，借以建立他的心体性体合一的理论体系。"道德的形上学"概念体现了新儒家学者对于儒学的理解和认识，同时他们也直觉地把重建儒家"道德的形上学"视为重建儒学传统最核心的内容和最关键的环节，从早年的熊十力到港台的牟宗三等人，其理论重心均在于此。牟宗三把"道德的形上学"视为儒家思想的基础和核心，极大地突出了"心即理"的原则，由此建立了他高扬陆王而贬损程朱的新道统论。他用儒家的本心性体概念诠释和改造康德的自由意志，通过论证人可有智

---

① 张立文：《内圣心性之学与科学民主新外王所面临的困境》，《孔子研究》1993 年 3 期，第 38-40 页。

② 牟宗三：《心体与性体》(第一册)，台北中正书局 1968 年版，第 140 页。

的直觉，本心性体是绝对的无限者，思辨地证明道德实体与宇宙实体的同一性，而这一证明正是康德所批判的中世纪关于上帝存在的本体论证明的翻版。他用"道德良知自我坎陷"来探讨科学的认识及其根据问题。他一方面努力扭转康德哲学以显示儒家形上学的真貌，一方面积极吸收康德哲学，以从儒家的道德主体中转出知性主体，开出新的"外王"。这是他高于传统儒学之处。牟宗三认为，作为道德的应然之理与作为存在的突然之理，都是良知本体——心所开。良知自能开出一本体界，使道德成为可能；而此良知经"自我坎陷"又可辩证地转折成生死之源，开出一现象界，为科学和民主奠定基础。牟宗三将科学和民主纳入到儒家"内圣外王"的思想框架中进行消化，无疑典型地表现了现代新儒家"返本开新"的理论特点。

● 第四阶段：现代新儒家的全面复兴时期。

从 20 世纪 80 年代初至今新一代新儒家学者(主要是杜维明、刘述先和成中英等)开始活跃于国际学术舞台。他们大都是唐君毅、牟宗三的学生，因而其理论致思的方向与其师并无原则上的差别。但他们生活于西方文化环境的长期经历，却使这一代人物更多地浸润于西方哲学的思考中。他们以现代西方哲学的最新发展为背景，主动关注现代西方哲学所产生的问题，积极地参与解决问题的过程。

如果说前几代新儒家的理论目标主要集中在传统儒学的重建，那么这一代新儒家则把儒学复兴问题与现代人类生存危机、精神危机统一起来思考，既努力摆脱传统文化所遭遇的危机，又尝试解除现代人类面临的种种困境。刘述先思索的问题已不仅仅是近代以来中国文化所遭受的种种挫折，而且还包括人类进入后工业化社会所面临的"意义失落的感受"、"非人性化的倾向"、"戮天役物的措施"、"普遍商业化的风气"以及"集团人主宰的趋势"[①]等问题。因而，其理论思维的立足点便不仅仅是儒家哲学，它同时还反映了现代人类生存现实、抗议人性异化的现代西方存在主义、基督教神学以及符号形式哲学等多派的观点。刘述先所尝试建立的系统哲学，也是一个综合多种现代知识体系与价值体系的庞大系统。他声称，这一系统哲学将解决如下两个问题：一是为丰富杂多的世界和人生的内容寻觅一个共同的根据和基础，然后将之分化于不同的存有与价值的领域；二是用一个系统来涵盖世界人生各种深刻的矛盾冲突，将之化解并熔于一炉，结合成一个整体，同时又使之井然有序，分别在此系统中

---

① 赵德志：《现代新儒学与西方哲学》，《人大复印资料·中国哲学史》1993 年第 9 期，第 24 页。

得到适当的定位。[1]在刘述先看来，现代人类所处的社会，是一个人际关系疏离、精神世界坍塌的社会，它只能通过一种全观的新视野来救治，而系统哲学恰恰可以为此提供一个理论基础。成中英也是从世界未来哲学发展的大视野下看待中国哲学重建的。在他看来，哲学乃是关于人的生命的智慧，而人的生命存在可以区分为两个层面：理性和意志。理性以知识为目标，因而产生出知识化的宇宙及科学知识的架构；意志以行为为目标，促使人实现理想和价值。当代西方哲学进一步发展时所面临的最根本的问题，实际上也是中国哲学现代化要解决的根本的问题，就是如何解决价值和知识的矛盾。由于价值表现为对整体或本体的追求，知识表现为对方法的追求，因而上述矛盾便表现为本体与方法的矛盾。就西方哲学而言，其主要倾向是偏于知识、方法而失于价值、整体；而中国哲学恰好相反。因此，上述矛盾的解决，或未来统一世界哲学的建立，最基本的途径就是实行中西哲学的互动，西方哲学重点解决如何在知识的宇宙中安顿价值，中国哲学重点解决如何在价值的宇宙中建立知识。

这一代新儒家哲学思想的一个最主要特征，就是从整体人类未来文化发展的大视野下去看待传统儒家思想的重建，从"现代以后"人类所面临的种种困境出发去解决知识与价值、传统与现代、西学与中学如何协调融合的问题。他们视中西哲学的融合不仅为一个复兴传统文化的过程，更主要的还是一个建立统一的世界哲学所必经的本体与方法、价值与知识的互动过程，因而尽可能地以现代人类的思考和经验所展现的精神要求作为标准，做出理论上的取舍和抉择，寻找人类未来文化发展应取的方向。这一切，都显示出这一代新儒家有着更为开放的心灵和更为广阔的理论眼界。更为重要的是，他们还积极尝试如何在心性哲学的基础上开拓出现代人类社会生活的实践模式。他们清楚地认识到："新儒家前途是否光明，关键在于能不能解决他们所谓外王的问题。"[2]因而，他们不满足将新儒学仅仅作为儒学复兴的象征而凌空虚悬于现实生活领域之上，他们努力使其和现实生活相衔接，成为生活准则的确立者。

• 第五阶段：大陆新儒家"异军突起"时期。

20世纪90年代以来，中国大陆涌现出了形形色色的新儒家。这些自称或被称为"大陆新儒家"的学者，有的完全认同港台新儒学，有的标榜要对儒学和新儒学进行超越于"唯物唯心"、"姓社姓资"的"理性分析"，有的在思想

---

① 赵德志：《现代新儒学与西方哲学》，《人大复印资料·中国哲学史》1993年第9期，第24页。

② 景海峰：《儒家思想与现代化——刘述先新儒学论著辑要编序》，《人大复印资料·中国哲学史》1993年第9期，第25页。

进路上与港台新儒学"有异"甚至有很大的不同,有的则宣称是"自行摸进了新儒学的大门"。经过 15 年酝酿、准备和分别发展,到 2004 年 7 月贵阳儒学会讲(又称为"中国文化保守主义峰会"),以"南蒋北陈"为代表的各派经过整合,以"大陆新儒家学派"的姿态正式浮出水面,标志着中国的现代新儒学运动进入了一个新的阶段。

"大陆新儒家",主要就是指在贵阳儒学会讲中集体亮相的蒋庆、陈明、康晓光、盛洪等人。他们有"复兴儒学"的强烈的使命感,特别致力于儒学的政治化和宗教化,并且提出了"儒化中国"的一系列主张。虽然其观点偏激、理论失据,但这派学者甫一出场,就奋力争夺话语主导权,近年来陆续引发了"读经之争"、"儒教激辩"和"施剧风波",颇受媒体青睐,产生了一定的社会影响。比较港台新儒家来说,大陆新生代新儒家显得更有创造性,也具有更强的意识形态性和现实针对性,实已成为当今中国保守主义的中心话语,成为一面政治和文化旗帜。①

大陆新儒家是有别于现代新儒家的一派学者,他们在当今中国文化保守主义思潮中属于最为极端的一个学派。方克立指出大陆新儒家的一些学说和主张与社会主义先进文化前进方向、与中国特色社会主义事业发展是不相符、不相容的,许多观点和主张在学理上是荒谬错误的,在实践上是有害的。其一,大陆新儒家代表人物把中华文化经典的诵读等同于"儿童读经",并把"儿童读经"作为在中国复兴儒学(教)的基础性工作,企图以"复兴儒学(教)"来替代中国近现代革命文化和社会主义文化,这与弘扬中华民族优秀文化,提高青少年的民族文化素养和思想道德素养,培养有理想、有道德、有文化、有纪律的社会主义新人的教育目标是相背离的。其二,大陆新儒家提出"儒化中国"、"儒化共产党"、"立儒教为国教"、"用儒学取代马克思主义"等观点和主张,这对我国现行主流意识形态和社会政治制度提出了公开挑战,必须引起高度警惕和注意。种种情况表明,大陆新生代新儒家已成为现代新儒学运动新的代表性人物,他们的出场,标志着现代新儒学运动进入了一个新的发展阶段。作为马克思主义理论工作者,必须关注和重视对大陆现代新儒家及其学说的研究。需要强调的是,对传统文化和儒学的研究,必须坚持以马克思主义为指导,弘扬、继承中华优秀民族文化,摒弃传统文化中反人民、反民主的封建糟粕,旗帜鲜明地反对反民主反社会主义的儒化论。只有这样,儒学研究和弘扬民族文

---

① 张世保:《背景、立场、问题及其命运(上)——评 20 世纪 90 年代以来的大陆新儒家》,载《贵州师范大学学报》2007 年第 1 期,第 12 页。

化的活动才能健康地向前发展。①

　　大陆新儒家与现代新儒家的共同点在于作为在新时代以复兴儒学为使命的主将，首先他们都坚信儒学是"常道"，尽管社会在变，但是它的价值却在今天的社会依旧适用，并且可以大有作为。就像梁漱溟先生所说，过去的成功是因为孔子，而今日的失败源于孔子，将来的再成功还得再从这里来。其次，他们都有着强烈的民族责任感，都站在中华民族复兴的角度，对于现实中存在的诸多问题感到极大的隐忧，希望通过儒学的重生而解决这些问题，从而实现中华民族的伟大复兴。再次，他们都属于文化保守主义的范畴，认为中国的问题只能靠自己大陆新儒家概述的文化来解决，而这种文化就是中国历史上存在两千余年的儒学，而不可能依靠别的什么文化。区别于现代新儒家的最为显著的地方就在于早已经不满足于儒家学说停留在心性领域，因为这样的儒学是不完整、不完善的，而必须在政治领域有所作为，通过心性儒学与政治儒学的相互补充与促进，从而得以实现儒学在中国社会的全面复兴。他们的思想触角已经紧紧地盯住了政治权力，希望通过政治权力的保驾护航来实现他们的梦想。

　　张世保把新儒家的发展划分为两个阶段：心性儒学阶段和政治儒学阶段，或者说儒学阶段和儒教阶段。前三代新儒家坚持"心性儒学"的立场，走将儒学哲学化的路径，在儒学的现代化方面取得了令人瞩目的成绩。受港台、海外新儒家的"反哺"，加之各种其他机缘，20世纪90年代以来，大陆思想界形成了形形色色的"大陆新儒家"，经过将近15年的酝酿和准备，2004年7月，大陆新儒家在贵阳举行所谓的"中国文化保守主义峰会"，这标志着新儒家进入以大陆新儒家唱主角的阶段。大陆新儒家一改"心性儒学"的性格，主张儒学再度制度化，其强烈的政治权力诉求使其迅速引起人们的注意。②

二、现代新儒家的主要特征

　　现代新儒家经历了三个时期的发展，已成为一个在世界范围内影响巨大的学术流派。作为一个影响深远的学术思潮，现代新儒家有五个明显的理论特征：

　　（一）立足于中国儒家传统文化

　　现代新儒家的主要理论支柱是儒家传统文化，是社会的主流。五四新文化

---

① 方克立：《关于当前大陆新儒学问题的三封信》，载《学术探索》2006年第2期，第4-6页。
② 张世保：《"大陆新儒家"与马克思主义关系探论》，载《马克思主义研究》2008 第6期，第22页。

运动时期，在西方自由派和文化激进派批孔批儒最激烈的时期，现代新儒家是作为二者的对立面而出现的。现代新儒家立足于传统儒学，在对待西学上不是完全排拒，而是持一种开放姿态，主张吸收西方的科学和民主等先进价值理念，也即现代新儒家提出的"内圣开出新外王"，从而改造和创新儒学，使儒学现代化，达到复兴儒学的目的。李翔海教授也认为"以孔孟荀为代表的先秦儒学是第一期儒学，其意义在于彰显了人之所以为人的道德理性，并为中国文化确立了文化理想。第二期儒学消化了玄学与佛学的宋明理学，其意义在于复活了先秦儒家的智慧，重新畅通了民族文化的生命之流。现代新儒学是第三期儒学，其基本的历史任务是承续儒家传统的生命精神，根本改变近代以来儒学趋于衰微的存在境遇，重新恢复儒学的活力，以使其对现代人生与社会具有影响乃至主导作用。这是新儒家数十年来孜孜以求的基本目标。"①从现代新儒家的代表人物分析，我们也不难发现，现代新儒家是以儒家为道统来继承的。如第一代新儒家代表冯友兰"新理学"的主要概念和观念来自于宋明理学，是对"理"、"气"、"道体"、"无极"、"太极"等中国宋明理学中哲学范畴的重铸。另一位现代新儒家代表梁漱溟更是以"重建儒家思想体系"为己任，重新阐释儒家核心观念。第二代现代新儒家代表牟宗三认为"信仰自由是一回事，这是不能干涉的，然而生而为中国人，要自觉地去做一个中国人、存在地去做一个中国人，这则属自己抉择的问题而不是信仰自由的问题。从自己抉择的立场看，我们即应念兹在兹，护持住儒家为中国文化的主流。"②现代新儒家第三代的重要代表人物蔡仁厚在《新儒家的精神方向》一文中详细论证了儒家主流说和道统论。他说"儒释道三教在中国文化中的地位，我曾经用一个三角形来表示，道家(教)是中国土生土长的，但它不能担纲，相对于作为中国文化之主流的儒家而言，它是居于副从旁枝的地位，所以儒与道是主从的关系，佛教从印度来，它在中国是客位。"③

（二）"返本开新"的思想纲领

第三代儒家即现代新儒家秉承"内圣外王"的儒家精神，是以"返本开新"为根本旨归。"返本开新"就是以儒家传统伦理道德开出西方的民主与科学之

---

① 李翔海：《现代新儒家述评》，《求是》2004年第6期，第48页。

② 牟宗三：《从儒家的当前使命说中国文化的现代意义》，《时代与感受》，鹅湖出版社1984年版。

③ 转引自赵吉惠：《现代新儒学基本理论的自我消解》，《孔子研究》2004年第6期，第12-13页。

花，亦即"以内圣开出新外王"。梁启超说"内圣外王之道"一语包举中国学术之全体，其旨归在于内足以资修养而外足以经世。"①"内圣外王"之道是中国儒家传统文化的精华所在，也是儒家文化历经两千年而不坠，充满生命活力之所在。从发展史的角度看，"返本开新"是儒家文化的一种继承策略。儒家文化的继承不是一种简单的重复继承，而是一种创造的继承，螺旋式的上升过程。儒家文化之所以长期占据我国社会的主流意识形态地位，其中一个最重要的原因便是在巩固"内圣"的前提下，不断地"开新"。因而，返本和开新二者是辩证统一的关系，没有"返本"也就没有"开新"，同样，没有"开新"也就无所谓"返本"。牟宗三说"儒家学术第三期的发展，所应负的责任即是要开这个时代所需要的外王，亦即开新的外王。……今天这个时代所要求的新外王，即是科学与民主政治。"②在现代新儒家看来，在民主与科学不可或缺的今天，儒学必须适应科学与民主的要求才有可能在当今社会存在下去和得以发展。只有这样，儒学才能得以复兴，才能实现"三统并建"(牟宗三语)的文化理想。

(三) 援西入儒的学术背景

现代新儒家的学者都有西方文化学习的背景，均不同程度地接受了西学，持"援西学入儒学"、"儒化华化西洋文化"的文化态度。对待西方文化，他们具有宽广的学术胸怀，承认西学将在中国文化的现代转化中起非常重要的借鉴作用。梁漱溟首先开创了中国近代"援西入儒"的学风，与宋明理学的"援道入儒""援佛入儒"一样，使儒学又获得一次重大发展。他说："我曾有一个时期致力过佛学，然后转到儒家。……开始理会其粗浅，但无粗浅则不能入门。后来再与西洋思想印证，觉得最能发挥尽致，使我深感兴趣的是生命派哲学，其主要代表者为柏格森。"③他自认为宋明儒家和西方哲学就是他"思想所从来之根抵"。作为现代新儒家最重要人物的牟宗三，也"援康德入儒"，提出了具有西方学术背景的"良知的自我坎陷"说，认为由"内圣"不可能直接推出"新外王"，必须由"直通"变为"曲通"，即由中国文化开出"知性主体"。现代新儒家的学者们或直接"援西入儒"，套用西方学术观点并融合中国儒家学术特点提出自己的学术观点，或间接"援西入儒"，借鉴西学文化提出自己的学

① 梁启超：《论语考释·庄子天下篇释义》，转引自赵坤：《现代新儒家学派的历史文化渊源及其诗教理论》，曲阜师范大学硕士论文，2007年，第29页。

② 牟宗三：《牟宗三先生全集：二三》，台北：联经出版公司2003年版，第334-335页。

③ 梁漱溟：《梁漱溟集》，群言出版社1993年版，第51页。

术观点。这里借用现代新儒家第三代学者刘述先的观点揭示这一派的学术思想倾向："我们面对的真正的问题既不是抱残守缺，也不是全盘西化，而是如何去芜存菁东西文化的传统，针对时代的问题，加以创造性的综合。"①总之，西学无一例外地对他们的思想、观点、方法产生了巨大的文化影响。他们一方面接受西学教育，一方面认同中国传统儒学，并一致认为在将来的文化建设中，儒学将占有极为重要的地位。他们的努力，在中国掀起了一股关注、研究儒学与西方学术融合的高潮。

（四）"现代化"的奋斗目标

现代新儒家是建立在宋明理学基础之上的儒学，因而它既不同于先秦儒学，亦不同于宋明儒学。现代新儒家是中国文化遭受西方文化的冲击应运而生的时代产物，自诞生之日起，便面临着中国文化现代化转型的问题。如现代新儒家的奠基人冯友兰曾提出著名的"正题—反题—合题"文化现代化改造进程理论。他套用黑格尔的肯定正题、否定反题、否定之否定合题的三段式理论结构，认为中国现阶段要做的工作已经不再是反对和拥护中国传统儒家文化的问题，而是应在旧文化的基础之上重新创建现代新文化。牟宗三更是为中国文化的现代化贡献出了毕生的心血。他借助于西方尤其是康德哲学框架思想，致力于诠释儒家经典文本的思想内涵，并对之做出新的表述。除冯友兰、牟宗三外，其他的如梁漱溟、熊十力、张君劢、唐君毅、徐复观等现代新儒家代表也为儒学的现代化做出了积极贡献。总之，现代新儒家"力图以儒家思想为主体，来吸收、融合、改造西方近现代的思想和文化，力图找到一条使传统中国通向现代化的较平稳的道路。它一方面认同传统文化，一方面迎接西方新思潮以适应时代需要。"②第三代现代新儒家的代表人物赵吉惠也认为现代新儒家在中国社会的现代化方面做出了积极贡献，他说："中国现代新儒学已经走过了多年的艰难历程，进行了奋斗，特别是在沟通中西文化、发掘儒学的现代价值、推动中国社会的现代化、诊释儒学的基本理念、重建儒家哲学的本体论等方面，都做出了重要的历史性贡献。"③现代新儒家的研究专家方克立认为现代新儒家之所以成为迄今为止在当代中国依然影响巨大的一个学术流派，其原因在于现代新儒家很好地解决了传统哲学现代化以及西方哲学中国化等重要课题。他说：

① 刘述先：《中国哲学与现代化》，台北时报文化出版事业有限公司1983年版，第41页。

② 方克立：《关于现代新儒家研究的几个问题》，《天津社会科学》1988年第4期，第19页。

③ 赵吉惠：《现代新儒学基本理论的自我消解》，《孔子研究》2004年第6期，第20页。

"在现代中国的各种思想潮流中，除了马克思主义之外，比较具有继往开来意义、在理论上有一定的创造性、影响较大而且生命力较长久的，唯有现代新儒家。这是一个很值得研究的现象，其原因恐怕在于它比西化派和顽固守旧派都更好地解决了传统和现代的关系问题。任何植根深厚并能有效地发挥其现实功能的哲学，都不能完全抛弃传统，'全盘西化'在中国是根本不可能的。但是如果不把传统推进到现代，使之有创造性地转换，那么它就只能成为阻碍历史前进的包袱。从维护儒家传统、反对全盘西化也反对马克思主义这个意义来说，现代新儒家属于保守主义的传统派，但是它又并不绝对排拒西学，而是主张在认同儒学传统的基础上，有选择地吸收西方哲学和文化，以适应时代发展的需要。从这个意义来说，现代新儒家又不同于孔教会、国粹派等其他保守主义的派别。它在本质上属于中体西用派，比各执一端的西化派和顽固守旧派具有更大的号召力，因而其影响和作用也是这些派别所不可比拟的。"①

（五）完备的理论体系

现代新儒家作为现代中国一个重要的学术流派，至今依然影响重大，一个十分重要的原因是其拥有完备的思想体系。首先，现代新儒家接续宋明理学，通过吸收西方哲学来补充和发扬儒家的心性之学，建立了儒家的天道观、认识论、方法论等完备的理论体系。现代新儒家学者们继承了宋明心性之学，在天道观上主要讨论了心物之辩，以心为本，以精神作为世界的第一要素，过分强调了精神的能动性和创造性。在方法论上，现代新儒家学者不仅从西方引进了逻辑分析法，而且在自己的哲学研究中，还具体探讨了逻辑分析法和直觉法的结合。冯友兰是研究逻辑分析法与自觉法关系方面的先驱。梁漱溟、熊十力、贺麟、牟宗三等现代新儒家的后来者也都对逻辑分析法和直觉法的研究达到了相当的深度，他们纷纷发表论文表述自己的观点。梁漱溟认为，直觉是反理智的；熊十力认为，直觉是超理智而不反理智的；贺麟认为，直觉是后理智的即综合理智成果的。牟宗三则立足于中国儒学，并结合康德哲学，肯定了对世界的认识是以"智的直觉"。虽然观点存在着这样那样的偏颇，但他们的观点对丰富现代新儒家的方法论却有着十分积极的意义。其次，先秦儒学、汉唐经学、宋明理学、清朝实学、现代新儒学等是一脉相承的统一的科学体系。从中国儒学的发展史看，我们会发现，中国儒学的发展是沿着一个清晰的脉络不断发展的，虽然过程有起伏和曲折，但总的来看，是一个不断发展壮大与完善的过程。儒家思想经过一定的发展时期后，一些旧的思想和观点已落后了，跟不上时代

---

① 方克立：《关于现代新儒家研究的几个问题》，《天津社会科学》1988 年第 4 期，第 21 页。

了，这时，总会有一些儒家学者站出来，西汉时期有董仲舒，宋明时期有程朱陆王，清末民初时期有梁漱溟、熊十力、牟宗三、贺麟等。他们对儒家的思想加以清理、补充、发展，使儒家思想符合当时的社会潮流，符合时代的发展，这也正是儒家思想经历两千年的风雨而不息的重要原因。第三，现代新儒家作为传统儒家思想的主要代表，自觉回归儒家的道德理念和理想人格，强调儒家思想对人类文化发展具有全世界意义的普遍价值，通过不断反思自身传统，吸收并整合异域文化，旨在逐渐把儒家文化重建为能体现时代精神的、接续民族文化传统的、整合异域现代文化精华的、体现中国特色的现代化语境的涵盖各个层面的思想体系。

第三节　马克思主义与现代新儒家的关系

进入近现代以来，随着中国社会的变迁与进步，儒学迅速衰落，马克思主义传入中国，最终成为国家主导意识形态，这是历史发展的必然。但现代新儒家出于自身的立场和视野，对此提出了不同的看法，集中体现在他们关于儒学与马克思主义之间关系问题的认识上。现代新儒家群体在评断儒学与马克思主义之间的关系方面，经过了从交流借鉴到互不存容，再到文明对话和争夺王官学地位的嬗变历程，大致倾向是由逐渐紧张化走向缓和，再趋紧张化。其结论多是消极的，这既和他们复兴儒学的基本立场紧密相关，又与他们对社会问题和社会形势的错误认识分不开。马克思主义与儒学的正确关系应该是，在坚持马克思主义指导地位的前提下，二者进行交流对话。

方克立在 2008 年 10 月 19 日在中央党校哲学部与中国孔子基金联合举办的"2008·马克思主义与儒学高层论坛"上的《关于马克思主义与儒学关系的三点看法》发言中阐述了马克思主义与儒学关系的三点看法：[①]

第一，马克思主义与儒学的关系是社会主义意识形态建设中不可回避的问题，是当前意识形态论争的前沿问题之一。儒学是在中国 2000 多年封建社会中长期占统治地位的意识形态。马克思主义则是当今中国的主导意识形态。二者在同一个国度里先后居于主导意识形态的地位，它们之间有没有关系？是什么关系？这个问题的实质是马克思主义怎样对待传统的思想文化，也涉及马克思主义本身的本土化即中国化的问题。当代中国马克思主义十分重视发掘和批

---

① 方克立：《关于马克思主义与儒学关系的三点看法》，《红旗文稿》2009 年第 1 期，第 27-29 页。

判继承儒学中的精华，包括道德价值、人文理想、民本主义、社会和谐思想等，都受到执政党和学术界的重视，注意研究马克思主义与儒学的相容相通问题。这是当前中国思想界的主流。但是也有极少数人，继续持一种二者不相容、不两立的观点，他们自称"儒家"或"新儒家"，把马克思主义看作是一种非我族类、入主中国的外来文化，坚持"华夷之辨"的立场，明确提出了"以儒学取代马克思主义"、"儒化共产党"、"儒化中国"的口号。他们的典型言论是："要马统则不能有儒统，要儒统则不能有马统，两者不可得兼。"还有人提出"鹊巢鸠占"说，意思是中国的国家意识形态这个位子，本来应该是儒学的，现在被外来的马克思主义占领了，所以他们极力要恢复儒学在古代的那种"王官学"地位，希望重新回到"独尊儒术"的时代。要与马克思主义争夺主导意识形态的地位，这就不是一个简单的学术问题了，反映了当今中国意识形态领域斗争的复杂性和尖锐性，也说明马克思主义与儒学的关系已成为思想斗争的前沿问题之一。

第二，马克思主义与儒学的关系是主导意识与支援意识的关系。马克思主义的一元主导地位越明确、越巩固，就越能以开放的胸襟吸收传统文化和外来文化的精华为我所用，综合创新，与时俱进。当代中国马克思主义已经从理论和实践上找到了一条解决马克思主义与儒学关系问题的正确途径，不论是中国特色社会主义理论体系还是社会主义核心价值体系，都从包括儒学在内的中国传统文化中吸取了不少思想资源。不过有一个重要前提，就是必须坚持以马克思主义为指导。马克思主义与儒学的关系是主导意识与支援意识的关系。

第三，能不能把中国特色社会主义说成是"儒家社会主义"，或者用所谓"儒家社会主义"来提升甚至取代我国现行的社会主义制度，是中国思想界必须正视和严肃回答的一个重要理论问题，也是马克思主义与儒学关系研究中现实性最强的一个问题。经过 30 年的探索和实践，中国特色社会主义道路和理论体系已深入人心，中国特色社会主义这面旗帜也成了各种思潮争夺和曲解的对象。有人把它曲解为"民主社会主义"，也有人把它说成是"儒家社会主义共和国"，影响比较大的是大陆新儒家提出的"儒家社会主义"，其代表人物在"政治儒学"中提出了"通儒院"、"庶民院"、"国体院"三院制的"王道政治"方案，并主张重建以儒教为国教的"政教合一"国家，他明确说这不是中国现行的社会主义制度，但又自称接近马克思的社会主义理想。其中还有人写了"一论"、"二论"、"三论"儒家社会主义；另有人写了《从马克思到孔夫子：中国历史必然的选择》等文章，也自称"儒家社会主义者"。还有一个外国人，在清华大学当教授，写了《中国的新儒家》一书，力挺复兴儒学、重建儒教的活动，称其为"左派儒学"。他在研究了中国当前的意识形态格局后做出了这样的政治预言："在未来几十年，中国共产党被贴上中国儒教党的标签并不完全是天方夜谭"，为"儒化共产党"、"儒化中国"大造舆论。方克立对这种"儒家社会主义"进行了批判。

一、对抗、对峙、对话：现代新儒家与马克思主义的关系

大部分学者认为现代新儒家与马克思主义几乎同时(五四时期)登上中国历史舞台，其间的关系呈现一种错综复杂的局面。其中，随着马克思主义与新儒家的阶段性演变，马克思主义与新儒家的关系也呈现不同的特征。大体而言，在前三代新儒家那里，与马克思主义之间呈现出的是一种对抗(1949 年以前)、对峙(新中国成立到 20 世纪 80 年代初)到对话(20 世纪 80 年代以后)的关系。

第一代现代新儒家以梁漱溟、熊十力、张君劢等为代表。梁漱溟对于中国社会性质的看法与马克思主义者截然不同。梁漱溟既否认中国是半殖民地半封建社会的论断，更不同意中国已进入前资本主义或资本主义的说法。梁漱溟说："中国旧日社会的经济构造，既非封建社会的，也非资本主义社会的，实在是另外一回事。什么'封建残余''半封建''前资本主义'，都不能积极地表现出其特殊面目。至于什么'亚细亚生产方式'，那更讲不清。"[1]由于对中国社会性质的判定不同，梁漱溟与马克思主义者对中国道路的选择也就不可能一致。梁漱溟在回顾 1938 年到延安与毛泽东商谈中国问题的情形时说："我和毛泽东的分歧主要就在于如何建设一个新中国的问题上。"[2]熊十力附会儒家理想与社会主义价值，"不均平，则弱者鱼肉，而强者垄断，横肆侵剥。资本家与帝国主义者，皆天下之穷凶极恶也……通古今万国，经济学说，经济政策，格以吾群经均平之大义，而其得失可知也。"[3]因而他对社会主义的价值表示肯定，不过他强烈反对唯物论的哲学基础。在 20 世纪 30 年代唯物辩证法论战中，张君劢积极支持张东荪、牟宗三等对辩证法的攻讦，他还指责马克思主义哲学的有机整体，认为唯物论、辩证法、唯物史观三者的结合是逻辑矛盾，"其不相符合之点若是甚多"。[4]在"唯物辩证法论战"中，后来成为第二代新儒家代

① 梁漱溟：《乡村建设理论》，《梁漱溟全集》第 2 卷，山东人民出版社 1989 年版，第 489 页。

② 汪东林：《梁漱溟问答录》，湖北人民出版社 2004 年版，第 84-85 页。

③ 熊十力：《读经示要》，《熊十力全集》第 3 卷，湖北人民出版社 2001 年版，第 582-583 页。

④ 张君劢：《张东荪〈唯物辩证法论战〉序》，见张东荪编《唯物辩证法论战》，北平民友书局 1935 年版，第 4 页。

表的牟宗三充当了主角之一。在论战中，张东荪公开宣称马克思不是一个哲学家，马克思的理论不是从哲学立论的。他甚至认为马克思的辩证法不是哲学，"只是一场胡扯乱闹而已"。①牟宗三极力拥护张东荪的观念，他认为辩证法所讲的不过是科学事实，不是哲学。牟宗三从所谓"纯粹哲学"的观念出发，认为辩证法、唯物辩证法、辩证逻辑等都是无意义的名目。牟宗三同张君劢一样，批评马克思主义的世界观与历史观的统一，他认为把自然与社会统一起来，正是马克思主义哲学的理论症结，"吾之批评马氏就在此着眼。"②

新中国成立后，马克思主义与现代新儒家的思想斗争进入了一个新阶段。这一阶段特殊的历史条件，使现代新儒家的发展出现了分裂。一方面，新中国的建立，决定了第一代新儒家历史使命的终结。从此，思想的学习与改造成为他们的主要任务。另一方面，少数港台的新儒家及其弟子，在特殊的背景和心态下重新扛起了弘扬"民族精神"的大旗，以其发扬光大儒家"道统"的主张，而被标识为现代新儒家相传的血脉。由于海峡两岸特殊的政治背景，他们的思想倾向表现得异常强烈，新儒家都被誉为反共高手。张君劢在这时候写出了《辩证唯物主义驳论》一书，在这本书中，张君劢认为，马克思主义哲学"其偏激而不合理，在马氏立言之始，固已显然。马氏平时以推翻传统，改造社会为其一生之志愿，所言所行，不外乎革命之目的，因其早有成见有乎胸中，故其所以立言，与其他哲学平心静气，精思力索以求理之当然与一切现象之含的普遍性者不可同日而语矣。马氏视社会政治传统与夫宗教，为革命之大障碍，此项传统皆起于精神为主因，此乃唯心主义之哲学实负其责，故立志标榜唯物主义以反对之。然此先入为主之见，令马氏蔽聪塞明而所有不见矣。"③张君劢还把马克思主义哲学诬为"武断教条"，"暴虐的体系"，"狂妄的摸索"。牟宗三则对毛泽东的《实践论》、《矛盾论》进行了批判。牟宗三针对毛泽东关于辩证法的论述，认为马克思主义在外在具体事物上讲辩证法是非常混乱的。他坚持认为辩证法只存在于精神领域，认为"数学，具体事物，俱不可用辩证法去

---

① 张东荪：《唯物辩证法之总检讨》，见张东荪编《唯物辩证法论战》，北平民友书局 1935 年版，第 213 页。

② 牟宗三：《唯物史观与经济结构》，见张东荪编《唯物辩证法论战》，北平民友书局 1935 年版，第 97 页。

③ 张君劢：《辩证唯物主义驳论》，台湾友联出版社 1971 年版，第 124 页。转引自张世保：《"大陆新儒家"与马克思主义关系探论》，载于《马克思主义研究》，2008 年第 6 期，第 23 页。

说明"。[1]他还指责马克思主义哲学家不懂数学。由此，海峡两岸形成了这样一种现象：一方面，留在大陆的新儒家已不同程度地转变立场，部分新儒家(如贺麟、冯友兰等)改造并逐渐摒弃了自己所坚持的哲学观，并真诚地接受了马克思主义的哲学观点；另一方面，港台的"新儒家"则正发动对马克思主义理论的全面批判，将对马克思主义理论的批判推向了极致。

进入 20 世纪 80 年代，随着文化热的兴起，"儒学第三期发展"的主张开始在大陆盛行起来。1985 年，第三代新儒家代表人物杜维明来大陆讲学，积极宣称儒学在现代社会的价值及其"第三期发展"的前景，在国内产生了一些影响。"儒学第三期发展"的实质含义是要使儒学在中国文化乃至世界文化的未来发展中取得"文法"的地位，这就意味着将要改变马克思主义作为主流意识形态的今日中国文化格局。不过，杜维明也以一种比较"平实"的态度承认马列主义在中国的"成功"，强调"文明对话"，"儒学是否能够和马克思主义进行深入的对话，并在其中找到结合点，这也是一个很重要的问题"。[2]杜维明也曾明确表示过，中国未来的希望乃在于中国传统文化、西方文化和马克思主义的健康的互动，三项资源形成良性循环。与此同时，身处儒家文化圈的日本和"东亚四小龙"经济的迅速崛起，似乎使人们找到了"儒学复兴"的实证依据，"儒家传统加资本主义技术"的道路就为很多人所接受了，这实际上还是为了否定以马克思主义为指导的社会主义建设。

总体来看，前三代新儒家本质上是要以儒学为主体、为本位、为主导意识形态来解决中国的前途命运问题，与中国马克思主义派在"指导思想一元化"问题上是相冲突的。前三代新儒家反对马克思主义的程度也有所不同，其中有的新儒家对社会主义的价值并不完全反对(如熊十力、冯友兰)，有的新儒家还受唯物史观的影响(如冯友兰)，有的新儒家(如徐复观)对马克思主义的态度前后也有转变(如徐复观早期受马克思主义的影响，后又反对马克思主义)。因此，我们不能说前三代新儒家与马克思主义完全处于一种对立的状态中，但是说它们之间的分歧远远大于共同点，对话、对抗和对峙并存，应当没有什么异议。

二、崇儒反马：大陆新儒家与马克思主义的关系

张世保把新儒家的发展划分为两个阶段：心性儒学阶段和政治儒学阶段，

---

① 牟宗三：《辟共产主义者的〈矛盾论〉》，《道德的理想主义》，台湾学生书局 1992 年版，第 70 页。

② 杜维明：《儒家传统的现代转化》，纽约《知识分子》1985 年秋季号。

或者说儒学阶段和儒教阶段。前三代新儒家坚持"心性儒学"的立场，走将儒学哲学化的路径，在儒学的现代化方面取得了令人瞩目的成绩。受港台、海外新儒家的"反哺"，加之各种其他机缘，20 世纪 90 年代以来，大陆思想界形成了形形色色的"大陆新儒家"，经过将近 15 年的酝酿和准备，2004 年 7 月，大陆新儒家在贵阳举行所谓的"中国文化保守主义峰会"，这标志着新儒家进入以大陆新儒家唱主角的阶段。大陆新儒家一改"心性儒学"的性格，主张儒学再度制度化，其强烈的政治权力诉求使其迅速引起人们的注意。崇儒反马是大陆新儒学的一个显著的特征。因此，可以看出，无论是前三代新儒家还是大陆新儒家，都不同程度地反对马克思主义。①

前三代新儒家对马克思主义的批评虽然表现出强烈的意识形态色彩，但总体来说，他们意识到儒家文化不可能全面因应"三千年来未有之变局"，主张将儒学的阵地收缩，局限在心性领域，在政治社会层面则很少发言。进一步说，前三代新儒家虽然想把儒家思想上升为国家主导意识形态，但是在儒学"花果飘零"的境遇下，他们没有以儒学取代马克思主义的现实可能性。就其思想特质而言，前三代新儒家是作为一种文化思潮和哲学思潮而出现的。大陆新儒家则不一样，他们对港台、海外的新儒家进行了激烈的批评。在蒋庆看来，港台、海外新儒家有四个方面的局限：第一，极端个人化倾向；第二，极端形上化倾向；第三，极端内在化倾向；第四，极端超越化倾向。②蒋庆还断言，前三代新儒家的主张是"变相西化"。无可否认，蒋庆对港台新儒学的批判是比较深入的，对于人们更全面地理解儒学以及思考现代新儒学的局限性也有很大的助益，但他激烈反对前三代新儒家走这种"心性儒学"的路子，主张儒学的发展要回到公羊学的传统，走政治儒学的道路，走重建儒教的道路，在以儒学取代马克思主义成为国家的主导意识形态上，具有强烈的目的性。因此，大陆新儒学就不仅仅是一种文化思潮，而且是一种政治思潮了。这也就意味着，现代新儒学的发展已经从"心性儒学"走向了"政治儒学"，从"儒学"走向了"儒教"。这正是我们将现代新儒学的发展分为两个大的阶段的原因所在。"有儒统则不能有马统，二者不可得兼。"③因此，崇儒反马就成为大陆新儒学的一个显

---

① 张世保：《"大陆新儒家"与马克思主义关系探论》，《马克思主义研究》2008 年第 6 期，第 22-27 页。

② 蒋庆：《政治儒学——当代儒学的转向、特质与发展》，上海三联书店 2003 年版，第 14-17 页。

③《丙戌阳明精舍之行——蒋庆等人谈儒学当下发展路线》，"儒学联合论坛"网 2006 年 9 月 4 日。转引自陆信礼，张世保《直面当前"国学热"中的几个问题》，《高校理论战线》2009 年第 2 期，第 62 页。

著的特征。

　　大陆新儒家根本不承认马克思主义的普遍真理性，而把马列主义当作一种侵入中国的异族文化。蒋庆说："在当今中国大陆，一种外来的异族文化——马列主义——在国家权力的保护之下取得了'国教'的独尊地位"，"儒学理应取代马列主义，恢复其历史上固有的崇高地位，成为当今中国代表中华民族生命与民族精神的正统思想"。"儒学的根本原则与大陆的国家意识形态相冲突，复兴儒学必然要同马列主义正面对抗。"蒋庆还宣称只有儒学才是"先进文化"，显然有很强的现实针对性。如此歪曲、污蔑、攻击性的言论在蒋庆的著作中比比皆是，诸如：马列主义只是一种狭隘的个人学说；马列主义只是一种个人理性构想出来的偏激的意识形态；马列主义不是正统的西方文化；马列主义不具备建设性的功能；马列主义中没有安身立命、修道进德的成分等等。①另一位大陆新儒家的代表人物康晓光用儒家的"仁政"学说来否定我国现政权的合法性，明确主张在中国实行"儒化"，要用孔孟之道来替代马列主义，儒化共产党。他认为儒化最符合中华民族的利益。康晓光提出了"儒化"的原则和策略："儒化的原则是'和平演变'，儒化的策略是'双管齐下'。在上层，儒化共产党；在基层，儒化社会。"如何"儒化共产党"？康晓光的策略是："用孔孟之道来替代马列主义。党校还要保留，但教学内容要改变，把四书五经列为必修课，每升一次官就要考一次，合格的才能上任。公务员考试要加试儒学。要有意识地在儒家学统与政统之间建立制度化的联系，而且是垄断性的联系。有一天，儒学取代了马列主义，共产党变成了儒士共同体，仁政也就实现了。"对于"儒化社会"，康晓光的策略是："短期来看，最关键的是把儒学纳入国民教育体系……长期来看，最关键的是把儒教确立为国教。"②在这些论说中，反马克思主义、反社会主义的立场表露无遗。

　　新儒家与马克思主义为什么如此势不两立？它们是不是在基本理论上有难以弥合的分歧呢？答案是肯定的。马克思主义与新儒家的世界观是完全不一样的。马克思主义认为世界的本原是物质，马克思主义者的历史观是唯物史观，认为社会历史发展进步的最终决定因素是物质性的生产力；新儒家的世界观虽然不能简单地以"唯物唯心"来界定，但在历史观上，新儒家则是典型的唯心史观，他们认为是"心"或"理"或所谓的"天道"决定了社会历史的发展。

---

① 蒋庆：《中国大陆复兴儒学的现实意义及其面临的问题》，台湾《鹅湖》第 15 卷，第 2、3 期。

② 康晓光：《我为什么主张"儒化"——关于中国未来政治发展的保守主义思考》，中国儒教网(http://www.chinarujiao.net/w_info.asp?Page=2&Pid=2936)，2007 年 11 月 6 日。

在历史观上，马克思主义与新儒家是不可能调和的。正是新儒家与马克思主义有这样本质上的不可调和的分歧，所以自从它们登上中国思想的舞台以来，总是处于对立的位置。因此，可以看出大陆新儒学思潮的某些主张与社会主义先进文化前进方向、与中国特色社会主义事业发展是不相符合的，而且它事实上已构成了对马克思主义指导地位的冲击。马克思主义应对大陆新儒学思潮的挑战，有着复杂性、艰巨性和长期性的特点，我们要有充分的思想认识和高度的警惕，并要努力做好充分的准备，才能赢得这场没有硝烟的战斗的胜利，巩固马克思主义的指导地位。

三、融合与消解：现代新儒家与马克思主义关系的走向

经过对话和对立，现代新儒学与马克思主义的关系将会出现两种可能的结果：其一，如现代新儒家所预期的那样，由"博大精深"的儒学思想"全面超越"马列主义；其二，随着中国现代化的逐步实现，马克思主义以其理论的正确性，消解作为学派的现代新儒家，但将它的合理因素纳入社会主义新文化中。

从目前马克思主义理论的创新与发展进程来看，第二种走向的可能性更大些。尽管马克思主义与新儒家在世界观和历史观上的对立，并不意味着它们之间没有丝毫相容相通的方面，马克思主义主张对儒家的优秀文化传统加以继承，这就表明二者有共通的方面。中国文化绵延五千年，其中自然有许多值得我们继承和发扬的内容，无论在思维方式、行为模式还是在人格追求模式等方面，中国传统文化都能给现实社会提供极其有价值的资源。对于传统文化，马克思主义者从来都主张"取其精华，去其糟粕"，也就是对于优秀的传统文化，马克思主义是极力主张弘扬的。但是在弘扬优秀传统文化的过程中，有两个方面的情况我们必须意识到：

第一，中国传统文化是多元的，儒学虽然是其中非常重要的内容，但如果将中国传统文化等同或化约为儒学，则显然是与中国文化的实际不相符的。在中国文化中，道家、墨家等流派同样有可资利用的思想资源，在某些方面提供的资源甚至比儒家的还要多。因此，以为不赞同新儒家的主张，就是数典忘祖，就是对优秀传统文化的背叛，显然是成问题的。

第二，中国传统文化不能作为构建社会主义核心价值体系的主要思想资源。自由、民主、法治、人权等价值在儒学中，在中国传统文化中是没有的或极其微薄的。我们从社会主义核心价值体系的内容(坚持马克思主义指导思想、坚持中国特色社会主义共同理想、坚持以爱国主义为核心的民族精神和以改革创新为核心的时代精神、坚持社会主义荣辱观)来看，儒学所能提供的资源实

际上是非常有限的。起码一点，它在世界观和历史观上就是与马克思主义相违背的。当然，儒学中合理的东西可以被吸收进来，但它在整体上或其基本内容绝不可能成为今天中国的主流意识形态和核心价值体系。还必须指出的是，当今兴起的"儒学热"、"国学热"的主流是弘扬优秀民族文化，为建设中国特色社会主义事业服务，不论对儒学评价高一点还是低一点，绝大多数学者都是坚持"四项基本原则"，以马克思主义为指导来进行儒学研究和中国传统文化研究的。反对"四项基本原则"，主张"以儒学取代马列主义"、"儒化共产党"、"儒化中国"的只是少数人，但是只有划清了这条界线，儒学研究和弘扬民族文化的活动才能健康地向前发展。

第四节　现代新儒家思潮的价值及借鉴意义

　　2015 年是新文化运动 100 周年，各地学术界召开了不少纪念新文化运动的学术会议，不少学者对新文化运动激进反传统的倾向进行反思，继承和发展中华优秀传统文化成为学者共识。有学者表示，"中国的现代化建设不是简单地移植西方现代文化，而是一种根源于中华文化传统的整体文化创造"；还有学者坚定地认为，"中国文化终将回归尊德重礼的大传统"。①

　　民间儒学活动在全国遍地开花。各种类型的书院、国学班、国学讲堂等传播儒学的场所在全国遍地开花，有的活动还很高调。例如，2015 年 11 月在深圳正式成立了"中华孔圣会"。这是一个立足中国面向全球的儒家民间组织，以"尊孔崇儒，弘扬传统，重建信仰，复兴中华"为宗旨，力图将儒家散落各地的组织机构的资源和力量整合起来，有规划地从事儒家文化的民间复兴。

　　儒学对外交流活动日益频繁。2015 年 9 月 16 日，国际哲学学院(IIP, International Institute of Philosophy)院士大会在北京大学开幕。此次大会设立了中国哲学专场，向世界展示以儒学为主体的中国哲学思想。12 月 18 日，2015 中韩儒学对话会开幕，中韩两国 80 余名学者和各界人士 200 余人聚首孔子故里中国山东曲阜，探寻儒学在两国命运共同体中发挥的文化纽带作用。会议还发布了《中韩儒学共同振兴倡议书》，首次提出携手建设"中韩儒学协作体"目标和行动计划，达成多项儒学合作协议。②

---

① 《2015 中外十大思潮调查评选 NO.7——新儒家》，《人民论坛》2016 年第 3 期下，第 56 页。

② 同上。

从以上新儒学的最新发展动向可以看出，进入新世纪阶段，在实现中华民族伟大复兴的中国梦的征程中，新儒家思潮也焕发出了新的活力，有其独特的理论意义和实践价值。

一、现代新儒家思潮的当代价值

现阶段，我国正处于又一次伟大民族文化复兴的准备阶段。因此，回顾中华民族源远流长的历史文化传统具有更为重要的意义。儒学作为一种博大精深的思想文化体系，包含了仁、义、礼、智、信等即使在现代对中国以至对世界都极为重要的普遍价值理念。因而，对儒学的终极性、超越性的发掘，势必成为国内学界的一个永久性的命题。对儒学价值的认识，可谓仁者见仁，智者见智。郭齐勇教授在《近五年来中国大陆儒学研究的现状与发展》一文中写道："孔子阐述了中华民族和平、人道的精神发展方向，给人一种崇高的文化价值理想，表现出具有高度预见性的东方智慧，有永久的魅力。"[①]

以儒学为主导的优秀思想文化，其生命根系一直是活着的。孔子是大宗师式的人物，能够历百代而不衰，跨异域而皆仰。孔子是中华民族传统文化的代表者，他与中华民族的命运是连在一起的。儒学作为一种人生哲学，将受到极大重视，重新成为中国和东亚人的重要信仰，并向西方发展，在基督教、佛教、伊斯兰教等宗教体系之外，另立一个没有"彼岸"的人生价值体系。

孔子和儒学的影响会越来越大。作为中国人应该有一种健康的民族心理，即对自己民族的圣哲要倍加爱护，对于自己民族的优秀文化传统要同情理解，同时以开放的心态去迎接一切外来的文明，并有选择地容纳吸收。贾松青在《儒学的价值及其现代化》一文中对儒学的普遍价值、历史价值、现代价值和后现代价值进行了深入探讨。对于儒学的现代价值，他认为："以现代化为参照系来评价和探求儒学的现代价值，这是儒学研究的核心课题之一。对儒学进行全面研究就会发现，儒学与现代化既有契合性，也有冲突性。就契合性而言，儒学刚健有为、自强不息的进取精神，可以成为现代化的内在动力；儒学诚信为本的价值观念，可以与市场经济信誉至上的伦理要求相融相通；儒学敬业尽职、'宁俭勿奢'的自律意识，可以成为经济发展的加速器。就冲突性而言，儒学'重农轻商'、'崇本抑末'的治国主张，暴露出对工商业重要性的漠视；儒学'重义轻利'的价值取向，显示了对商业谋利的排斥；儒学'内圣外

---

① 郭齐勇：《近五年来中国大陆儒学研究的现状与发展》，中国孔子网(http://www.chinakongzi.org/rjwh/lzxd/200907/t20090727_4958269.htm)，2009-7-27。

王'的人治模式，与现代民主法治精神相背离。凡此种种，都是阻碍现代化的精神因素。"①

牟钟鉴先生对儒学价值的概括最有深度，也最有代表性。他认为："儒学有哲学有宗教，而又超越于二者。儒学既有哲学的深思，又有信仰的引导，它是为中华民族确立精神方向的学问，不是一般学术可比拟的。儒学的核心思想可称之为'仁和之学'，以仁为体，以和为用，以生为本，以诚为魂，以道为归，以通为路。它具有人道主义精神、宽容包纳精神、理性通达精神、中和协调精神，梁漱溟概括为'清明安和'四个字。它培育了中华民族自强不息、厚德载物的品格，绝少极端主义发生，也使得众多的思想学派和宗教，包括外来的学术和宗教，得以在中国生存与和平发展，形成中国文化多元通和的生态，儒学确有它巨大的贡献。假如儒学真是一种神道高于人道的宗教，而又长期居于意识形态主导地位，那中国便很难有如此多样又如此和谐的信仰文化。同样的道理，在未来儒学如果成为主流宗教，既非中国之福，亦非儒学之福，它会异化自己，也会异化别人。我的结论：儒学是什么样的学问？儒学是东方式的伦理型的人学。守住人学本位，发扬人学精神，是儒学未来的最佳选择。"②正如牟钟鉴先生所言，现代新儒家是传统儒学在新世纪的继承与发展者，对其现代价值的深入挖掘，将一直作为现代学者的挑战长期存在。

二、现代新儒家思潮对当代中国的理论借鉴意义

现代新儒家已经走过了 90 余年的发展历程，其发展历程受到了学者们的高度关注，中国传统文化的出路何在，现代新儒家理论究竟对当代中国的文化有何借鉴意义，已成为学者们研究的中心问题。

从文化的传承来看，现代新儒家的学者无一例外都是中国传统价值理念的积极维护者，他们试图通过一种现代性的转换，接续中国文化传统的一线血脉。他们重视对传统文化的研究，在整理、注释、阐发传统文化的过程中做了一些非常重要的工作，促进了中外文化的传播和交流。

从理论上来看，方克立认为，现代新儒家有以下特征："第一，它是现代中国的'儒家'，就必然具有尊孔崇儒，以儒家学说为中国文化的正统和主干，以继承儒家'道统'、弘扬儒家学术为己任等儒家的一般共同特征；第二，它是现代中国的'新儒家'，即主要是继承和发扬了宋明理学的精神，以儒家心

---

① 贾松青：《儒学的价值及其现代化》，《人民日报》2007 年 1 月 26 日第 15 版。
② 牟钟鉴：《儒学是什么样的学问》，《光明日报》2007 年 1 月 25 日。

性之学为其所要接引的'源头活水',强调以'内圣'驭'外王',表现出明显的泛道德主义的倾向;第三,它具有区别于先秦儒家和宋明新儒家的'现代'特征,这就是'援西学入儒',一方面认同传统儒学,一方面适应现代新潮,走融合中西、'返本开新'的特殊道路。"①

首先,现代新儒学与文化激进派、西方自由派并称为20世纪20年代中国的三大思潮。与其他两派相比较,现代新儒学具有文化保守主义的色彩,现代新儒学代表人物认为"现代新儒家绝不是顽固的守旧派,也不是某种只知'发思古之幽情'的迂腐之辈。他们把自己关联于过去的历史,不仅是出自情感的依恋,同时也是出自理智的抉择。因为在他们看来,历史上的儒学传统不仅代表着中国的过去,而且也预示着中国的未来,这并不是说儒家思想将作为社会意识形态延续下去,而是说儒家思想所代表的意义结构在民族精神的重建方面将仍然发挥作用,从而也将最终制约着我们民族对于未来道路的选择。现代新儒家所采取的进路是传统的,也是现代的;是个体的,也是民族的。"②

其次,现代新儒学继承并突破了维新派"中体西用"以及后来提出的"全盘西化"、"西体中用"的思维方式,主张中西方的民族文化在交流的形式下进行互动,对待西方的文化不再强调防守,而应积极地进攻,即所谓的"返本开新"。现代新儒家学者几乎都有西方文化的背景,因而对西方文化的特点有更深的认识。他们一致认为,儒家文化要实现现代化就必须学习西方文化,儒家文化有自身的特点和优势,但只有与西方文化展开对话、交流与合作,才能获得长足的发展。现代新儒学第三代代表人物杜维明在《十年机缘待儒学》中曾总结道:"从中国的本土经验出发,对儒家传统进行'诊释的实践',以便从中寻找一种'普世化'的价值观以回应西方近现代以来的启蒙价值观,或曰'在一切所谓普世化价值中切入中国层面,以重建其内涵'"。现代新儒家创建性地提出"返本开新"的学术观点,已完全突破时人把中西文化对立的观点,比"中体西用"以及"西体中用"说站得更高、看得更远,因而具有更大的真理性和更强的生命力。

第三,现代新儒学走出了中国传统儒学守旧的误区,将传统儒学与当时西学东渐的实际情况相结合,提出了现代新儒学独特的现代化理论,从而突破了传统儒学发展的界限,使现代新儒学在中国和国外重新焕发了生机。现代新儒学是在西学东渐、中国传统文化面临崩溃的形势下应运而生的,现代新儒家学

---

① 方克立:《现代新儒学与中国现代化》,天津人民出版社1997年版,第41-42页。
② 郑家栋:《现代新儒学概论》,广西人民出版社1990年版,第10页。

者们旨在试图通过弘扬儒学以促进传统伦理价值体系的恢复和勃兴，从而达到复兴中华民族的目的。现代新儒学在 20 世纪二三十年代产生以来，走过了近年的岁月历程，但他们对复兴传统儒学这一精神旨归始终如一，从来没有动摇过。如何使传统儒学现代化，以适应当前的形势，为中国的文化建设做出应有的贡献，则是新时期现代新儒家学者不断破解的研究难题。现代新儒家学者分析了中国传统儒学的缺点与不足，指出中国要实现现代化，其根本是革新中国传统儒学，途径便是"返本开新"，确认树立道德主体是"本"、开创民主制度是"新"，力图经由以传统儒家心性之学为根本的"老内圣"开出民主、科学的"新外王"。

如果将现代新儒学的兴起与发展放到全球化的视野中，也许它的存在价值和意义能够得到更进一步地呈现。作为文化保守主义的重镇，现代新儒学逐步揭示了全球化的复杂内涵和内在矛盾，提示中国人千万不可对全球化做一种简单化、理想化的理解。从他们的思想看，全球化对中国人来说涉及中国文化与西方文化、传统文化与近现代文化、现代化与现代性等多重关系与矛盾，并不是一个简单的学习西方的问题，也不是一个简单的现代化问题，其间的矛盾与弊端尤不可忽视。如果说全球化对世界各民族国家来说是历史发展的大趋势的话，那么只有处理好这些关系与矛盾，克服其所带来的弊端，才能使中国在这一历史大趋势中由必然走向自由。现代新儒学的问题意识，对于我们在全球化的今天，如何在现代化和民族化中寻求一个合理的平衡点，也提供了重要的启示。

结　　语

以儒家伦理思想为主要内涵的中国传统文化是漫长人类历史进程中的一种重要精神力量，它既有过支撑中国传统文明灿烂发展的千年辉煌，也有过在西学东渐的现代化门槛上被新文化运动扫地出门的百年式微。从文化发展史的角度来看，现代新儒家是在近代以来中国文化转型的过程中总结提炼出来的，它突破了当时中国文化转型的理论困境，为近代中国文化的现代转型提供了理论指导，在中国文化发展史上具有十分重要的地位。在全球化背景下，积极弘扬中国优秀的传统文化精神，无论对于社会主义核心价值观和文化软实力的建设，还是对于人类社会应对理性文化的深刻危机，都具有十分重要的意义。但是，当下的儒学热、国学热中也存在一些偏颇。例如，有些研究者在反思现代性危机时不顾启蒙精神重要的历史作用和价值而予以全盘否定，而在弘扬中国传统文化时又不顾儒家文化的历史局限性而全盘肯定，甚至不加分析地对之予以美化和神化。这种对待中西文化的非此即彼的片面的和非历史的态度，对于中国优秀传统文化精神的弘扬、对于社会主义核心价值观的建设、对于中国文化影响力在国际上的提升，都会造成极大的伤害。

民族主义思潮

每个人都从属于一个民族。在现代性的框架下，民族与国家密切相关，具有政治性。民族主义是以民族为核心概念发展起来的一种社会思潮，它在中国基于中华民族这第一层之上，是一种维护统一、认同的意识形态运动。民族主义产生于近代欧洲，在由欧洲向全球范围扩展的过程中，它促进了现代民族国家的增生，同时也引发了暴力纷争，带来了国际秩序的更新与变化。美国政治学家麦·伯恩斯(James Mac Gregor Burns)说："每个国家的爱国者都咒骂其他国家的民族主义，而认为自己的特殊的民族主义牌号是可贵的和高尚的，这一事实使理解民族主义复杂化。"①

当今世界正处于风起云涌的时代，瞬息万变，世界各国紧密相连。民族主义是塑造民族国家和现代世界最为坚实的力量之一。中国的民族主义是被外来势力"逼"和"打"出来的，这是历史的选择。随着时代的变迁，人们越来越将"中国"和"中华民族"理解为等同概念。当代是中国在现代化道路上实现中华民族伟大复兴，实现"中国梦"的关键时期。然而对于中国的崛起，西方国家怀着矛盾的心理来看待，既想接受又想排斥中国。随着改革开放的进一步深入，中国正在或已经成为世界各国关注的焦点，同时各种意识形态和思想观念等也随之传入国内，这也动摇了部分民族成员。西方势力试图在世界上制造"中国威胁论"、"遏制中国"等舆论。国内的极个别民族分裂分子企图破坏中华民族大团结局面，搞"藏独"、"疆独"、"台独"。最近几年，中国与周边国家也不断发生摩擦，如中日钓鱼岛问题、中菲黄岩岛问题、中越南海问题、中韩文化争端等，极易影响人们的民族情绪，出现非理性行为，影响民族和祖国的和谐发展与繁荣稳定。

第一节　民族主义——不断演进的概念

长期以来，政治家和学者们对民族主义的解释众说纷纭，民族主义的表现

---

① [美]麦·伯恩斯：《当代世界政治理论》，商务印书馆1990年版，第458页。

形式也形形色色，但至今没有一个定义能为人们普遍接受，因为没有一种解释能够全面而准确地把握民族主义的所有特征和内容。①19 世纪英国学者白哲特（Walter Bagehot）就说过："你要是不问什么是民族主义，我们以为都知道它是什么，但你要问起它是什么，就不知道了。"②正如另一位西方学者所言："民族主义是只大象，每个研究者摸到的都只是它的一个部分而不是全部。"③20 世纪 70 年代，著名的自由主义哲学家以赛亚·伯林则把民族主义称为是 20 世纪影响最大的历史力量。他说："民族主义也许是当今世界最为引人注目的政治和文化现象了。在各国的政治中，在各种集体场合，如庆典、祭祀、体育竞赛、教育、文化、表演、娱乐等，都可以体验到民族主义情绪。国家之间的竞争、对抗和战争，成为民族主义的圣战。冷战后的各国政府用民族主义为其经济、政治和外交政策辩护，并当作社会动员和社会控制的工具。在政党政纲上，民族主义旗帜高高飘扬，号召民众，组织社会力量，向政敌挑战。而且，在社会科学学术研究领域，文化艺术领域都可以看到民族主义的影子。民族主义可以作为社会思潮、政治或文化运动、政治意识形态，甚至某种情绪，其变化波诡云谲，远非民族主义一词的表面意义可以涵盖。"④

造成对民族主义众说纷纭的原因是多方面的。首先，民族主义现象所涵盖的范围是广泛的和多侧面的，它包括民族和民族国家的发展，也包括族裔特性和社群的发展。它的外延扩展到多个相关领域：种族和种族主义、法西斯主义、政治宗教、部族主义、族裔冲突、语言发展、国际法、保护主义、民族分裂、少数民族、移民、种族屠杀和歧视等；其次，民族主义是一个跨学科的问题，涉及历史学、人类学、政治学、社会学、语言学、哲学、国际法学等学科；即使在学术理论场合，它仍然可以是政治、政策、战争，可以是社会运动和意识形态，也可以是社会思潮和文化心理，还可以是某种特定的思想风格和行为方式。⑤第三，民族主义在不同的历史环境和社会结构中往往具有不同的涵义。它既是某种情绪和情感、文化情结、思维风格和行为方式，又是一种社会和政治运动，广泛存在于社会科学和人文科学领域，并与其他社会冲突、运动和意识形态纠缠在一起，在不同的历史和文化背景下具有不断变化的特征。第四，

---

① 徐迅：《民族主义》，社会科学文献出版社 1998 年版，第 56 页。

② 华永兰：《当代世界民族主义与中国》，华文出版社 2006 年版，第 28 页。

③ [英]厄内斯特·盖尔纳，韩红译：《民族语民族主义》，中央编译出版社 2002 年版，序言第 2 页。

④ 徐迅：《民族主义》，社会科学文献出版社 1998 年版，第 4 页。

⑤ 同上。

在不同的历史时期，民族主义的表现形式、具体内涵和社会作用存在着很大的差异，它既是动员民族力量、争取民族解放、实现民族富强的动力，又是引发民族争端、导致民族分裂、激起民族冲突的祸患。第五，学者们对民族主义的态度也很不一致，有人高度赞扬，有人高调批评，有人以历史的眼光进行辩证的认识，有人则孤立地从某个角度片面地去批判。关于民族主义的复杂性，尹保云的论述颇有道理，对民族主义问题的研究很有启发性。他指出："民族主义问题的复杂性，一半是它在现实中就很复杂，另一半却是被各种文献搞复杂的；语言学的、历史学的、民俗学的、文化人类学的以及政治学的等。目前，无论是就现实的关注而言，还是就学术本身的发展而言，在民族主义问题上都需要简约的思维方法。"①

　　马克思和列宁等的经典作家关于民族主义的论述使这个本来就非常复杂的概念更被加上了浓重的政治化和阶级性的色彩。马克思主义经典作家明确指出：资产阶级的民族主义和无产阶级的国际主义——这是两个不可调和的敌对的口号，它们同整个资本主义世界的两大阶级营垒相适应，代表着民族问题上的两种政策(也是两种世界观)。②长期以来，我国理论界也给民族主义贴上了资产阶级的标签，讳莫如深，对于民族主义的界定带有浓郁的意识形态色彩，往往只强调了民族主义的阶级特征而忽略了其历史文化的价值内涵。甚至在我国的辞书中关于民族主义的解释也是根据马克思主义经典作家的论述，与西方相比有着明显的区别，即倾向于将民族主义视为资产阶级处理民族问题的纲领和政策。③《现代汉语词典》认为，民族主义是"资产阶级对于民族的看法及其处理民族问题的纲领和政策。在资本主义上升时期的民族运动中，在殖民地、半殖民地国家争取独立和民族解放的运动中，民族主义具有一定的历史进步性"。但是，无论怎样，中国民族主义的客观存在和历史作用是不容回避和忽

---

① 尹保云：《论民族主义的发展》，载于《战略与管理》1996年第1期，第12页。

② 中国社会科学院民族研究所：《列宁论民族问题》，民族出版社1987年版，第229页。

③ 《中国大百科全书》认为民族主义是"地主、资产阶级思想在民族关系上的反映，是他们观察、处理民族问题的指导原则、纲领和政策"。(《中国大百科全书》，中国大百科全书出版社1986年版，第330页。)《现代汉语词典》认为，民族主义是"资产阶级对于民族的看法及其处理民族问题的纲领和政策。在资本主义上升时期的民族运动中，在殖民地、半殖民地国家争取独立和民族解放的运动中，民族主义具有一定的历史进步性"。(《现代汉语词典》，商务印书馆1996年版，第885页。)《辞海》认为，民族主义是"资产阶级处理民族问题、民族关系的准则、纲领和政策，早在资本主义社会产生之前就已存在，至资本主义时代发展成为一种完整的思想体系，故亦称'资产阶级民族主义'"。(《辞海》，上海辞书出版社1989年版，第635页。)

视的。在中国民族主义的发展史上，民族主义既是政治家的神圣口号，又是众多学者所热衷的带有信仰性质的理论，更是广大民众的朴素情结。这三种形态交织在一起，成为推动中国历史发展的重要动力之一，极大地影响着中国社会的历史进程。①

对民族主义认识的复杂性决定了对民族主义定义的艰难性。据美国学者路易斯·斯奈德研究统计，近代以来至少存在有 200 种以上不同含义的民族主义。在不同的历史时期，不同的学者从各个侧面揭示和解释民族主义，既为我们认识和理解民族主义提供了不同的视角，也在一定程度上加剧了这一概念的复杂性。在这种情况下，民族主义就成为谁都在说但谁也不知道谁在说什么的对象。②美国研究民族主义久负盛名的历史学家汉斯·科恩揭示了难以给民族主义下一个确切定义的原因：民族主义在所有国家和整个历史时期是不一样的。它是一个历史现象，而且取决于它所植根的不同地区的政治理念和社会结构。③一般认为，民族主义既是个现代术语，又是一个历史现象和历史概念。据安东尼·D·史密斯研究，民族主义这个词在西方最早出现于 18 世纪末期。1836 年，英语中首次使用民族主义，它当时是以神学用语出现的，指某些民族成为上帝选民的教条，尚无现代意义上的内涵。此后，民族主义逐渐具有了对一个民族的忠诚和奉献，特别是指一种特定的民族意识的含义。直到 20 世纪，民族主义一词才有了今天的含义，但内涵很丰富。其中可以反映西方人对于民族主义的一般理解的含义是：世界由不同的民族所组成，每个民族都有它自己的特征、历史和认同；民族是政治权力的唯一源泉；对民族的忠诚超出所有的其他忠诚；为赢得自由，每个人必须从属于某个民族；全球的和平和正义需要一个各民族自治的世界。④

长期以来，西方学界对民族主义还下了很多定义，概括起来可以归结为这样几个方面：第一，认为民族主义是一种思想状态。英国历史学家爱德华·卡尔，美国历史学家汉斯·科恩等人持此观点。第二，认为民族主义是一种学说或建立民族政权的指导思想。⑤第三，认为民族主义是一种历史运动。英国学者约翰·布热奥利，英国著名民族主义问题专家安东尼·D·史密斯，美国学

---

① 华永兰：《当代世界民族主义与中国》，华文出版社 2006 年版，第 213 页。

② 徐迅：《民族主义》，中国社会科学出版社 2005 年版，第 61 页。

③ 王联：《世界民族主义论》，北京大学出版社 2005 年版，第 14 页。

④ [英]安东尼·D·史密斯：《民族主义——理论，意识形态，历史》，叶江译，上海世纪出版集团 2006 年版，第 23 页。

⑤ 英国学者埃力·凯多力和厄内斯特·盖尔纳持此观点。

者路易斯·斯奈德等人持此观点。第四，认为民族主义的含义是多方面的，不仅只是上述某一方面的内容。①这一派的观点实际上是一种综合性的观点，认为民族主义应该有广义和狭义，具体和抽象的概念之分，等等。徐迅在其著作《民族主义》中列举了西方学者关于民族主义的经典定义，并进行了总结。根据西方学者的定义，民族主义可以是一种情绪，是关于国家的政治原则，是建立民族政权的指导思想，是关于民族的一种理想，是一种历史运动，是个体归属感的需求，等等。②所以，民族主义是一个外延和内涵都相当复杂的概念，每一种定义都是从不同的角度强调民族主义的某一重要特征，每一种理论都有其所参照的特定历史背景以及隐含着的特定目的，甚至有着非常强烈的价值立场。随着历史场景的变迁，各国的思想家和学者不断在民族主义中加入新的内容，从而大大扩展了其本身的内涵，也使人们对民族主义的理解变得非常复杂化了。

中国学界在参考和援引西方关于民族主义定义的基础上也提出了一些自己的概念。比较有代表性的有：第一，认为现代意义上的民族主义，尽管有各种各样不同的定义，但往往都被界定为一种以民族感情、民族意识为基础的纲领、理想、学说或运动。③第二，认为民族主义是有两个层面的：一个层面是泛义的，指民族产生以来人们出于本能维护或获取自身民族利益的行为和主张；另一个层面是狭义的，指随着近代资本主义的产生，将民族和国家联系起来，以民族利益为旨归的意识形态、社会思潮或运动。④第三，认为民族主义作为历史现象是在近代才出现的。民族主义现象是指以民族为符号、动力和目标的社会、政治、文化运动，或以民族国家为诉求的意识形态，或以文化传统为依托的情结和情绪。⑤民族主义是对一个民族的忠诚和奉献，特别是指一种特定的民族意识，即认为自己的民族比其他民族优越，特别强调促进和提高民族文化和民族利益以对抗其他民族的文化和利益。⑥第四，认为民族主义是民族共同体的成员在民族意识的基础上所形成的对本民族至高无上的忠诚和热爱，是关于民族和民族问题的理论政策，以及在这种理论政策指导或影响下的

---

① 美国学者马科斯·伯赫姆、赫伯特·吉本斯等人持此观点。
② 徐迅：《民族主义》，中国社会科学出版社 2005 年版，第 64 页。
③ 王联：《世界民族主义论，北京大学出版社 2005 年版，第 18 页。
④ 王希恩：《全球化中的民族过程》，社会科学文献出版社 2009 年版，第 151 页。
⑤ 徐迅：《民族主义》，中国社会科学出版社 2005 年版，第 61 页。
⑥ 徐迅：《民族主义》，中国社会科学出版社 2005 年版，第 11 页。

追求、维护本民族生存和发展权益的社会实践和群众运动。①第五，认为民族主义有广义与狭义两种基本涵义，就广义而言，它是指主张对本民族及其利益效忠的理念和情感。民族主义主张所有的人都应该对本民族怀有最大的忠诚。就狭义而言，它是指一种特殊的政治理论和意识形态。这种意识形态认为，具有共同的文化、语言、宗教、风俗和历史的民族，应该并有权组成一个独立的主权国家或政治共同体。②总之，正如法国政治学家吉尔·德拉努瓦斯所指出的：民族主义是一种非常富有弹性、甚至变化无常的意识形态；因此它能为极其矛盾的客观目标服务……这是一个包罗万象的外壳。③

总之，在人类历史上，民族主义是迄今为止世界上最强烈的、也最富于情感力量的意识形态。只要人类还存在着各个不同的民族，相对于其他意识形态的时效性而言，民族主义可以说是一种时效性最为长远的意识形态。著名自由主义哲学家以赛亚·伯林就把民族主义称为 19 世纪以来一个对人类影响最大的历史力量，他说："有一个控制了 19 世纪欧洲的思想和社会运动，它无所不在、人人皆知，因此只需略加思量，我们就明白根本不能想像一个缺了它的世界——它有自己虔诚的信徒，也有自己势不两立的敌人，有民主的、贵族的、君主的各派之分，它给实干家、艺术家、知识精英和群众以灵感；然而奇怪的是，就我所知，没有任何一位重要的思想家曾预料到它会在未来扮演重要的角色。但是我们或许可以不夸张地说，它是当今世界现有各种思想、社会运动中最强大的运动之一，在有的地方则是唯一强大的运动；而那些没有预见到这一运动的人则为此付出了代价，失去了他们的自由，事实上是丧失了自己的生命，这个运动就是民族主义。④

无论民族主义作为一种意识形态，还是一种社会实践和群众运动，由于它是以本民族的利益为出发点和归宿的，这就决定了它是一个理性与非理性、正义与邪恶交织在一起的混合体。尊重民族差异，倡导各民族平等相处的表达是理性的；在处理民族关系时，夜郎自大，盲目排外，狭隘偏激的主张和做法则是非理性的。弱小民族在争取民族解放和独立过程中表现出的民族主义毫无疑问是正义的，19 世纪末 20 世纪初西方帝国主义打着民族主义的旗号四处扩张、恣意掠夺的行径必然是邪恶的。正因为如此，长期以来，民族主义成为一个饱

---

① 余建华：《民族主义历史遗产与时代风云的交汇》，学林出版社 1999 年版，第 13 页。

② 李世涛：《知识分子立场——民族主义与转型期中国的命运》，时代文艺出版社 2000 年版，第 441 页。

③ 余建华：《民族主义历史遗产与时代风云的交汇》，学林出版社 1999 年版，第 11 页。

④ 徐迅：《民族主义》，中国社会科学出版社 2005 年版，第 1 页。

受争议的论题。

第二节　民族主义在中国的形成和演变

　　中国民族主义是中西方在世界现代化过程中碰撞和交流的产物，它的兴起和发展，与中国的历史环境与社会政治条件密切关联。中国民族主义产生和演变的历史，就是中华民族争取解放和独立，实现伟大复兴的历史，是中华民族自立于世界民族之林，走向现代化和世界的历史。

一、中国传统民族主义

　　学界普遍认为，近代之前，中国就已经存在民族和民族主义。美国的中国史专家杜赞奇认为，"早在现代西方民族主义传入中国之前，中国人早就有类似于民族的想象了；对中国而言，崭新的事物不是民族这个概念，而是西方的民族国家体系。"[①]但是，这种传统民族主义不同于近代以来源自西方的概念。

　　中国传统民族主义可以用"华夏中心主义"来概括。这种民族主义与地理中心观和华尊夷卑观密切相连。中国古人认为宇宙是天圆地方的形状，并且认为本族位居天下的中心，故称："居天地之中者曰中国，居天地之偏者曰四夷，四夷外也，中国内也。"[②]这种认为中国是天下中心的观念被称为"华夏中心观"。与华夏中心观相联系的，是传统的华尊夷卑观。中国自古就是一个民族众多的国家，但是各民族之间的发展状况差异很大。中原地区的华夏文明在当时明显优于周边诸族文明。长期以来，中国古人就形成了华尊夷卑的观念，认为华夏民族是文明、先进、优秀的民族，周边的少数民族是远远落后于华夏文明、未受礼仪教化的野蛮民族，并以其与中原所处的方位，分别称之为"东夷"、"西戎"、"南蛮"、"北狄"。华夏民族和这些少数民族的关系体现在"华夷之辨"、"夷夏之防"、"以夏变夷"和"尊王攘夷"的思想里。所谓"华夷之辨"和"夷夏之防"就是严格民族界限，防范其他民族入侵，即"非我族类，其心必异"。所谓"以夏变夷"和"尊王攘夷"就是用汉文化同化其他民族，对周边民族采取压迫和剥削的方式，即以"要服"上贡天子，以"荒服"伏认天子，不服从

---

① [美]本尼迪克特·安德森：《想象的共同体：民族主义的起源与散布》，吴叡人译，上海人民出版社 2005 年版，第 31 页。

② (宋)石介：《中国论》，《徂徕石先生文集》，中华书局 1984 年版，第 116 页。

则以"修刑"处理。①这种观念思想一直持续到近代,西方国家初到中国也被称之为夷,把他们与中国历史上的少数民族归于一类。

在中国传统民族主义中,"天下主义"的统一观是其核心内容。早在战国时期,华夷统一的学说就初步形成。"'中国、夷、蛮、戎、狄,皆有安居、和味、宜服、利用、备器。五方之民,言语不通,嗜欲不同……'通过翻译'达其志,通其俗',而天子对各民族'修其教不易其俗,齐其政不易其宜。'于是中国与夷、蛮、戎、狄配以东南西北,'五方之民'共为'天下',同居'四海'的统一格局形成了。"②这种五方配合的统一观念,为秦汉以后统一多民族国家和中华民族整体联系的形成与发展,奠定了坚实的历史基础。同时,华夷统一的观念和对华夷习性、文化兼容并包的认识,对后世华夏民族自身和华夷关系的发展,都有极其深刻的影响。中国传统意义上的国家,不是现代意义上的民族国家。中国古代把皇帝称为"天子",天子统治的地域为天下,诸侯统治的领地称国,卿大夫统治的采邑称"家",国家是天下、邦国、家室的总称。梁漱溟认为:"中国人传统观念中极度缺乏国家观念,而总爱说'天下',更见出其缺乏国际对抗性,见出其完全不像国家。"③明末清初思想家顾炎武有一段名言广被引用,"有亡国,有亡天下。亡国与亡天下奚辨?曰:异姓改号,谓之亡国。仁义充塞,而至于率兽食人,人将相食,谓之亡天下。"④顾炎武所言之天下是指文物制度和道德教化。所谓亡国与亡天下之辨,突出表现了中国传统的国家观。梁漱溟先生在对比中西文化时指出,西方人更重个人和国家,中国人更重家庭和天下。所以,中国传统民族主义从本质上来讲应该是以文化为中心的天下主义。

二、中华民族意识的觉醒

中华民族是代表中国境内各民族的总称,与国家同义,属于国家层次上的民族。法国史学家索布尔曾说过:民族是一个整体,全体公民都汇成一体,等级和阶级都不复存在,全体法国人组成了法兰西民族。⑤这里的"法兰西民族"也是一个国族概念。关于中华民族的概念,费孝通先生的论述堪称经典:"中

① 徐迅:《民族主义》,中国社会科学出版社2005年版,第228页。
② 陈连开:《中国民族史纲要》,中国财政经济出版社1999年版,第129页。
③ 徐迅:《民族主义(修订版)》,中国社会科学出版社2005年版,第230页。
④ 同上。
⑤ [法]索布尔:《法国大革命》,中国社会科学出版社1989年版,第475页。

华民族作为一个自觉的民族实体是在近百年来中国和西方列强对抗中出现的，但作为一个自在的民族实体则是在几千年的历史过程中形成的……它的主流是由许许多多分散孤立的民族单位，经过接触、混杂、联结和融合，同时也有分裂和消亡，形成了一个你来我去、我来你去、我中有你、你中有我，而又各具个性的多元统一体。这也许是世界各地民族形成的共同过程。"①

中华民族意识的觉醒是近代西方列强入侵的结果。"一部中国近代史，就是一部西方列强入侵步步加深的历史。这是一部中国人民的苦难、屈辱与怨恨不断增强的历史，一部越来越广泛的社会阶层投入到救亡运动中去的历史，当然也是中国民族主义形成的历史。"②两次鸦片战争、中法战争，尤其是甲午战争之后，国土沦丧、主权丢弃的亡国灭种的危机将中国人的命运前所未有地联系在一起。中国近代任人宰割的历史证明了儒家文化在当时的条件下根本不具备整合中国政治、社会、文化资源同西方进行对抗的能力。当时的中国社会所面临的不是某个人、某个阶层和种族的危机，是民族危机，是全体中国人的危机。要和西方对抗，必须把中国各种族、各阶层和社会集团整合起来，形成一个利益共同体。现代意义上的"民族"和"国家"概念正好可以满足这一需求。"民族"可以涵盖所有的中国人和国内的种族，"国家"拥有独立的主权，能够保护全体民族成员的利益。中国绵延不绝的历史和文化为锻造这个统一的"民族"提供了丰富的资源。西方的哲学、社会政治学说在中国的大量传播为中国统一民族称号、确定民族身份、建立民族国家提供了一系列的思想武器。梁启超是"民族"一词的最早引用者，"中华民族"的称谓于20世纪初开始较多地出现于梁启超等人的文章中，但当时更多的是"汉族"的同义语。这说明尽管包括梁启超在内的维新派已有了较明显的将各民族视为一体的主张，但这种认识还并不牢固、并不自觉。辛亥革命推翻帝制后，建立了中华民国，实现了维新派和革命派以"中华"为国号建立民族国家的共同理想，也为"中华民族"概念的流行和涵义的扩展开拓了政治空间。中华民国成立之初，孙中山就提出了"合汉、满、蒙、回、藏五族国民，合一炉以冶之，成为一大民族"③的主张，同时将表示五族共和的五色旗作为新政权的国旗。至此，建立在国家统一基础上容纳中国各民族的"中华民族"观念正式出现。"中华民族"意识的觉醒，是中国近代民族主义形成的前提和基础。

---

① 费孝通：《中华民族多元一体格局》，中央民族学院出版社1989年版，第1页。

② 曹锦清、陈保平：《中国七问》，上海科技教育出版社2002年版，第107-108页。

③ 王希恩：《全球化中的民族过程》，社会科学文献出版社2009年版，第352页。

三、中国民族主义的形成和演变

（一）中国近代民族主义的形成

"民族主义"一词最早由清末维新派和当时的留学生引入中国。不论是维新派还是革命派的爱国志士，都以民族主义为旗帜并把民族主义与解决中国现实政治问题紧密联系在一起。中国民族主义的形成有着深刻的历史背景和思想社会根源。

首先，中国近代深重的民族危机和被动的对外开放是中国民族主义形成的历史背景。历史进入到 19 世纪中叶的时候，一直以"天朝上国"自居的东方封建帝国与为了追逐利益不择手段的西方殖民国家不期而遇。在多次的较量之后，中国这个封闭已久的古国被迫打开了国门，同时也显示出文化、科技、制度等各方面的落后和腐朽，整个华夏大地成了东西方列强恣意掠夺践踏的猎场。近代中国连续遭受西方侵略，亡国的利剑高悬在国人的头顶。提倡五族合一的首要目的，是促使中华民族团结一致救亡图存，中国的民族主义亦由此诞生。保国保种，追求民族独立，成为近代中国民族主义的第一课题和最重大的任务。

其次，中国传统民族主义和西方近代民族主义是中国民族主义的思想来源。罗志田教授曾指出："故研讨近代中国民族主义须追溯其传统渊源，须检讨其收拾的西方学理，同时更必须将其置于当时的思想文化演变及相关之社会变动的大语境中进行研讨。尤其需要关注的是传统族类思想的一些(而非全部)层面何以能复苏、西方的一些(而非全部)学理何以会传入以及二者怎样融合等诸多因素相互作用的动态发展情形。"[1]一方面，西方的入侵引起了中国人思想观念的变化，传统的以"天下主义"为核心的民族主义思想开始向近代化转变。随着对外交往的增多和对西方认识的加深，中国人不但认识到中国只是世界中的一国，中华民族只是世界民族中的一族，而且产生了很强的民族危机感和忧患意识，这种危机感和忧患意识使人们认识到所有的中国人具有共同的利益和命运，必须团结起来才能挽救民族于危亡之中。另一方面，中国在学习西方先进技术的同时，也大量引进了与民族国家有关的思想和理论。比如卢梭的天赋人权说、斯宾塞的社会达尔文主义、伯伦知理的政治学理论，以及洛克、黑格

---

① 罗志田：《近代中国民族主义的研究取向与反思》，《四川大学学报(社会科学版)》1998
年第 1 期，第 74 页。

尔的民族主义思想等。但是，当时中国知识分子对西方民族主义理论的介绍不是没有选择的。这些理论既要符合中国传统文化的要求，又要符合中国近代民族主义对民族理论的需要，才能够成为晚清资产阶级改良派和革命派民族主义思想的理论依据。

最后，中国近代先进知识分子和革命志士的艰辛探索与英勇斗争是中国民族主义形成的关键因素。房宁等学者对中华民族概念的形成过程做了比较详细的描述，19 世纪末到 20 世纪初，当西方流派的民族主义开始传入中国时，较为敏锐的知识界立刻对此表现出浓厚的兴趣，将之视为拯救中华民族的法宝。他们根据各自不同的政治立场和学术态度，选取各自所需要的观点，结合中国的民族问题实际，建立起中国自己的不同派别的民族主义理论。其中关于中华民族是一个有机整体的民族主义理论逐渐为更多的人接受。这种民族主义理论把中国境内各民族当作一个大的中华民族整体，并认为列强对中国任何一部分的侵略都是对整个中华民族的侵略，中国境内各民族应一律平等，并在此基础上联合成一个大的中华民族，一致对付东西方列强。[①]梁启超是向中国引进西方近代民族主义思想的代表人物，他相信，如果世界各国都能遵守民族主义的原则，那么天下也就不会有侵略和压迫的事情发生。之后，更多中国知识界的人士也开始介绍和宣传西方近代民族主义。以孙中山、章太炎为代表的资产阶级革命派不但积极引介西方民族主义思想，而且提出了更为具体的中国民族主义斗争方向，就是"排满"，即推翻清王朝的统治。他们认为近代以来中国的落后挨打和民族危机源于这个腐败的专制主义政权。所以，只有用汉民族的民主政权来取代它，才能挽救民族危机，实现中国的富强。在资产阶级革命派的民族主义里面，不但把反对清王朝的统治与反对帝国主义的侵略和反对封建专制主义结合起来，而且与建立近代的民族国家也结合了起来。在建立一个什么样的国家这个问题上，立宪派和革命派曾进行了激烈的论战。前者主张"排满"和建立单一的汉民族国家，而后者则主张"合满"和建立包括满族在内的多民族国家。在论战过程中，双方不断地吸取对方的一些正确观点并修正自己的一些错误观点，最终达成了基本的一致。"建立独立、民主和多民族国家成为革命派和立宪派的共识并得到确立，这也标志着中国近代民族主义的最终形成。"[②]

---

① 房宁、王炳权：《论民族主义思潮》，高等教育出版社 2004 年版，第 62 页。

② 郑大华、邹小站：《中国近代史上的民族主义》，社会科学文献出版社 2007 年版，第 25 页。

(二) 中国近代民族主义的特点

中国近代民族主义从其形成过程和思想来源来看，它具有这样几个特点：

● 被动性。与西方民族主义不同，中国民族主义不是在追求建立民族国家的过程中自发产生的，而是在列强群攻，整个中华民族面临生死存亡危机的情况下，中国人为了"保国、保教、保种"才被动地引进了西方的民族主义思想，是对外敌威胁的应激反应。

● 扬弃性。中国民族主义不是狭隘的民族保守主义，而是建立在对自身历史文化传统扬弃的基础上。尽管中国的民族主义是在中国与西方国家的冲突和交往中被动产生的，"但这决不等于说，现代中国的民族主义完全是西方民族主义的横向移植，丝毫没有本土的资源与之接应而变形。"①

● 不平衡性。中国民族主义在产生之初，主要存在于文化和政治领域，在经济领域表现并不明显。这主要是因为当时中国人迫切需要用民族主义来整合社会力量，增强民族认同感，凝聚人心，以抵御外来侵略。源远流长的中华文明为中国人提供了共同的联系纽带，建立独立、富强的民族国家是中国人努力奋斗的共同目标。发展缓慢且力量弱小的民族资产阶级相对于保持中华民族的文化传统和反对外来政治压迫的历史任务来说，还不能发挥很重要的作用。所以，中国民族主义是从文化民族主义转向政治民族主义的，而西方的民族主义首先发源于经济的快速发展，进而才产生政治上的诉求。

● 整体性。尽管在中国近代民族主义形成的过程中，曾经出现过以"排满兴汉"为主要内容的"小民族主义"和以"满汉合一"为主要内容的"大民族主义"之争，但随着中华民国的建立，满、蒙、回、藏、汉"五族共和"的思想深入人心。孙中山曾经指出："中华民国之建设，专为拥护亿兆国民之自由权利，合汉、满、蒙、回、藏为一家，相与和衷共济。"②中华民族作为中国各民族统一的标志和象征开始为人们所接受。所以，中国近代民族主义的主体是作为一个整体的中华民族以及在这个基础上建立的代表各民族利益的国家。从此以后，中国人不再是一盘散沙，中华民族成为一面旗帜，成为一个能够凝聚全体中国人力量的神圣标志。

(三) 中国民族主义的演变

中国民族主义在近代形成之后，随着中华民族的命运跌宕起伏，经历了漫

---

① 张汝伦：《现代中国思想研究》，上海人民出版社 2001 年版，第 111 页。
② 孙中山：《孙中山全集》，中华书局 1982 年版，第 105 页。

长曲折的演变过程。新中国的成立是中国民族主义演变的分水岭，新中国成立前后它在内容任务和表现形式等方面有很大的不同。辛亥革命、抗日战争和中华人民共和国的建立是中国民族主义演变历程中的三个里程碑。

在新中国成立之前，中国民族主义成为动员社会力量，凝聚民族人心，推动民族解放的一支重要力量。正如罗志田所说的，民族主义是晚清以来一百多年间各类思潮中贯穿始终的一条线。他指出："如果将晚清以来各种激进与保守、改良与革命的思潮条分缕析，都可发现其所包含的民族主义关怀，故都可视为民族主义的不同表现形式(甚至许多自称不是民族主义者的人也不例外)。"①首先，孙中山提出的以民族主义为核心的"三民主义"纲领，标志着中国民族主义正式登上政治舞台。尽管孙中山的三民主义理论有旧、新之分，但是民族主义都是三民主义中的首要问题，它的奋斗目标是：推翻满清王朝封建专制统治，光复中华民族的国家，解除中国被列强瓜分的危险；争取民族独立，建设独立富强的中国；实行民族平等。"三民主义之中到目前为止，成绩最为显著的，要算民族主义了。"②辛亥革命的成功和中华民国的建立标志着中国民族主义建立民族国家的目标初步实现。但是，辛亥革命只是推翻了封建帝制，并没有完成中国资产阶级民族民主革命的任务，中国半殖民地半封建社会的性质依然没有改变。其次，新文化运动和"五四运动"使民族主义得以广泛传播，并深入人心。辛亥革命的成功并没有改变中华民族备受欺凌的命运，袁世凯倒台后的军阀混战和社会动荡使中国人开始重新寻找民族独立和解放的出路，西方启蒙思想的进一步传播，使民主共和的思想深入人心，北洋军阀尊孔复古的逆流使人们开始把斗争的矛头指向了中国的传统文化。正是在这样的背景下，一场以提倡资产阶级新文化，反对封建旧文化为主要内容的新文化运动轰轰烈烈地开展起来。民族的屈辱和危机使这场运动带有激进的民族主义特征，陈独秀曾提出："宁忍过去之国粹之消亡，而不忍现在及将来之民族，不适世界之生存而消灭也。"③一些新文化运动的领袖们甚至否定中国的一切，主张全盘西化。新文化运动的思想家们无不以西方的进化论、个性解放和民主共和等思想为武器，以民主和科学为旗帜，猛烈抨击以孔子为代表的"往圣前贤"，喊出打倒旧礼教的口号，尖锐地指出"提倡孔教必排共和"，"信仰共和必排孔

① 罗志田：《近代中国民族主义的研究取向与反思》，《四川大学学报(社会科学版)》，1998年第1期，第73页。
② 高军等：《中国现代政治思想史资料选辑(下册)》，四川人民出版社1986年版，第587页。
③ 李世涛：《知识分子立场——民族主义与转型期中国的命运》，时代文艺出版社2000年版，第211页。

教"。他们提倡"个性解放，反对封建伦理道德，揭露'三纲五常'是奴隶的道德，'忠孝节义'是吃人的礼教。"这一时期的民族主义思潮和运动吸收了西方现代文明的思想成果，与中国腐朽落后的传统决裂，不惜"以敌为师"，用极其激进的方式表达救亡图存的意识。

如果说新文化运动是一场思想启蒙运动的话，"五四运动"则是一场启蒙思想的实践运动。"五四运动"是中国人第一次以中华民族的名义反对外国的压迫和欺辱，是中国人民族意识、主权意识的全面觉醒。在这场运动中，民族主义强大的社会凝聚力得以彰显，争取国家主权，谋求民族独立，维护民族利益成为全国社会各阶层的普遍愿望和行动准则。在国难当头的情况下，中国人不分种族、出身、性别，是一个利益攸关、命运相连的整体。中国是中国人的中国，中国的利益要靠全体中国同胞来维护。最后，抗日战争和新中国的成立把中国民族主义推向了高潮。20 世纪 20 到 40 年代，中华民族的危机不但没有减弱，相反，随着日本帝国主义的大举入侵，中华民族到了最危险的时候。抗日战争的全面爆发把中国民族主义推向了第一个高潮，这场全民族的战争最终把全体中国人凝聚于"中华民族"这个共同体中，中国人的民族意识在承担生死存亡共同命运的危机关头得以发扬光大。这次民族主义高潮的来临既是鸦片战争以来民族主义思想和运动发展的必然结果，更是日本全面入侵中国激发的结果。

1840 年以来，清政府与西方列强每战必败，每败必割地赔款，面对民怨沸腾，皇权的态度是"宁赠友邦，不与家奴"，丧权辱国关系的只是皇权的荣辱得失，非关普通民众的共同命运，皇权的利益与普通民众是对立的。所以，晚清的民族主义主要表现为文化民族主义和政治民族主义，以唤起民众的民族意识和推翻满清政权为主要内容。而到了抗日战争时期，国家、社会、个人都被整合进"中华民族"的命运共同体，"中华民族"成为全民动员的号召，民族的命运第一次融进了每个人、每个家庭、每个阶级的思想和命运，超越了种族、阶级、阶层、性别，以及政治立场、价值取向、社会地位和物质利益。"从激发民族主义情绪的功用而言，中华民族符号系统里还没有超过抗日战争的。"①

但是，在这一历史时期，国共两党的民族主义取向出现了分歧，直接导致了两党最终命运的迥异。国民党逐渐歪曲和背离三民主义，推行集法西斯主义的专制性、保守主义的守旧性和爱国主义的进步性于一身的民族主义。共产党则坚持继承和发展三民主义，把民主政治与民族主义相结合。国共两党在民族

---

① 徐迅：《民族主义》，中国社会科学出版社 2005 年版，第 230 页。

主义上根本的分歧在于阶级立场的不同，由于阶级认同和民族认同既不能相互代替，又不相互排斥，所以导致两党在民族主义的取向上既有交融的地方，又存在着很大的差异。国民党在极权民族主义路线指导下，始终把维护自己的统治作为最高目标，颠倒民族矛盾与阶级矛盾、内部矛盾的主次关系，破坏了抗日民族统一战线。国民党所标榜的"民族至上"并不符合中华民族中大多数人的利益，而其"国家至上"也是竭力维护其极权国家体制，因此，"他们惧怕人民起来，惧怕民众运动，惧怕认真地动员全民的抗日战争"。[①]

共产党推行的是民主民族主义，依靠本国无产阶级和人民群众，把马列主义普遍原理同中国革命的具体实践结合起来，经过长期探索，成功地解决了中华民族建国运动应当由谁领导和应当走什么样的革命道路的问题。抗日战争是近代以来中国人民反对外敌入侵过程中第一次取得完全胜利的民族解放战争，充分显示了中华民族觉醒和民族团结的巨大力量，也是中国民族主义运动所取得的最大的胜利。抗战胜利后，中华民族建国运动进入了一个关键阶段。这时，中国国内阶级关系已经发生重大变化，以美国支持下的蒋介石集团为代表的大资产阶级大地主阶级与以共产党为代表的人民大众之间的矛盾，代替中华民族与日本帝国主义之间的矛盾，成为中国社会的主要矛盾。国民党政府已经成为中国人民建立独立、民主的民族国家的最大障碍。经过三年解放战争，国民党政府败退台湾。

1949年10月1日，中华人民共和国宣告成立，标志着中国新民主主义革命已经取得基本胜利，中国人民受奴役受压迫的半殖民地半封建时代已经过去，中国已经成为一个新兴的现代民族国家。中国民族主义达到了第二个高潮。

新中国成立后，中国民族主义的演变历程可以划分为两个阶段：

第一个阶段是1949年到1989年左右，在这一时期，中国民族主义呈现出两个倾向。一是由显归隐，被爱国主义所取代，甚至出现了贬义化的倾向。新中国成立后，在马克思主义意识形态的主导下，民族主义逐渐失去了生存的空间，国内民族矛盾的滋长，使人们把民族主义视为一个贬义化的词语。爱国主义被党和政府大力倡导和宣传，从而取代民族主义成为凝聚社会力量，动员人民团结奋斗的旗帜。二是民族自信心和民族自豪感由强变弱的倾向。新中国成立后，1840年以来历经屈辱的中华民族终于自立于世界民族之林，民族解放和独立所激发的民族自信心和自豪感一度空前高涨。但是，由于西方帝国主义的封锁和中国政府政策的失误，中国的社会经济发展缓慢，人民群众的物质文化生活水平长期得不到提高。改革开放之后，在与西方对比的强烈反差中，中

---

① 毛泽东：《毛泽东选集》，人民出版社1991年版，第1046页。

国人的民族自信心和自豪感有所减弱。"那个时期的国家观念和民族意识中渗透了怀疑、自卑甚至抱怨的成分，由此也为 80 年代后期民族虚无情绪的上升准备了思想与情感的基础。"[1]

第二个阶段是 20 世纪 90 年代至今。在这一时期，中国民族主义再度兴起，在学术界、网络里和社会大众中被广泛讨论，并产生了日益深远的影响。随着改革开放的深入推进，综合国力的增强和国际地位的提高，中国人的民族自信心和自豪感在不断地恢复和增强，由国际冲突所引发的民族主义活动时有发生，中国民众尤其是青年人的民族主义情绪很容易被点燃。20 世纪 90 年代之后民族主义日渐高涨，主要有三个原因：一是由于价值观和体制方面的差异，中国与西方之间的各种摩擦不断，中西方关系时常处于紧张之中；二是苏东剧变和八九风波之后，社会主义阵营萎缩，为了抵制西方力量，其意识形态不得不求助于民族主义，民族主义迅速从知识分子小范围的探讨转变为社会大众情绪化的狂潮；三是西方对中国崛起的遏制和敌视强化了中国人的民族认同感和民族向心力。中国与西方在政治、经济、外交、军事等方面的摩擦和碰撞使中国人清醒地认识到只有中华民族的团结一致才能实现中华民族的繁荣富强，只有繁荣富强的中华民族才能够在国际社会中赢得真正的尊重和平等的待遇。在这一时期，中国民族主义的价值取向发生了根本性的改变，中国人从盲目崇拜和企图复制西方文明转变为弘扬中华民族的优秀传统和学习西方先进经验，兼容并蓄，与世界上其他民族公平竞争、平等相处，共同繁荣。因此，中国当代民族主义的主流是以爱国主义为核心的民族主义，既不是盲目排外的狭隘民族主义，更不是民族沙文主义或民族扩张主义。

第三节　民族主义思潮的基本类型

在探讨近代民族主义时，不同的学者从不同的角度提出了关于民族主义类型的不同看法，比较有代表性的是姜义华提出的：在 20 世纪的中国民族主义中，族类民族主义、政治民族主义及文化民族主义特别发达，相比之下，建立在统一市场基础上的经济民族主义则异常薄弱。这是由于中国近代民族主义的兴起是救亡的急迫需要，而不是根植于民族经济发展和民族统一市场形成的土

---

① 房宁、王炳权、马利军等：《成长的中国——当代中国青年的国家民族意识研究》，人民出版社 2002 年版，第 26-27 页。

壤上。①俞祖华指出，近代中国民族主义有如下几组类型：以汉族为体认单位的排满思潮和以中华民族为体认单位的反帝思想，或称之为"小民族主义"与"大民族主义"；传统民族主义与近(现)代民族主义；族类民族主义、政治民族主义、经济民族主义与文化民族主义；革命性的激进民族主义、自由主义的理性民族主义、保守型民族主义与复古型民族主义。从各种类型的民族主义演变、消长的格局中，可以看到近代中国民族主义的主流价值为"坚持中华民族独立、自主及自尊的、现代的、开放的、理性的民族主义"。②

概括而言，从世界经济体系来看，冷战结束以后，国与国之间被意识形态遮掩的经济利益对立与冲突就鲜明地呈现出来，民族主义被广泛地应用于在不平等的国际秩序中谋求本国的利益，这时它是国家利己主义的代名词，我们称其为经济民族主义；从国家内部来看，由于多民族间的发展不平衡，族民与国民的身份认同时常发生断裂，追求本民族政治独立自主的民族主义就有了产生的内在动力，而它的结果则往往表现为统一国家实体的瓦解，这时它是种族主义和分离主义的代名词，我们称其为政治民族主义；而在更深层也更抽象的文化层面，"文明的冲突则是世界范围内的部落冲突"③，文化民族主义倾向也在发展中国家以各种方式展开。以下我们分别做简单的阐述。

一、政治民族主义

姜义华指出：所谓政治民族主义，指的是将民族主义归结为建立民族国家，归结为集中全力进行政治斗争，乃至军事斗争。④李永刚把具有强烈政治目的性(主要是分解或构建新的独立民族国家)目标的民族主义纳入这一范畴。显而易见，这是民族主义兴起的初衷与出发点。⑤自欧洲体系形成以来的500年中，民族主义曾持久地服务于"追求国家身份"这一政治实践的目标。发展中国家由于处于各种不同的发展阶段上，政治民族主义的影响和作用也就不尽相同，但从目前的情况看，争取独立挽救民族危亡式的应急型政治民族主义在各国都已经基本结束。拿二战后期与90年代发展中国家的两次政治民族主义浪潮相

---

① 姜义华：《论二十世纪中国的民族主义》，《复旦学报》1993年第3期，第10页。
② 俞祖华：《近代中国民族主义的类型、格局及主导价值》，《齐鲁学刊》2001年第2期，第49页。
③ [美]塞缪尔·亨廷顿：《文明的冲突与世界秩序的重建》，新华出版社1998年版，第228页。
④ 姜义华：《论二十世纪中国的民族主义》，《复旦学报》1993年第3期，第10页。
⑤ 李永刚：《当代发展中国家的民族主义》，《社会科学(上海)》，1999年第12期，第26页。

比，最大的区别就在于，前者主要是殖民地国家反抗宗主国争取民族解放，而后者则集中表现为多民族国家内部非主体民族争取主体地位或平等权利的抗争，它使得若干曾经统一甚至强大的多民族国家(如前苏联)从内部裂解。应该说，存在于多民族国家内部的族际冲突在发展中国家普遍存在，究其原因，主要是由于现代化的进程起步较晚，资本主义发展明显不足，严重阻碍着这些国家形成统一的社会体系和社会意识，缺乏强有力的黏合剂将国内各族体凝聚在一起，使民族国家构建与族体发展之间产生尖锐矛盾。这些矛盾尖锐到国家无法调解的地步时，就会产生破坏性很强的民族主义运动。

具体来讲，苏联、东欧地区的民族主义浪潮既有本国政策失误的原因，也有大国干预或操纵的因素。但从根本上说，是对原有民族中心主义的反动。在战后半个世纪里，苏联、捷克、南斯拉夫、罗马尼亚、保加利亚等国都极力强调主体民族的作用，导致大俄罗斯主义、大捷克主义、大塞尔维亚主义、大罗马尼亚主义的抬头，从不尊重其他民族的文化，逐渐滑到同化主义的深渊。显然，在经济发展尚未达到相应水平时，片面推行民族同化，是促发民族分离的主要原因。借用沃勒斯坦的世界体系理论可以对此做出进一步解释：在一个较大的地区共同体内，某些地区先发展起来，形成"中心"，后发展地带就成为"边缘"。中心与边缘常常发生改变其从属和受剥夺地位的努力。如果"边缘"的处境长期得不到改善，其谋求独立、建立新的"民族国家"的愿望就会不断增强，而在这个过程中，当"边缘"的不满和破坏性力量超过体系的承受力时，就常常表现出民族或国家的裂解。[1]虽然它在一定程度上反映了各民族平等互利、共同进步的合理要求，但它的暴力倾向也给世界尤其是当事民族的人民造成了深重的灾难。只有当居于主体地位的民族充分认识到族际冲突的危险，并致力于政策的调整修正，使这种不平衡有所缓解，从不同走到同，民族间的分裂和对抗才可能被缓和所取代。在非洲，大多数"民族国家"不是生长出来的，而是殖民主义的产物，其疆界的规定完全是按殖民者的利益来决定的一个个"制图学单位"。[2]在几何线条的边界版图上，纵横交错着跨部族的国家和跨国家的部族。国家对社会与民族的整合能力非常虚弱，起主导作用的是强大的部族。非洲国家的部族化已到了"把国家这块糕切成片片"的程度。[3]非洲的悲剧在于人们对部族的忠诚远超过对国家的忠诚，没有一种足以把各个部族凝聚

---

① 李永刚：《当代发展中国家的民族主义》，载于《社会科学》1999 年第 12 期，第 26 页。

② 转引自李永刚：《当代发展中国家的民族主义》，载于《社会科学》1999 年第 12 期，第27 页。

③ [美]阿尔蒙德：《当代比较政治学》，商务印书馆 1993 年版，第 736 页。

起来的民族文化，政治民族主义于是变态为部族或种族主义。历史上非洲中部的一些国家(如乌干达、卢旺达、布隆迪、安哥拉、利比里亚、索马里)不断发生各种族之间的大规模血腥屠杀，就是这种"人造国家"的后遗症的显现。在国家独立以前，只靠对压迫者的仇恨就足以动员起民众解放的热望，但以此来管理一个独立的国家却还远远不够。值得注意的是，在非洲国家的政治民族主义中，完全要求建立独立主权国家的并不多，其具体的指向和最终目标究竟是什么，可能连当事者自己也不十分清楚，因此，这类冲突也就愈演愈烈，而问题的解决似乎也就遥遥无期。

在中东，政治民族主义冲突主要是以宗教信仰和石油资源等经济利益等为支撑点。"80 年代和 90 年代，伊斯兰国家的整个趋势是反西方的，这部分是伊斯兰复兴运动，以及对所谓的西方毒化穆斯林社会做出反应的自然结果。"①民族主义与宗教情绪之间，由于伊斯兰原教旨主义的实践而显出其深刻的联系。民族主义一旦插上宗教狂热的"翅膀"，其来势就十分猛烈。

在中国，自 80 年代以来，当原有意识形态作为国家与社会共同体的凝聚力功能淡出之后，政治领导人也开始注重从民族主义中汲取更多的国家凝聚力资源。②一些排斥和敌视中国的做法，激活了中国近代以来"自卫—应激型民族主义"的历史情结。但是，当代中国的民族主义还远未成形，一位美国学者的看法可以作为参考："只要经济发展顺利，只要中国在世界经济中的未来看上去光明，开放将占主流，反常的民族主义情绪只能在大众娱乐中满足一些情感需要，而在实际生活中无甚吸引力。如果正好相反，当下的经济扩张情况恶化，如果中国人的抱负成为泡影，全套的高度民族主义情绪随时可供做更严肃的考虑。"③

二、经济民族主义

经济民族主义的中心思想就是经济活动要为——而且应该为国家建设的大目标(或国家的整体利益)服务，它认为民族国家是个人和团体(公司、利益集团)最大的现实福利单元。因此，经济民族主义把掌握本国经济命运、自主行

---

① [美]塞缪尔·亨廷顿：《文明的冲突与世界秩序的重建》，新华出版社 1998 年版，第236 页。
② 萧功秦：《民族主义与中国转型时期的意识形态》，《战略与管理》1994 年第 4 期。
③ J·安格尔：《中国民族主义》，纽约 1996 年版，导论。转引李永刚《当代发展中国家的民族主义》，《社会科学(上海)》1999 年第 12 期，第 27 页。

使经济主权看得至关重要，并认为由此可达成民族国家的勃兴。20 世纪最后这段时间，中国才越来越多地把注意力从政治斗争、军事对峙转向经济本身，注意到民族自立、民族振兴，政治上、军事上的强大，归根到底仍是经济问题。[①]

一般认为，发展中国家的经济民族主义最初突出地表现在拉美国家。拉美地区作为天主教国家的移民殖民地，各国有共同的语言(巴西除外)，共同的宗教信仰，以及无法区别的混血血统。A·赖丁就曾经论述过，"墨西哥的民族主义不是一种意识形态，而是一种求生存的本能。"[②]那些尚未取得现代化或发达地位的拉美国家，"对于控制本国自然资源和经济命运的企图越来越警觉，并认识到这种必要性。这一现象的特点就是经济民族主义，它直接反映了这些国家经常抱怨的那种看法，他们虽然取得了政治主权与独立，但是在经济上仍然是殖民地。"[③]这种经济民族主义论调与依附论紧密相关。依附论者认为，在不平等的世界体系之中，发展中国家之所以长期难以摆脱贫穷落后的境地，就是因为它们严重依附于发达国家的资本、技术和市场。以至于 G·A·阿明提出了如下著名论断："不应为国际合作与相互依存高唱赞歌，最好还是劝告第三世界国家采取孤立政策。"[④]

可以认为，这种强调在经济发展中追求民族利益的经济民族主义包含了发展中国家对现在国际秩序无奈与抗争的双重心态。在遭遇 1997 年夏季以来不断蔓延的全球金融危机的打击之后，发展中国家更加深刻地认识到，只有采取自我保护的经济政策，避免过快和过于被动地卷入不公平的国际竞争环境和不均衡的全球化进程，才能免遭灭顶之灾。经济民族主义因此被越来越多的发展中国家所接受和使用。

三、文化民族主义

文化民族主义的主要任务是要保持和发展本民族特有的文化传统，主张以民族的文化个性和文化传统为纽带，强化民族对政治共同体的认同。有学者给出文化民族的三个特征：其一，文化民族以文化整合、文化标识而显形；其二，

---

① 姜义华：《论二十世纪中国的民族主义》，《复旦学报》1993 年第 3 期，第 10 页。
② A·赖丁：《遥远的邻居：墨西哥人的肖像》，美国诺普尔出版公司 1985 年版，第 18 页。
③ S·坦塞：《拉丁美洲的经济民族主义》，商务印书馆 1980 年版，第 8 页。
④ G·A·阿明：《现代化理论与历史经验的再探讨》，上海译文出版社 1993 年版，第 103 页。

文化民族是一种非暴力、非军事扩张的民族；其三，文化民族具有推崇文化的内涵。由此衍生的文化民族主义"反映了一种认为本族文化和历史传统精神高于优于别人的居高临下的态度"。①

中国的民族主义倡导者们从一开始便注意到民族是一个有着共同的语言文字、风俗习惯、宗教信仰、历史传统、精神气质的人的集合体。但是，他们又几乎毫无例外地将这一切看成已经确定的既成之物，不了解在近代民族形成过程中，从语言文字到人们的心理、观念，都要发生巨大的变化，要形成近代民族，在所有这些方面都要借助批判、论争、创新，需要做艰难的创新与统合工作。由于对这一点缺乏必要的准备，在倡导民族主义时，他们便易于将民族文化等同于传统文化，把尊重传统文化等同于文化上的守旧，排斥对外来文化的吸取和再造。这种文化上的保守主义，主观上是要增强民族在精神上、文化上的凝聚力，但常常阻碍了对于传统观点的突破，妨碍了与近代市场化、工业化、城市化及世界化匹配的新思想观念的形成，钳束了现代民族经济的蓬勃发展。这常常是文化保守主义鼓吹者们所始料不及的。

在当代，主流话语"现代化"在很大程度上是"西化"的代名词，强大的民族也多数是依托强大的经济、军事实力的西方政治民族。因此，文化民族主义的主张与实践，主要出现在发展中国家。阿尔君·阿帕杜莱睿智地指出："今天，全球互动的中心问题是文化同质化与文化异质化之间的紧张关系。"②面对先进的西方文化的入侵和冲击，面对全球化进程日益强大的文化同化力量，如何保持个性，避免被文化霸权吞噬，已经是一个关系到国家生存的重大问题，连法国这样的发达国家都有被"文化殖民"的深切忧虑。对于许多发展中国家而言，赶超发达国家，实现现代化是不得不做的必然选择，但在具体的道路上却常常面临或者放弃民族传统文化以跟随潮流，或者固守传统对抗西化的两难处境，文化民族主义正是在这种背景下复兴，并且表达着东西方文化冲突与抗拒这一持久不衰的主题。

发展中国家的政治精英和思想家们试图通过挖掘传统文化的资源，培植起本民族的文化与精神禀赋，来挑战日益嚣张的西方文化扩张和文化霸权(诸如"好莱坞化"和"可口可乐化")，以保持或恢复民族自尊心，获取政治号召力。与经济民族主义反对经济侵略相似，文化民族主义者反对的是"文化殖民"。在这里，"作为主权的'道德成分'，民族主义象征提供了一个政治话

---

① 王逸舟：《当代国际政治析论》，上海人民出版社 1995 年版，第 117 页。

② 阿尔君·阿帕杜莱：《全球文化经济中的断裂与差异》，载汪晖，陈燕谷主编《文化与公共性》，上海三联书店 1998 年版，第 527 页。

语的核心。"①纠缠了中国人一百多年的传统文化与现代化的关系命题当然也贯
穿了文化民族主义的主线，而 20 世纪 90 年代以来的东亚掀起了对"新儒家"
的重视也可被纳入文化民族主义的范畴。虽然在缺乏政治、经济吸引力的情况
下，首先从文化上确立起民族的认同不失为一种积极的方式，但不得不承认的
是，发展中国家的文化民族主义因为几乎抵挡不了全球性的消费主义和没有边
界的大众传媒而显得有些虚弱和无力。

第四节　20 世纪 90 年代以来中国民族主义思潮的
兴起及未来走向

　　20 世纪 90 年代以来的民族主义思潮划分为学理性民族主义思潮和大众性
民族主义思潮(房宁称之为精英民族主义和平民民族主义)，并把前者作为分析
的重点。所谓学理性民族主义，指的是具有概括、表达能力，提倡民族主义的
知识分子对民族主义所做的理论探讨和建构；所谓大众性民族主义，指的是普
通民众的民族主义情绪表达。90 年代后，大众民族主义情绪更多的是在互联
网上发泄，所以有人称之为网络民族主义。②

一、20 世纪 90 年代以来中国民族主义思潮的兴起

(一) 知识精英的民族主义

　　可以说，90 年代的中国民族主义主要是从中国知识精英开始爆发的。20
世纪 90 年代初，学理性民族主义代表人物何新掀起了当代中国新民族主义思
潮的第一波。1990 年 6 月，在国内学术界崭露头角、以学术观点特立独行而
引人注目的年轻学者何新，对北京大学学生发表了"我向你们的良知呼唤"的
激情演讲。1990 年 12 月 11 日，《人民日报》刊发了《世界经济形势和中国的
经济问题——何新与日本经济学教授 S 的谈话录》③。人们在何新的演讲和长
文中看不到民族主义的字眼，却能感受到一种浓浓的民族主义意味。何新在文

①　安东尼·吉登斯：《民族·国家与暴力》，上海三联书店 1998 年版，第 265 页。
②　薄明华：《论当代中国新民族主义思潮》，《怀化学院学报》2007 年第 3 期，第 18 页。
③　《世界经济形势和中国的经济问题——何新与日本经济学教授 S 的谈话录》，载于《人
　　民日报》1990 年 12 月 11 日，第 1-3 版。

中用了相当篇幅揭露以美国为首的帝国主义对中国的阴谋和中国现代化面临的险恶环境，努力讲述全球化时代爱国主义的价值，试图探索和形成一套以中国国家利益为本位、以中国传统文化为根基、以爱国主义为旨归的新政治意识形态。何新倡导的用全球化视野审视当代中华民族利益的新理念，深刻地影响了当代中国新民族主义思潮的发展方向。

　　20 世纪 90 年代中期，中国知识分子当中出现了一股强大的反西化思潮，人们一般把它看做是中国民族主义思潮的第二波。1993 年，亨廷顿接连在《外交事务》发表《文明的冲突》等两篇文章，传到国内，引发了一场关于文明与文化的热烈争论。《二十一世纪》、《战略与管理》、《中国社会科学季刊》、《读书》等杂志均用相当篇幅发表了有关讨论文章。在对亨廷顿"文明冲突"的批判中，知识界出现了较强的民族主义情绪，张颐武、陈晓明的后殖民文化批评，甘阳、崔之元的制度创新说和盛洪的文明比较论是其代表。1993 年底，《战略与管理》杂志社在北京召开了"重估中国现代化"的研讨会，被称为"民族主义旗手"的学者王小东明确提出当代中国需要"明智的民族主义"。① 1994 年 4 月，《战略与管理》杂志社又发起了"变动中的世界格局与民族主义"研讨会，1995 年 11 月 12 日在深圳召开了"世纪之交的民族主义"研讨会。之后，民族主义的话语在知识界颇为流行。学者伊保云公开呼吁"对于落后的国家来说，恰当的选择不是抛弃民族主义，而是复兴民族主义，把民众的忠诚集中到国家的水平上"。②

　　中国民族主义的真正高潮则以《中国可以说不》的出版为标志。1996 年，一本由普通年轻人写的(宋强、张小波、乔边、古清生)、销量达 300 万册、被认为是"反映了中国民族感情"的书掀起了一阵"说不"旋风。"说不"在社会上所引起的强烈呼应也昭示着：当代中国的民族主义继五四时期民族主义运动之后真正重新兴起了。同年，一本由留学美国的新闻专业博士生李希光，和已经进入美国著名学府任教的学者刘康撰写的《妖魔化中国的背后》也引起了相当大的关注。在 1999 年末，由房宁、王小东、宋强等著的《全球化阴影下的中国之路》出版，这部自称是"呼唤中国民族意识"、"探索中国突围之路"的书，被认为"与前两者构成民族主义在知识界表达的三部曲"。③

---

① 石中：《中国现代化面临的挑战》，《战略与管理》1994 年第 1 期，第 8 页。

② 伊保云：《民族主义与现代经济发展》，《战略与管理》1994 年第 3 期，第 14 页。

③ 任丙强：《中国民族主义重新兴起的原因特征及其影响》，《学海》2004 年第 1 期，第 78 页。

（二）大众性的民族主义

大众性民族主义思潮和运动在 90 年代后也开始强化，大众性的民族主义具有普遍性，而作为思想最开放、思维最活跃但政治上又不完全成熟的群体，青年在社会思潮中是最积极的参与者、追随者、传播者和实践者。1999 年 5 月 8 日，美国轰炸中国驻南斯拉夫大使馆，使中国青年和民众的民族主义情绪达到一个顶峰。以青年学生为代表的民众在各地开始了声势浩大的反美示威游行。加之随后十年的中美撞机事件，日本靖国神社、教科书事件，美国对西藏、台湾问题的干涉，奥运圣火传递遭遇藏独干涉等，中国青年毫不掩饰地表达着自己的不满情绪。以奥运火炬传递为例，奥运火炬传递在伦敦、巴黎、旧金山等地遇到了干扰，这激起了国人的激烈反应，中国人感觉到自己的国家被侮辱了，这种感觉在受过教育的青年人中间尤为强烈，他们在世界各地举行反示威游行，并在互联网上发起抵制法国企业的运动，并要求国家用经济手段惩罚企图干涉中国内政的法国不友好行为。国内一网站的讨论区发起签名行动，除要求封杀美国有线电视新闻网北京奥运报道权外，还发出要求政府"与英、法两国断交"、"封杀西方一切在华利益"、"自此抵制欧洲游"等激烈言辞，表示"只要团结起来，中国人没有什么不能战胜"。李光耀说："中国年轻人在国内被反复灌输强烈的自豪感和爱国意识，以致其对日本的示威行动转化为暴力事件。此外，当新加坡总理李显龙去年以私人身份到台北访问时，他和新加坡在中国互联网的清谈空间受到口诛笔伐，被斥责为'忘恩负义者'及'叛徒'——日前我还是中国的老朋友，今天我却是它的新敌人，情况一触即发。"[①]中国青年的这种情绪和行为，实际上蕴含了 1840 年鸦片战争以来历代国人的文化积累，当中国青年发现自己的命运与国家的命运是同生共进时，就会以一种激烈的方式表达出来，这不仅是青年在为自己的未来争取，他们的行为也体现了中国未来发展的方向。

（三）网络民族主义

20 世纪 90 年代中后期伴随着网络的普及，出现以网络为平台，发表爱国主义言论，反对狭隘的民族主义，以网络为"根据地"，涵盖了网络上的民族主义的话语、思潮和行动，故而可称为"网络民族主义"。民族主义紧跟社会实践的发展步伐，寻求新载体维系自己的生存与发展。在信息技术不断发展的

---

① 李光耀：《中国年轻人错估国力　民族主义令人不安》，《东方军事快讯》2006 年 12 月 16 日。

今天，民族主义选择了与无所不在的互联网相结合，"网络民族主义"也作为一个独特的命题日益受到关注。作为新形态的社会思潮，网络民族主义呈现出与以往其他社会思潮的不同特质，如在行为方式、话语表达和意识感上特点鲜明，具有多样性和层次性，其中网络民族主义的情绪化表达特征尤为引人注目。①网络民族主义之所以大行其道，是与中国的和平崛起、经济全球化的冲击、国际体系结构的变迁以及互联网迅猛发展等诸多要素综合作用，以及它们彼此间的互动分不开的。中国的民族主义具有了网络民族主义的新形态，有了进一步的发展。

从总体上看，网络民族主义是温和的、理智的。第一，网络民族主义凸现了中国本土色彩，中国人受到讲究仁爱、德治、君子之道的儒家思想的浸濡，普遍崇尚和平，谦恭礼让，有着很强的民族凝聚力和自豪感，悠久的文明传承决定中国的民族主义是温和而理性的，而到了国家的生死关头，民族主义就成为坚忍不拔的中流砥柱。第二，从网络民族主义的参与人群来看，主要是以有文化水平的青年人为主，他们有一定的文化修养，关心政治，充满激情与正义，具有强烈的民族自豪感，热烈期盼中国的强大和崛起，能理智地分析和处理问题。多数网民都是在理性地负责任地表达自己的观点和看法，不煽动闹事，宣扬极端民族主义、煽动仇恨和种族歧视的人仅仅只是少数。

网络民族主义是较为松散的意识形态联盟，对内政诸方面有很大分歧，但对外立场相当一致，认为中国是个崛起中的大国，任何有损中国利益的经济、政治、外交关系都必须坚决反对。网络民族主义直接源于中国在国际社会遭受到的不公正待遇，激烈的网络民族主义表达着对国际社会的不满。网络民族主义直指对中国民族利益和尊严的现实威胁，中国民族主义所针对的主要是损害中国民族利益和民族感情的事件，激发网络民族主义大潮的一系列重大事件都是由于中国国家的尊严和利益受到了蔑视和伤害。例如，1999 年北约轰炸中国驻南斯拉夫大使馆掀起了第一次网络民族主义大潮，人民网随即开设了"抗议北约暴行论坛"，这个论坛就是后来著名的"强国论坛"的前身。在 CNN 歪曲报道西藏事件以及主持人的辱华事件被曝光后，中国网络民族主义迅速做出反应，要求 CNN 道歉并攻击了 CNN 的官方网站。2008 年，中国举办奥运会，奥运圣火遭到藏独分子和国际反华势力的干扰与破坏，特别是藏独分子在法国袭击残疾人火炬手金晶的事件，引起了中国网络对法国的抵触和仇恨情绪，并针对法国企业家乐福为代表的法国品牌进行了声势浩大的抵制活动。由于中国

---

① 吴学兵：《当代中国网络民族主义的社会政治功能透视》，载于《燕山大学学报(哲学社会科学版)》，2007 年第 5 期，第 48 页。

经济的高速发展引起了某些国家的不安,"中国威胁论"应运而生,在"中国威胁论"的渲染和误导下,对中国带有偏见或对中国并不了解的西方民众反华情绪也随之而来,并且在一些国家有一定市场。所谓的"中国威胁论"实际上也是一些国家针对中国的民族主义,在中国遭到其他国家的民族主义非议和攻击之时,中国网民出现了捍卫自身利益的民族主义。

中国崛起促进了网络民族主义的发展。中国国内经济的高速发展以及通过联合国或其他形式对广泛的国际事务发挥着越来越大的作用,中国正在成为一个有影响力的大国,2008 年的北京奥运会是这种影响的标志之一。中国的崛起大大激起了国人及海外华人的民族自豪感,"21 世纪是中国的世纪"的评论随处可见,在这样的情形下,民族自信和自尊开始复苏。中国网民这时所表现出的是一种复兴民族主义,表达出对恢复主权、领土完整以及民族尊严的强调和关注,如在针对美国、日本以及台独和藏独势力时,在"港澳回归"、"申奥"、"入世"等中国崛起标志性的重大事件中,他们以集体化的欢呼,表现出了为民族崛起而激动的情绪。

虽然网络民族主义者只占中国人口的一小部分,但决不代表他们只表达少数人的意见。由于网络的日益普及,网民的社会阶层也日益多样化。由于绝大多数网民是社会的普通公民,他们的观点代表了当前社会普遍的看法,网络成为民众政治参与和政治表达的重要平台,而且由于网络的匿名性,网络的意见更显真实。这就是说,网络民族主义正是中国民族主义的一个缩影,只是由于网络的特性,使得民族主义的诉求更集中也更强烈。当然,网络民族主义有情绪化的一面,这也招来了许多反对的声音,常常被痛斥为"狭隘的民族主义"、"极端的民族主义",而这些反对的声音往往不会起到任何的作用,不但淹没在民族主义浪潮的汪洋大海中,还会招来更激烈的有如"汉奸"、"走狗"、"卖国贼"等骂名。

二、20 世纪 90 年代以来新民族主义思潮兴起的时代背景

新民族主义在当代中国的兴起有着深刻的国际、国内背景,是冷战结束后国内形势和国际格局发生的一系列深刻变化催生的。当代中国民族主义的复兴既是后冷战时期外部霸权主义压力下的自然而然的结果,也是转型时期中国内部整合的需要,可以说是外压和内需综合作用的必然结局。

首先,经济全球化是孕育当代中国民族主义的温床。冷战结束后,国际资本以空前未有的速度大举扩张,市场经济和竞争机制几乎为世界各国所引进,现代交通和信息技术改变了人们的时空概念,所有这些使得各国经济逐步走上

国际化和一体化。在经济全球化过程中各国的利弊得失是不均等的。发达国家借助其主导地位的优势，积极推广体现其利益的经济体制和经济运行规则，最大程度地获取全球化带来的红利，成为全球化的最大受益者。而弱势民族国家在全球化中却处于被动地位，面临被边缘化的危险。十一届三中全会后，中国改革开放的指导思想就是融入世界经济体系。可是"当人们满怀期望进入世界市场的时候，突然发现这个市场远不如原来想象的那样理想，发现这当中还有一个不合理的国际经济秩序的存在。"①中国一些民族主义知识分子从拉美、东南亚金融危机中感受到了全球化给中国的未来发展带来的前所未有的危机。于是，以反思和质疑全球化、维护国家和民族利益为诉求的民族主义情绪的出现，是一件很自然的事情。

其次，新霸权主义是中国民族主义兴起的直接诱因。冷战时代，美苏两个超级大国称霸世界，分割世界，相互争夺势力范围。苏东剧变后，世界进入了后冷战时代，后冷战时代可以说是新霸权主义时代。由于苏联解体后俄罗斯的自顾不暇和中国大陆的孤掌难鸣，使得发达国家可以更加得心应手地利用美英法在国际关系领域的政治优势，通过对国际组织的操纵，以合法的形式更加自如地运用和发挥其所拥有的军事和经济优势，来扩大自身的利益，直至把它们自认为合适的安全政策和经济政策强加给别国，达到操纵甚至包办国际安全事务和经济事务的目的。中国作为一个正在崛起而又处于发展中的经济大国和军事大国，再加上它在意识形态领域与西方国家的尖锐对立，它自然首当其冲地成为西方霸权挤压和排斥的对象。近十几年，美国干涉中国内政、阻遏中国崛起、贬损中华民族尊严的严重事件有增无减。1993年8月美国以"可能运送违禁货物"为借口，强行拦截并搜查中国的货轮"银河号"，使其中断航行33天；美国国会通过阻挠中国申办2000年夏季奥运会的决议；美国向台湾海峡派出大型舰队，摆出为台独势力撑腰的架势等。一个伟大的民族不可能对不断遭受的羞辱默不作声，向来视尊严为生命的中华民族不得不对霸权主义发出"说不"的强音。可以说，近几年中国民族主义思潮的勃兴，就其国际背景来说，就是对这种新霸权主义的一种情绪化反应。

再次，民族主义是转型时期中国内部整合的需要。民族主义思潮在20世纪90年代兴起也有着复杂的国内背景。首先，改革开放以来，社会经济成分、组织形式、物质利益和就业方式日益多样化，人们的思想观念、价值取向、文化生活日益多元化，为多种多样社会思潮(包括民族主义思潮)的产生提供了适

① 任丙强：《中国民族主义重新兴起的原因特征及其影响》，《学海》2004年第1期，第79页。

宜的土壤。同时，改革也面临着一系列难题，如：国有企业经营困难、效益不高的问题仍然没有解决；经济结构不合理的矛盾日益突出，长期以来形成的粗放式经营方式还没有摆脱，国民经济整体素质和效益仍然不高；金融监管不健全，金融秩序在某些方面比较混乱，存在着许多隐患；收入分配关系还没有理顺，调节手段还不健全，贫富差距一再拉大；国有企业生产经营困难导致大批职工下岗失业；人口增长、经济发展给资源和环境带来巨大压力，等等。这一切引发了人们思想上的诸多困惑。其次，苏东剧变以来，与政治多极化、经济全球化相伴随的是世界社会主义运动处于低潮，资产阶级意识形态乘全球化之风渗透到世界各地。20世纪90年代以来，多种因素导致中国出现了严重的意识形态危机，突出表现为"四信"危机：对共产主义理想的信念危机、对马克思主义的信仰危机、对共产党执政的信任危机、对社会主义改革的信心危机。在这种情况下，中国内部迫切需要一个有感召力的思想和理论来协助社会主义意识形态来整合和凝聚人心。民族主义思潮的产生适应了转型时期中国内部整合的需要。

三、20世纪90年代以来中国民族主义思潮的特点

90年代以来，中国的民族主义既承袭了传统民族主义的精神气质，也体现出一些不同的特征：

（一）民族主义表现形式走向情绪化

情绪化的极端表现形式就是指人民群众在表达自己民族主义情绪的时候往往采取带有谩骂、暴力的极端性质的行为，而不再是以往温和的表达。例如2008年因为奥运圣火传递到巴黎时遭遇袭击，国内民众迅速展开以抵制法货的方式加以抗议，特别是以抵制家乐福超市的商品来抒发其爱国情怀，有些人堵在家乐福门口阻止中国顾客前去购物，有的甚至用照相机拍摄进去购物的顾客达到阻止他们购物的目的，更有甚者乘形势混乱时砸破超市的大门、玻璃冲进去抢东西出来，凡是购买法国货、支持法国企业的人们都被冠以"卖国贼"的不雅称号。事态发展到拉萨"3·14"事件与乌鲁木齐"7·5"事件时，更是出现了多起打、砸、抢、烧等伤及人民群众生命安全和财产安全的严重暴力犯罪行为。①2012年举国关注的实事焦点——"钓鱼岛"问题，中国爱国人士

---

① 张一夫、王泰：《新形势下加强跨境民族问题研究的思考》，《内蒙古民族大学学报(社会科学版)》2010第1期，第22-24页。

开展了抵制日货、抵制日本旅游尤其是对日本电子产品和汽车产业的抵制与制裁，甚至局部地区出现打、砸、抢、烧日本汽车的极端行为等。2015 年 7 月 15 日，日本执政党不顾民意反对强行通过新安保法案。该举动在中国民众间掀起波澜，部分民众激进地认为日本新安保法案将中国作为假想敌，国家应对此进行强硬回击。在此之后，有网友亦将赴日旅游购物的同胞贴上"卖国贼""汉奸"的标签。2015 年，南海地区成为东南亚地区领土争端的焦点，诸多势力交锋的前沿。中菲黄岩岛之争、中越南海渔民冲突、美国军舰"无害通过"等诸多争端引发国内民众的民族主义情绪，一些年轻人通过网络社交媒体表达激进观点。还有近期在长沙、杭州、扬州、连云港、滁州、临沂等 11 个市县的肯德基店家遭遇中国民众堵门或抗议，致使警方出动来维持秩序。这些事例都表明了民族主义的表现形式越来越情绪化、极端化。

(二) 民族主义空洞化

许纪霖一针见血地指出："民族主义在中国，成为一个巨大而空洞的符号，徒有激情洋溢的爱国情绪，而始终缺乏稳定的、持恒的、为共同体的人们所基本认同的价值体系、社会制度和行为规范"。[1]造成这种民族主义空洞化的深层次原因在于这种民族主义没有从现代的、文化的、种族的认同发展到民族国家的认同，没有从本能的爱国主义发展到理性的爱国主义，反而以文化的、种族的认同忽视以至取代民族国家的认同，过分强调本能爱国主义的高尚，以贬斥理性的爱国主义的功利化。[2]民族主义的情绪化、符号化根本上无法提供关于国家的建设性意见和问题解决办法，它过分强调国家本位，将国家视为一个不加划分的利益主体，而构成国家的最基本单位——个人却没有得到充分考虑。这就决定了民族主义只是在民族国家关系方面表现出一种情绪、姿态和策略，但对国家内部如何发展(经济、政治和文化)并没有提出任何切实可行的解决办法。经济的发展取决于在经济方面的持久动力，经济中的单位不是国家、民族，而是个人。缺乏对个人的关注、尊重和激励而空谈民族，无法获得这种经济发展动力。同样，过分强调民族国家的权力，忽视个人的权利和自由，也与现代政治发展趋势相背。但不可否认，民族主义会增强民族凝聚力，在很多方面有利于经济的发展，而其本身并没有提供发展经济或政治的具体方案。

---

① 许纪霖：《在巨大而空洞的符号背后》，《另一种启蒙》，花城出版社 1999 年版，第 222 页。

② 关于本能的爱国主义与理性的爱国主义，可参考托克维尔在《论美国的民主》(商务印书馆 1991 年版，第 268-269 页)一书中的相关论述。

（三）民族主义表现手段倾向现代化

当代中国民族主义的表现手段极具现代化的特点，人民群众不仅仅满足使用广播、电视、报纸等传统媒介，而且现在更多的人是使用网络、微博、手机等现代传媒来抒发他们的民族主义情感。伴随着第三次科技革命，互联网产业在 20 世纪 90 年代中后期的中国发展迅猛，越来越多的人开始使用互联网进行沟通、学习和工作。因为互联网的高效性与实时性的特点，其迅速成为广大民众表达、抒发民族主义情绪的重要平台和媒介，继而"网络民族主义"一词应运而生。网络微博是当前的时髦话题，人们通过发帖、转帖、跟帖拉近彼此的距离，使交流和沟通更加顺畅；人们在发表状态感想的同时也会聚焦政治经济、国际国内、民族主义，甚至建立了一些以"中国民族主义"为主题的专门性网站论坛，例如人民网强国论坛、中国 918 爱国网、爱国者同盟网等。"手机短信民族主义"是与"网络论坛民族主义"几乎同时产生并发展起来的，随着人民群众物质生活条件的富足，使用手机的人越来越多，上至老人下至儿童几乎每人必备，手机短信作为手机功能之一，其群发性、低成本性、高收视性以及匿名性等特点快速让人们接受并普遍使用，这无疑让手机短信成为表达民族主义情感的重要方式。回顾最近十年所发生的带有民族主义倾向的事件，网络和手机短信都被大量普遍使用，并且都对民族主义事件事态的发展起到关键影响。近年来微博、微信又成为民族主义展现的"新舞台"。

四、中国民族主义思潮的未来走向

经过 20 多年的发展与演变，当代中国民族主义思潮对提升人民民族精神、追求平等民主等方面所表现出来的巨大潜力是不容置疑的，可以说已经取得了重大的成效与辉煌的成绩。但是在其发展的过程中仍存在许多问题：从理论方面来说，当代中国民族主义所表现出的是稚嫩性，缺乏系统性；从实践角度来讲，在当代中国民族主义思潮影响下进行的实践运动缺乏成熟性和理性。因此，科学把握其发展运行规律，合理引导其未来发展走向，是当前学术研究与探讨的重要课题；让根植于中国特色社会主义发展道路上的当代中国民族主义走出其病态误区，通过理论与实践的完善和修正，逐步转向理性、务实、温和的轨道，最终形成既具有时代特色，又适合中华民族特点的健康民族主义。

（1）从特征上看，由应激、被动、自卫型民族主义走向自发、主动、自强型民族主义。

中国近代以来形成的历次民族主义思潮虽与传统民族观念的影响有关，但它的萌芽与发展，实际上是对西方列强的威逼和欺凌的应激性反应，是在中华民族面临重大民族危机的情况下催生而出的。萧功秦把这种"由于民族危机而激发的作为对西方挑战而产生的、旨在通过自立自强来有效地维护自身的生存条件的民族自卫意识和运动称之为'应激—自卫型'民族主义"。[①]20世纪90年代重新崛起的中国民族主义思潮虽然在表现形态上与近代民族主义有着诸多的不同，特征各异、性质有别，但就其本质来看，仍属于"应激—自卫型"民族主义，并非中国内生性的，更不是国民自身诉求的一种主动反应。值得一提的是，当前民族主义正在向主动、自强型转换，有不少民族主义学者更加关注中华民族内部的问题，着眼于中华民族内部力量的整合，关注民族的自我更新、自我发展及如何发展国家经济，为实现国家的自强而努力。

(2) 从性质上看，由情绪化倾向、非理性转向比较温和、务实理性的民族主义。

回首历史，只要不带思想偏见，就会发现，中国自近代以来的几次具有重大影响的民族主义思潮都是在特定背景下产生的。每当中华民族处于危难境地，民族主义者就会扛起这面拯救中华民族的旗帜，激发民众的民族主义情绪，进而失去理性，发起抵御外敌的种种民族主义运动，其间也包括抵制同属人类文明的西方文明成果。这样的运动导致的两败俱伤的结果，使民众认识到非理性的民族主义情绪是冲突与动荡的滥觞，值得深思。反思近代民族主义可知：对外的民族主义与对整个国际形势的理解分不开，给民众一个公正的、全面的信息是必要的；民族主义需要宣泄，应为民众情绪的宣泄提供适当渠道。所以，从这个角度来看，在未来，民族主义不是我们要不要的问题，事实上，温和、务实的民族主义正是我们所需要的。

萧功秦认为，20世纪90年代中后期，是民族主义显示激进化趋势的阶段。但是随着中国的进一步开放和发展，中国人民的心态将更平和稳健，自信心更强，加上政府对民族主义情绪有意识的积极引导，激进民族主义将会退潮，温和理性的民族主义将会成为主流。但也不能对这一过程过分乐观，经济危机、西方的消极影响，都有使反应型的民族主义再次激进化的可能，发展中的中国特别容易产生"虚幻的大国感"，产生高调民族主义，极左主义的话语纷扰也会对民族主义产生不良影响。房宁认为，中国民族主义思潮已经从20世纪80年代的民族虚无主义复归"正态"的民族主义，是肯定性的民族意识上升的结果。而有的学者持相反的态度，认为，"最近10年中国出现了民族主义狂飙，从反西方与反启蒙出发，发展为崇拜国家的政治保守主义""现在国家主义或

---

① 萧功秦：《中国民族主义的历史与前景》，《战略与管理》1996年第2期，第59页。

是极端民族主义特别严重，以国家主义牺牲国民福祉满足虚荣，推向极致就会导致法西斯主义""'中国龙主宰世界'的民族主义一旦和民粹主义结合，就非常危险，它将对外发动战争，对内厉行专制。民族主义加民粹主义，正好是'国家社会主义'，即纳粹，这是当前中国往何处去的最危险的一个方向"。①

总体来看，在经济全球化浪潮中，国家、地区间的沟通联系日益紧密，越来越多的人们开始有"摆脱经验的局限和意识的朦胧状态，开始对个人、集体和国家的利益和前途表现出越来越多的体认、关心和参与的意识"。②当代中国民族主义即使在国际交往过程中受到了侮辱或中国的民族自豪感和自尊心在国际上严重受挫，表现出来的体现民族主义意识形态的民族运动却在政府的可控范围之内，是一种比较温和、愈来愈走向理性的民族主义思潮，它反对崇洋媚外但不再排斥外国，也不再消极抵御和抗拒西方先进的政治文化思想。即使是 20 世纪 90 年代因"银河号"事件、撞机事件等出现的反美呼声，21 世纪初因参拜靖国神社、钓鱼岛问题出现的反日浪潮，也并非是反对霸权主义，而是在中华民族尊严受伤情形下的合理反应。

(3) 从路径选择看民族主义与自由主义的融合。

中国民族主义思潮是由反对殖民主义、帝国主义发展到反对霸权主义、强权政治的一种进步思潮，其目标是争取民族独立、渴望民族自决、希望建立民族主权国家和发展民族经济文化。由于在当代中国民族主义的话语体系中，缺乏系统的关于内政建设方面的建言，所以有人批评当代中国民族主义内容空洞，仅仅是一个"巨大而空洞的符号"。近代中国民族主义思潮虽经一个多世纪的发展，然而，民族主义者对于如何建设一个民主的、正义的社会，还没有提出成熟的方案，但他们对民主的政治建设、自由的价值追求矢志不渝。尽管民族主义者所主张的民权和民主与自由主义知识分子有较大的差距，但救亡图存与振兴中华的目标，对内要求大众民主，遏制精英主义，强调广大平民的社会经济文化权利和当家做主的政治权利，却与自由主义者的主张有着惊人的相似之处。历史已经跨入 21 世纪，在自由主义重压下的民族主义也很难保持其原初的价值意义，它必然会依据中国的实际情境做出必要的调整，在强调集体利益之时，重视个人正当权益；强调国家、民族勃兴之时，主动融入国际社会；谋求民族自决之时，力主民族交融。可以说，对民族主义与自由主义加以整合，民族主义大旗能获得新的意义。

---

① 马立诚：《最近四十年中国社会思潮》，东方出版社 2015 年版，第 156-158 页。
② 房宁，王炳权：《民族主义何以可能》，《科学社会主义》2007 年第 2 期，第 35 页。

结　语

　　当我们认真梳理20世纪90年代以来的民族主义思潮时，发现当前的中国民族主义尽管还存在着这样和那样的问题，还不够成熟、完善和系统，有时甚至不够理性，但蕴含在当代民族主义诉求中的是一种当代中国青年对国家民族无法推卸的责任和可贵的爱国主义精神。它使得当代中国的民族主义与发达国家的民族扩张主义、民族分裂主义和各种狭隘自私的民族主义有着本质的区别。它主要关注民族的自我更新、自我整合，只是当遭到外敌入侵时才表现出与外来民族对峙的态度。中国人这种"内向型"的民族主义特点，与"扩张型"民族主义在根本上是对立的。只要不带思想偏见，就会发现，中国当代的民族主义是愈来愈走向理性的，它反媚外而不排外，并没有消极抵御和抗拒西方先进的文化思想。一个崛起的民族必须具有高昂的民族精神，强大的民族凝聚力。当代中国民族主义并不是危害国家的洪水猛兽，而是中华民族振兴的集中体现。但民族主义的确存在可能的非理性因素，民族主义者在维护民族尊严和国家利益时，可能会产生孤立主义和保守倾向。致力于建构民族主义理论的知识分子应该充分认识到这一点，对外界包括自由主义的批评进行认真严肃的判析，从而不断完善自己，以实现中华民族利益最大化为原则，在保持激情的同时进一步向务实理性回归，这是当代中国民族主义的未来之路。

以社会主义核心价值观引领社会思潮

　　中国共产党第十八届三中全会后，我国进入全面深化改革的新阶段。多元社会思潮暗流涌动，不断寻求与党的理论和政策的契合点，谋求走平民化路线。随着自媒体时代的到来，社会思潮传播呈现即时性、碎片化、交互性和开放性等新特征，给人们的思想行为造成巨大的冲击和影响。

　　意识形态领域越复杂，就越需要有主心骨。面对不同群体意识的多元多样多变，必须彰显社会主流价值；面对各种思想文化交流交锋交融，必须体现中国精神。社会主义核心价值观立足现实，着眼未来，是当代中国价值观的制高点。它自身内蕴的先进性和包容性决定了其能够引领多元社会思潮，凝聚社会共识。近年来，根据"以社会主义核心价值观引领社会思潮"这一重大方针，全国各地在理论和实践上都进行了一些新的探索。社会主义核心价值观日益深入人心，对多元社会思潮的引领取得了积极进展。但不可否认的是，人们对社会主义核心价值观的认同和践行还不够理想，不良思潮对人们尤其是青少年的影响还相当大。在实践层面，社会主义核心价值观引领社会思潮工作还存在着与现实发展不相适应、不相配套、运行不畅等重大问题，影响了引领社会思潮的实效性，必须从全面、整体的视角来考察引领社会思潮工作。社会主义核心价值观引领社会思潮机制是破解引领实效性的重要"切入点"，也是实现对多元社会思潮有效引领的关键。

第一节　社会主义核心价值观引领社会思潮问题的提出

一、社会主义核心价值观引领社会思潮的必要性

（一）增强主流意识形态吸引力和凝聚力的需要

(1) 消除多元社会思潮以唯心史观修正或解构马克思主义唯物史观带来的

消极影响的需要。

作为马克思主义哲学的重要组成部分，历史唯物主义科学地揭示了人类社会的发展规律，是无产阶级的历史观。在当代中国，各种社会思潮无视马克思主义对唯心史观的批判和唯物史观的科学性，不约而同地都以唯心史观修正或解构马克思主义唯物史观，企图诋毁马克思主义的权威性和科学性。[①]新自由主义竭力主张彻底私有化、完全市场化、非调控化。由新自由主义所催生的"普世价值论"、"历史终结论"和"意识形态终结论"等理论，其根本目的只有一个，即否定马克思主义和社会主义意识形态，否定世界范围的政治多极性与民族文化的多样性，把全球化演化为资产阶级意识形态一统化。[②]追本溯源，新自由主义的出发点依然是所谓"经济人"假设，即"人的本性是自私的"这一论断。西方经济学以"自私是人的天然的本性"作为天经地义的假设来分析和推断一切经济问题，从哲学上讲显然是一种历史唯心主义，与唯物史观背道而驰。历史虚无主义否定唯物史观对历史研究的指导意义，主张在近现代史研究中"重评"历史；主张用人性论替代阶级论，用"现代化范式"代替"革命范式"；宣称"价值中立"，主张以"超然的客观主义态度"研究历史，却把西方社会发展道路预设为"人间正道"，把现代化预定为"西化"，以此为圭臬衡量中国近现代历史中的是与非。由此出发，虚无以马克思主义唯物史观为指导的史学研究，诋毁中国革命的历史必然性；丑化中国共产党领导的革命历史，贬损中国共产党的领导和马克思主义的指导；刻意渲染少数中国人的不文明行为，否定中华文明的历史；等等。[③]多元社会思潮所内含的思想主张和价值取向，影响到民众对指导思想的正确选择。一部分人的政治观念发生了改变，在指导思想的选择上误入歧途。这主要表现为部分民众存在马克思主义"过时论"、"无用论"和社会主义"倒退论"等思想，表现出怀疑甚至是反对马克思主义列宁主义、毛泽东思想和"三个代表"重要思想以及科学发展观的情绪，模糊了对我国基本政治制度及政治领导的评判标准，这在一定程度上弱化了社会主义意识形态的权威性和吸引力。

(2) 克服多元社会思潮迎合社会转型期的特定心理带来的动摇社会主义的理想信念的需要。

---

① 刘同舫：《在应对当代各种社会思潮的挑战中发挥马克思主义的威力》，《马克思主义研究》2010 年第 3 期，第 111 页。

② 程霞：《论多元社会政治思潮冲击下大学生民族精神的培育》，《教育与职业》2011 年第 4 期，第 47 页。

③ 龚书铎：《历史虚无主义二题》，《高校理论战线》2005 年第 5 期，第 49 页。

中国特色社会主义建立在马克思主义科学世界观和社会发展观基础上，是被历史和现实证明了的中国人民的正确选择。实践证明，在中国共产党的领导下，我们坚持走中国特色社会主义道路已经取得了举世瞩目的成就。但也要看到，在改革和发展过程中也存在着诸多：下岗人员多、就业压力大、贫富差距大、教育发展不平衡、环境污染严重、利益分配失衡等。由此引发了对社会不同程度的失望、抵触和抱怨情绪，这就容易使一些人对中国特色社会主义道路产生怀疑，对"中国向何处去"产生迷茫和困惑，进而动摇社会主义理想信念。另一方面，我们也要看到，各种社会思潮无论怎样聚合分化，抑或兴衰变迁，从根本上都是中国在实现现代化的过程中政治、经济、文化和社会矛盾的体现，是启蒙以来中国在现代民族国家建构过程中各个时期外在的社会制度结构和内在文化心理急剧变迁的产物。它们都希冀通过各自的思想理论和话语体系的建构来诠释中国的现代性，并对中国现代化进程中出现的问题与走过的弯路进行批判性反思。因此，借助改革带来的社会阶层分化和利益失衡以及政治领域的腐败行为，多元社会思潮围绕中国的现代化问题，对社会热点和矛盾高度关注，试图充当某些利益群体的代言人。这体现为社会思潮具有浓厚的"问题"意识，从抽象层面的学术思想领域，转向对社会和民生等现实利益问题的高度关注，更加重视制度层面的、可操作的问题，往往针对某些社会问题抛出相应的"药方"。如文化保守主义将近代以来的民族危机归结为一场由西方文明冲击所造成的文化危机，认为必须从文化上谋求摆脱危机的出路，提出只有通过复兴民族文化尤其是复兴儒学才能实现民族复兴。文化保守主义者有着关注在全球化时代传统文化、本土文化在与西方强势文化交流的背景之下如何延续的强烈的悲情意识、忧患意识和危机意识，有着从文化问题入手解决问题、摆脱危机的取向。① 在"新左派"看来，中国现在实际上已经进入"资本主义社会"，官僚的腐败和社会的不公，其根源在于"国际资本主义在中国的扩张"。这一思潮主张"重新发现文化大革命"的意义与价值，用平均主义理念来解决"社会公正"问题，并在公有制前提下发展参与式民主管理。在这种环境下，人们接受或认同某一社会思潮不再仅仅是出于对思想理论的认同，而是掺杂了更多的利益因素，在很大程度上取决于该思潮是否合乎自身的利益诉求。② 在这种情况下，多元社会思潮的一些主张和观点正好迎合了转型期人们对改革造成的

---

① 俞祖华、赵慧峰：《三份宣言：文化保守主义思潮的典型文本》，《东岳论丛》2009 年第 1 期，第 137 页。

② 刘同舫：《在应对当代各种社会思潮的挑战中发挥马克思主义的威力》，《马克思主义研究》2010 年第 3 期，第 110 页。

利益失衡心理，致使一些人产生了"共产主义渺茫论"和"社会主义红旗到底能扛多久"的疑问，造成了人们对社会主义理想信念的冷淡与漠然。

（3）克服多元社会思潮消解主流价值观带来的价值观选择困惑的需要。

价值观是一定社会或阶级的意识形态的重要组成部分，是社会历史条件和社会关系的产物，也是人们世界观的重要体现。改革开放以来，以提升效率为主要目标的社会主义改革，在物质文明层面取得了巨大成就，但也带来了精神和心理层面的理想信仰缺失以及人文情怀的迷失。当代中国知识分子面对无孔不入的商业文化，痛苦地意识到自己已经不再是当代的文化精英和价值的塑造者。从寻求传统的价值，到人文精神的呼吁，从职业责任的自觉承担，到重新呼唤社会使命感，知识分子们这些各不相同又相互交叉的努力一方面是对当代社会变迁所做的一种批判性的道德化的姿态，另一方面又是以这些姿态来进行价值选择重新确认的社会行为。原有的价值目标和行为方式体系被多元文化冲突和社会的改革所瓦解，取而代之的是形形色色的陌生的价值目标和行为方式。被市场经济激发出的"经济人"品格，使得社会世俗化加快，消费主义盛行，产生了对信仰与道德"合理性"与"合法性"的怀疑，从而消解人在精神、价值方面的追求。在中国参与经济全球化过程中，受新自由主义、拜金主义、极端利己主义和消费主义等社会思潮的影响，有些人在价值观选择上出现了分化和困惑。一部分人片面追求物质享受，只关心个人的利益和个人的自由发展，以自我为中心，片面追求享乐主义和拜金主义，进而忽视国家利益、民族利益和集体利益，形成病态的"消费主义"和"颓废主义"，从而消解了社会主义主流价值追求。加之在网络新媒体时代，一些社会思潮的传播呈现隐形化、通俗化、大众化、煽情化等特征，借助网络自身的草根化、自由化、碎片化、平等化等特质，使得某些信息传递呈现随波逐流、情绪化、浅显混乱的表达。这在一定程度上制约了人们澄清事件真相的时间，带来了传播的"碎片化"认知，大大消解了主流价值观的权威性，使得一部分人在主流价值观的认同和选择上摇摆不定，加剧了价值观选择的困惑。这突出地表现为现实中人们对公平正义的强烈吁求，对惩治腐败和权力制约的高度关注。如果我们在意识形态建设中不注意妥善处理和协调这种冲突，也必然造成社会主义价值观理想性与现实性的脱节[①]，直接影响到社会主义主流意识形态的吸引力和凝聚力。

---

① 申小翠：《主流价值观边缘化危机的多维透视》，《广西大学学报(哲学社会科学版)》2011
　年第 8 期，第 23 页。

（二）构建社会主义和谐社会的需要

1. 社会利益整合的要求

孙立平指出，我国正进入一个"利益博弈时代"①。改革开放三十年来的实践表明，社会转型中的结构变动和政治经济体制变革，触动和碰撞了人们原有的经济、政治利益结构。在深化改革的过程中社会资源分配方式的重大调整和利益格局的深刻变革带来了利益主体的分化，社会利益矛盾和利益冲突错综复杂，增加了产生社会冲突甚至社会失序和社会动荡的可能性。我国的社会阶层迅速分化，市场经济的深入发展又催生了大量的新兴阶层。一些新社会阶层对未来既充满了担忧又充满了期待，希望社会变革朝着有利于自己的方向发展。阶层的分化使利益主体多元化，每个社会群体都有自己特殊的利益要求，在实现自身利益的过程中，不可避免地会产生利益冲突，给社会形成主流价值观念造成了很大的困难。从根本上说，社会思潮的多元化是人们的利益意识和利益诉求分化在思想意识领域的反映。如果任其发展下去，会导致利益诉求进一步分化，进一步放大由于具体的利益分化而带来的社会分化和社会离散效应，进一步激化社会中的利益矛盾和利益冲突，利益共识更加难以形成。利益整合是构建社会主义和谐社会的根本基础。通过意识形态的整合来推动利益整合，化解社会矛盾，防范社会冲突，是当前的一项紧迫任务。要实现利益整合，就必须用社会主义核心价值观对多样化社会思潮给予正确引领，使全体社会成员认识到他们的最高、最根本的共同利益之所在，最大限度地达成利益共识。

2. 社会思想整合的要求

只有占主导地位的社会意识形态保持稳定，才能把处在不同地位的个体和社会群体联结起来，整合成一个充满活力的有机体。社会心理稳定是思想稳定的基础。当前我国社会心态中的焦虑感特征突出，弱势心理在社会各阶层滋生蔓延，不同社会阶层、群体都存在着特定的压力感，社会心态中不公平感增强，社会诚信缺失带来的心态变化不容乐观，社会"群体性怨恨"在一定范围内存在。"思想发展的具体方向和速度在很大程度上依靠心理因素和社会因素"②，在社会分化中人们的心理距离扩大，特定的思想理论偏好和目标指向也总是能

---

① 孙立平：《博弈——断裂社会的利益冲突与和谐》，社会科学文献出版社 2006 年版，第 13 页。

② 加布里埃尔·塔尔德：《传播与社会影响》，何道宽译，中国人民大学出版社 2005 年版，第 18-19 页。

吸引一部分受众群体。[①]尤其是某些社会思潮对社会问题和矛盾的"极端化"导向,很容易给正处于成长期的青少年带来既想追求自我价值而又无法实现个人设计的矛盾交错呈现的心理冲突和人格扭曲,进而"解构"他们的理想信仰。如果不给社会思潮以合理的引领,任其发展下去,就有可能导致社会进入思想混乱状态,潜隐着民心不安、人心不稳甚至社会发展的风险。要使社会凝聚起来,调动起社会各阶层群体的积极性,合理地整合社会资源,最有效的办法就是提升意识形态的动员能力。这就要求用社会主义核心价值观引领社会思潮,整合社会各阶层有益的或无害的思想意识,从而使社会各个阶层在意识形态中都能找到归属感,最大限度地达成思想共识,实现思想整合。

3. 社会价值观整合的要求

我国转型期的深刻变革不仅表现在经济社会转型上,也体现在深层次的价值观的转变上。价值领域出现了价值观混乱的现象,价值观的相对化、庸俗化、虚无化倾向影响到中国公民文明素质的提升和整个社会健康和谐的发展。此外,人民群众在全面享受市场经济所带来的种种便利以及平等、自由、个性等价值观念的同时,也切身体会和感受到了市场经济优胜劣汰法则的残酷无情。实际上,市场经济本身就是一把双刃剑,市场竞争自身固有的盲目性、逐利性、不确定性,使原有的价值理念和道德标准受到了严峻挑战,一些原本十分清楚的价值观受到了质疑。比如近两年热议的"老人跌倒扶不扶"问题,使得传统美德陷入了一种莫名的尴尬。"我们生活的世界……是一个我们要在同样终极、同样自称为绝对的价值之间做出选择的世界。其中一些价值的实现,不可避免地要牺牲另一些价值……因此,在不同的绝对要求之间做出选择的必要性,是人类状况中一个无可逃避的特征。"[②]于是,在价值选择过程中,有些社会成员心理失衡,价值观混乱;有些社会成员在价值评价和行为选择上感到迷茫困惑,甚至无所适从。这种情况导致理想信念淡化,价值观念混乱,不良风气滋长蔓延,道德水准下降,也影响了经济社会的健康发展。受拜金主义、利己主义和极端个人主义的影响,一些人的价值观发生扭曲,社会上开始出现诚信缺失、道德败坏、唯利是图、假冒伪劣猖獗、欺诈活动泛滥的问题。不同社会思潮体现着不同社会阶层和群体所信奉的价值观念,体现着他们在社会生活中的价值取向和价值评判标准。多元社会思潮相互激荡、相互碰撞、相互作用,实际上就是社会生活中多种价值观冲突和对立的反映。这表明当前我国不同阶层、社

---

① 陈伟军:《社会思潮传播与价值导向调控》,《云南社会科学》2010年第3期,第39页。

② Berlin, Four Es. says on Liberty. Oxford University Press, London, 1969:168-169.

会群体之间存在着较为明显的价值观冲突，造成了人们价值选择的混乱和困惑，必然对社会主义主流价值观形成冲击，影响不同社会成员、不同阶层、不同社会群体之间价值观共识的形成，不利于社会和谐、稳定发展，对构建社会主义和谐社会构成严峻挑战。

在社会日益开放的环境中，中国的各种社会思潮是与其社会转型所带来的社会矛盾特别是不同社会集团的利益联系在一起的，它们是客观的社会分层结构与主观阶级认同这一矛盾的反映。从现实来看，诸多社会思潮不断地发生着深刻而又强烈的变化，对整合社会利益、思想和价值观提出了新的挑战。①构建社会主义和谐社会是一项艰巨复杂的系统工程，内在地要求在发展的基础上正确处理各种社会矛盾。要实现这一目标，不仅需要坚实的物质基础、可靠的政治保障，而且需要有力的精神支撑。这就要求我们必须用社会主义核心价值观引领社会思潮，发挥意识形态的社会整合功能，实现社会利益、思想和价值观的整合。

（三）巩固中国共产党执政地位的需要

（1）科学对待和处理主流意识形态与社会思潮的关系是巩固社会主义政党执政地位的重要历史经验。

从社会主义运动的实践来看，震撼 20 世纪的有两大事件，一是十月社会主义革命的胜利，二是苏共下台、苏联解体。十月革命之所以能够取得胜利，布尔什维克党之所以能够成为执政党，就在于由列宁领导的布尔什维克党坚持以马克思主义为指导，科学引领社会思潮，并在实践中把马克思主义基本原理与俄国革命的实际相结合，创造性地推进了马克思主义意识形态的理论创新和发展，从而凝聚起全党全国各族人民的力量，写下了人类历史上的辉煌篇章。而执政了 74 年的苏联共产党之所以丧失执政地位，最终亡党、亡国，原因极其复杂。但长期以来苏共在意识形态建设上的种种严重失误，是苏共下台和苏联解体的重要原因。第一，苏共领导人忽视了意识形态领域马克思主义的创新发展，导致指导思想教条化、僵化，以致最终抛弃了马克思主义。第二，在意识形态领域实行"民主化、公开性、多元化"，丢弃新闻舆论控制权，从而为各种反动错误思潮的传播大开方便之门，造成人们的思想混乱，最终放弃了马克思主义在意识形态领域的指导地位。第三，意识形态管理体制与工作方法的僵化导致意识形态认同的合法性资源不断衰竭，不能抵御西方社会思潮的侵蚀

---

① 陈锡喜：《关于社会主义意识形态的整合与建构的思考》，《思想理论教育》2008 年第 5 期，第 30 页。

和渗透。苏共在意识形态领域的种种失误，最终搞乱了党心、民心，最终失去了广大人民群众的拥护。苏共下台、苏联解体的悲剧印证了马克思的一个重要论断：“如果从观念上来考察，那么一定的意识形态解体足以使整个时代覆灭。”[①]

　　与此不同，中国共产党坚持以马克思主义意识形态做指导，在实践中不断推进马克思主义中国化、时代化、大众化，科学对待和引领社会思潮，倾听了解社情民意，不断推进中国特色社会主义意识形态的建设与发展，先后形成了邓小平理论、三个代表“重要思想”和科学发展观，为我国的改革开放和现代化建设，为巩固党的执政地位，提供了根本的思想保证和精神动力。在新中国成立初期，中国共产党就十分重视社会思潮问题，采取了如下做法：围绕中心工作加强理论创新，及时回答和解决时代提出的重大问题；广泛开展马列主义和毛泽东思想理论教育，发动知识分子开展自觉的思想改造运动；以马列主义、毛泽东思想为指导批判错误思潮，抵制唯心史观错误思潮的影响和侵蚀。改革开放以来，在国际国内环境发生重大变化和转折的形势下，中国共产党经受了严峻考验，在用马克思主义引领社会思潮方面积累了宝贵经验：坚持马克思主义指导地位不动摇，增强对社会思潮的主导力；坚持用马克思主义中国化的最新成果武装人民，掌握引领社会思潮的主动权；更加关注民生和促进人的全面发展需求，夯实引领社会思潮的物质基础；尊重意识形态建设的客观规律，正确处理“一元”与“多元”的关系。

　　总结社会主义政党执政的历史经验和教训不难看出，是否科学对待和处理主流意识形态与多元社会思潮的关系，坚持和巩固马克思主义意识形态的主导地位，是影响执政党执政能力和地位的重要因素。

　　(2) 用社会主义核心价值观引领社会思潮是巩固中国共产党执政地位的必然要求。

　　只有用社会主义核心价值观引领社会思潮，才能实现理论创新，巩固执政为民的思想基础，从而巩固党的执政地位。社会思潮是实现理论创新的重要思想文化资源。任何一种科学理论的形成和发展，都是在实践基础上接受先进思潮、批判落后思潮实现的。马克思主义从创立到发展，总是在和同时代的各种思潮进行对话和论辩。马克思主义传入中国后，之所以能不断取得与时俱进的新成果，主要是因为我们党始终坚持把马克思主义基本原理与不断变化的中国具体实际相结合，不断在社会急剧变革中吸纳各种进步的社会思潮的积极因素，批判消极、落后的社会思潮，从而不断实现党的思想理论的创新和发展。

---

① 马克思、恩格斯：《马克思恩格斯全集(第30卷)》，人民出版社1995年版，第539页。

毛泽东思想、邓小平理论、"三个代表"重要思想和科学发展观，都是在深刻总结人民群众的实践经验和充分吸收人类先进文明成果的基础上创立的。在经济社会生活和人们价值取向多样化的条件下，面对意识形态领域的新动向，中国共产党应在总结新的实践经验、借鉴当代人类文明有益成果、以社会主义核心价值观引领社会思潮的过程中，不断开辟理论创新的新境界。只有这样，党才能永葆思想理论的先进性，在理论、路线、方针、政策上得到人民群众的广泛拥护，为巩固长期执政地位提供思想保证。

只有用社会主义核心价值观引领社会思潮，增强党的民主执政能力，才能有效疏导社会矛盾，从而巩固党的执政地位。要促进社会和谐，协调各种利益矛盾，提高党的民主执政能力是保证。国际社会普遍认为，运用大众文化、价值观和社会舆论等"软力量"，消除隔阂、化解矛盾、调控冲突、凝聚人心、保持社会稳定，是执政党民主执政的一个重要标志。"得民心者得天下，失民心者失天下。"民心是任何统治阶级和政党为夺取政权、巩固政权必须凭借的条件之一。任何一种对社会生活产生广泛影响的社会思潮，都是一定阶级、阶层和社会集团的利益和要求的反映。也就是说，社会思潮总是该社会一定时期社情民意的一种表达。对于以执政为民作为治国理念的中国共产党来说，高度尊重民意是执政为民的基本前提。以社会主义核心价值观引领社会思潮，首先是允许并承认社会思潮的存在和发展，其次也是了解民情、反映民意、集中民智的过程。只有坚持以社会主义核心价值观引领社会思潮，中国共产党才能更加自觉、更加清醒地了解掌握社情民意，包括不同阶层、不同群体的利益诉求，从而使路线方针政策更好地顺民意、得民心，真正做到"权为民所用、情为民所系、利为民所谋"。①从这个意义上说，坚持以社会主义核心价值观引领社会思潮，既是不断增强党的民主执政能力的重要条件，又是不断增强党的民主执政能力的一个重要途径。

总之，中国共产党要带领人民把中国特色社会主义的伟大事业推向前进，只有坚持以社会主义核心价值观引领社会思潮，才能更加主动地适应社会发展需求，与时俱进地推进相关方面的理论创新，为社会主义建设提供有力的理论指导；才能实事求是地制定更加符合人民利益的路线、方针、政策，调动亿万人民群众积极投身党领导的伟大事业，从而有效应对我国前进道路上遇到的各种问题和挑战，构建起人民群众对中国共产党领导的心理和价值认同，以巩固党的长期执政地位。

---

① 叶福林：《以社会主义核心价值体系引领社会思潮的几点思考》，《广西社会科学》2008
年第9期，第7-8页。

二、社会主义核心价值观引领社会思潮的可能性

社会主义核心价值观作为社会主义意识形态的本质体现，立足于社会主义经济基础之上，是中国共产党领导人民在长期的革命和建设实践中形成的思想精华。它代表着整个社会的发展方向，体现了中国共产党的理论自觉和理论创新的勇气，具有巨大的优越性。社会主义核心价值观本身具有的优秀理论特质和在价值观系统中的主导地位，使其具备引领社会思潮的必要条件，也使其引领社会思潮成为可能。

(1) 社会主义核心价值观具有优秀的理论特质。

① 科学性。

社会主义核心价值观是一个结构明晰和内在组成部分密切相关的有机整体，富强、民主、文明、和谐体现了社会主义核心价值观在发展目标上的规定，从社会主义国家的经济建设、政治建设、文化建设、社会建设等方面概括了中国特色社会主义的政治理想，是立足国家层面提出的要求。富强是民主、文明、和谐的基础。民主、文明、和谐又可以促进国家的经济建设，使国家更强大，人民更富裕。这一层面体现了社会主义核心价值体系的主题，即社会主义的共同理想。自由、平等、公正、法治体现了社会主义核心价值观在价值导向上的规定，是立足社会层面提出的要求，体现了社会主义核心价值体系的灵魂，即马克思主义指导思想。爱国、敬业、诚信、友善体现了社会主义核心价值观在道德准则上的规定，是立足公民个人层面提出的要求。其中爱国、敬业体现了社会主义核心价值体系的精髓，即民族精神和时代精神；诚信、友善体现了社会主义核心价值体系的基础，即社会主义荣辱观。这三个层次的理念相互联系、相互贯通，实现了政治理想、社会导向、行为准则的统一，实现了国家、集体、个人在价值目标上的统一，兼顾了国家、社会、个人三者的价值愿望和追求。[①]三个层面之间是价值动力、价值目标、价值准则的关系，相互联系、相互依存。没有价值动力不可能实现价值目标，而没有价值动力和价值目标，人们也就不可能信奉和恪守价值准则。反之，人们没有信奉和恪守的价值准则，再好的价值目标也不可能实现。对美好社会秩序的价值诉求是实现国家建设价值目标和信守公民道德价值规范的价值动力。如果没有自由、平等、公正、法治的社会秩序，就不能激发个人的爱国、敬业、诚信、友善。没有人民大众的

---

① 《社会主义核心价值体系建设的点睛之笔——中宣部副部长申维辰代表谈"培育社会主义核心价值观"》，《光明日报》2012 年 11 月 12 日。

共同奋斗，也就不能保证国家的富强、民主、文明、和谐。实现国家建设价值目标才能保障美好社会秩序价值诉求的兑现。①

社会主义核心价值观是一个具有内在统一的科学体系。一是符合规律性。社会主义核心价值观的构成内容符合人类社会发展规律、社会主义建设规律和党的执政规律。马克思主义告诉我们，社会主义必将代替资本主义。建设和发展社会主义，最终走向共产主义是人类社会发展的普遍规律。社会主义核心价值观的国家层面的富强、民主、文明、和谐所蕴含的中国特色社会主义共同理想即是这个发展规律的展开。社会主义建设规律就是要回答什么是社会主义，怎样建设社会主义等重大现实问题。中国特色社会主义的共同理想就是社会主义建设规律的集中体现。社会层面的自由、平等、公正、法治所蕴含的以马克思主义为指导和个人层面的爱国、敬业、诚信、友善是加强党的执政能力建设、代表最广大人民的利益等有关党的执政规律的具体体现。二是合目的性。社会主义核心价值观不仅符合建设中国特色社会主义和构建和谐社会总目标的要求，也符合人的全面自由发展的内在要求。国家层面的价值目标和个人层面行为要求就体现了这个总要求。三是共性和个性的统一。社会主义核心价值观既有一般意义上的人类共有的价值诉求，也具有区别于其他社会形态的价值目标和价值理念根本不同的内在规定性，真正体现了中国特色社会主义的内在本质和鲜明个性。中国特色社会主义具有以马克思主义为指导，坚持社会主义道路为方向，建设富强、民主、和谐、文明的国家为基本目标的内在属性。而社会主义核心价值观的全部内容则完整体现了中国特色社会主义的本质要求。四是理论与实践的统一。社会主义核心价值观坚持理论与实践相结合、自觉行动和理论引导相促进、理想与道德相协调，体现了马克思主义理论创新的实践品格，奠定了马克思主义理论科学性的坚实基础。

由此可见，社会主义核心价值观体现了价值理性和科学理性的统一，具有无可比拟的优越性、强大的凝聚力和感召力，内在地具备引领各种社会思潮的能力。

② 超越性。

社会主义核心价值观既继承弘扬了中华民族的优秀价值观，又是人类文明发展的共同成果的继承和发展。中华民族在漫长的历史过程中形成了一整套处理人与自然、人与社会、人与历史、人与心灵等关系的观念，由此构筑了独立

---

① 曾长秋、曹挹芬：《社会主义核心价值观结构探析》，《伦理学研究》2014 年第 2 期，第 4-5 页。

于其他民族的中国人所特有的思维方式、行为准则和价值观体系,成为中华民族国脉相传的精神纽带。"三个倡导"的社会主义核心价值观根源于中华传统文化的沃土,具有很强的中国特色、中国气派、中国根基,是对中华民族几千年发展中形成的"和为贵"、"仁、义、礼、智、信"、"天下兴亡,匹夫有责"等优秀传统价值理念和道德规范的概括与提升。

无论人类的过去、现在还是未来,都在不断追求自由、平等。社会主义核心价值观的确是继承了资本主义"自由、平等、博爱"价值观的合理内核,但二者却有质的区别。在资本主义制度下,由于资产阶级占有生产资料,劳动人民丧失了自由,不可能享有平等。自由、平等只能为资产阶级所享有。只有在生产资料公有制的基础上,才能实现最高类型的、最广泛的自由和平等,这就是社会全体人民的自由和平等。社会主义克服了资本主义的历史局限性,并通过合理的制度设计,让自由、平等、博爱变为现实,造福于全人类。社会主义核心价值观正是吸收了人类创造的优秀文明成果,站在人类文明共同价值观的制高点上,才更具有先进性、包容性和开放性。

总之,社会主义核心价值观来源于中国特色社会主义实践,是当代中国共产党人和中国人民对时代生活和实践的价值认识,是当代中国共产党人和中国人民以马克思主义为指导、运用中西文化的思想资源对时代任务和时代问题的价值阐释。它既立足于中华传统文化,汲取中华传统价值观的思想精华,又抛弃了中华传统价值观中的糟粕,从而实现了对中华传统价值观的创造性转化和创新性发展;既吸收了西方资本主义价值观的合理内容,又克服了西方资本主义价值观的历史和思想的局限,从而实现了对西方资本主义价值观的超越。①

③ 开放性。

从历史和逻辑视野来看,社会主义核心价值观在其自身的整个历史进程中,就是一个以科学社会主义理论为主体,根据社会各种思潮的布局、变动、影响和发展的多层次动态结构体。在社会主义核心价值观形成的动态发展过程中,反映了历史维度的马克思主义在发展进程中关于科学社会主义的理论、价值和目标;反映了本体维度的包括马克思主义创始人对人类历史发展规律的科学揭示以及科学思想、价值观念的批判和继承;反映了发展维度的马克思主义创始人之后在社会主义发展进程中,从社会主义思想理论中成长出来的核心价值观念;反映了马克思主义的中国化维度的中国共产党以社会主义的思想意识

---

① 孙熙国:《社会主义核心价值观的二重超越性》,《中国特色社会主义研究》2014 年第 3 期,第 68 页。

形态为指导，在中国革命、建设以及长期执政时期认识基础上形成的社会主义核心价值观在中国的形态。[①]

可见，社会主义核心价值观正是由诞生于资本主义社会的马克思主义世界观和方法论作为理论基础，以开放的姿态始终反映时代需要和实践情况，在批判继承和创新发展中逐步扩展成为具有在社会主义社会指导层面的一整套内涵极为丰富的价值观念体系。它本身就是继承与发展的集合体，体现了现实关怀与终极关怀的统一，既满足了现实发展的需要、又涵盖了长远发展的诉求，既指明了未来前进的方向、又明确了当前现实要求。它不是一个封闭的完美系统，而是一个开放性的有着高度理论自觉的系统，必将随着实践的发展不断超越。随着实践的发展，马克思主义中国化、时代化将产生新的成果，我们的奋斗目标和道德要求将不断提升，民族精神和时代精神的内涵将更为深刻全面。社会主义核心价值体系的开放性和创造性决定了它必将在时代的发展中不断完善自身的体系，强化对其他价值观念的统领能力，始终具有勇立潮头、引领潮流的主动性、能动性和创造力。

综上所述，社会主义核心价值观自身具有的科学性和先进性、开放性和创造性、适用性和包容性等优秀理论特质，使其内在地具有对多元社会思潮导向和整合的功能，为引领社会思潮提供了必要条件。

(2) 社会主义核心价值观在价值观系统中居于主导地位。

"思潮诞生于当时社会的现实土壤，以传统的或当时的某种思想方法为范模，糅合了本民族文化或异源文化的成分和新的社会信息为原料，受时代变迁和社会阶级矛盾变化等因素的影响而引发。"[②]社会存在和社会主体的复杂多样决定了社会思想价值观念的复杂性和多样性。当代中国社会思潮聚焦于对中国现代性的诠释和现实矛盾问题的批判性反思，总体上呈现多维立体、隐性渗透、动态聚合的趋势，在碰撞交锋中融合并反作用于社会矛盾的特征。

作为特定社会群体思想价值观念的反映，社会思潮是以某种思想理论作为指导的社会心理和思想潮流。与国家意识形态不同，它不具备严密完整的逻辑体系，往往具有一定程度的自发性、片面性。也正因为如此，我国当前存在的社会思潮所折射的价值观念、价值取向与社会主义核心价值观存在着一定程度的偏差。

---

① 王庆五：《引领社会思潮：社会主义核心价值体系的多层次建构——社会主义核心价值体系的历史与逻辑视野分析》，《唯实》2008 年第 1 期，第 15-16 页。

② 萧功秦：《关于开展社会思潮史研究的若干设想》，《上海师范大学学报(哲学社会科学版)》1984 年第 1 期，第 74 页。

有的社会思潮的基本立场与社会主义核心价值观不一致甚至相对立，如泛起于新时期的历史虚无主义思潮，以"虚无"、"中立"、"西化"作为基本价值取向。它试图向社会提供一套完全不同于主流意识形态的关于中国近现代历史的解释和评价话语体系，否定当代中国基本政治制度的历史根基，否定中国共产党的历史贡献和领导地位，从而达到消解主流意识形态的指导地位，瓦解人们对主流意识形态和中国政治制度的认同以及对中国共产党的信任，从根本上动摇社会主义中国的立国之本和强国之路。如果任其发展下去，必然搞乱理论，造成思想混乱，危害严重。有的社会思潮虽然出发点和愿望是好的，但在实践中，暴露出某些盲目性。比如民族主义作为近代以来我们反抗外敌侵略、实现国家富强、追求民族复兴的一面伟大旗帜，彰显了维护国家利益和民族尊严、提高民族自信的价值取向，其主流是积极健康的。理性的民族主义有助于培养民族精神、弘扬民族文化、维护政治秩序、加强社会团结、增强民族凝聚力，其本身具有的政治整合和凝聚功能是其他意识形态所无法代替的。另一方面，正如秦宣所指出的那样，具有片面倾向的民族主义要么过度夸大本民族文化的优越性，拒斥外来文化，要么淡化本民族特性，企图全盘西化。而极端民族主义则主张解构中华民族共同体，对外军事扩张，其本质是分裂国家主权或大国沙文主义，容易造成不良影响。民粹主义思潮针对社会公平正义这一热点问题，表现出极端平民主义、反权威、直接"大民主"和平均主义的价值倾向。表面上激进而骨子里保守，从根本上讲，没有独立的核心价值，带有强烈的、浪漫的、激情的非理性色彩。网络民粹主义则针对现实生活信息不透明、不畅通和存在的不公正、不公平现象，抢注"低层代言人"，以犀利的语言和煽动性的标题自诩对"正义"的维护，实施话语垄断，煽动不满和对立情绪，影响舆论导向。[①]这种"民粹式"的反市场化冲动、反叛式的集体行动会不断削弱社会发展的理性与自制机制，再加之情绪化的大众式"政治狂欢"，很容易使本来合理的利益诉求变成某种破坏性的、非理性的极端政治宣泄。作为精英阶层表达平民阶层的产物，这种民粹化的利益表达和政治动员必然会强化社会大众结构的异质性和分裂性，对传统政治共识及其政治话语体系构成了前所未有的冲击与解构。[②]因此，我们既要看到社会思潮对于推动意识形态创新和增强社会活力的积极作用，也不能忽视其消极局限因素带来的不利和危害。面对这种情况，我们急需主导思想价值观念来为社会思潮提供正确的思想导向，凝聚提

① 陈龙：《网络民粹主义的话语垄断策略》，《苏州大学学报》2011年第6期，第157页。

② 郭中军：《网络民粹主义与传统政治共识的解构》，《学习与探索》2002年第9期，第53页。

炼优秀元素，丰富主流意识形态的内容，抵制和消除落后的、腐朽的、消极的内容。

马克思主义意识形态理论告诉我们，不仅经济基础、上层建筑与意识形态之间存在着结构与功能的关联，在意识形态内部的组成部分之间以及意识形态各要素之间也存在着结构与功能的关联，而且这种关联往往表现得更直接、更迅捷。[①]具体来说，意识形态的结构如同网络状，在各个横断面的网络连接处都有核心价值观念作为内核。在一个价值观念系统内，核心价值观念自身具有强大的逻辑力量，对其他价值观念具有吸引、凝聚、制约的功能，使其他价值观念紧紧地围绕着核心价值观念运动。

社会主义核心价值观是系统、严密、完整的思想理论体系，是由中国共产党在国家层面建构并运用公权力推行的意识形态，具有高度的抽象性和概括性，在价值观念的系统结构中居于主导地位。当前中国社会思潮发展的新特征、新趋势，其实质是社会价值观念和意识形态的碰撞、交融与冲突状态与趋势的反映。在这种社会背景下，居于主导地位的社会主义核心价值观，能够在风起云涌的社会思潮中发挥"方向盘"和"路向标"作用，有力抵制错误思潮和思想的侵蚀，保证社会主义现代化建设和和谐社会建设的正确方向，实现对多元社会思潮的引领与整合。

三、影响社会主义核心价值观引领社会思潮实效性的制约因素

自中共十六届六中全会以来，在以社会主义核心价值观引领社会思潮方面，全国各地在理论和实践上都进行了一些新的探索，社会主义核心价值观日益深入人心，对多元社会思潮的引领取得了积极进展。但不可否认的是，人们对社会主义核心价值观的认同和践行还不够理想，各种社会思潮特别是不良思潮对人们的影响还相当大。社会主义核心价值观引领社会思潮的相关工作还存在着与现实发展不相适应、不相配套、运行不畅等重大问题，影响了社会主义核心价值观引领社会思潮的实效性。

(1) 对主导意识形态的认知偏差，削弱了社会主义核心价值观的吸引力。

新中国成立以来相当长的一段时期，我国思想界和理论界对社会主义意识形态功能的解读往往局限于为维护政治统治合法性和开展阶级斗争服务，而忽视了其作为国家层面的主导意识形态在凝聚价值共识、消弭社会歧见和社会整

---

① 陈秉公：《论用社会主义核心价值体系引领社会思潮的基本途径——关于十七大报告一个基本观点的深层理论解读》，《政治学研究》2008 年第 6 期，第 11 页。

合等方面的功能。尤其是文革期间过度的意识形态斗争，更是强化了人民大众的这一观念。改革开放三十多年来，随着社会主义市场经济体制的逐步建立，大众对物质利益的追求逐渐取代了对意识形态的高度关注，加之出于对"文革"矫枉过正的社会心理惯性，导致社会大众在认知层面对社会主义核心价值观存在着一定程度的轻视、淡化乃至回避态度。人民大众对社会主义核心价值观真正理解的并不多，就是思想理论界的一些学者对它的研究也远远不够。社会主义核心价值观的边缘化危机确实是存在的。尤其不容回避的是，政府部门和领导干部对社会主义核心价值观引领社会思潮工作也存在一定程度的轻视和忽视。长期以来，"重视经济增长、轻视社会发展"的"畸形发展观"主导下的"唯 GDP 至上"的干部政绩考核指标，导致了干部的"畸形工作观"。这种认识上的偏差，反映到用社会主义核心价值观引领社会思潮工作上，就出现了"说起来重要，做起来次要，忙起来不要"的现象。由于缺乏"硬性指标"约束，地方政府开展引领思潮工作的动力严重不足。有的仅仅停留在会议精神传达、"以文件落实文件"等浅层次层面；有的热衷喊口号、走过场，举办的活动场面热烈，但缺乏实质性举措，导致收效甚微。总之，各种"假、大、空"的形式主义和官僚主义现象比较严重，削弱了社会主义核心价值观的吸引力和凝聚力，直接影响到广大人民群众对社会主义核心价值观的认同和践行。

(2) 理论研究与日常生活的疏离，弱化了引领社会思潮的实效性。

社会主义核心价值观只有融入日常生活领域，与现实生活密切"对接"，才能让人民群众真切感受到其理论魅力，真正使之内化为理想信仰和行为准则并努力践行外化。综观当前我们对社会主义核心价值观的研究，"书斋式"的纯学理性的阐释和"时政式"的宣传性口号居多，真正能够打动人心的"接地气"的优秀通俗性成果比较缺乏。有的研究缺乏求真务实的态度，对现实中的热点问题和矛盾避重就轻，影响了理论研究的可信度。有关社会思潮的研究大多只是停留于理论渊源、发展流变、相关理论观点的介绍层面，对其价值取向、表现形式、传播机制缺乏深入全面的辩证分析，能够结合当下的现实生活进行鲜活通俗论证的少之又少。再加之现有研究成果在一定程度上仅限于学术研究、高校教学、决策参考等"狭小"圈子，一定程度上导致了社会主义核心价值观"悬空"现象。这在一定程度上也使得从事实际思想政治教育工作的同志在实践中对新问题新情况的探索力度不够，工作策略和工作方式难以契合实际需求，工作往往处于被动状态。同时，针对社会转型期带来的价值取向多元化，必须从国家主导意识形态层面对新生的社会价值观念和行为准则进行及时、有效的确认和评判。如果我们的理论研究流于形式，只是教条式地"自圆其说"，与人民群众的日常生活相距甚远，社会主义核心价值观就很难真正走进人民群众"心里"，更谈不上让人民群众真正的信服和认同。那么，所谓"社会主义核心价值观引领社会思潮"也极易变成空头理论和政治口号，社会主义核心价值观对多元社会思潮的引领功能也无法彻底实现。这种理论研究与日常生活的疏离，一定程度上弱化或消解了引领工作的实效性。

(3) 传播方式的低效和滞后制约了社会主义核心价值观引领功能的有效发挥。

目前核心价值观的传播主要通过党内学习传达、学校教育传播、社会活动宣传、群众性精神文明建设等方式实现，传播载体和途径日益多样化。但我们更要看到，社会主义核心价值观的传播沿袭传统"教条式"的方式较多，而能够结合网络新媒体新技术采用群众喜闻乐见的生动活泼的方式较少。传播手段的单调和传播方法的呆板，以及传播语言未能从政治性语言和科学性语言转化成群众性语言和艺术性语言，使得社会主义核心价值观的传播呈现"说教为主、显性单一、灌输生硬、可接受性弱"的特征。反观社会思潮的传播，无论在思想理论层面和社会心理层面，其往往借助多元文化的交融和新媒体传播技术的创新，通过热点事件、焦点矛盾、流行文化、学术论坛等载体运用潜移默化、生动活泼、声情并茂甚至哗众取宠乃至低级趣味来加强对大众的渗透和影响。同时，随着公民社会的兴起，个体的独立性和自主性日益彰显，社会整合与政治动员不再以政治为主导，在某些时候呈现出"以经济利益为中心"的倾向。即便是主流媒体，无论是在现实针对性还是传播策略方面，要充分发挥其舆论引导和思潮引领作用，也存在一定的低效和滞后性。再加之传媒的日益普及和市场化改革的推进，其不再仅仅是意识形态传播的专属机构，慢慢变成了相对独立的经济实体。人们在获取信息和了解外部世界方面表现出对传媒很强的依赖性。有个别传媒机构和媒体工作人员缺乏社会责任感，出于单纯追求经济利益和迎合多元文化需求的功利性目的，用肤浅庸俗的外表代替深邃的内容，通过哗众取宠来满足猎奇心理，更有甚者用低级趣味迎合一些人不健康的文化消费心理，对人们的思想尤其是对青少年正确思想价值观念的培养产生极坏的负面影响。上述这些因素都或多或少地影响到社会主义核心价值观传播的有效性，突出表现为社会主义核心价值观在网络虚拟空间控制力和导向力的弱化，从而制约了其对社会思潮引领功能的发挥，对凝聚和形成社会思想共识带来严峻挑战。

(4) 顶层设计的缺失，使得引领社会思潮工作难以形成整体合力。

与经济发展的项目化、刚性化的"硬性建设"、"显性建设"不同，属于社会思想文化建设范畴的社会主义核心价值观引领社会思潮工作，其实质是一种"软性建设"、"隐性建设"。"思想问题要用思想的方法解决"，引领方式和工作措施更多地需要采用潜移默化、"润物无声"的形式。要使引领工作符合客观规律，富有成效，不仅需要有一整套起规范、约束和保障性作用的制度安排，如法律法规、政策体系、纪律规范等；还需要加强顶层设计，从国家意识形态建设层面出台一整套推动引领思潮工作的上下联动、配套合理的独立、完整的规划；更需要依靠一整套能够突破城乡差别、体制差异、经济发展、文化发展水平差别等外部因素影响的柔性机制设计。目前，由于顶层设计的缺失，使得上述方面还存在着诸多不到位、不完善的领域和方面，与社会主义核心价值观引领社会思潮工作的要求显得不相适应、不相配套。这主要表现在：其一，全国乃至各省市、各地区、各领域尚未形成一套架构合理、内容齐备的有关社会主义核心价值观引领社会思潮的独立、完整的工作规划和宏观指导意见。其二，相关的指导意见和工作安排散见于各级各类发展规划中，不仅多数流于定性、口号式、笼统化的表述，而且往往缺少具有可操作性的工作细则和量化指标。其三，对引领思潮工作方式和手段的使用往往停留于思想政治教育手段的"单打一"层面，与经济、行政和法律手段相分离或脱节，与之直接相关的一些法律法规尚未健全，致使许多社会价值规范仅仅停留于教育宣传层次，没有具体融入到各类法律法规之中。其四，因区域分布、社会地位、经济状况、文化程度等因素差异的客观存在，使得引领成效和覆盖面在不同地区、领域和行业表现出明显的不均衡性。从实践来看，体制内的机关事业单位等传统组织较强，而体制外的非政府组织、民营企业、新型社会组织等新型组织较弱；各类学校和受教育水平较高的人群较强，城市社区和外来务工人员较弱。其五，各类公共媒介平台对社会主义核心价值观引领社会思潮的影响力和实效性差别较大，其中广播、电视、报纸等传统媒体较强，互联网、手机等新媒体较弱。

四、构建引领机制是实现对多元社会思潮有效引领的关键

要克服上述制约因素和现实难题，必须从全面、整体的视角来考察引领社会思潮工作。这就需要突破现有理论宏大叙事和一般性的理论概括的"桎梏"，而必须深入到生动活泼的引领实践的过程与环节，在宏大叙事、宏观结构与具体实践、事实经验之间建立一种"中层理论"。机制是有机体事物构成要素相互作用、相互联系并发挥功能以保障系统整体顺畅运行的运行方式、调节方式和呈现方式。只有深入研究引领机制并探究其构建路径，为社会

主义核心价值观引领社会思潮提供一种现实的、可操作的系统化设计。从这个意义上说，构建引领机制是破解引领实效性的重要"切入点"，也是实现对多元社会思潮有效引领的关键。这一点可以从引领机制的本质和功能两个方面加以说明。

（一）从引领机制的本质来看

从生成论角度看，社会主义核心价值观引领社会思潮机制根源于社会主客体的相互作用，是作为社会主体的人的实践活动的产物。只有在社会主体的生产生活实践活动中，个人才能组成社会，才会出现各种政治、经济、文化和社会关系，产生价值观念、思想愿望、政治取向和利益要求的矛盾和冲突，从而使调节和解决这些矛盾和冲突成为社会存在和发展的必需。如前所述，"用社会主义核心价值观引领社会思潮"是我国当前应对意识形态领域出现的新问题、新变化和新挑战的迫切需要。在建设有中国特色社会主义实践中形成并处于不断发展创新中的社会主义核心价值观具有强大的先进性和认同性，从而在社会意识系统中具备给多元社会思潮和价值观以正确导向和合理规约，最大限度地形成社会共识的功能。正是由于社会主义核心价值观自身内在地具备调节现阶段我国社会意识系统矛盾和冲突的功能，从而使得社会主义核心价值观引领社会思潮机制得以在这种必需的调节过程中应运而生。从这个意义上说，社会主义核心价值观引领社会思潮机制既根源于人的实践活动，又服务于人的实践活动，其产生及其必要性与人的实践活动息息相关。产生于人的社会实践活动中的社会主义核心价值观引领社会思潮机制的特殊性质是由其内部固有的基本矛盾决定的。社会主义核心价值观引领社会思潮这一过程是一个复杂的矛盾统一体，包括社会主义核心价值观与社会思潮之间的对立统一；引领的可能性与现实性之间的矛盾；引领过程与外部环境之间的矛盾；引领的目标系统与社会客观需要之间的矛盾等等。其中，起决定和支配作用的是"社会主义核心价值观与社会思潮之间的矛盾"，二者的对立统一是社会主义核心价值观引领社会思潮所要解决的基本矛盾，它渗透在引领的一切方面，贯穿于引领过程的始终。从"事物的根本矛盾决定事物的根本性质"这一哲学原理出发，概括地说，社会主义核心价值观引领社会思潮机制的本质就是推动社会主义核心价值观引领社会思潮过程中基本矛盾转化，实现对社会思潮的正确引导和合理规约，以最大限度地形成社会思想共识过程中各个要素的有效性联结和运行方式的总和。

（二）从引领机制的功能来看

探究社会主义核心价值观引领社会思潮机制的功能，有助于我们进一步理解其本质。有关这方面的研究并不多见，目前仅见于王秀阁在《用社会主义核心价值体系引领社会思潮的机制研究》一文中提出，引领机制的功能主要体现在强化主流意识形态、疏导非对抗性非主流意识形态、抗御对抗性非主流意识形态、整合和发展主流意识形态。①

考察社会主义核心价值观引领社会思潮机制的功能应从两个层面着眼，一是引领机制在引领工作中的功能，二是引领机制在社会主义意识形态建设和发展中的功能。

首先，从引领工作本身来看，社会主义核心价值观引领社会思潮机制的功能具体表现在以下三个方面：

第一，引领机制具有目标导向功能。目标是个人、部门或整个系统或组织所努力争取达到或期望的未来状态。目标体现社会主义核心价值观引领社会思潮机制的目的和指向，它确定了引领工作运行的方向，即做什么、达到什么样的目标。社会主义核心价值观引领社会思潮机制作为一个不断动态运动发展着的有机系统，内在推动并协调其构成要素沿着总体目标运转，并推动运行过程和结果趋向预定目标的实现。社会主义核心价值观引领社会思潮机制的目标在于巩固社会主义核心价值观在社会主义意识形态中的核心地位，增进思想共识，扩大社会认同，从而强化和维护社会主义意识形态在中国特色社会主义政治、经济、文化和社会建设中的功能和作用，增强引领工作的科学性和实效性。无论是从引领机制的初始构建、运行抑或评估和考察，都必须始终围绕总体目标来进行。

第二，引领机制具有系统整合功能。社会主义核心价值观引领社会思潮机制是由各相关要素构成的有机整体，其所具有的系统性不仅能够协调组成要素的结构，而且能够发挥对内外部系统进行整合协调功能，使其处于一种良性运行状态，形成合力，从而保证引领目标的实现。这主要表现为三个方面：其一，对社会主义核心价值观引领社会思潮机制内部各构成要素相互作用、相互联系和相互制约的协调整合，防止机制的某一部分或某几个部分运行失控而导致系统的紊乱，使之处于最优状态；其二，对社会主义核心价值观引领社会思潮机制系统与外部环境之间的物质与能量转换的协调整合，使之处于良性循环状

---

① 王秀阁：《用社会主义核心价值体系引领社会思潮的机制研究》，《红旗文稿》2010年第1期，第13-14页。

态；其三，对社会主义核心价值观引领社会思潮机制的内外部系统从总体上进行协调，整合各部分功能，使之相互配合、相互关联，产生整体大于部分之和的功能效应。

第三，引领机制具有自我调控功能。由于受到周围环境和主客观条件变动的影响和制约，社会主义核心价值观引领社会思潮机制作为一种推动、控制、导向引领目标实现的系统，表现为一个不断适应内外部环境发展变化的动态发展体系。这种动态适应性贯穿于引领机制运行的全过程，有时源于局部目标的变化调整，有时源于构成要素及其相互作用、相互联系方式的变化。科学、有效的引领机制内在地具有自我调整和自我完善的自组织功能，这种功能是社会主义核心价值观引领社会思潮机制能够发挥作用和不断优化、创新的基本动力。

其次，从引领机制在社会主义意识形态建设和发展中的功效和作用来看，社会主义核心价值观引领社会思潮机制的功能具体表现在以下两个方面：

第一，引领机制具有增强公民对社会主义核心价值观认同的功能。提高社会主义核心价值观在全体公民中的认同既是引领思潮工作的应有之义，渗透贯穿于引领工作的各个环节，也是引领的重要目标之一。通过构建科学合理的引领机制，借助于特定的结构安排和运行过程，通过目标引导、价值规范、宣传教育和行为约束等途径，引导公民自觉认同社会主义核心价值观，实现社会主义核心价值观与人们生活方式的同构，进一步践行社会主义核心价值观。在当前思想大活跃、观念大碰撞、文化大交融的时代，引领机制的建立有助于解决存在于价值领域的"价值真空"、"价值错位"、"价值悬置"等问题，充分发挥社会主义核心价值观强大的整合力和引领力，成为连接各民族、各阶层的精神纽带。①

第二，引领机制具有整合多元思想文化和价值观念的功能。社会思潮是社会意识的活动形态，体现特定阶级、阶层的价值观念、思想愿望、政治取向和利益要求，具有鲜明的动态性和阶段性特征。当代中国社会思潮学派林立，内容庞杂，流动变化异常迅速。其理论学说，涉及政治学、哲学、经济学、社会学、教育学等众多领域。就其核心价值理念来讲，先进与落后、正确与错误、合理与荒唐、积极与消极并存。那么，通过构建科学合理的引领机制，通过利益协调、预测调控、交流辨析、批判扬弃等方式和途径，引导人们运用马克思主义的立场、观点和方法，区分各种社会思潮内容的优劣、真假、是非、美丑，对劣、假、非、丑要给予适当的教育、批评和引导，最大限度地抑制和

---

① 陈亚杰：《建设社会主义核心价值体系》，人民出版社 2007 年版，第 15-16 页。

抵御其不良影响，以正理论和舆论的视听；而对优、真、善、美，则要积极地吸收、借鉴和推介①，从而有效把握社会思潮发展趋向，使先进文化得到发展，健康文化得到支持，落后文化得到改造，腐朽文化得到抵制。从而以一种开放的姿态促进多元思想文化和价值观念的相互借鉴、相互塑造，最大限度地形成社会共识，以进一步巩固社会主义意识形态的主导地位，维护社会主义意识形态安全。

综合分析社会主义核心价值观引领社会思潮机制的本质和功能，可以得出：引领机制立足于引领工作的内在本质和基本矛盾，反映引领工作的客观规律，联系着制度、规律、原则和方法，有机组合着引领过程中的各构成要素，是实现引领目标的关键和重要依托。

第二节 社会主义核心价值观引领社会思潮机制的运行体系

一、社会主义核心价值观引领社会思潮机制的构成要素

（一）引领主体

从马克思主义意识形态理论来看，引领的过程属于意识形态间的相互作用过程，社会主义核心价值观并不能直接引领社会思潮，意识形态间的相互作用必须要通过发挥人的主观能动性才能发生。因此，引领主体既有显性主体，又有隐性主体。

显性主体又可以划分为三个层面：国家层面上，掌握大量价值资源和强大执行力的执政党和各级政府部门是引领社会思潮的主体；社会层面上，在引领工作中发挥重要作用的理论和社会科学工作者队伍、家庭、学校、民间组织、企业、军队和其他政党也是主体；个体层面上，凡是接受并认同践行社会主义核心价值观的公民都可以是社会主义核心价值观对社会思潮引领的主体。

隐性主体是指社会主义核心价值观。需要明确的是，社会主义核心价值观并非科学意义上严格的"隐性主体"。这是因为在马克思主义哲学范畴中，主体是具有自然性、社会性和意识性的"现实的人"。这一概念强调主体的自然性、社会性和现实性。而社会主义核心价值观这一"隐性主体"并不完全具备

---

① 洪晓楠：《当代西方社会思潮及其影响》，人民出版社2009年版，第25页。

这些特征。之所以把社会主义核心价值观设定为"隐性主体"，是因为在引领社会思潮的实践中，显性主体受到一种潜在力量即社会主义核心价值观的支配，它是显性主体进行引领实践的根本依据和行为尺度。具体来讲，社会主义核心价值观作为在全社会崇尚和倡导并在社会意识系统中居于核心地位、起指导和统领作用的价值观念，以一种潜在的力量制约、影响和支配着作为显性主体的广大人民群众的思想价值观念。只有显性主体通过认知、内化、外化等环节实现对隐性主体的认同，才能真正发挥社会主义核心价值观的引领功能和作用。因此，从某种意义上说，社会主义核心价值观这一"隐性主体"才是引领的"真正"主体。广大人民群众的自在性、自为性、自觉性只有在符合社会主义核心价值观方向、目标和要求的前提下，才能得到客观体现。就这一点而言，显性主体成为隐性主体实现引领目标的中介和承载者。

（二）引领客体

引领客体是指发端于本土或源于国外，以思想理论或社会心理形态或二者混合形态存在于当代中国的多元社会思潮。当代社会思潮，是通过社会意识的不同形式、在社会的不同层面上以不同的面貌表现出来的。各种社会意识形式包括哲学、政治和法律思想、伦理道德、文学艺术、宗教信仰等，人们的价值观念、社会心理、社会舆论等都是社会思潮的重要载体，并在很大程度上反映着社会思潮的影响及变动发展。不同层面的社会思潮通过所依托的社会意识形式相互影响、相互渗透和相互作用。每种活跃的社会思潮，不管整体是有益还是无益的，不管是否包含着进步思想或敌对思想，在今天的中国都有其存在发展的经济和社会基础，要么代表了一定阶级、阶层的愿望诉求，要么反映了对一定时期社会问题和矛盾解决的吁求，其自身蕴含的现实基础和利益代表功能，仍有长期存在甚至有一定发展的条件。每种社会思潮影响的社会群体的主体都是中国共产党领导建设中国特色社会主义事业需要团结甚至依靠的对象，也是社会主义意识形态需要影响的群体对象。因此，在当今中国存在的所有社会思潮，都是社会主义核心价值观引领的工作对象，都要通过相应的方式和途径对其引领。

（三）引领目标

引领目标体现在两个层面：一是通过引领，解决由于社会阶层结构的变化和社会利益的分化引发的对主流意识形态和核心价值的认同危机，维护社会主义核心价值观在社会主义意识形态中的主导地位，增进思想共识，扩大社会认同，从而强化和维护社会主义意识形态在中国特色社会主义政治、经济、文化和社会建设中的功能和作用；二是通过引领，最大限度地消除各种社会思潮中消极反动腐朽成分对人们思想价值观念带来的不利影响，巩固执政党对社会主义意识形态的主导权和话语权，从而维护我国社会主义意识形态安全、促进社会稳定和增强国家文化软实力。

（四）引领方式

社会主义核心价值观引领社会思潮的方式主要有预测和整合。对社会思潮进行分析预测，就是运用马克思主义基本原理和方法对社会思潮的产生因素、传播方式和过程、基本特征、社会背景、演变动力、演变机制、性质功能等进行剖析、比较、鉴别，探寻其内在规律性，从而对某社会思潮产生的可能性、发展趋势及其社会影响进行前瞻性和综合性的预先估测。对社会思潮进行整合，就是指在分析社会思潮性质、主张和价值取向的基础上，借鉴、聚合和吸纳其与社会主义核心价值观同质而相近的积极有益的内容和成分，批判、分化和消解其与社会主义核心价值观异质而对立的错误消极的内容和成分，包容和引导无关大碍或没有原则问题的一般性成分。

二、社会主义核心价值观引领社会思潮机制的内在机理

（1）合法性是实现社会主义核心价值观引领社会思潮功能的根本前提。

"合法性"一词最早源于政治学。马克斯·韦伯指出："没有一种统治仅仅以价值合理性的动机，作为其继续存在的机会，毋宁说，任何统治都企图唤起并维持对它的合法性的信仰。"[①]这一合法性概念具有两重含义：对于处于"命令—服从"关系中的服从者来说，是一个对统治的认同的问题；而对命令者来说，则是一个统治的正当性的问题。统治的正当性与对统治的认同的总和就构成了政治统治的合法性。[②]意识形态合法性意味着意识形态的合理性被社会大多数成员所接受，表征着意识形态被认为是正当和正确的认同程度。

社会主义核心价值观引领社会思潮工作，本质上是实现社会主义核心价值观对社会思潮的"领导权"问题。合法性是关乎社会主义核心价值观生命力、感召力、凝聚力的根本性、决定性因素。社会主义核心价值观只有取得人们在

---

① 马克斯·韦伯：《经济与社会》，阎克文译，商务印书馆1998年版，第239-241页。

② 王素玲：《我国社会主义意识形态合法性共识达成的辩证法分析》，《思想政治教育研究》
2010年第5期，第54页。

意识领域内的共鸣和认同，取得合法性，才能具备引领多元价值观念的基本能力，才能实现引领社会思潮的功能。具体来讲，社会主义核心价值观的合法性具有三种意义：一是符合社会历史发展的规律和要求，体现为理论品质维度的真理性和彻底性、实践要求维度的实践性和人民性；二是能够客观反映价值关系，实现价值观念与客观价值的契合一致，能够比较有效地处理和解决当前的问题；三是具有广泛的社会认同基础，得到了社会上大多数人的普遍认可和支持，并把其内化为自身的价值取向、外化为价值行为。其中，认同感是合法性的基础要素，如果获得认同，合法性就会得以延续，如果丧失认同感，就会发生合法性危机。

(2) 整合是实现社会主义核心价值观引领社会思潮目标的内在要求。

整合是以包容开放的态度构建价值共识的需要。马克斯·韦伯曾说过一句精辟的话：一个国家现代化的程度，取决于对多元文化的包容程度。社会主义核心价值观应该是抽象与具体、普遍性与特殊性、共性与个性、理想性与现实性的辩证统一。如果其不反映现实或偏离于现实，就失去了存在的基础，就不可能有吸引力、凝聚力和感召力。为了使社会大众能够在主观上选择把握既能满足自己生存、发展要求，又能在客观上符合社会发展要求的价值观，需要社会主义核心价值观对蕴含于社会思潮中的各种价值观进行"整合"，即整合个性的、特殊的、具体的、现实的价值观的内容，又对多样价值观的相对合理性和实现条件做出评判，给社会提供相对稳定权威的基本价值观，减少人们在急剧变动的社会生活中出现价值观选择的混乱和迷茫。从这个意义上讲，整合是从"我需要什么"转向"我们需要什么"这一时代价值共识问题的重要方式。

整合是在新形势下既维护社会主义核心价值观主导地位、又把社会思潮控制在合理范围内的需要。各种社会思潮主要体现为社会转型所带来的矛盾的反映，也是客观的社会分层结构与主观阶级认同这一矛盾的反映。社会主义意识形态在处理同各种社会思潮的关系上，就无法再简单化地以一种思维方式和价值观为标准，把其他社会思潮界定为"左"或者"右"的倾向，并通过开展"左"和"右"的思想斗争和批判来"一统天下"了。[①]这就需要秉持尊重差异、包容多样的原则，采用对话、沟通、吸纳、强制等方式整合社会思潮，使社会主义核心价值观和社会思潮在一定时期和范围内保持合理的张力结构，达成合理

---

① 陈锡喜：《关于社会主义意识形态的整合与建构的思考》，《思想理论教育》2008 年第 5 期，第 28 页。

的"妥协均势"。正如安东尼奥·葛兰西所强调的："无可争论的是，领导权的前提是要考虑那些行将被领导的社会集团的利益和倾向，是要产生一定的妥协的均势，也就是领导集团要做经济团体性质的牺牲。同样无可争论的是，这种牺牲和这种妥协不能触动基础，因为如果领导权是伦理——政治的，那么它就不能不是经济的，因而作为它的基础的不能不是领导集团在有决定性的经济活动方面所执行的那种有决定性的职能。"[①]换句话讲，两者之间形成一种结构合理的"妥协均势"是必要的，但前提条件是这种均势不能威胁或否认社会主义核心价值观的主导地位。

三、社会主义核心价值观引领社会思潮机制的运行结构

社会主义核心价值观引领社会思潮机制的运行就是引领过程机制发挥功能的运作过程。毫无疑问，引领社会思潮的过程是一个连贯的动态过程，但为了具体分析研究的方便，在此借用解剖学的原理和方法，从引领的动态过程中截取一个相对静止的活动断面，按照"引领作用发生——具体的引领过程"这一内在逻辑，把社会主义核心价值观引领社会思潮机制这个一级机制划分为创新机制、传播机制、认同机制、预测机制、整合机制等五个二级子机制。这五个子机制相互作用、相互联系，构成了引领机制的整体(如图 1 所示)。

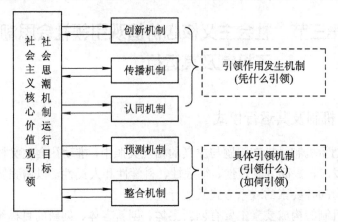

图 1　社会主义核心价值观引领社会思潮机制运行结构示意图

从结构上看，这一机制整体上包括两个层面：一是社会主义核心价值观引领作用发生机制(包括创新机制、传播机制、认同机制)，这一层面着重解决

---

① 安东尼奥·葛兰西：《狱中札记》，曹雷雨、姜丽、张跣译，中国社会科学出版社 2000 年版，第 83 页。

"凭什么"引领的问题，即合法性问题，是推动引领过程运行的动力方面；二是社会主义核心价值观对多元社会思潮的具体引领机制(包括预测机制、整合机制)，这一层面着重解决"引领什么"和"如何引领"的问题，它使社会主义核心价值观能够有效地引领多元社会思潮。

从功能上看，创新机制的主要功能是推动社会主义核心价值观不断创新发展，从而提高其科学性和实践性、增强其自身内在的理论魅力；传播机制的主要功能是通过传播者选择一定的传播渠道，将社会主义核心价值观有目的、有计划地传播给受众并施加影响；认同机制的主要功能是使广大人民群众获得对社会主义核心价值观的正确认知和情感体验，把社会主义核心价值观内化为自身的价值取向、外化为价值行为；预测机制的主要功能是通过运用马克思主义基本原理和方法对相关信息进行分析，探寻规律性，实现对某种社会思潮产生的可能性、发展趋势及其社会影响进行前瞻性和综合性的预先估测；整合机制的主要功能是通过对话、吸纳和强制等方式，实现对多元社会思潮的整合。

从总体上来看，与社会主义核心价值观引领社会思潮目标的两个层面相对应，这五个二级子机制在结构、功能上相互联系、相互依赖、相互耦合，在不断调整运行的同时也把结果反馈给相应目标，通过这种双向互动来保证引领机制的有序运行和功能实现。

第三节　社会主义核心价值观引领社会思潮子机制及其运行

一、创新机制及其运行模式

所谓创新机制是指在问题与主义的相互关照中，推动社会主义核心价值观不断创新发展，提高其真理性、彻底性、科学性和人民性，以增强其自身内在的理论魅力的各要素的联系方式及运行过程。

创新机制的构成要素主要有创新主体、创新客体、创新的目标维度、创新方式、创新环境等，在这里我们重点探讨创新的目标维度、创新手段和创新环境。

创新的目标维度是指为推动社会主义核心价值观创新发展应坚持的方向性原则。就理论品质维度来讲，应增强社会主义核心价值观的真理性和彻底性。就实践要求维度来讲，应增强社会主义核心价值观的实践性和人民性。

创新方式包括理论建构式、方法论转换式、契合现实式和兼收并蓄式。理论建构式创新是指改变单一的"书斋式"研究，将理论研究和价值主体的利益现实紧密联系起来，将研究视角深入到人民群众的日常生活中，真正面向生活、面向实践，真正关心人民群众疾苦、尊重人民群众的意愿，积极服务于人民群众根本利益的实现和维护。进而从中提炼并升华，解决理论滞后于实践、理论阐释和经验现实之间的矛盾。方法论转换式创新是指从总的理论研究指导思想和方法上给予转化变换实现理论创新，将价值冲突和矛盾中的否定性因素转变为积极的建设性因素。契合现实式创新是有强烈的"问题意识"，关注现实，回答现实提出的问题。用中国化的马克思主义理论，通过科学解释解决人民群众在社会转型期产生的思想认识上的诸多困惑和问题，对中国特色社会主义这一实践基础及其社会主义定向做出深入的阐明，从价值观方面对各种利益主体及其关系的性质进行整体性的研究和分析。①兼收并蓄式创新是指不断解放思想，与时俱进，进一步吸收和借鉴多样文明中的合理因素，在理论和实践的各个具体环节上准确细致地论证和阐释社会主义核心价值观的彻底性，从而使广大群众抓住它的要义和根本，产生强大的说服力和影响力。

创新环境是指在创新社会主义核心价值观过程中，影响创新主体进行创新的各种外部因素的总和，主要包括国家对创新的发展战略与规划，国家对创新行为的经费投入力度以及社会对创新行为的态度等等。

社会主义核心价值观创新机制的运行是以整体性的创新目标为理念，推动创新主体、创新客体、创新的目标维度、创新手段、创新环境等各要素相互作用和相互联系的复杂过程。它的运行大体包括四个环节：确定创新目标、营造创新环境、实施创新活动、反馈调节(如图 2 所示)。

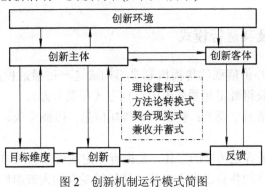

图 2 创新机制运行模式简图

① 田海舰：《社会主义核心价值体系培育的两个向度》，《伦理学研究》2011 年第 3 期，第 9-10 页。

第一，确立创新目标。创新者从实现社会主义核心价值观引领社会思潮的整体性目标出发确立创新社会主义核心价值观的目标和方向，并使之具体化和可操作化，通过各种途径和方式为众人所知。此外，创新者随着中国特色社会主义实践的发展和社会思潮的发展流变，对社会主义核心价值观的三个层面选择具体的创新方式，为创新活动的展开提供前提。

第二，营造创新环境。要使社会主义核心价值观对社会思潮的引领作用真正发挥，提升其吸引力和凝聚力，首要的在于破除人们头脑中对意识形态不合理的思想认识和误区，深化文化体制改革，营造有利于思想理论创新的社会氛围和文化环境，积极构建人文社会科学领域与自然科学领域在意识形态理论创新方面的巨大合力。

第三，实施创新活动。这一过程可以分为两种类型：一种是自上而下式驱动创新，一种是自下而上式倒逼创新。自上而下式驱动创新是由国家和执政党制定社会主义核心价值观创新的整体目标和方略，充分整合人力、物力、智力和财力等可利用的资源驱动创新活动的开展。自下而上式倒逼创新是借由经济基础变动而引发的价值主体的利益和价值诉求的变化发展，形成从社会底层引发的意识形态生产和创新机制，从而形成"倒逼"式创新。

第四，反馈调节。创新结果反馈到前三个环节，对创新机制的运行进行调整和改善，推动新一轮创新的开始。反馈包括正反馈和负反馈，正反馈是创新效果对创新者产生正面的导向过程，对创新机制的运行表示肯定和支持，保持创新机制的稳定；负反馈是创新效果对创新机制的运行表示否定和反对，产生警示作用，促使对前三个环节进行调整和修正，推动创新水平的不断提升。

二、传播机制及其运行模式

社会主义核心价值观的传播机制是指构成这一传播过程的诸要素相互作用、相互联系以获得既定传播效果的运行方式和调节方式。

传播机制包括五个要素：传播者、传播信息、传播受众、传播渠道、传播效果。

传播者。传播者是传播的主体，是拥有一定的可被利用的传播手段，并能够为实现一定的目的将自己拥有的信息传送给受众的人或组织。对社会主义核心价值观的传播来讲，从宏观上看，其主体是中国共产党的各级组织、各级政府及其职能部门。执政党的各级组织、政府及其职能部门作为传播主体具有权威性和强制性，在引导和规范社会文化生活、社会道德生活方面具有巨大的影响力。从微观上讲，其主体是党和国家领导人，基层党员干部，马克思主义理论研究者、宣传者和教育者。他们的思想政治素质、社会信任度、行为导向都影响着社会成员的精神世界。

传播信息。信息是传播的基本内容，由一组相关联的、有完整意义的信息符号所构成。在这里，传播信息是指社会主义核心价值观的具体内容、内涵、创新逻辑、内涵外化与形式拓展。

传播受众。受众是信息的接收者和反映者，是传播者的作用对象。受众可以是个人、群体或组织。在社会主义核心价值观的传播中，受众是社会大众。在这里，社会大众是与党政部门领导和相关宣传教育者相对应的概念，它不仅包括公民个体，而且包括由公民个体组成的工作组织或社会群体。

传播渠道。在社会主义核心价值观的传播中，主要有六种渠道。第一种是基于创新视角的初始传播。这种传播渠道涵盖三个层面：首先是以执政党官方文件的形式所做的理论界定，这是传播的第一站；其次是理论界展开的系统而全面的学术研究，使这一理论更加透彻、翔实和令人信服；再次是围绕社会主义核心价值观的最新研究进展召开各种学术会议，通过展示交流推动其进一步得到传播普及。第二种是基于大众媒体的报道传播。这种基于新闻传媒的视觉扩散方式主要表现在以下两个方面：一是通过报纸与期刊等印刷媒介传播，二是通过电视、广播、互联网等电子媒介传播。第三种是基于党员干部的组织传达和讨论传播。这种基于语言扩散的传播方式包括：一是共产党领导集体的学习讨论，二是共产党地方组织的传达宣传，三是基层单位组织党员集体学习。第四种是基于教育系统的吸纳普及传播。[①]这种基于教育路径的传播方式主要表现在以下两个方面：一是推动社会主义核心价值观进学科、进教材、进课堂，并将理论讲授与实践教学相结合；二是开展以学生为主体的各类校园文化建设活动，如入党入团入队仪式、学术讲座、社团活动、社会实践、志愿服务等。第五种是基于普及性或地域性的精神文明创建活动，包括以社会为主体的大型活动和以家庭为主体的精神文明创建活动，如城乡精神文明创建活动、文化科技卫生三下乡活动、各种节日庆典、主题宣传教育活动、成人仪式、小区文明公约建设、邻里文化节等等。第六种是由各地组织的以促进社会主义核心价值观传播为目的的其他活动。如重庆市以"核心价值观的提炼"为主题的重大科研项目的公开招标，北京市对"北京精神"的调研与论证活动等。

---

① 韩国顺：《社会主义核心价值体系的社会传播方式探讨》，《社会科学家》2011 年第 2 期，第 151-154 页。

传播效果。传播效果指受传者接收信息后，在认知、思想、态度和行为等方面发生的变化。在社会主义核心价值观传播中，评价其是否有效可以从过程和结果两方面来衡量。就过程而言，包括语言的清晰准确性、对受众的吸引力以及实效性等。就结果而言，包括受众在思想上认识理解、行动上践行社会主义核心价值观的程度等。

社会主义核心价值观传播机制是一个由传播者、传播信息、传播受众、传播渠道和传播效果相互联系、相互作用构成的有机整体。借鉴拉斯韦尔的"5W"模式，传播机制的运行模式如图3所示。

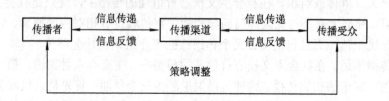

图3　传播机制运行模式简图

第一，加工传播内容。对社会主义核心价值观这一传播内容进行信息分析、信息编码、转换表述、艺术加工等，将规范性和概括性比较强的文本话语转化为社会大众容易接受、能够接受、喜欢接受的表达形式和内容，使其转化为容易被传播受众了解、认知、接受、再传播和认同的文化产品。

第二，实施传播活动。这既包括国家和执政党层面的宏观传播，以及社会层面的中观传播，也包括人与人之间的微观传播。实施传播活动涉及制定方案、策略选择、媒介选择、发送信息、接受信息等环节。其中传播策略的选择是指针对不同受众在年龄、性别、受教育程度、认知水平、经济条件、地域特征等方面的客观差异，有目的地了解受众的价值需求，在此基础上开展分层次传播，并针对性地选取相应的传播渠道，充分发挥不同传播媒介的作用。此外，传播者还需要按照传递信息的需求自主选择传播媒介。传播者把经过编码后的信息发送给受传者，受传者再经过解码过程，理解并接受信息。

第三，传播效果反馈和评估。传播受众接收到信息后，运用主观能动性自主性地对信息进行选择、判断、理解、认知，反馈的结果以语言、行动、思想等表现出来，并通过主动或被动的渠道(自主反馈、调研反馈、第三方反馈等)反馈给传播者。传播者或第三方对照传播目标，制定评估指标，从传播受众接触媒介的效果、媒介影响传播受众的效果、传播目标实现的效果(程度)、受众需求满足的效果(程度)等方面对传播效果进行质和量的评估。最后，传播者对评估结果进行综合分析，查找原因，分析对策，对传播活动进行校正，从而开始新一轮的传播。

三、认同机制及其运行模式

认同机制是指取得人民群众对社会主义核心价值观认知认同、情感认同和行为认同，并成为其自觉追求的各要素的相互联结及运行过程。

社会主义核心价值观认同机制包含认同主体、认同客体、认同目标、认同环境、认同介体等构成要素。其中，认同主体即引领社会思潮的主体。认同客体是社会主义核心价值观。认同目标是把社会主义核心价值观转化为人民的自觉追求，从而形成强大的国家和民族凝聚力。认同环境是包括政治环境、经济环境、文化环境和社会环境及其提供的支撑条件等。认同介体是指广大人民群众认同社会主义核心价值观的一系列中间环节的总和，即认知认同、情感认同和行为认同。

社会主义核心价值观认同机制功能发挥的过程由三个环节组成，即认知认同、情感认同、行为认同。其运行模式如图4所示。

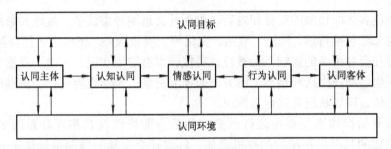

图4　认同机制运行模式简图

第一，认知认同是基础。社会成员经过感觉、知觉、记忆、思维、想象等认知形式和基本心理过程，在对价值观、价值体系感性认知的基础上进一步完成理性认同，从而获得对社会主义核心价值观较为稳定且正面的印象与认识。认知认同是价值认同的发端和逻辑起点，也是价值认同的初级层次，是情感认同和行为认同的根据。

第二，情感认同是桥梁。情感认同是指社会成员对社会主义核心价值观满足自己的物质和精神需要而产生的满意、积极、肯定的情绪体验和态度。"情感是指客观事物是否符合人的需要而产生的态度和体验。"①情感认同不仅包括

_____

① 柳友荣：《新编心理学》，安徽大学出版社2001年版，第113页。

简单的价值认知，还包括一定的价值评价和价值选择的成分。情感认同是价值认同的中间层次，是认知认同连接行为认同的桥梁。

第三，行为认同是归宿。行为认同是社会成员在理性和情感上接受、认同社会主义核心价值观的基础上，改变或重构自身原有的价值观念体系，形成符合社会主义核心价值观的新的价值观念，并且自觉地以此作为道德准则和行为规范，并积极践行的过程。行为认同是认知认同和情感认同发展的必然结果，也是价值认同最重要的标志。①

四、预测机制及其运行模式

预测机制就是对构成社会思潮预测过程要素相互联系、相互联结以实现预测目标的耦合、运行方式和呈现方式。

预测机制的构成要素主要有预测主体、预测客体、预测指标体系、预测方法等要素。

预测主体包括各级各类政府决策咨询机构、专门研究机构、高等院校、专家学者等。

预测客体即预测的对象和内容。由于社会思潮种类繁多，流派异彩纷呈，预测对象除包括哲学、经济、政治、文化等宏观领域外，还应当包括预测社会思潮对社会各领域的影响，如教育、科技、家庭婚姻状况、人口、自然生态、环境卫生等物质生活和精神生活方面的发展前景。预测内容是社会思潮产生、发展趋势、现实状况及其性质作用。

预测指标体系是指由表征预测客体各方面特性及其相互联系的多个指标所构成的具有内在结构的有机整体。针对社会思潮的预测指标体系大体上包括两个维度：一是社会思潮本体的指标，即社会思潮自身的发生、发展、流变、特征和趋势等方面的表征；二是社会思潮社会影响的指标，即依据社会思潮的不同表现形式，对其影响人群、传播范围、影响程度和结果等方面的表征。

预测方法包括定性预测法、定量预测法和综合预测法三种。

预测机制发挥功能的动态运行过程由四个环节组成，即系统分析现有社会思潮、建构预测指标体系、实时发现整理信息、综合预测。其运行模式如图5所示。

---

① 汤文隽、金晶：《网络社会中社会主义核心价值体系认同规律》，《东疆学刊》2013年第1期，第53-54页。

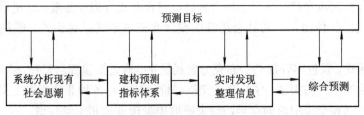

图 5 预测机制运行模式简图

第一，系统分析社会思潮。通过运用马克思主义基本原理和分析方法，深入研究社会思潮的原生动力、演变动力、发展轨迹、传播机制等内在的本质规律，主动研究改革开放以来中国重大社会思潮的演变脉络、观点继承、影响人群分布、价值取向等，客观分析和评价其性质、功能和特点，科学总结社会思潮的正向和负向功能，从历史观照和现实情境中厘清社会主义核心价值观与社会思潮的辩证统一关系。

第二，建构预测指标体系。在对现有社会思潮进行系统分析的基础上，预测主体遵循系统性、典型性、动态性、简明科学性、可操作可量化等原则，从社会思潮本体和社会影响两个维度构建对多元社会思潮的预测指标体系。

第三，实时发现整理信息。预测主体从社会重大矛盾和社会问题入手，建立开展社会思潮预测工作的宏观数据库；从重大改革政策、社会热点和突发事件、思想理论动态、社会谣言、网络流行语等入手，建立开展社会思潮预测工作的微观数据库。

第四，综合预测。预测主体比照预测指标体系，对上述收集整理到的信息进行定性和定量研究，综合运用多学科理论，并引入概率论、博弈论、突变论等数学工具，建立相关数学模型，就社会思潮产生的可能性、发展趋势及其社会影响进行前瞻性和综合性的预先估测。

五、整合机制及其运行模式

对社会思潮进行整合，就是指在分析社会思潮性质、主张和价值取向的基础上，借鉴、聚合和吸纳其与社会主义核心价值观同质而相近的积极有益的内容和成分，批判、分化和消解其与社会主义核心价值观异质而对立的错误消极的内容和成分，包容和引导无关大碍或没有原则问题的一般性成分。整合机制就是指实现对社会思潮整合的整合主体、整合客体、整合方式等各要素的相互联结方式、呈现方式及其运行过程。

整合机制包含整合主体、整合客体、整合方式等构成要素。这里重点探讨整合方式。具体而言，对社会思潮的整合有三种形式：对话式、吸纳式和强制式。

　　对话式。以包容开放的心态充分发扬民主，通过搭建观念阐释、意愿展现、诉求表达的平台与渠道，使社会主义核心价值观在与各种非马克思主义思潮进行平等对话和交流中求同存异，最大限度地凝聚理论和价值共识。

　　吸纳式。在提炼、加工的基础上，吸取借鉴社会思潮中积极的、有益的内容和成分，使之融入到社会主义核心价值观中，实现社会主义意识形态的不断丰富和完善。

　　强制式。对社会思潮中公开反对马克思主义、反对四项基本原则、宣扬分裂祖国和民族分裂、宣扬邪教等错误的、反动的和腐朽没落的思想成分，通过批判、教育、引导、规约等方式，剖析其实质内容和价值取向，批判其错误思想和腐朽本质，坚决抵制并消解其对人民群众的消极影响。

　　整合机制的运行具体呈现为针对不同社会思潮的性质及其思想成分采取不同的整合方式，其运行模式如下图6所示。

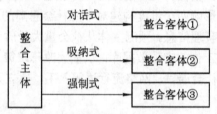

图6　整合机制运行模式图

　　注：整合客体①指已被实践证明了的对马克思主义教条化的、错误理解的假马克思主义思潮和既不公开赞成马克思主义、也不公然反对马克思主义的"其他"思潮，不包括那些反马克思主义思潮，即从根本上否定和敌视马克思主义的思潮。整合客体②指蕴含在多元社会思潮中某些合理的、积极的思想价值观念和因素。整合客体③指同社会思潮中公开反对马克思主义、反对四项基本原则、宣扬分裂祖国和民族分裂、宣扬邪教等错误、反动、消极、腐朽的思想成分。

结　语

　　社会主义核心价值观引领社会思潮是一项复杂的系统工程，就这一问题和领域而言，留给人们思考的难题和困境还很多，还需要做进一步的思考和研究：

(1) 充实完善社会主义核心价值观引领社会思潮的学理支撑。引领机制涉及引领的内在矛盾、基本规律和基本经验等诸多方面。今后还需要总结提炼马克思主义经典作家对待和处理社会思潮的历史经验，吸收和借鉴国外处理和对待社会思潮的新鲜经验，并进一步从学理上提炼引领社会思潮的客观规律，以破除"时政式"、"经验式"路径依赖。

(2) 开展社会主义核心价值观引领社会思潮实效性的实证研究。合理设计相关指标，以问卷调研和实地访谈等形式，在各领域、各地区、各阶层开展覆盖面较广范围的调查研究，对引领思潮工作进行阶段性评估，切实找准存在的问题和难题，为进一步创新引领社会思潮工作做准备。

(3) 研究在社会心理层面如何实现社会主义核心价值观的认同过程。亦即大众如何通过知、情、意三者的有机结合实现社会主义核心价值观的内化和外化过程。

(4) 结合工作实践，研究社会主义核心价值观引领社会思潮机制在运行过程中可能出现的"病变"现象，进而相应地调整和改进策略。

后 记

本教材由西安电子科技大学马克思主义学院程霞提出总体思路、写作大纲和具体章节要求，并负责统编定稿和审稿，西安财经学院马克思主义学院任艳妮参与了主要编写工作。具体写作分工如下：前言、第一章、第二章、第三章、第五章、第八章和后记由程霞编写，第四章、第六章和第七章由任艳妮编写。

本教材编写过程中，参阅了诸多学者的论文、著作，这些资料为我们提供了有益的素材和启示，在此谨表诚挚的谢意。

本教材的编写得到了西安电子科技大学2014年"研究生精品教材建设"项目的资助和支持，硕士研究生李方圆、李生娟、肖永春为教材撰写做了大量的资料搜集和整理工作，西安电子科技大学出版社相关人员在本教材出版的各个环节都给予了大力支持和帮助，付出了辛勤劳动，在此一并表示感谢。

当然，任何理论研究和对现实的重大关切都是无止境的，对于该领域的某些问题，还需要进一步拓宽和深化。由于编者水平有限，难免存在疏漏，敬请专家、同行和读者不吝赐教。

编 者

2016 年 11 月

参 考 文 献

专著类

[1] 马克思，恩格斯. 马克思恩格斯选集(第 1 卷)[M]. 北京：人民出版社，1995 年.

[2] 马克思，恩格斯. 马克思恩格斯文集(第 4 卷)[M]. 北京：人民出版社，2009 年.

[3] 马克思，恩格斯. 马克思恩格斯文集(第 5 卷)[M]. 北京：人民出版社，2009 年.

[4] 马克思，恩格斯. 马克思恩格斯文集(第 9 卷)[M]. 北京：人民出版社，2009 年.

[5] 列宁. 列宁选集(第 3 卷)[M]. 北京：人民出版社，1995 年.

[6] 列宁. 列宁专题文集·论辩证唯物主义和历史唯物主义[M]. 北京：人民出版社，2009 年.

[7] 毛泽东. 毛泽东选集(第 1 卷)[M]. 北京：人民出版社，1991 年.

[8] 毛泽东. 毛泽东选集(第 4 卷)[M]. 北京：人民出版社，1991 年.

[9] 毛泽东. 毛泽东文集(第 8 卷)[M]. 北京：人民出版社，1999 年.

[10] 邓小平. 邓小平文选(第 3 卷)[M]. 北京：人民出版社，1993 年.

[11] 陈云. 陈云文选(第 3 卷)[M]. 北京：人民出版社，1995 年.

[12] [美]弗朗西斯·福山. 历史的终结及最后之人[M]. 黄盛强等译. 北京：中国社会科学出版社，2003 年.

[13] [美]塞缪尔·亨廷顿. 文明的冲突与世界秩序的重建[M]. 北京：新华出版社，1998 年.

[14] [意]安东尼奥·葛兰西. 狱中札记. 曹雷雨，姜丽，张跣译[M]. 北京：中国社会科学出版社，2000 年.

[15] [加]贝淡宁. 中国新儒家[M]. 吴万伟译，上海：三联书店，2010 年.

[16] [古]菲德尔·卡斯特罗. 全球化与现代资本主义[M]. 王枚等译. 北京：社会科学文献出版社，2000 年.

[17] [德]海德格尔. 海德格尔选集(下卷)[M]. 上海：三联书店，1996 年.

[18] [英]鲍曼. 流动的现代性[M]. 上海：三联书店，2002 年.

[19]　[英]保罗·塔格特. 民粹主义. 袁明旭译[M]. 长春：吉林人民出版社，2005 年.

[20]　梅荣政，杨军. 社会主义核心价值体系与社会思潮析评[M]. 北京：中国社会科学出版社，2010 年.

[21]　汪亭友. 普世价值评析[M]. 北京：社会科学文献出版社，2012 年.

[22]　汤荣光. 普世价值论辩源起与走向[M]. 北京：中央编译出版社，2014 年.

[23]　王炳权. 当代中国政治思潮研究[M]. 北京：中国社会科学出版社，2014 年.

[24]　梁柱. 历史虚无主义评析[M]. 北京：社会科学文献出版社，2012 年.

[25]　杨金华. 历史虚无主义的生成机理及其克服[M]. 北京：中国社会科学出版社，2015 年.

[26]　中国社会科学院. 中国社会科学院历史虚无主义批判文选[M]. 北京：中国社会科学出版社，2015 年.

[27]　孙立平. 博弈——断裂社会的利益冲突与和谐[M]. 北京：社会科学文献出版社，2006 年.

[28]　马立诚. 当代中国八种社会思潮[M]. 北京：社会科学文献出版社，2012 年.

[29]　房宁，王炳权. 论民族主义思潮[M]. 北京：高等教育出版社，2004 年.

[30]　韩震. 社会主义核心价值观新论：引领社会文明前行的精神指南[M]. 北京：中国人民大学出版社，2014 年.

[31]　田海舰. 培育和践行社会主义核心价值观多维研究[M]. 北京：人民出版社，2015 年.

[32]　段忠桥. 当代国外社会思潮[M]. 北京：中国人民大学出版社，2010 年.

[33]　林泰：社会思潮理论前沿求索[M]. 北京：清华大学出版社，2006 年.

[34]　方克立，李锦全. 现代新儒学研究论集(二)[M]. 北京：中国社会科学出版，1989 年.

[35]　李泽厚. 中国现代思想史论[M]. 北京：天津社会科学出版社，2003 年.

[36]　胡绳. 马克思主义与改革开放[M]. 北京：中国社会科学出版社，2000 年.

[37]　林红. 民粹主义——概念、理论与实证[M]. 北京：中央编译出版社，2007 年.

[38]　蒋庆. 政治儒学——当代儒学的转向、特质与发展[M]. 上海：三联书店，2003 年.

论文类

[1]　李文. 新自由主义的经济“成绩单”[J]. 求是，2014，8.

[2]　梅荣政，白显良. 中国特色社会主义与新自由主义——评析《当代中国八

种社会思潮》[J]. 马克思主义研究，2013，10.

[3] 徐友渔. 当代中国社会思想：自由主义和新左派[J]. 社会科学论坛，2006，6.

[4] 萧功秦. 多元制衡视角下的新左派思潮[J]. 人民论坛，2011，1.

[5] 胡绳. 社会主义和资本主义的关系：世纪之交的回顾和前瞻[J]. 中共党史研究，1998，6.

[6] 胡绳，毛泽东的新民主主义论再评价[J]. 中国社会科学，1999，3.

[7] 俞可平. 现代化进程中的民粹主义[J]. 战略与管理，1997，1.

[8] 许纪霖. 中国的民族主义：一个巨大而空洞的符号[J]. 书摘，2005，1.

[9] 邱仁富. 培育社会主义核心价值观的问题意识[J]. 毛泽东思想研究，2015，2.

[10] 秦宣. 培育和践行社会主义核心价值观的制度保障[J]. 思想教育研究，2015，2.

[11] 高和荣. 揭开新自由主义的意识形态面纱[J]. 政治学研究，2011，3.

[12] 中国社会科学院"新自由主义研究"课题组. 新自由主义及其本质——关于"新自由主义"的对话[N]. 中国社会科学院院报，2003，11-13.

[13] 何孟秉. 再论新自由主义的本质[J]. 当代经济研究，2015，2.

[14] 白雪秋. 2014国内新自由主义思潮论争透析[J]. 人民论坛，2015，1.

[15] 薄明华. 关于"普世价值"争论的回顾与思考[J]. 中南大学学报(社会科学版)，2011，6.

[16] 李崇富. 关于普世价值的几点看法[J]. 马克思主义研究，2008，9.

[17] 俞可平. 谈"中国模式"与"普世价值"[J]. 上海党史党建，2008，11.

[18] 刘书林. "普世价值"论包裹的"私货"[J]. 人民论坛，2013，1.

[19] 侯惠勤. 我们为什么必须批判抵制"普世价值观"[J]. 马克思主义研究，2009，3.

[20] 张维为. 从国际政治实践看"普世价值"的多重困境[J]. 求是，2013，20.

[21] 梅荣政，杨军. 历史虚无主义重新泛起的透视[J]. 马克思主义研究，2005，5.

[22] 方艳华. 历史虚无主义思潮的演进及重新泛起原因论析[J]. 吉林师范大学学报(人文社会科学版)，2011，6.

[23] 梁柱. 历史虚无主义思潮的泛起、特点及其主要表现[J]. 马克思主义研究，2013，10.

[24] 王绍光，胡鞍钢，周建明. 第二代改革战略：积极推进国家建设[J]. 战略与管理，2003，2.

[25] 丛日云. 中国网络民粹主义表现与出路[J]. 人民论坛，2014，4.

[26] 俞可平. 现代化进程中的民粹主义[J]. 战略与管理，1997，1.

[27] 左玉河. 论五四时期的民粹主义[J]. 晋阳学刊，2010，1.

[28] 刘建国. 近廿年来中国学术界关于民粹主义与中国革命和建设问题的争论[J]. 中州学刊，2006，6.

[29] 左玉河. 论中共党内的"左"倾民粹主义[J]. 晋阳学刊，2011，3.

[30] 陶文昭. 互联网上的民粹主义思潮[J]. 探索与争鸣，2009，5.

[31] 郭小安，雷闪闪. 网络民粹主义三种叙事方式及其反思[J]. 理论探索，2015，5.

[32] 方克立. 关于现代新儒家研究的几个问题[J]. 天津社会科学，1988，4.

[33] 方克立. 关于当前大陆新儒学问题的三封信[J]. 学术探索，2006，2.

[34] 方克立. 关于马克思主义与儒学关系的三点看法[J]. 红旗文稿，2009，1.

[35] 陈锡喜. 关于社会主义意识形态的整合与建构的思考[J]. 思想理论教育，2008，5.

[36] 孙熙国. 社会主义核心价值观的二重超越性[J]. 中国特色社会主义研究，2014，3.

[37] 萧功秦. 关于开展社会思潮史研究的若干设想[J]. 上海师范大学学报(哲学社会科学版)，1984，1.

[38] 田海舰. 社会主义核心价值体系培育的两个向度[J]. 伦理学研究，2011，3.

[39] 韩国顺. 社会主义核心价值体系的社会传播方式探讨[J]. 社会科学家，2011，2.